신조/신앙고백 연구 시리즈 1

고백하는 교회를 세워라 1

고대 교회 편

김산덕 지음

기독교문서선교회

기독교문서선교회(Christian Literature Center: 약칭 CLC)는
1941년 영국 콜체스터에서 켄 아담스에 의해 시작되었으며
국제 본부는 영국의 쉐필드에 있습니다.
국제 CLC는 59개 나라에서 180개의 본부를 두고, 약 650여 명의
선교사들이 이동도서차량 40대를 이용하여 문서 보급에 힘쓰고 있으며
이메일 주문을 통해 130여 국으로 책을 공급하고 있습니다.
한국 CLC는 청교도적 복음주의 신학과 신앙서적을 출판하는
문서선교기관으로서, 한 영혼이라도 구원되길 소망하면서
주님이 오시는 그날까지 최선을 다할 것입니다.

Establish the Confessing Church

- Explanation and Exegesis of the Ecumenical Creeds-

Written by
SanDeog Kim

Korean Edition
Copyright © 2015 by Christian Literature Center
Seoul, Korea

목차

저자서문　08
일러두기　13

서론　16
    1. 신앙고백이란 무엇인가?　16
    2. 역사적 정황: 그리스도교의 자기 아이덴티티 확립　20

제1장 신조의 유래와 형성　25
    1. 유래　25
    2. 신조적 문언들의 흔적과 발전　31
    3. 신앙고백적 제(諸) 문언들　41
    4. 신앙규범의 성립　43

제2장 니케아 신조 및 니케아 콘스탄티노폴리스 신조 51

1. 서론 51
2. 니케아 신조와 니케아 콘스탄티노폴리스 신조의 본문 확정 53
3. 니케아 공의회 전후의 동방교회 신조들 60
4. 니케아 신조의 발단: 아리우스 논쟁 70
5. 니케아 공의회 81
6. 니케아 신조에 대한 반응 88
7. 새로운 신조 제정 시도 90
8. 콘스탄티노폴리스 공의회 규정과 이단들 113
9. 니케아 콘스탄티노폴리스 신조 본문 확정 117
10. 필리오케 문제 121
11. 니케아 콘스탄티노폴리스 신조 해석 124
12. 니케아 신조의 저주문 해석 162

제3장 칼케돈 신조 167

1. 칼케돈 공의회 회의록 167
2. 네스토리우스 논쟁 173
3. 에베소 회의의 분열과 일치신조 188
4. 에우티케스 논쟁 192
5. 레오의 편지 198
6. 칼케돈 회의 214
7. 칼케돈 정식 해석 216

제4장 사도신조   235

　1. 기원   235

　2. 사도성 문제와 연구사   240

　3. 고(古) 로마 신조   250

　4. 고(古) 로마 신조 이외의 신조들   257

　5. 질문형식의 신조   262

　6. 여러 단문 신조   266

　7. '로마 신조'에서 '사도 신조'로   269

　8. 사도신조 해석   275

제5장 아타나시우스 신조   337

　1. 연구사   337

　2. 아타나시우스 신조와 유사한 형식들   346

　3. 아타나시우스 신조 본문   349

　4. 아타나시우스 신조 해석   353

결론   391
참고문헌   393

저자서문

김 산 덕 박사
전, 개신대학원대학교 역사신학 교수

'신앙고백적 사태'(스타투스 콘펫시오니스[status confessionis])라는 용어가 있다.[1] 주 예수 그리스도가 유일하신 한 분 구원의 주가 되심을 고백하는 신앙고백이 위협받는 사태, 또는 그러한 위기적 사태를 나타내는 말이다. 다르게 표현자하면, 그러한 위협적인 사태 가운데 교회가 무엇을 고백하며, 무엇을 믿어야 하며, 또한 무엇에 의해서 살아가야 하는지 명확하게 고백해야 하는 결단적인 사태를 나타내는 것이다.

교회는 '역사적 정황'(지젠 임 레벤[Sitz im Leben]) 가운데 존재하는 믿음의 공동체로서 언제나 신앙고백적 사태에 직면하게 된다. 다시 말하면, 교회는 역사적 삶의 현장이 요구하는 질문에 외면하지 않는다. 교회는 하나님과 이웃 앞에서 하나님 말씀에 근거하여 참된 믿음과 양심으로, "너희는 나를 누구라 하느냐"(마 16:15)라는 주님의 근원적 질

---

[1] 이 용어는 '아디아호라 논쟁'(adiaphorist controversy)과 관련된다. 1548-1552년에 이르기까지 멜랑히톤과 프라키우스 이리리쿠스(Matthias Flacius Illyricus, 1520-1575년, 루터주의 엄격파) 사이에 일어난 논쟁으로, 멜랑히톤이 견신, 종유, 화체설을 삭제하고, 또한 성인숭배는 아디아호라(믿음에 있어 비본질적인 것)라고 규정하여, 종교적 화협을 이루고자 양보하였을 때에, 이리리쿠스가 강하게 반대한 논쟁이다. '화협신조'(1577년) 제10조에 의해서 종결되었다. 10조에서는 '인 스타투스 콘펫시오니스'(in statu confessionis)라고 나온다. 화협신조 10항에 나온다. 용어 그 자체는 나오지 않지만, 개념이 나왔다. 개념적으로는 마태복음 20:32-33에서, 그리스도를 시인하느냐, 부인하느냐 라는 본문에서 나왔다.

문에 답변하려고 끊임없이 영적으로 투쟁하면서 신앙고백을 결단한다. 신앙고백은 신앙적 유혹과 공격에 대하여, 교회가 '하나님 말씀'에 근거하여 참된 방향을 제시하는 역사적으로 지속적인 교회의 결단적 행위이다. 이러한 의미에서 신앙고백은 엄연히 역사성을 가진다. 따라서 교회가 가진 신앙고백(또는 신조)들은 각 시대의 역사적인 산물로서, 각 시대의 역사적 정황들이 교회에 대하여 요구하였던 문제에 대한 교회의 고백적 결단이고 답변이다. 신앙고백의 역사성은 크게 세 시기를 중심으로 나누어 생각해 볼 수 있다.

첫째, 고대 교회 시대였다. 이 시기는 교회가 자신의 아이덴티티를 찾고자 하나님 말씀에 근거하여 교회를 확립하고자 하였던 때였다. 많은 오류들과 잘못된 생각들 가운데 바른 신학을 정립하고자 하였던 시대였다.

둘째, 16세기와 17세기의 종교개혁 시대와 후기 종교개혁 시대이다. 하나님 말씀에 대한 잘못된 신학이 중세 교회를 지배하였을 때에, 개혁가들은 교회를 바로세우기 위하여 각 지역을 중심으로 신앙고백을 결단함으로서 교회개혁에 돌진하였다.

셋째, 19세기 말에서 20세기 중반에 이르는 계몽적인 이성주의와 자유주의, 그리고 낭만주의적 역사주의 소용돌이가 몰아치던 시기에 놓였던 교회와 신앙고백이었다. 교회가 국가주의와 민족주의로 교회를 박해하였을 때, 많은 교회가 하나님 말씀의 진실로부터 떠나가 버렸지만, 그럼에도 불구하고 하나님과 이웃 앞에서 자신들의 신앙을 고백하였던 아름다운 역사가 있었다.

따라서 다른 각도에서 보자면, 세상적 물욕에 노예가 되어 영적 동맥경화를 일으켰던 중세 시대, 그리고 상아탑에 파묻혀 초월적인 계시 사건을 역사적인 이성으로 끼워 맞추고자 노력하였던 신학적 자유주의 시대 속에서는 교회가 신앙고백적 결단을 하나님과 이웃 앞에 내어 놓지 못하였던 것이다.

더욱이 신앙고백은 여러 상황 속에서 다양하게 나타나지만 그럼에도 불구하고 일치성과 연속성을 견지하고 있다. 역사적 산물이라는 측면은 분명히 다양성을 내포하지만, 그러나 시간과 역사를 초월하여 하나님 말씀 중심의 신앙이라는 측면에서 신앙고백은 연속성을 가진다. 예를 들면, 고대 교회가 가졌던 신조적 문언(文言)들이 16-17세기의 교회들에 의해서, 그리고 현대의 격변기를 통하여 새롭게 재생산되고 재음미되어 새롭게 고백되었던 것이다.

예를 들자면, '제2 스위스 신앙고백'(1566년)은 그 권두에서 '다마수스 신조'(*Symbolum Damasi*, 380년)를 고백하고 있다. 또한 '베른조항' 제1조가 20세기에 만들어진 '듀셀도르프 조항'(*Dusseldorf Theses drafted Whilhelm Niesel and Hermann Hesse*, 1933.5.20)에서 새롭게 고백되고 있다. 16세기 교회개혁 당시의 신앙고백들은 시대적 상황을 넘어서 20세기의 세계 교회들이 직면한 상황 속에서 자신들의 신앙고백으로도 그 의미를 충분히 가질 수 있었던 것이다. 다시 말해서 여기에는 고대 교회에서 종교개혁으로, 더 나아가 현대 교회의 삶 속에 교회의 신앙고백적 연속성이 강하게 존재한다. 주님의 몸된 공동체로서 교회는 고대 교회로부터 오늘날 현대에 이르기까지, 그들이 처한 역사적 정황은 비록 다를지라도 그 시대가 교회에 요구하는 선교적 사명에 대하여 본질적으로 동일한 신앙고백을 고백함으로써 그 연속성과 일치성을 보여준다.

그리고 신앙고백과 신조에 의한 교회의 연속성은 결코 교조주의 또는 신조주의로 평가 절하되어선 안 된다. 신앙고백은 역사를 초월한 교회의 역동적인 구원의 사건이며, 주님 앞에서 자신의 정체성을 재확인하는 종말론적 사건이며, 구원에 대한 현실적인 결단이다. "너희는 나를 누구라 하느냐"(마 16:15)라고 물어보시는 주님의 도전적인 질문에 대한 진정한 고백은 하늘에 계신 아버지께서 가르쳐주시는 계시적 사건이며, 종말론적 사건이며, 우리 믿음에서 나오는 참된 구원의 결단적 신앙고백 사건이다. 신앙고백을 공부하는 것은 이처럼 교회가 가졌던 믿음의 역사를 공부하는 것이다.

이러한 의미에서 그리스도 교회는 많은 신조집을 출판하기도 하였고, 신조나 신앙고백에 대한 연구와 출판에 힘을 쏟아 왔다. 영어권에서 필립샤프(Philip Schaff)에 의해서 출판된 『신조학』(*Creeds of Christendom: With a History and Critical Notes* [Grand Rapids: Baker Books House, 1984], 박일민 역 [서울: CLC, 2007])은 출판된 이래로 많은 목회자와 신학자들 그리고 신앙인들에게 큰 도움이 되어왔다. 일본의 그리스도 교계는 최근에 『개혁파교회신앙고백집』(동경: 이치바크출판사, 2012) 전5권을 출판하였다. 종교개혁기에서 현대에 이르기까지 개혁파 교회 신앙고백을 대부분 수록하였다. 약 13여 년에 걸친 작업이었다. 필자도 이 전집의 한 부분을 담당하였다. 필자는 한국 교회에도 이러한 신조/신앙고백전집을 출판하려고 노력하고 있다. 이런 기획의 일환으로 먼저 전 3권으로 구성되는 『고백하는 교회를 세워라』라는 신조/신앙고백연구 시리즈를 출간하게 된다.

제1권은 서론을 포함하여 '니케아 신조', '니케아 콘스탄티노폴리스 신조', '칼케돈 정식', '사도신조', 그리고 '아타나시우스 신조'를 다루게 된다. 물론 고대 교회가 위의 다섯 신조만을 고백하였던 것은 아니다. 주교 좌를 중심으로 각 지역교회는 자신들만의 세례신조를 소유하였으며, 또한 개인적으로 작성된 신조들도 존재한다. 이러한 신조들은 시간이 흘러감에 따라서 수정 발전되었다. 예를 들어 한(Hahn)의 신조집을 보면, 고대 신조로 확인된 것만 헤아려도 200개를 훨씬 넘는다. 즉 교회는 처음부터 하나님과 이웃 앞에서 자신의 신앙을 고백하는 공동체로서 자신의 아이덴티티를 증언하였던 것이다. 이런 의미에서 신앙고백(신조)을 연구한다는 것은 그것들이 태어난 교회의 역사적 상황(context)을 이해하는 것이며, 그것에 기초하여 해석한다는 것이다.

제2권은 16세기의 교회개혁과 17세기의 후기 교회개혁 시기에 교회가 주님과 이웃 앞에서 고백하였던 제(諸) 신앙고백을 다룬다. 16세기의 교회개혁은 일괄적이고 일률적인 운동이 아니라, 각 도시마다 저희들의 신앙과 신학, 그리고 역사적 정황에 근거하여, 하나님과 이웃 앞에서 스스로 결단하는 고백적 사건이었다. 교회개혁 시기의 각 도시가 내렸던 신앙적 교회적 결단은 신앙적인 고민과 신학적인 논쟁을 통하여 이루어졌다. 예를 들자면 취리히의 '67개 조항', 네덜란드의 '벨직 신앙고백', 하이델베르크의 '하이델베르크 신앙고백', 스위스 교회를 위한 '제2 스위스 신앙고백', 제네바의 '제네바 신앙문답', 프랑스의 '프랑스 신앙고백', 영국의 '웨스트민스터 신앙고백' 등을 중심으로 다룬다. 각 도시와 국가들은 그들이 처한 상황 속에서 교회를 바르게 세우기 위하여 이러한 고백을 주님과 이웃 앞에서 엄숙하게 행하였던 것이다.

제3권은 20세기 전쟁의 도가니 속에서 현대 교회가 주님 앞에서 고백하였던 신앙고백을 다룬다. 예를 들자면, 주기철 목사님의 '일사각오'는 이 시대의 설교이면서 동시에 한국 교회의 신앙고백이었다. 단면적이라 할지라도, 이것은 한국 교회가 보여준 신앙적 결단 그 자태였다. 그리고 그 당시 일본 교회가 보여주었던 교회적 태도 역시 언급될 것이다. 또한 '바르멘 선언' 등을 통한 독일 교회가 결단하였던 신앙고백적 사건도 다루게 될 것이다.

약 20년 전부터 신조와 신앙고백을 연구하온 필자로서, 금번에 고대 교회 신조에 관한 책자를 출판하게 된 것을 감사하게 생각한다. 무엇보다도 출판을 흔쾌히 수락하여 주신 CLC 박영호 사장님과 수고하여 주신 직원 분들께 감사를 드린다.

 일러두기

1. 신조 본문은 원 본문(헬라어와 라틴어)에서 필자가 직접 번역하였다. 사용된 본문은 기본적으로 Hahn의 『신조집』에 의한 것이다. August Hahn, *Bibliotek der Symbole und Glaubensregeln der Alten Kirche*. Herausgegeben von August Hahn. 3 Vielfach veranderte und vermehrte Auflage von G. Ludwig Hahn. mit einem Anhang von Adolf Harnack (Breslau.1897; Hildesheim: Georg Olms Verlag, rep. 2005). 본문에서는 Hahn § 번호로 표기한다.

2. 성경본문 인용은 기본적으로 『개역개정』을 사용하였고, 또한 『바른 성경』과 특별한 언급 없이 여러 한글 번역본을 사용하였다.

3. 교부와 교회 저작가의 이름은 몇몇 경우를 제외하고는, 라틴어 명으로 통일했다. 지명을 읽는 방법 또한 관례를 따랐다.

4. 교부문헌에 관하여는 기본적으로 교부문헌총서기획 위원회, 『교부문헌총서』, 전 20권 (서울: 분도출판사, 1987~), 그리고 일본어역, 『그리스도교교부저작집』, 전22권 (Tokyo: Kyoubunkan,1987) 을 참고 인용하였다. 본문에서는 서명과 번호만 기입한다. 이와 함께 Jacques Paul Migne, *Patrologiae cursus completus: Patrologiae*

Latina, 1844-55(본서에서 PL로 표기)와 Jacques Paul Migne, *Patrologiae cursus completus: Patrologiae Graeca*, 1857-68. (본서에서 PG로 표기)를 인용하였다. A. Cleveland Coxe (Compiler), A Select Library of the Nicene and Post-Nicene Fathers of the Christian Church (Hendrickson Pub. 1996) (본서에서 NPNF로 표기)

5. 본서의 내용과 구성에 관하여 필자가 많은 은혜를 입은 문헌들은 다음과 같다. 켈리의(J. N. D. Kelly) *Early Christian Creeds* (London: Continuum, third Ed., 1972), *Early Christian Doctrines* (London: A&C Black, fifth ed., 1977), *The Athanasian Creed* (New York: Harper and Row, 1964), 오스카 쿨만(Oscar Cullmann)의 *The Earliest Christian Confessions* (London: Lutterworth Press, 1949); *Early Christian Worship* (Studies in Biblical Theology, No. 10, Trans, by Stewart Todd and James B. Torrance, London: SCM, 1956), 그리고 필자가 동경신학교에서 신조학을 수학하였을 때(1989-1993) Dr. Watanabe Nobuo 교수로부터 받았던 강의 자료와 필자의 강의노트에서 많이 빌려왔음을 밝혀둔다. 이 강의안은 2002년에 Watanabe Nobuo, *The Confessions of Early Church* (Tokyou: Shinkyou, 2002)로 출판되었다.

6. 다음은 신조 본문에 관하여 Hahn의 것과 함께 기본적으로 참조한 책들이다.
리츠만 편 『고대 교회 신조집』 제6판 Ausgewählt von Hans Lietzmann, *Symbole der Alten Kirche*. 1. Aufl. 1906, 2. Aufl. 1914, Bonn, A. Marcus und E.Weber's Verlag. 3. Aufl. 1931, 6. Aufl. 1968, Berlin, Walter de Gruyter. - Kleine Texte

fur Vorlesungen und Ubungen. Herausgegeben von Hans Lietzmann. Nr.17, 18. 표기는 KT 페이지 번호.

덴진거=센메츠아 편 『엔킬리디온』 제36판 *Enchiridion Symbolorum Definitionum et Declarationum de rebus fidei et morum. quod primum edidit Henricus Denzinger, et quod funditus retractavit auxit notulis ornavit Adolfus Schoenmetzer* S.I. edition XXXVI emendate. 1979, Freiburg i. Br. 표기는 D자료 번호.

서론

1. 신앙고백이란 무엇인가?

일반적으로 라틴어 '심볼룸'(*symbolum*) 또는 헬라어 '숨볼론'(σύμβολον)을 '신조'로 번역한다.[1] '심볼룸'이라는 용어가 기독교 문서에 처음으로 나타난 것은 유스티누스(Marcus Junianus Justinus, 100-ca.165)의 『토루폰과의 대화』(*Dialogue with Trypho*, 131)에서 헬라어로, 그리고 테르툴리아누스의 『마르키온 반박』에 나타나지만, 모두 신조적인 의미로 사용되지는 않았다.[2]

신조를 '믿음'(헤 피스티스[ἡ πίστις]) 또는 '가르침'(토 마테마[το μάθημα])과의 관계 가운데 사용한 사람은 키프리아누스(200?~258년)였다. 그는 심볼룸을 '믿는 것'(에오뎀 쉼볼로 쿼 에트 노스 밥티사레 … 크레디스 … [*eodem symbolo quo et nos baptisare … credis* …])과 연결하여 이

---

[1] Jaroslav Pelikan, *Credo: Historical and Theological guide to Creeds and Confessions of Faith in the Christian Tradition* (Durham: Yale University, 2003), 1-5; Philip Schaff, *The Creeds of Christendom*, 3 vols (Grand Rapids: Baker Books House, rept. 1993), vol I, 3-7.

[2] J. N. D. Kelly, *Early Christian Creeds* (London: Continuum, Third Ed., 1972), 53 이하 ECC.

해하였다.³ 라오디케아 회의(363-4년) 규정(canon) 제7항은 '신앙의 신조를 배우자'라고 하였다. 용어적 의미에서, 5세기 후반에 이 용어를 정착시켰던 동방교회와는 다르게, 약 4세경 심볼룸을 교회적 용어로 확정하였던 서방교회로부터 신조의 유래를 찾아야 할 것이다.⁴

헬라어 숨볼론은 '상징'을 의미하는 용어로서, 어떤 것을 인식하는 표식을 나타낸다. 어원적으로는 '함께'(순[σύν])와 '던지다'(발로[βάλλω])로 구성되어, 쌍방이 무엇인가를 함께 던진다는 의미를 가진다. 이 단어에 기인하는 의미가 약 20여 개 존재하지만, 그 가운데 하나는 서로 맞추어 보고 확증하는 부신(符信)이라는 의미가 있다. 세례를 집행하기에 앞서서 신조의 전수가 이루어졌고, 전수와 더불어 그것에 대한 답송이 실시되었다. 따라서 전수자와 답송자가 서로 무언가를 던져 주고받는 형식에서 그 유래를 찾아 볼 수 있을 것이다. 또한 이 용어는 깃발을 의미하기도 하기 때문에, 심볼룸(*symbolum*)은 세례받는 자가 가지는 믿음의 깃발이라는 뜻으로도 이해될 수 있다.

심볼룸(*symbolum*)의 의미와 해석을 역사적으로 고찰한다면, 일반적으로 루피누스(Rufinus)에게로 거슬러 올라간다. 그는 신앙의 규칙을 '심볼룸'이라 규정하면서, 두 가지의 의미가 있다고 주장한다. 하나는 인디쿰(*indicium*)으로서 서로를 인식할 수 있는 'token' 또는 'password'로 간주하였고, 다른 하나는 콜라티오(*collatio*)로서 각각의 견해에 의해 만들어진 것으로 이해하였다.⁵ 루피누스와는 다르게, 아

---

3 참조 Hahn, § 12.

4 Pelikan, 7; F. Loofs, *Symbolik oder christliche Konfessionskunde*, 1 Bd. (Tübingen und Leipzig: Verlag von J.C.B. Mohr, 1902), § 7. 29-32(30-31); 동방교회는 5세기가 되어서야 '니케아 신조'를 '숨볼론'(σύμβολον)이라고 부르게 된다.

5 Tyrannius Rufinus, *A Commentary on the Apostles' Creed*, tran. & Annotated by J.N.D.Kelly, in *Ancient Christian Writers*, No.20 (New York: Newman Press, 1954), 30-31; PL XXI, 337.

우구스티누스는 심볼룸이 고대 라틴사회에서 어떻게 사용되었는지 그 상황 속에서 의미를 고찰함으로써, 어떤 계약이나 약속에 대한 보증의 의미, 또는 도장이 새겨진 반지(signet-ring), 또는 인을 치는 것으로 이해하였다.[6] 켈리에 의하면, 신조 명칭에 관한 아우구스티누스의 주장이 그의 전후 세대의 많은 자들로부터 지지를 얻었다. 믿음에 대한 보증, 또는 약속의 의미를 가진다는 것은 신조가 믿음과의 깊은 관계 속에서 이해되어졌고, 생성되었다는 것을 의미한다. 따라서 신조와 믿음의 관계는 시간이 흘러감에 따라서 정형화된 형태로 나타나기 시작한다.

세례식을 집행할 때에 사용된 신조(고백적) 문서로 아주 오래된 것은 로마의 힙폴리투스(Hyppolytus, 170-235/6년)에 의한 『사도전승』(트라디티오 아포스톨리카[*Traditio Apostolica*])이다.[7] 이 무렵 로마 교회에는 거의 동일한 내용의 선언형식의 고백문이 존재한 것으로 추정되는데, 이것을 일반적으로 '고(古) 로마 신조'라고 한다. 더욱이, 도나투스를 이단으로 정죄하는 아를르 회의(the Council of Arles, 314년) 규정의 아홉 번째 조항은 명확하게 심볼룸을 세례 교육과의 관계 속에서 이해하고 있다(인테르로겐트 에움 심볼룸[*interrogent eum symbolum*]).[8] 이것은 아우구스티누스가 심볼룸을 세례론에서 언급하는 것과 정확하게 같다. 따라서 심볼룸은 세례를 준비하는 자들에게 행하여졌던 신앙문답 교육이었다고 할 수 있다.

---

6 ECC, 55.
7 『사도전승』은 '디다케'와 함께 고대 교회의 전례와 생활규범에 관한 기본적인 문서이다. 교부총서, 6집 (분도출판사, 1992). 전자는 3부, 43장으로 구성되어있다. 2부의 15-21장을 공동체에 입교하는 과정, 특히 세례준비와 세례(20-21) 등이 기록되어 있다; John F. Baldovin, S. J. "Hippolytus and the Apostolic Tradition: Recent Research and Commentary," in *Theological Studies* 64 (2003), 520-542; Burton Scott Easton, *The Apostolic Tradition of Hippolytus: Translated into English with Introduction and Notes* (Cambridge University Press, 1934, rep. Michigan: Cushing Malloy, 1962).
8 참고. C. Munier, *Concilia Galliae a.314-a.506* (Turnhout: Brepols 1963), 9-13.

믿음을 고백하는 것이 신조로 이어진다는 것은 그리스도인들의 삶 그 자체가 신앙고백적인 삶이 된다는 사실을 말하여 준다. 믿음으로 예수 그리스도를 구주로 영접하기로 작정하고 세례받기를 결단한 사람에게 신조가 '전달되어'(信條傳授, 트라디티오 심볼리[traditio symboli], 신조전수), 그 후에도 그것을 계속적으로 암송하고 고백함으로써(信條反復, 레디티오 심볼리[redditio symboli], 신조반복), 세례가 비록 일회적으로 끝나지만 평생 유효한 것과 같이, 신조 역시 단회적으로 수여되지만 암송하여 마음에 새김으로써, 평생 신앙고백적 삶을 살아가도록 하였다.[9] 다시 말해서 고대 교회는 신앙고백적 삶의 형식을 아주 간결한 문언으로 표현하는 '신조'를 만들었던 것이다. 예를 들자면 '사도신조'의 본문은 70마디이다. 이것은 보통 사람이 암송할 수 있는 아주 짧은 문장이다. 이러한 신조를 연구가들은 '세례신조'라고 부른다.[10]

이처럼 성경에 나타난 '선언적 문구'로부터 '세례신조', '교리 규범적 신조', 그리고 '해석적 신조' 등으로 변화 발전되어가는 일종의 신조의 역사(信條史)가 존재한다. 기본적으로 고대 교회가 소유한 것은 세례신조였다. 세례신조는 세례받기 전에 신앙적으로 꼭 확인해야 할 최소한의 항목으로 구성된다. 이 세례신조는 처음에 구전으로 가르치며 전달되다가 신조적 골격이 완성되고, 시간이 흘러감에 따라 필요 적절한 단어들이 추가되어가는 방식으로 그 내용이 증보되어갔다. 초기부터 문서화된 신조, 또는 신앙고백이 존재하지 않았던 이유는 입으로 가르치고 전달되는 그 자체가 신앙고백의 본질이라고, 고대 교회가 생각했기 때문이다.

---

9 Rufinus, *the Apostle's Creed Commentary*, 10-11.
10 물론, 고대 교회가 '세례신조'만을 소유한 것이 아니다. 예를 들어 325년의 니케아 회의에서 제정된 것은 '세례신조'가 아니라, 교리 규범적 신조로서 저주구(詛呪句)를 수반한다. '아타나시우스 신조'도 그러하다. 이와는 다르게 '칼케돈 신조'는 이미 존재하는 신조들에 대한 '해석 규정집'이라 볼 수 있다.

신앙고백의 구두 전승은 신학적 논쟁과 작업보다 앞서 성립되었다. 신학적 필연에 의해서 교회가 신조라는 고백문을 제정한 것이 아니다. 앞에서 보았듯이, 신조라는 명칭이 정착된 것 역시 신학적 숙고에 의한 것이 아니라, 단순한 믿음전수라는 교회적 관습에 기초한 것이다. 실제적으로, 교회가 신조(또는 신앙고백)의 역사적 고찰과 신학적 의미를 본격화하기 시작한 것은 16세기 교회개혁 이후의 일이다. 고대 교회가 가졌던 신앙고백적 문서를 '신앙고백'(콘펫시오[*confessio*], 또는 콘펫시오 피데이[*confessio fidei*])이라고 말하지 않는다. 콘펫시오(*confessio*)는 초대 교회 이래로 '고해의 행위'(콘펫시오 오리스[*confessio oris*])를 나타내는 말로 사용되어왔다. 그러나 16세기 교회개혁 시기에 이르러, 프로테스탄 교회는 자신들이 놓인 상황 속에서, 자신들의 믿음을 하나님과 이웃 앞에서 '고백'하는 문서로 나타내었는데 그것을 콘펫시오(*confessio*)라고 하였다. 16세기 교회개혁자들의 복음이해가 결단적인 신앙고백의 형태를 취할 때에, 그것이 실질적으로 고백적 문서로 타나났다는 사실은 중요한 의미를 가진다.[11]

2. 역사적 정황:
그리스도교의 자기 아이덴티티(identity) 확립

예수께서 승천하신 후, 그의 제자들은 사도로서 주어진 선교적 사명을 감당하게 된다. 성령강림의 구속사적 사건을 통해서 그들은 하

---

11 *Symbolum*의 역사에 관하여는 D Friedrich Loofs, *Symbolik oder christlich Konfessionskunde* (Tubingen, 1902), 제1부 Kapit. 1-6을 참조하라. 고대 교회의 기본적인 것인 '사도신조'와 '니케아 콘스탄티노폴리스 신조'는 세례 고백이다; 종교개혁 시기의 *Articuli, Theses, Formula, Disputatio, Consensus, Declaratio* 등의 용어에 관하여는 제2권에서 다루기로 한다.

나님의 복음을 전할 수 있는 그릇으로 무장되었고, 실제적으로 유대와 사마리아와 땅 끝에 이르기까지 예수 그리스도의 증인(證人)이 되었다. 증인이 되는 것은 증언적(證言的)인 것이며, 그것은 순교적 죽음으로 이어지는 선교적 사역이었다. 이러한 증인적 사명은 자신의 능력이 아니라, 성령 하나님에 의하여 이루어지는 복음적 사건이었다. 사도행전 2:4에 나오듯이, 자기가 말하는 것이 아니라 "성령께서 말하게 하시는 대로" 증언하였다(토 프뉴마 에디두 아우토이스 아포프뎅게스다이[τὸ πνεῦμα ἐδίδου αὐτοῖς ἀποφθέγγεσθαι]).

성령이 말하게 하신 것에는 내용이 있었으며, 사도들은 그 내용을 믿었던 것이다. 그렇다면, 성령이 말하게 하신 선교 내용은 무엇이었는가? 그것은 예수 그리스도의 성육신, 고난, 십자가, 죽음, 그리고 부활 승천에 관한 증언이었다. 이들이 믿었던 믿음이 바로 '사도적 믿음'이었고, 그들이 전한 복음이었다. 그들은 이 확신적인 믿음을 통하여, 성령의 인도하심으로 주님의 명령을 완수하여 갔다. 이러한 사람들을 향하여, 약 63년경에 시리아 안디옥(지금의 스터키 안타키아, Antakya)에서 처음으로 '그리스도인'(크리스티아노스[Χριστιανός])이라 불렀다(행 11:26).

더욱이 교회가 제도화되어 가면서 "성령이 말하게 하심을 따라"가 가지는 허용 범위를 사도적 계승자로 국한시키려는 경향을 가지게 된다. 따라서 2세기경의 교회는 마치 주교 없이는 그 어떤 것도 행할 수 없는 교회의 모습으로 변하여 갔다.

더욱이 믿는다는 것은 필연적으로 가르침을 수반한다. '사도적 믿음'은 올바른 가르침, 생명과 구원을 얻게 하는 가르침이었다. 그러나 예수 그리스도만을 믿는다는 것은 믿고 가르치는 방식에 있어 여러 가지 다양한 것들이 존재할 수 있다. 이런 의미에서 성경은 빠르게도 사도들이 전하는 복음과 '다른 복음' 또는 '다른 가르침'이 있다고 고발

한다. 예를 들자면, "다른 복음"(갈 1:7, 8, 9), "다른 교훈"(딤전 1:3; 6:3, 헤테로 디다스카레인[ἑτερο διδασκαλεῖν]), "다른 예수, 다른 영, 다른 복음"(고후 11:4, 알론 예순 에 프뉴마 헤테론 에 유앙겔리온 헤테론[ἄλλον Ἰησοῦν, ἢ πνεῦμα ἕτερον, ἢ εὐαγγέλιον ἕτερον]), "누구든지 이 교훈을 가지지 않고"(요이 10), "여러 가지 다른 교훈"(히 13:9, 디다카이스 포이키라이스 카이 크세나이스[διδαχαῖς ποικίλαις καὶ ξέναις]) 등이 있다. 사도 바울이 교회를 개척한 후에 가장 관심을 쏟았던 것 가운데 하나가 '다른 것'에 의한 교회의 분열이었다.

바울은 고린도전서 11:19에서 다음과 같이 말한다. "너희 중에 파당이 있어야 너희 중에 옳다 인정함을 받은 자들이 나타나게 되리라"(데이 가르 카이 하이레세이스 엔 휘민 에이나이 히나 호이 도키모이 판네로이 게논타이 엔 휘민[δεῖ γὰρ καὶ αἱρέσεις ἐν ὑμῖν εἶναι ἵνα οἱ δόκιμοι φανεροὶ γένωνται ἐν ὑμῖν]. 참고: 갈 5:19-21). 사도 바울을 비롯한 성경의 저자들이 강하게 주장한 것 가운데 하나는 '교회의 일치'였다. 적어도 이제 탄생한지 얼마 되지 않은 그리스도교 입장에서 볼 때에 이러한 분열이 달가운 것은 아니었다.

따라서 교회는 처음부터 참된 복음과 '다른 것'과의 투쟁 속에서 '복음의 진리'를 확보하기 위해 몸부림쳤다. 역으로 '다른 복음'이 있었기에, 진리를 보다 더욱 견고하게 수립하게 되었다고 말을 해도 과언이 아닐 것이다. 다시 말해서, '다른 것'들의 출현은 사도들과 그들의 후계자, 교부들, 그리고 정통적 그리스도인들이 가지고 있었던 믿음을 하나의 텍스트, 본문화, 또는 문서화로 나아가도록 종용하였고, 종국에는 하나님 말씀의 '정경화'(canonization)를 통하여 그리스도 교회는 자신들의 아이덴티티를 확립하였다.

정경의 확립은 무엇보다도 "성령이 말하게 하심을 따라서"(행 2:4) 행하였던 선교방식에서 "하나님의 영감(테오프뉴스토스[θεόπνευστος],

딤후 3:16)에 의해서 기록된" 성경을 통한 선교의 방식으로 나아갔던 것을 의미한다. 하나님의 영감으로 기록된 성경을 성령의 감동에 의해서(프뉴마토스 하기우 페로메노이[πνεύματος ἁγίου φερόμενοι], 벧후 1:21) 주어지는 의미와 다르게 해석하는 자가 있다고 한다면, 그들을 이단이라고 부를 수밖에 없었다. 하나님의 영감으로 기록된 성경이 확증되어 가는 과정에 있어서,[12] 이미 교회 안에는 사도들에 의해서 전승되어 온 여러 가르침들이 존재하였다. 무엇보다도 그리스도교에 입교하려는 자들의 교육을 위해서 복음의 가르침에 대한 요약 판들이 존재하였으며, 실제적으로 그러한 것들이 세례입교 문답 등에 사용되고 있었다. 따라서 4세기경에 성경의 정경화가 이루어졌다고 하지만, 교회 안에 이미 존재하였던 중요한 가르침의 형식들을 고찰하는 것은 초대 교회와 신조를 연구함에 있어 필수적이다.

---

12 성경의 정경화는 본서에서 다루지 않는다. 주전 2세기~주후 2세기에 유대교 내지 기독교 문서들이 유무명의 저자들에 의해서 많이 저작되었는데 위경과 외경으로 나눈다. 위경 *Pseudepigrapha*(구약정경과 외경에 포함되지 않은 구약정경을 모방한 모든 문서, 주후 90년 얌니야 회의에서 확정되면서 위경은 공식적으로 금지). 외경 아포크뤼파(*Apocrypha*) (구약외경과 신약외경). 179년경으로 간주되는 '무라토리 정경'이 있다. 1740년 무라토리에 의해서 간행되었다. 이 단편은 보비오 수도원에 유래하는 것으로, 7세기 또는 8세기의 라틴어 단편만 남아있다. 본래는 헬라어로 기록된 것으로 보여지며, 알 수 없는 부분들이 많다. 무라토리 정경목록은 현재의 성경에서 베드로전후, 야고보서, 요한3서, 히브리서를 제외한다. 4세기경 유세비우스는 정경을 세 가지로 구분하였다. 호몰레고메나(*Homolegomena*) - 누구에게나 받아들여진 책; 안틸레고메나(*Antilegomena*) - 일부 반대가 있었던 책; 노타(*Nota*) - 가짜책으로 구분하였다. 정경목록이 수록된 문서를 연대순으로 살펴보면 다음과 같다. 알렉산드리아의 키릴루스 신앙문답에서(350년경), 라이디케아 회의(363 or 5년), 아타나시우스의 부활 회람 편지(367년, 동방교회의 정경화로서 이것이 가장 빠른 27편 신약성경 목록이다. 380년이 되면서, 이코니움의 주교 암필로키우스(Amphilochius) 등에서 보이며, 382년 로마 회의에서 서방교회의 정경화가 이루어지고, 힙포회의(393년)가 목록을 말하고, 397년 제3회 카르타고 회의에서 전 세계 교회의 정경화 (D. 186)가 일단 이루어 진 것으로 본다. 마지막으로는 로마 인노켄티우스 1세의 서한(405년, D. 213)에서 보이며, 그 후로 16세기 교회개혁 시기에 목록이 나타난다.

Establish the Confessing Church

고백하는 교회를 세워라

제1장
신조의 유래와 형성[1]

1. 유래

그리스도 교회는 유대교로부터 신앙과 신학을 유산적으로 이어가면서도, 동시에 예수 그리스도를 중핵으로 하는 그리스도교 특유의 신앙과 신학을 형성하였다. 그것은 구약과 신약의 연속성을 강조하면서, 동시에 그리스도교만의 고유한 신앙을 주장한 것으로, 예수 그리스도의 성육신, 고난과 십자가, 그리고 부활과 승천과 성령강림으로 이어지는 구속사적 복음이었다. 이러한 복음의 핵심적 가르침은 그리스도교가 유대교로부터 분리될 수밖에 없었던 충분한 근거가 되기에 충분했다. 예수 그리스도에 대한 확신에 찬 믿음은 자연스럽게 신앙적으로 결단하는 신앙고백의 형태를 취하게 되었고, 선교라는 설교의 형태로 발전하였다. 그리스도인들은 예수 그리스도의 사건과 성령강림에 의

---

[1] 이 부분은 Kelly, *Creeds*의 제1장과 Oscar Cullmann, *The Earliest Christian Confessions*, (London: Lutterworth Press, 1949)의 제1장으로부터 많이 빌려왔다. 또한 다음을 참고하였다. Jaroslav Pelikan, *Credo Historical and Theological Guide to Creeds and Confessions of Faith in the Christian Tradition* (New Haven and London: Yale University Press, 2003).

한 선교에 의해서, 유대교와는 그 길을 달리하는 구속과 구원의 이야기를 세상에 선교하는 복음의 선교사로 자신을 이해하고 바라보았던 것이다.

이러한 사정에도 불구하고, 유대교에서 발전된 '전승'이라는 개념은 예수 그리스도에 의해서 철저하게 비판을 받았지만, 여전히 사도시대 초기부터 주요한 것으로 간주되었다. 예수 그리스도께서 전승을 비판한 것은 하나님의 말씀보다 그것을 더 중시하려는 태도에 관한 것이었지, 전승 그 자체를 배제한 것은 아니었다. 그러므로 그리스도 교회가 가졌던 전승 또는 전통이라는 개념을 부정적으로만 바라볼 필요는 없다.[2] 예를 들면, 유대인들이 하루에 두 번씩 쉐마(신 6:4-5)를 암송하면서 자신들의 신앙고백적 자세를 확인하였던 것은 초기 그리스도 교회로 계승되었다.

또한 기록된 유전이라고 할 수 있는 유대교의 '할라카'(Halaka)에 해당하는 것은 그리스도교에서 윤리 규범의 형태로 계승되었고(살전 4:1f, 파랑겔리아스 에도카멘 휘민[παραγγελίας ἐδώκαμεν ὑμῖν]), 쉐마에 해당하는 것은 그리스도교에서 신앙고백의 정식으로 나타났던 것이다. 바울이 고린도전서 11:23에서 "내가 너희에게 전한(전승) 것은 주께 받은 것이니"(에고 가르 파레라본 아포 투 쿠리우 호 카이 파레도카 휘민 [Ἐγὼ γὰρ παρέλαβον ἀπὸ τοῦ κυρίου ὃ καὶ παρέδωκα ὑμῖν])라고 말한 것은 그러한 전승이 형성되어 있었음을 보여준다.

그럼에도 복음 선교의 공동체로서 그리스도 교회는 자신들의 신앙을 총체적으로 제시할 수 있는 문헌을 자연스럽게 만들어 갔다. 그것은 전승/전통을 초월하여 믿음에서 믿음으로 기록된 선교적 증언으로

---

2 예를 들면, 16세기 교회개혁가들이 교회의 전통을 중요하게 생각하지 않았다고 주장한다면 그것은 올바른 이해가 아닐 것이다.

서, 저자들과 그들 공동체가 가졌던 특수한 상황 속에서 저술된 것이다. 이런 의미에서, 전승이 가지는 고백적인 '문언'(文言)또는 '어구'(語句) 등의 존재는 성경의 저술과 많은 밀접한 관계를 가진다. 이런 의미에서 성경의 저술과 확립은 어떤 특정한 신앙적 공동체가 만들어낸 그들의 신앙고백이며, 신학적 총체라고 할 수 있다. 특히 복음서는 예수 그리스도에 관한 세심하고 정교한 교의적인 계시이며 설명이다. 그리스도 공동체가 성경을 소유하면서도 신앙의 기본적인 가르침으로써 전승을 포함하고 있다는 사실은 다음과 같은 예를 통하여 알 수 있다.[3]

① '교훈' 또는 '가르침'(디다케[διδαχή])의 전승들이 있다. 예를 들면, "… 이 교훈을 가지지 않고 너희에게 나아가거든 그를 집에 들이지도 말고 인사도 말라"(요이 10). "미쁜 말씀의 가르침을 그대로 지켜야 하리니"(딛 1:9). 여기서 말하는 '교훈' 또는 '가르침'은 그리스도인의 가부를 식별하는 것으로 사용된 하나의 정식이다. 이것은 단순한 식별표가 아니라, 요한이서 1:9의 "… 교훈 안에 거하는 이 사람이 아버지와 아들을 모시느니라"는 말씀처럼 이 정식을 지키는 자야말로 신앙의 실질(實質, reality)을 가지고 있다는 것이다. 로마서 6:17 "교훈의 본"(투포스 디다케스[τύπος διδαχής], 가르침의 형식)은 이러한 맥락 속에서 이해될 수 있다. 이러한 의미에서 디다케를 많이 사용한 예를 사도 교부의 『열두 사도들의 가르침』(디다케 톤 도데카 아포스토론[διδαχή των δώδεκα αποστόλων])에서 찾아 볼 수 있다.[4]

---

3 성경과 신앙고백에 관하여 다음을 참고하라. Norman Shepherd, "Scripture and Confession," in John H. Skilton, (ed.) *Scripture and Confession: A Book about Confession Old and New* (Philipsburg: Presbyterian and Reformed Publishing, 1973), 1–30.

4 *Didascalla Apostorum*; The teaching of the Twelve Apostle, 또는 『디다케』라고도 한다. 초대 교회의 가장 오래된 문서의 하나로서, 그 당시의 모습을 살펴볼 수 있다. 기록연대는 일반적

② 동일하게 '교훈'으로 번역되는 디다스칼리아(διδασκαλία, 또는 가르침)는 '바른'이라는 수식어가 붙으면서, 규범적 성격을 보다 강하게 나타낸다(딤전 1:10, 테 휘기아이누세 디다스카리아[τῇ ὑγιαινούσῃ διδασκαλίᾳ]; 딤후 4:3, 테스 휘기아이누세스 디다스카리아스[τῆς ὑγιαινούσης διδασκαλίας]; 딛 1:9; 2:1). 디다케와 디다스카리아의 차이점이 명확하지 않지만 디다스카리아 역시 사도 교부로 전승된다. 예를 들면, 이그나티우스의 에베소서 16:2에서 나오는 "잘못된 교훈"이란 이단적 신앙고백을 의미한다.

③ '유전' 또는 '전승'으로 번역되는 파라도시스(παράδοσις) 역시 신앙적 규범으로 사용된다. 데살로니가후서 2:15은 "말로나 우리 편지로 가르침을 받은 유전을 지키라", 또는 "너희가 배운 전통(타스 파라도세이스[τὰς παραδόσεις])을 굳게 지키라"고 한다. 데살로니가후서 3:6에는 "우리에게 받은 유전대로 행하지 아니하는 모든 형제에게서 떠나라"라고 기록하고 있다. 고린도전서 11:2은 "너희에게 전하여 준 대로 그 유전을 너희가 지키므로"라고 말한다. 여기에 말하는 '유전'은 정식화된 규범을 말한다. 그리고 동사 '파라디도미'(παραδίδωμι)가 사용되는 고린도전서 11:23의 "내가 너희에게 전한 것은 주께 받은 것이니"와 고린도전서 15:3의 "내가 받은 것을 먼저 너희에게 전하였노니"는 분명히 유전(전승)이 정식화 되어 있었다는 사실을 보여준다.

④ 히브리서 6:1의 로고스(λόγος: 도, 교리, 교훈 등으로 번역), 또는 디모데전서 6:3과 디모데후서 1:13의 "바른 말"(휘기아이논테스 로곤[ὑγιαίνοντες λόγων])은 신앙고백적인 전승으로 이해되어야 한

으로 120-160년경으로 보고 있다. 전부가 16장으로 구성되어 있다. 『열두 사도들의 가르침』, 정양모 역 (서울: 분도출판사, 1993). 특히 6장 1절, 11장 1, 2절을 보라.

다(단, 딛 2:8의 "바른 말"은 그 표현법과 의미가 다르다).

⑤ '선교'라는 케뤼그마(κήρυγμα)역시 말씀을 전하는 행위를 의미하지만, 선교의 내용을 의미하는 정식적 의미를 가진다. 도드(C. H. Dodd)는 사도 바울을 통하여 케뤼그마의 정식이 성립되었다고 주장하여 그 전모를 복원하고자 하였다.[5] 교부 시대에는 정식에 대한 의미와 관심이 보다 강하여 '사도적 선교의 전승', 또는 '선교의 진리'라는 표현이 사용된다.[6]

⑥ '믿음'(피스티스[πίστις]) 이 자체가 믿음의 정식을 의미하기도 하였다. 예를 들면, "단번에 주신(전승) 믿음의 도"(유 3)라는 표현은 전승적인 형태를 갖추고 있음을 암시한다.

⑦ 로마서 12:6에 나오는 '아나로기안 테스 피스테오스'(ἀναλογίαν τῆς πίστεως)는 개역개정과 개역한글이 "믿음의 분수대로", 공동번역이 "믿음의 정도에 따라", 쉬운성경과 우리말성경이 "믿음의 분량대로", 표준새번역이 "믿음의 정도에 맞게" 등으로 번역하고 있다. 여기서 말하는 '믿음'이란 '믿는 믿음', '객관적 믿음', 즉 신앙규범에 가까운 의미를 가지며, '아나로기아'는 그것과 일치 또는 조화를 나타내는 것으로 해석된다.[7] 마찬가지로 "믿음의 분량"(메트론 피스테오스[μέτρον πίστεως], 롬 12:3) 역시 신앙의 규범적 의미를 가지는 것으로 이해될 수 있다. 이 '믿음'을 일종의 은사로 이해하는 경우도 있다.

⑧ 사도 후 시대가 되면서 교부들은 신앙규범을 '전승' 또는 '전통'

---

5 C. H. Dodd, *The Apostolic Preaching and its development* (London: Hodder & Stoughton, 1967), 17; 도드, 『사도적 설교와 그 전개』, 윤종은 역 (한국장로교출판사, 2001).
6 에우세비우스『교회사』, IV,8,2; Ⅴ,28,3,in *NPNF*, Second Series vol. I Eusebius.
7 다음을 참고하라. 에른스트 케제만, 『로마서』, 국제성서주석 34 (한국신학연구소, 1982); C. E. B. 크랜필드, 『C. E. B. 크랜필드의 로마서 주석』, 문선희 역 (서울: 로고스, 2003).

이라 불렀다. 예를 들면, 클레멘스는 『고린도서간』 제1권 7:2에서 "우리들에게 전승된 규범"이라는 어구를 사용하였다. 또한 이레나에우스는 『이단반박』 III, 2, 2에서 다음과 같이 말한다. "사도들로부터 전해져 내려온 전승은 장로들에 의해 계승되어 모든 교회가 지키고 있다."

⑨ 이러한 전승들 가운데 신앙고백적 형식을 취하는 것이 있다. 신약성경에서 '고백'으로 번역되는 호모로기아(ὁμολογία)가 전형적으로 나타나는 곳은 고린도후서 9:13이다. '호모로기아'는 '고백하는 것', 또는 '믿는 것'을 의미하는 것으로, 신앙고백적 정식 그 자체를 의미하지 않는다(참고: 딤전 6:12-13, 텐 카렌 호모로기안[τὴν καλὴν ὁμολογίαν], 선한 증언). 그러나 이미 신앙고백적인 본문으로서의 호모로기아가 존재했었다. 왜냐하면, 이미 "교훈의 본"(튀폰 디다케스[τύπον διδαχῆς])이 존재하였고(롬 6:17), 또한 "… 전한 그 말을 굳게 지키고 헛되이 믿지 아니하였으면 이로 말미암아 구원을 얻으리라"(고전 15:2)라는 가르침의 '본'이 성립되어 있었기 때문에, "우리가 믿는 도리(고백)를 굳게 잡을 찌어다"(크라토멘 테스 호모로기아스[κρατῶμεν τῆς ὁμολογίας])라고 고백하기 때문이다(히 4:14). 더욱이, 히브리서 3:1에 "우리가 믿는 도리의 사도이시며 대제사장이신 예수"(톤 아포스토론 카이 아르케이레아 테스 호모로기아스 헤몬 예순[τὸν Ἀπόστολον καὶ Ἀρχιερέα τῆς ὁμολογίας ἡμῶν Ἰησοῦν])라는 증언으로 그리스도론적 고백정식 또는 고백문이 존재하였다는 것을 충분히 인정할 수 있기 때문이다.

따라서 '고백'(호모로기아), 또는 '고백하다'(호모로게오, 예: "누구든지 사람 앞에서 나를 시인하면", 파스 운 호스티스 호모로겐세이 엔 에모이 엠프로스테[Πᾶς οὖν ὅστις ὁμολογήσει ἐν ἐμοὶ ἔμπροσθε], 마 10:32)는 말씀을 중심으로 신조 형성의 전 단계를 고찰할 수 있다. 물론 '호모로기아'라는 용어만을 실마리로 상황 전체를 파악하기란 어렵지만, 이것이 선교하는 것과 가르치는 것을 전제로 하는 것은 사실이다. 도드가 사도적 선교에 일정한 틀이 있었다고 주장한 것처럼, 가르침에도 일정한 구조와 형태가 존재했던 것이다.[8]

2. 신조적 문언들의 흔적과 발전

신조가 정형화로 이어지는 초기단계는 이미 신조적 의미를 가진 문언들의 흔적들이 존재하였다는 사실에서 출발 가능하다. 다시 말해서, 신약성경 가운데 존재하는 많은 신조적 문언들의 흔적들은 초대 교회가 신앙의 개요화를 이루어 가면서 정형화의 과정을 형성하였다는 사실을 보여준다. 아직 교회가 공식화된 신조를 가지지는 않았지만, 그러나 초대 교회가 신조의 정식화 또는 정형화를 향하여 움직이기 시작하였던 것이다. 성경에 나타나는 신조적 문언들의 흔적들을 살펴보면 다음과 같다. 단문형태로서 전형적인 것은 "예수는 주시라"(퀴리오스 예수스[κύριος Ἰησούς])라는 어문이다.

---

8 도드가 '케뤼그마'(κήρυγμα)와 '디다스케'(διδαχή)는 서로 구분해야 한다고 주장하는 문제에 관하여서는 여기서 다루지 못하지만, 그러나 그는 이러한 것에 케뤼그마를 행하는 형태, 또는 가르치는 형식 등이 존재한다고 주장한다(C. H. Dodd, 7-35). 다른 한편으로, 신약성경에서 '가르치다'라는 의미로 사용되는 '카테키스모스'(κατηχισμός)역시 일반적으로 다른 의미로 사용되었다. 이 용어는 후기 시대로 흘러가면서 세례에 이르는 준비 교육을 한다는 것을 뜻하는 것이 되었지만 초기에는 그 의미가 확실하지 않았다. 제베르그는 카테케오의 틀로서 '카테키스모스'라는 정식이 존재하였다고 전제하면서 그 윤곽을 밝히려고 노력했다(Alfred Seeberg, Der Katerchismus der Urchristenheit, 1903). 16세기 교회개혁의 초기 이래로 신학은 고대 교회의 카테키스모스를 회복하고자 했다.

첫째, "하나님의 영으로 말하는 자는 누구든지 예수를 저주할 자라 하지 아니하고, 또 성령으로 아니하고는 누구든지 **예수를 주시라**(퀴리오스 예수스[Κύριος Ἰησοῦς]) 할 수 없느니라"(고전 12:3).

둘째, "모든 입으로 **예수 그리스도를 주라**(퀴리오스 예수스 크리스토스[Κύριος Ἰησοῦς Χριστός])시인하여, 하나님 아버지께 영광을 돌리게 하셨느니라"(빌 2:11).

셋째, "네가 만일 네 입으로 **예수를 주**(퀴리오스 예수스[Κύριος Ἰησοῦς])로 시인하며, 또 하나님께서 그를 죽은 자 가운데서 살리신 것을 네 마음에 믿으면 구원을 받으리라"(롬 10:9).

비록 바울이 첫째의 본문에 관한 상세한 정황을 설명해 주지 않지만, '저주'라는 선택적 기능이 포함되어 있다는 사실로 보아서 박해와 같이 믿음이 시험되는 상황을 추측해 볼 수 있다.

말하자면, 그리스도에 대한 고백은 막연한 진공상태에서 생겨난 것이 아니라, 결단을 요구하는 아주 긴박한 상황 가운데서 생성된 것으로 볼 수 있다. 다시 말하면 이 사실은 '예수는 주시라'를 부정하는 반대 명제로서 '예수는 저주 받아라', 또는 '예수는 주가 아니다' 또는 '가이사야말로 주이시다'라는 명제가 실제로 존재했다는 것을 의미한다. 물론, 신앙고백이 성립되는 정황을 이러한 권력에 의한 종교화라는 상황에만 국한시킬 필요는 없지만, 황제숭배의 배경이 존재하였다는 사실을 무시할 수 없다.

실제적으로 '퀴리오스'(κύριος: 주), '소테르'(σωτήρ: 구원의 주), '디비 필리우스'(*Divi filius*: 하나님의 아들) 등의 칭호가 황제에게 적용되어 사용되었고, 실제적으로 그리스도교 이외의 다른 종교는 자신들의 신과

황제를 함께 예배하였다.[9]

예를 들면, 『폴리카르푸스의 순교』에서 황제의 집정관은 "황제는 주이시다 라고 말하고 희생을 드리면서, 이것에 수반되는 것을 행함으로써, 생명을 구원하는 것이 무엇이 나쁜가?"라고 말하면서 주교를 설득하려는 장면이 보인다.[10] 폴리카르푸스는 황제를 주로 고백하는 로마제국의 시민적 숭배 속에는 이미 예수가 주가 되심을 부정하는 의미가 내포되었음을 자각하였다. 따라서 호모로기아는 지상 권력의 절대화라는 상황 속에서 보다 의식적으로 시행되었다는 사실을 간과할 수 없다. 그 전형적인 예가 디모데전서 6:12-13에 나타나는데, 12절의 많은 증인 앞에서 행한 '선한 증거'(텐 카렌 호로모기안[τὴν καλὴν ὁμολογίαν])와 13절의 그리스도가 본디오 빌라도를 향하여 행한 '선한 증거'(크리스투 예수 투 마르튀레산토스 에피 폰티우 피라투 텐 카렌 호모로게안[Χριστοῦ Ἰησοῦ τοῦ μαρτυρήσαντος ἐπὶ Ποντίου Πιλάτου τὴν καλὴν ὁμολογίαν])가 서로 병렬로 나타난다. 디모데의 고백이 세례 때인지, 전도자로서 임직 받을 때인지, 또는 전도자로서 권력자 앞에 끌려 나왔을 때인지 확실치 않다.

더욱이 본디오 빌라도를 '향하여'라고 번역되어 있는 것은 신조의 "본디오 빌라도의 치하에서"(또는 통치 아래서)와 같은 전치사 '에피'(ἐπὶ)이다. 이것은 '~의 때에' 또는 '~의 아래에'라는 의미를 가진다. 라틴어 '수브'(sub)와 같은 것이다. 문맥상 누가복음 21:12 이하의 박해 가운데 증거하는 상황과 상통한다. 다시 말하자면 그리스도의 고난을 세상의 일반역사 속에서, 그리고 빌라도로 대표되는 로마제국의 권력에 의해서, 또한 이 권력의 지배 하에서 일어났다는 사실을 말한다.

---

9 참고. D. Cuss, *Imperial Cult and Honorary Terms in the New Testament* (Fribourg: Fribourg University Press, 1974).

10 『순교자 행전』, 제22권 (동경: 敎文館, 1990), 10.

사도행전 4:27은 시편 2편과 관련하여 그리스도를 지상의 지배자를 이해하고 있다.[11]

또 하나의 단문 형식은 메시아적 대망과의 관계 가운데 나타나는 '예수는 그리스도이시다'라는 것이다. 요한일서 2:22에서 "거짓말 하는 자가 누구냐. 예수께서 그리스도이심을 부인하는 자가 아니냐. 아버지와 아들을 부인하는 그가 적그리스도"라고 하며, 마가복음 8:29에서 베드로는 "주는 그리스도시니이다"고 고백한다. 이와 비슷한 형태로 사도행전 8:37은 "예수 그리스도가 하나님의 아들이시다"라고 표현한다. 요한일서 5:5에서도 다음과 같이 나타난다. "예수께서 하나님의 아들이심을 믿는 자가 아니면 세상을 이기는 자가 누구냐"(티스 에스틴 호 니콘 톤 코스몬, 에이 멘 호 피스뉴온 호티 예수스 에스틴 호 휘오스 투 테우[τίς ἐστιν ὁ νικῶν τὸν κόσμον, εἰ μὴ ὁ πιστεύων ὅτι Ἰησοῦς ἐστιν ὁ υἱὸς τοῦ Θεοῦ]. 참조, 요일 4:15). 또한 귀신이 "하나님의 아들 예수여"라고 부르는 마가복음 5:7을 통해서 그 당시 초대 교회가 사용하였던 푸닥거리의 정식구에 대한 단서를 제공하고 있다는 것을 알 수 있다(히 4:14, 막 3:11).

단문적이고 간결한 형식, 또는 '표어'적인 형태에서 보다 완성도가 높은 상세한 고백적 표현들도 많다. 특히 고린도전서 15:3 "내가 너희에게 전하고 너희들이 받은 복음"이라는 표현은 그 당시 신앙에 대한 개요화를 명확히 보여준다. 이처럼 초대 교회가 신앙을 개략적으로 명확화하기 위하여 '틀', 또는 '형식'을 사용하였다.

예를 들면, 디모데전서 3:16의 "그리스도는 육신으로 나타난바 되

---

[11] 예를 들면, 이그나티우스는 『마그네시아 서한』 11:1에서 "본디오 빌라도의 치세에"(엔 카이로 테스 헤게모니아스 판티우 피라투[ἐν καιρῷ τῆς ἡγεμονίας Ποντίου Πιλάτου])라는 표현을 사용하지만, 이그나티우스 이후의 교부들도 "본디오 빌라도 아래에서"(에피 판티우 피라투[ἐπὶ Πόντιου Πιλάτου])를 더 많이 사용한다.

시고, 영으로 의롭다 하심으로 입으시고"는 "육신으로 …, 영으로 …" (엔 사르키 … 엔 프뉴아티[ἐν σαρκί … ἐν πνεύατι])라는 정식적 틀로서, 경건의 신비로 알려져 있는 찬양의 말씀이다. 이것과 유사한 형식의 틀을 로마서 1:3-4 "육신으로는 다윗의 혈통에서 나셨고 성결의 영으로는 죽은 자 가운데서 부활하여 능력으로 하나님의 아들로 인정되셨으니"에서 볼 수 있다.

여기에 사용된 틀은 "혈통으로는 …, 영으로는 …"(카타 사르카 카타 프뉴마[κατὰ σάρκα κατὰ πνεῦμα]라는 틀이다. 엡 4:9도 유사한 틀을 보여준다. "올라가셨다 하였은즉 땅 아래 낮은 곳으로 내려셨던 것이 아니면 무엇이냐." 말하자면 10절에 "내리셨던 그가 … 오르신 자니"(호 카타바스 호 아나바스[ὁ καταβὰς … ὁ ἀναβὰς])라는 구조 형태를 취한다. 이것은 '사도신조' 본문에 사용되는 틀이기도 하다. 더욱이 시간적인 측면, 다시 말해서 하나님의 구속사적인 관점에서 신조 형식을 이해하는 구조가 존재한다. 예를 들면, 고린도전서 15:3-8에서 볼 수 있다.

> 내가 전한 그 말씀을 곧게 붙잡고 헛되이 믿지 않으면
> 그 복음으로 말미암아 너희도 구원을 받을 것이다.
> 내가 받은 것을 먼저 너희에게 전하였으니,
> 그리스도께서 성경대로 우리 죄를 위하여 죽으시고,
> 무덤에 묻히셨다가 성경대로 셋째 날에 살리심을 받아,
> 게바에게 나타나시고,
> 그 다음에 열두 제자에게,
> 그 후에 오백 명이 넘는 형제들에게, …
> 그 후에 야고보에게 나타나셨고,
> 그 다음에는 모든 사도들에게와
> 만삭되지 못하여 난 자 같은 내게도 나타나셨다.

위의 구절은 그리스도교의 케뤼그마를 명확하게 요점화한 것이다. 이것은 신앙문답을 통한 교육 목적으로 사용되었을 수도 있다. 무엇보다도 예수 그리스도에 대한 목격자들을 나열함으로써 자신들의 복음의 정당성, 보편성, 정통성에 대한 호교적이며 방어적인 결론을 내리고 있다. 또한 로마서 1:3-5에서는 보다 섬세하게 엮인 신학적 성명을 보게 된다.

> 그분의 아들에 관하여 말하자면,
> 그는 육신으로는 다윗의 자손으로 나셨고,
> 성결의 영으로는 죽은 자들 가운데서 부활하여
> 권능 가운데 하나님의 아들로 선포되셨으니,
> 곧 우리 주 예수 그리스도이시다.
> 그분으로 인하여 우리가 은혜와 사도의 직분을 받았다.

로마서 8:34에서는 간단한 문언을 보게 된다.

> 누가 정죄하겠느냐?
> 죽으셨을 뿐 아니라,
> 살리심을 받으신 분은 그리스도 예수이시다.
> 그분께서는 하나님 오른 쪽에 계시며,
> 우리를 위하여 간구하여 주신다.

상기의 간단 정식과는 다르게 신앙문답식의 형태가 내포되어있는 형식들도 보인다. 갈라디아서 1:4, 데살로니가전서 4:14, 5:9이며, 보다 자유로운 표현을 베드로전서 3:18 이하에서 볼 수 있다.

> 그리스도께서 단번에 죄를 위하여 죽으셨습니다.
> 의인으로서 불의한 자를 대신하셨습니다.
> 이는 우리를 하나님께로 인도하시려는 것입니다.
> 육체로는 죽임을 당하시고 영으로는 살리심을 받으셨으니,
> 그가 또한 영으로 가서 옥에 있는 영들에게 선포하십니다.
> (중략)
> 물은 예수 그리스도의 부활하심으로 말미암아 이제 너희를 구원하는 표니,
> 곧 세례라. 이는 육체의 더러움을 제하여 버림이 아니요,
> 하나님을 향한 선한 양심의 간구입니다.
> 그리스도께서 하늘에 오르시어 하나님 오른쪽에 계시니,
> 천사들과 권세들과 권능들이 그분께 복종합니다.

더욱이 지금까지 그리스도 중심의 단일 형태와는 다르게, 아버지 하나님과 아들 예수 그리스도의 신적 동일성에 근거한 이중적 또는 이위적(二位的) 구조를 가진 정식화도 존재하였다. 초기의 그리스도교가 선포하였던 케뤼그마의 중심은 예수 그리스도와 그분의 사건이었음에 틀림이 없다. 그럼에도 불구하고 복음서에서 예수 그리스도가 자신의 '아버지'를 언급하였다는 명확한 사실을 발견한다. 다시 말해서, 천지의 창조주를 자신의 아버지로 선언하시면서, 예수님 자신과 아버지 하나님과의 동질적 관계를 강조하였다. 물론 삼위일체론에 관한 논술은 명확하게 나타나지 않지만, 이러한 복음서의 정황을 고려하여 보면 초기 그리스도 교회가 가졌던 신앙과 신학이 삼위 하나님에 대한 신학적 통찰을 내재하고 있었다는 사실을 보여준다.

초대 교회는 천지를 창조하신 유일하신 창조주 하나님의 신앙을 소유하였고, 또한 그분이 예수 그리스도의 아버지가 된다는 사실을 신앙

하고 있었다. 이위적 정식의 전형적인 예는 고린도전서 8:6에서 보게 된다.

> 우리에게는 한 하나님, 곧 아버지께서 계시니,
> 만물이 그분에게서 나왔고, 우리는 그분을 위하여 있다.
> 또 한 주 예수 그리스도께서 계시니,
> 만물이 그분으로 말미암아 있고, 우리도 그분으로 말미암아 있다.

디모데전서 6:13 이하 역시 동일하다.

> 만물에게 생명을 주시는 하나님 앞과
> 본디오 빌라도 앞에서 선한 고백을 (증언)하신(마르튀레산토스 텐 카렌 호모로기안[μαρτυρήσαντος τὴν καλὴν ὁμολογίαν]) 그리스도 예수 앞에서 내가 너에게 명령한다.
> 너는 우리 주 예수 그리스도께서 나타나실 때까지
> 흠도 없고, 책망 받을 것도 없이 이 명령을 지켜라.

만물의 창조자, 아들 예수 그리스도, 그분의 고난과 빌라도의 연결, 그리고 영광 가운데 다시 오실 종말론적 표현은 하나의 정형화된 고백을 엿보게 한다. 또한 로마서 4:24과 같은 구절들이 형성된 상황들을 고려하여 본다면, 하나님 아버지 그분께서 예수 그리스도를 죽은 자 가운데서 살리셨다는 사실에 대한 명확한 고백이 하나의 상용구로 사용되고 있었다는 것도 확실하다.[12] 개관적이면서도 총괄적인 이러한 정식화 작업들은 세례 준비를 위한 신앙문답 교육용으로 사용되었다

---

12 참고. 롬 4:24; 8:11; 고후 4:14; 갈 1:1; 살전 1:10; 골 2:12; 엡 1:20; 벧전 1:21.

고 말 할 수 있을 것이다.

더욱이 이위적(二位的) 신앙고백이 초기 그리스도교에 깊은 영향을 가져다주면서, 동시에 삼위적 형태가 나타나기 시작한 것은 아주 자연스러운 일이었다. 예를 들면, 마태복음 28:19은 "너희는 가서 모든 민족을 제자로 삼아 아버지와 아들과 성령의 이름으로 세례를 베풀라"고 기록한다. 물론 이것은 호모로기아도 아니며, 고백과 관련된 배경도 아니다. 그러나 마태복음이 가지는 어휘는 명확하게 세례와 결부되어있다. "아버지와 아들과 성령의 이름으로 세례를 주고"라는 것은 단순히 삼위일체의 하나님을 믿는 신앙을 가지고 집행하라는 의미가 아니다. 이것은 세례 집행자가 사용하였던 세례의 예전문을 규정하고 있는 것이다. 수세자는 그것을 입으로 고백했음에 틀림없다. 그 이전에는 "주의 이름을 부름으로서" 세례를 집행하는 양식이 있었다 (행 22:16). "주의 이름을 부르는"(에피카레사메노스 토 오노마 투 퀴리우 [ἐπικαλεσάμενος τὸ ὄνομα τοῦ Κυρίου])것은 그리스도에 대한 고백을 의미한다. 이것은 사도행전 2:38, 8:16, 10:48, 19:5에 나오는 "예수 그리스도의 이름으로 세례를 받는" 것과 같다. 마태복음서가 완결되는 시기에는 아버지, 아들, 그리고 성령의 이름을 고백함으로써 세례를 받는 형식이 확립되었던 것으로 간주된다. 즉 신앙고백 형식의 변화는 세례 형식의 변화에 기인하는 것으로 간주된다. 최초의 삼위일체론적 고백형식은 지금까지 전승되어 온 고백적 어휘를 소재로 한 것으로, 지극히 단순한 세 항목으로 이루어진 형식으로 나타난다. 세례식이 거행될 때의 물에 잠기는 것도 세 번 행하여졌다.[13]

---

[13] 형식적인 측면에서 고려하여보면, 삼위적 고백의 최초의 형태는 다섯 항목으로 구성된 것으로 보이지만, 그 다섯 항목의 내용이 확정되지는 않았다. 예를 들면, 다섯 항목으로 구성된 신조 가운데 알려진 것은 '델 바리제 신조'(Dêr Balyzeh)이다. 그러나 『사도들의 서한』(Epistula Apostolorum) 제5장에 수록된 다섯 항목으로 구성된 신조보다도 단순한 것으로 간주된다. Montague Rhode James, *The Apocryphal New Testament: Being the Apocryphal*

조금 다른 표현으로는 다음과 같은 것들이 있다. "주 예수 그리스도의 이름과 우리 하나님의 성령 안에서"(고전 6:11), "은사는 여러 가지나 성령은 같고, 직분은 여러 가지나 주는 같으며, 또 사역은 여러 가지나 모든 것을 모든 사람 가운데서 이루시는 하나님은 같으니"(고전 12:4), "범사에 감사하라. 이것이 그리스도 예수 안에서 너희를 향하신 하나님의 뜻이니라. 성령을 소멸하지 말며"(살전 5:18), 그리고 "곧 하나님 아버지의 미리 아심을 따라 성령의 거룩하게 하심으로 예수 그리스도께 순종하고"(벧전 1:2) 등이다.

이와 같은 성경의 글귀들은 정형화된 삼위적 구조라고 간주하기는 어렵지만, 삼위일체 신조의 '기초안'(基礎案)이라고 할 수 있을 것이다. 이러한 기초안들이 여러 곳에서 지속적으로 발견 되었다는 것은 그리스도 교회가 처음부터 하나님의 삼중적 계시 개념을 소유하고 있었다는 의미이다. 성경에 분명하게 나타나는 이러한 삼중적 구조는 후대의 하나님에 대한 삼위일체적 구조의 신조적 전통의 한 부분을 담당하고 있다고 말해야 할 것이다.

또 한 가지 신조형식의 발전에서 주목하고자 하는 것은 '우리는 믿습니다'라는 어구이다. 고백문에서는 헬라어로 '피스튜오 에이스'(πιστεύω εἰς)라고 말하지만, 요한이 즐겨 사용한 문어로 피스튜오 호티(πιστεύω ὅτι, ··· 라는 것을 믿습니다)가 있지만(요 11:27; 20:31; 요일 5:1, 5), 세례와 관련된 것이다. 왜냐하면, 에이스(εἰς)는 세례 용어로 사용되기 때문이다. "그리스도 예수와 합하여 세례"(롬 6:3)에서 "··· 와 합하여"는 에이스(εἰς)의 번역어이다. 사도행전 8:16과 19:5의 "주 예수의 이름으로 세례를 받으니"(에이스 토 호노마 투 퀴리우 예수[εἰς τὸ

Gospels, Acts, Epistles, and Apocalypses, with Other Narratives and Fragments (Oxford: Clarendon Press, 1924), 485–503.

ὄνομα τοῦ κυρίου Ἰησοῦ])에서 사용된다.

마태복음 28:19의 "아버지와 아들과 성령의 이름으로"(에이스 토 호 노마[εἰς τὸ ὄνομα])에서도 볼 수 있다. 물론, 세례에 관한 언급이 반드시 '에이스'를 사용한 것은 아니다. '엔'을 사용한 경우도 있지만(예: 행 10:48), 에이스가 많이 사용된 것은 이 단어가 가지는 방향성 또는 귀속성 등의 의미가 '믿는다'라는 용어와 서로 부합되기 쉬웠던 것으로 이해된다.

3. 신앙고백적 제(諸) 문언들

지금까지 고백적 문언들에 관한 흔적들을 살펴보았다. 그렇다면 이러한 신조의 정식화, 또는 결정화(結晶化)를 향한 움직임의 시발(始發)을 가능하게 한 특수한 상황은 무엇인가?

오스카 쿨만은 『초대 교회의 신앙고백』에서 초기 그리스도 교회가 신앙고백을 생성하게 되는 상황에 관하여 다섯 가지로 설명한다.

① 개종 또는 회심으로 그리스도교에 입교하려는 사람들이 나타나면서, 교회는 세례를 위한 준비 교육이 필요하게 되었다. 따라서 세례 받을 자들에 대한 교리교육을 위한 형태로 신조가 사용되었다(행 8:36-38; 벧전 3:18-22).
② 예배와 예전 가운데서 믿음의 엄숙한 표현들이 요구되는 예전적인 신조문언이 필요하게 되었다(고전 15:3-7).
③ 악령 축귀문으로 사용되었는데 유스티누스의 『대화』에 나타나며, "나사렛 예수 그리스도의 이름으로 걸어라"(행 3:6)에서 보인다.

④ 박해적 정황 속에서 사용되었는데, 호모로게인이나 마르튜레오는 박해의 문맥 가운데 많이 사용되었고, 마르튜레오는 '순교로 죽다'는 의미를 가지기조차 하였다. 예를 들면, 디모데전서 6:12-16은 법정의 행동을 배경으로 기록된 말씀이며, 또한 고린도전서 12:2-3은 "누구든지 하나님의 영으로 말하는 자는 누구든지 예수를 저주할자라 하지 아니하고, 또 성령으로 아니하고는 누구든지 예수를 주시라 할 수 없다"(퀴리온 예순[Κύριον Ἰησοῦν])라고 하면서 퀴리오스 카이사르(κύριος καῖσαρ)에 대항하고 있다.

⑤ 이교도와의 신앙적이며 신학적인 논쟁이 발생되면서, 자신들의 신앙을 방어할 필요가 생겨났다.[14] 예를 들면, 가현설에 관하여(요일 4:2), 우상 숭배적 다신교에 관하여(고전 8:6), 부활을 부정하는 자들에 대한(고전 15:3-8) 정식들이 보인다. 또한 그노시스에 대하여 창조주 하나님과 속죄주 하나님의 일치성을 주장함으로, 하나님의 유일성을 주장하는 신조가 하나의 교회적 사항으로 자리 매김을 하게 되었다. 이러한 다양한 상황들은 다양한 신조적 문언들을 요구하게 되었다. 때로는 장황한 것을, 때로는 단편 형식의 간단한 것을, 때로는 묻고 답하는 문답 형식의 장르를 필요로 하게 되었다.

위의 다섯 항목 가운데 특히 첫 번째 주장을 본다면, 초대 교회는 예수 그리스도를 주님으로 고백하는 '고백 공동체'였다는 사실을 알 수 있다. 따라서 이 공동체에 입회한다는 것은 곧 자신의 입으로 그 믿

---

14 Oscar Cullman, *The Earliest Christian Confessions*, J.K.S. Reid, trans., (London: Lutterworth, 1949), 18.

음을 '고백'하는 것으로 이어진다. 은혜의 표징으로서 세례는 교회로 하여금 교회답게 하는 중요한 의미를 가졌다. 그러므로 세례를 위한 준비교육은 큰 비중을 차지하였다. 세례준비 교육은 신앙문답으로 이루어졌다. 초대 교회의 전통 가운데 신앙고백, 신조의 형식화, 또는 정식화 작업은 교회의 지상명령인 세례와 그 세례준비를 위한 신앙문답 교육과 밀접한 관계 속에서 형성되었다.

세례준비를 위한 교리문답 교육이 요구되었던 이러한 상황은 그들 자신이 믿었던 그리스도교 가르침을 교리화하고, 해설 또는 선언으로 만들어가는 과정이기도 하였다. 신앙고백적, 또는 신조적 요약의 체계를 바른 순서에 따라서 교육하는 작업이 선행된 것이다. 이처럼 신조의 뿌리는 신학화 또는 체계적 교리화 작업에서 나온 것이 아니라, 교회의 삶에 존재하였고 그 가운데서 시작되었다. 세례를 받기 위하여 신앙문답 교육에 의해서 학습된 교리적 요점들을 명언화(明言化)하여 세례를 받을 때에 하나님과 이웃들 앞에서 그것을 고백함으로써 자신들의 신앙을 표명한 것이다.

격변하는 시대적 상황 속에서, 예수를 구주로 영접하고, 하나님의 아들 그리스도로 고백하는 개인적인 신앙의 결단과 함께, 그리스도의 몸된 교회의 일원으로 영입하는 공동체적 신앙의 결단 속에서 자연스럽게 형성되어온 맹아(萌芽)적 신앙고백 형태는 점차적으로 '신조'라는 형태로 발전하고 전개되어 갔다.

4. 신앙규범의 성립

오래 전부터 신조 연구가들은 신앙규범과 신조형성의 상관관계에 관하여 많은 관심을 기울여왔다. '레귤라 피데이'(*regula fidei*, 신앙규범)는 구원의 진리에 관한 교회의 참된 가르침의 기준이 되는 것을 간략하게 신조적 형식으로 나타낸 것이다. 비록 신조는 아니지만, 사도들의 구전에 의하여 전달되고 믿어져 왔던 내용으로, 2세기 후반 교부들이 여러 이단들에 대하여 정통 그리스도교의 신앙을 옹호하기 위해 문서화하였던 신앙적 기준이다. '진리규범'(레귤라 베리타스[regula veritatis])이라고 부르기도 한다. 고린도의 디오니시우스, 이레나에우스, 알렉산드리아의 클레멘스, 힙폴리투스, 테르툴리아누스, 노바티아누스 등에게 보인다.

내용적으로는 하나님 아버지에 관하여, 예수 그리스도에 관하여, 그리고 성령에 관한 부분으로 구분된다. 사람이 되신 하나님의 역사(歷史)는 구원사의 중심이 되며, 하나님의 사역(使役)은 구원의 사역으로 일관된다는 것이다. 내용은 일찍부터 확립되어 구전으로 전해져 내려왔던 것으로, 성경, 또는 전례문, 특히 세례식문이나 '예전적 서창'(프라에파티오[Praefatio]) 등에서 신앙고백과 함께 존재하였다. 더욱이 이것은 교의 또는 성경해석을 위한 표준이 되기도 하였다. 비록 신조적 형식을 취하지는 않지만, 그 내용은 오로지 하나님의 창조 사역과 구원 사역에 관한 총괄이었다.

'신앙규범'이 서방교회보다 동방교회에서 많이 사용되었다는 사실은 당시의 그노시스파가 그들만의 규범을 가지고 있었기 때문에 이에 대하여 그리스도교 정통신앙의 규범이 필요했다는 사실을 암시해준다. 이러한 이단과의 대결은 사도 바울이 에베소 교회 장로들에게 보낸 고별문 가운데서도 나타난다(행 20:29-30). 사도 서신과 요한계시록에도 몇 번에 걸쳐 언급된다. 이그나티우스의 서한에는 이단을 배제하여 바른 신앙을 지키기 위한 정식화의 계획이 나타난다.[15] 따라서

---

15 한(Hahn)은 자신의 신조집에서 신앙규범의 사용 범례를 기술하고 있다. Hahn § 1 을 보라.

'신앙규범'이 초기 그리스도 교회에 본질적으로 중요하였다는 것은 말할 필요도 없다. 신조 편집에 영향을 준 것도 무시할 수 없는 사실이다. 그럼에도 불구하고, 신조 성립사(成立史)에 있어 '신앙규범'의 위치가 중시되어 왔다고 보기는 힘들다. 그 이유는, 이것이 신조와 그 목적이 전혀 다르다는 것에 기인한다.

첫째, 신조는 신앙을 옹호하기 위한 신앙 또는 교리의 규범이 아닌 세례의 전례식문인 것에 반하여, '신앙규범'은 이단을 배제하기 위한 것이 목적이다.

둘째, 신조와 '신앙규범'은 각각 그 소재가 다르다. 다시 말해서, 신조는 전수된 신앙 정식의 어휘로 만들어진 것이고, '신앙규범'은 신학적 개념으로 구성되었다. 테르툴리아누스가 『프락세아스 논박』 제2장에서 언급하고 있는 '신앙규범'은 다음과 같다.[16]

> 따라서 프락세아스에 의하면, 그 후에 태어나신 분은 아버지이시며, 고통을 받으신 분도 아버지이시며, 전능하신 주 하나님 그분이 예수 그리스도라고 말합니다. 항상 설교되어왔던 것처럼 우리는 이와 반대로, 이제는 모든 진리로 인도하시고(요 16:13) 위로의 주가 가르치시므로(요 14:26) 다음과 같이 말합니다.
> 우리는 한 분 하나님을 믿습니다. 그러나 이 배제(配劑, 디스펜사티오[dispensatio]) – 이것을 우리는 '오이코노미아'(경륜)라고 칭하는데 – 에 따라서 유일하신 하나님께 아들이 있으니, 하나님으로부터 나오셨으며, 만물이 그로 말미암아 지은 바 되었으니 지은 것이 하나도 그가 없이는 된 것이 없습니다(요 1:3). 그는 하

『마그네시아 서한』 제11장, 『토라레스 서한』 제9장, 그리고 『스미르나 서한』 제1장에 나온다.

16 Hahn § 7.

나님 아버지에 의해서 동정녀에게 잉태되시고, 그 동정녀로부터 인간의 몸을 섭취하시고 하나님으로 태어나신 사람의 아들이시며, 하나님의 아들이시고, 이렇게 하여 예수 그리스도라 칭하게 되었습니다. 그분이야말로 고난을 받으시고, 그분이야말로 죽으셨으며, 그분이야말로 성경대로(고전 15:3f) 무덤에 묻히시고, 그리고 하나님 아버지로 말미암아 다시 살아나시고, 하늘로 돌아가셔서 아버지의 우편에 앉으시사(막 16:19), 산 자와 죽은 자를 심판하시러 오십니다(딤후 4:1). 그분은 그 후 약속한대로(요 16:7), 아버지로부터 위로의 주가 되시는 성령을 즉 아버지, 아들, 성령을 믿는 성별자(聖別者)에게 보내어 주십니다.

테르툴리아누스의 『동정녀의 덮어쓰는 것에 대하여』 제1장에 나오는 '신앙규범'에 대한 기술은 다음과 같다.[17]

> 신앙규범은 확실히 하나이며, 유일하고 부동하며, 불변합니다. 다시 말해서, 세상의 창조주, 유일하시고 전능하신 하나님, 그리고 그 아들 예수 그리스도가 동정녀 마리아에게 나시고, 본디오 빌라도 치하에서 십자가에 달리시사 셋째 날에 죽은 자 가운데서 다시 살아나시며, 하늘로 영접 받으셔서, 지금은 아버지 우편에 앉아계시며, 산 자와 죽은 자(몸의 부활로 말미암아)를 심판하시기 위하여 오시는 것을 믿습니다.

또한 테르툴리아누스는 『이단자의 시효에 대하여』 제13장에서 다

---

17 Hahn § 7; KT 6.

음과 같이 말한다.[18]

지금 여기에 우리가 옹호하고 고백해야 할 신앙규범은 다음과 같습니다. 즉 이렇게 믿습니다. 유일하신 하나님께서 세상의 창조주일 수밖에 없다는 것과, 이 하나님께서 모든 것에 앞서서 보내어주신 말씀에 의해서, 우주를 무(無)로부터 만들어 내셨다는 것입니다. 이 말씀은 아들이라 불리는데, 하나님의 이름을 가진 분으로서 선진들에게 여러 형태로 나타나셨으며, 예언자들을 통해서 항상 듣게 되었으며, 그리고 마지막으로 아버지 하나님의 영과 능력으로, 동정녀 마리아에게 내려가셔서, 그 태내에서 육체를 입으시고, 그녀로부터 태어나셨습니다. 이 분이 예수 그리스도이십니다.

이 분은 그 때로부터 새로운 율법과 천국에 대한 새로운 약속을 전파하셨고, 능력의 사역을 행하셨습니다. 그리고 십자가에 달리셔서 셋째 날에 부활하시고, 하늘에 오르시어 아버지의 우편에 앉으시고, 그 대리로 성령을 보내셨는데, 이분 성령께서 믿는 자를 인도하십니다.

그분께서는 영원한 생명과 천상의 약속의 열매로서 성도들을 받아들이시기 위해, 그리고 더러운 자를 꺼지지 않는 불로 심판하기 위하여, 광채와 함께 재림하십니다. 그리고 이 양자(兩者)의 부활은 육체가 회복될 때에 이루어집니다. 이상의 규범은 증명되었듯이 그리스도로 말미암아 제정된 것으로 이단들이 전하거나, 이단이 나타나지 않는 이상, 우리들 사이에는 아무런 문제가 되지 않습니다.

---

[18] Hahn § 7; KT 6-7.

이레나에우스의 『이단논박』 제1권에서 말하는 '신앙규범'은 다음과 같다.[19]

> 교회가 전 세계로 흩어지며, 땅 끝까지 퍼져가는 가운데, 사도들과 그의 제자들은 다음과 같은 신앙을 전수 받았습니다.
> 유일하신 하나님, 전능하신 아버지, 하늘과 땅과 바다와, 그 가운데의 모든 것을 창조하신(행 4:24) 분을 믿으며, 그리고 한 분 예수 그리스도, 우리를 구원하기 위하여 육체를 입으신 하나님의 아들을 믿습니다. 그리고 예언자들을 통하여 하나님의 경륜(오이코노미아스[οἰκονομίας])과 재림(에레우세이스[ἐλεύσεις])을 전하신 성령을 믿습니다. 그리고 우리 주, 사랑의 그리스도 예수께서 오심과 동정녀로부터 탄생하시고, 고난을 받으시고, 죽은 자 가운데서 다시 살아나셔서, 육체로 승천하시고 그리고 그분께서 아버지의 영광을 가지고 하늘로부터 오시고, 모든 것을 통일(아나케파라이오사타이[ἀνακεφαλαιώσαθαι], 엡 1:10)하시려고 나타나셔서(파루시아[παρουσία]), 전 인류의 모든 육체가 부활하게 되어, 보이지 않는 아버지의 마음에 합당한 우리들의 주가 되신 하나님, 구원의 주, 더욱이 왕이 되신 그리스도 예수께 하늘에 있는 것과, 땅에 있는 것과, 땅 아래 있는 모든 것들이 무릎을 꿇고, 모든 혀가 고백하며(빌 2:10, 11), 그분이 만물에 대하여 의로운 심판을 집행하실 것을 믿습니다. 그는 악한 영(엡 6:12)과 대적하며 불순종한 천사를, 불경건한 자, 불의한 자, 불법한 자, 그리고 신을 모독한 모든 자와 함께, 영원한 불에 처넣으실 것입니다. 의로우시고 거룩하신 분, 그분의 율례를 지키고, 그의 사랑 안에서

---

[19] Hahn § 5; KT 5f.

인내하는 자는 처음부터, 또는 회개 때부터이든 그러한 자에게는 죽지 않음을 주시고, 영원한 영광으로 에워싸 주실 것입니다.

이레나에우스의 '신앙규범'은 본인의 믿음과 신학적 주장을 확실하게 주장하는 점에서 아주 논쟁적이며, 또한 이단적 가르침에 대한 바른 신학을 명언하고자 하는 성격이 강하다. 따라서 신학적 논쟁이라는 상황에서 얻어질 수 있는 내용들이기 때문에 신조적인 위치로 간주하기란 쉽지 않다.

Establish the Confessing Church

고백하는 교회를 세워라

제2장
니케아 신조 및 니케아 콘스탄티노폴리스 신조

1. 서론

본장에서는 '니케아 신조'와 '니케아 콘스탄티노플 신조'를 함께 다루고자 한다. 이유는 이른바 '니케아 신조'라고 부르는 신조가 세 개 존재하기 때문이다.

먼저 325년 니케아 공의회에서 제정된 (원)'니케아 신조'가 존재한다. 로마제국에서 313년 그리스도교가 공인된 후에 최초로 개최된 세계적 교회회의로서 '니케아 공의회'는 그리스도교의 신앙과 신학논쟁에 중요한 결론을 내렸던 공회의였다. 논쟁의 핵심은 그 당시 알렉산드리아 교회의 사제였던 아리우스(Arius, Ἄρειος, AD 250년 또는 256-336년)가 주장한 그리스도론이다. 그리스도에 관한 아리우스의 이해와 주장에 대하여, 니케아 공의회는 '니케아 신조'를 작성하여, 성부와 성자가 그 본질에 있어서 '호모오우시오스'(ὁμοούσιος, 동질)하다는 사실을 확인하고 '저주문'(아나테마[Anathema, ἀνάθεμα])[1]을 첨부하여 삼

---

[1] 아나테마는 '무엇에게 받쳐진 어떤 것'이라는 의미이다. 70인역에서는 '악마에게 받쳐진 어

위일체를 신학적으로 정립하였다. 그러나 신약성경에 나타나지 않고, 헬라철학의 영향이 고스란히 베여져 있는 '호모우시오스'라는 이 획기적인 용어가 그리스도교의 신학적 용어로 사용된다는 사실에 거센 반발은 그칠 줄 몰랐다. 결국, 325년의 '니케아 신조'를 고수하려는 자들과 반대하는 자들 사이에 일어난 논쟁을 종식시키기 위해서 381년 '니케아 콘스탄티노폴리스 공의회'가 개최되었고, 이 공의회에서 새로운 '니케아 콘스탄티노폴리스 신조'가 제정되었다.

그러나 '니케아 콘스탄티노폴리스 신조'(*Symbolum Nicaeno-Constantinopolitanum, Nicaeno-Constantinopolitanum*)라는 명칭은 처음부터 존재하지 않았다. 17세기 루터파 신학자 요한 베네딕트 카르프쵸프(Johann Benedikt Carpzov, 1607-1657년)가 처음으로 사용하였다. 아마도, 325년 니케아 공의회에서 제정된 '니케아의 318인 신조'와 혼동을 피하기 그렇게 부르게 된 것으로 이해된다.

동방교회는 이른바 '니케아 콘스탄티노폴리스 신조'를 '콘스탄티노폴리스의 150인 신조'라고 불렀고, 서방교회는 '니케아 신조'(니카에눔[*Nicaenum*]이라고 부르며, 심볼룸 니카에눔[*Symbolum Nicaenum*]이라고 하지 않음)라고 하였다. 여기에는 성령 항목에 내용이 부가되었고, 성령의 신적 동질이 강조되었고, 저주구가 생략되었다.[2]

그런데 이른바 세 번째 형태의 '니케아 신조'가 등장한다. 동방교회로부터 점차적으로 분리되어갔던 서방교회는 예배의 전례적 용어와 신학용어들을 라틴어로 사용하기 시작하였다. 그러는 가운데 그들은 '니케아 신조'를 예배 가운데 고백하게 되었고, 더욱이 성령 항목에

떤 것, 즉 저주받은 것'이라는 뜻으로 사용되었다(레 27:28, 신 7:26; 13:17; 롬 9:3; 고전 12:3). "ἀνάθεμα", in Henry George Liddell & Robert Scott, *A Greek-English Lexicon* (Oxford: Clarendon Press, 1968), 104.

2 J. N. D. Kelly, "The Nicene Creed: A Turning Point," in *Scottish Journal Theology*, Vol. 36 (1983), 29-39(특히, 29-32).

'에트 필리오케'(et Filioque)라는 작은 어구(語句)를 첨가하여 사용하였다. 공식적으로 제3회 톨레도 회의(589년) 이후, 그들은 '필리오케'를 삽입한 신조를 사용하여, 성령의 이중적 발출을 고백하였고, 더욱이 '우리는 믿습니다'라는 복수형을 '나는 믿습니다'(크레도[credo])의 단수 형태로 바꾸어 사용하였다. 이렇게 되자, 이 '필리오케'가 첨가되지 않은 헬라어 원본 '니케아 신조'를 사용하였던 동방교회는 서방의 로마 주교를 비난하게 되었고, 더 나아가서는 동방과 서방교회의 분열의 결정적인 요인이 되기까지 하였다. 그러므로 '니케아 신조'는 헬라어 판과 라틴어 판이 존재한다.

2. '니케아 신조'와 '니케아 콘스탄티노폴리스 신조'의 본문 확정

'니케아 콘스탄티노폴리스 신조'의 본문을 확정함에 있어서 무엇보다도 중요한 사실은 381년 니케아 콘스탄노폴리스 공의회가 '니케아 콘스탄티노폴리스 신조'를 작성하였다는 회의록이 남아 있지 않고, 그 규정(canon)만 존재한다는 사실이다.[3] 이 신조 본문에 관한 공식적인 기록은 451년의 칼케돈 회의록에 처음으로 나타난다.

'니케아 신조'와 '니케아 콘스탄티노폴리스 신조'가 칼케돈 공의회 회의록에서 처음으로 언급되었다는 사실은 칼케돈 회의가 '니케아 신조'의 증보판으로 '니케아 콘스탄티노폴리스 신조'를 이해하였으며,[4]

---

3 니케아 콘스탄티노폴리스 공의회에서 신조가 작성되었는지에 관한 논쟁에 관하여는 『가톨릭 백과사전』 1473-4를 참조하라.
4 한편, 370년대 초기에 기록된 살라미스의 에피파니우스의 저작 가운데 '니케아 콘스탄티노폴리스 신조'와 거의 동일한 것이 수록되어 있다. 다시 말해서, 360년대 말에 이 세례신조가 살라미스에서 사용되고 있었다는 주장에 근거하여, 전통적인 견해를 부정하는 주장이 나타났다. 다시 말해서, 하르낙과 홀트가 '콘스탄티노폴리스 신조'가 381년의 콘스탄티

따라서 '니케아 신조'와 '니케아 콘스탄티노폴리스 신조'를 재확인하고 확정하는 의미에서 칼케돈 회의가 상기의 두 신조를 승인하였고, 더 나아가 '칼케돈 신조'로 이어지는 신조적 연속성을 주장하였다고 말 할 수 있다.

사실 325년의 '니케아 신조'와 381년의 '니케아 콘스탄티노폴리스 신조'와의 관계 연구에 필연적인 검토 사항은 전자 이후 약 60년 동안 그리스도 교회가 작성하여왔던 많은 신조들이다.

325년 제1차 니케아 공의회 이후 각 지방의 교회들은 '니케아 신조'로 말미암아 야기되어 거듭되는 논쟁을 종식시키기 위하여 많은 지방회의를 개최하여 다양한 신조를 작성하였다는 사실이다. 더군다나, 서방교회가 지금까지 일반적으로 세례신조를 소유하고 있었지만, 교회 공의회가 신조를 제정하게 되면서 신조 그 자체가 세례신조적 성격과 그 틀을 벗어나게 되는 상황이 발생하였다.

다시 말해서, 회의에 참석한 주교들이 자신들의 신앙과 신학적 이념에 근거하여 신학적이고 교리적인 차원에서 신조를 제정하게 되자, 이것은 지방적이고 각 교회적인 세례신조의 범주를 넘어서 하나의 '교리기준'을 작성하게 되는 결과가 되어 버린 것이다.

따라서 신조에 사용되는 용어 역시 전승된 어구가 아니라, 새로운 신학적 상황(context)이 요구하는 개념에 적합하게 새롭게 조어된 것들이 많아지게 되었고, 일반적으로 저주구를 포함하게 되었다. 따라서 '저주구'를 하나의 기준으로 보면 '니케아 신조'는 교리신조이며, '니

노폴리스 회의에서 제정되지 않았다는 것이다. F. J. A. Hort, *Two Dissertations in Scripture and Tradtion* (Wipf & Stock, 2001), 73ff. 반대 의견으로는 슈바르츠를 비롯한 많은 학자들이 있다. Eduard Schwaz, *Das Nicaenum und das Constantinopolitanum auf der Synode von Chalcedon*, ZNW 25, 1926; ECC chs.7,8; A. M. Ritter, *Das Konzil von Konstantinopel und sein Symbol*, 1965; 콘스탄티노폴리스 회의 1500주년 기념 논문집이 몇 개 출판되었는데, 그 논문들의 경향은 전통적 주장을 강하게 어필하면서도, 여전히 확정인 증거를 얻지 못하고 있다.

케아 콘스탄티노폴리스 신조'는 세례신조이다. 물론, 세례식에서 전자가 사용되었다는 보고는 있지만 확인되지 않고 있다.

칼케돈 공의회 제3회기에서 이른바 '칼케돈 신조'에 대하여 결정을 내렸는데, 그 명칭을 '데피니티오'(*Definitio*, 일반적으로 결정, 규정, 정의를 내린다는 뜻으로 사용됨; 헬라어로는 헥테시스(ἔκθεσις, 해설)라고 규정하였다. 말하자면, 새로운 신앙고백이 작성된 것이 아니라, 칼케돈 신조는 이미 고백된 신조들에 대하여 해설적인 정의와 결정을 내린 것이다. 회의록 섹션(Session V)에 다음과 같이 기록되어 있다.[5]

> 하나님의 은혜와 깊은 경건함으로 말미암아 그리스도에 대한 사랑으로 충만한 황제 마르키아누스(동로마 황제, 재위 450-457년), 및 바렌티니아누스 (3세. 서로마 황제, 재위 425-455년)의 칙령에 의하여, 비테니아 지방의 수도 칼케돈에 있는 영광의 승리를 이룬 순교자 에우페미아(307년 사망, 칼케돈 시의 수호성녀가 됨)의 거룩한 회당에 소집된, 거룩하고 위대한 세계적인 회의는 다음과 같이 결정한다.
>
> 우리 주가 되시며 구세주가 되신 예수 그리스도께서 자신의 제자들을 믿음의 지식 안에서 세워 가시기 위하여 "평안을 너희에게 끼치노니 곧 나의 평안을 너희에게 주노라"(요 14:27)라고 말씀하심으로써, 어느 누구든지 종교적 교리에 관하여 이웃과 대립하기 보다는, 오히려 진리의 말씀이 만인에게 전파되도록 하

---

5 F. W. Green (ed.), *The Oecumenical Documents of the Faith* (London: Methuen, 1950), 191-193; J. Stevenson (ed.), *Creeds, Councils, and Controversies Documents: Illustrative of the History of the Church A.D. 337-461* (London: S.P.C.K.,1966), 334-337; Philip Schaff and Henry Wace (eds.), *NPNF Second Series* (Buffalo, NY: Christian Literature Publishing Co., 1900), Vol. 14; 이하 괄호는 역자 주.

셨다. 그러나 악인은 자신의 독 보리를 가지고 경건의 씨앗을 고사(枯死)시키며, 진리에 상반된 책략을 끝임없이 새롭게 만들어 낸다. 이러한 까닭에, 우리의 통치자는 인류를 보호하시기 위하여, 경건하며 믿음이 깊은 황제의 마음에 열심을 일으켜, 모든 땅의 중요한 주교들을 소집하였다.

이렇게 하여 우리 모두의 통치자가 되신 그리스도께서 은혜의 사역으로 말미암아, 그리스도의 양들로부터 모든 거짓된 것을 제거하시고, 양들로 하여금 진리의 새로운 풀로 양육하시고자 하신다. 따라서 우리는 하나의 결의를 가지고 진리의 오류들을 퇴치하고, 교부들의 틀림이 없는 신앙(신조를 말함)을 재확인하면서, 모든 자들에게 318명의 신조를 공포한다. 그리고 동일한 경건의 가르침을 전수받은 그들의 동료 교부들을 덧붙인다.

그들은 150명의 거룩한 교부들로 콘스탄티노폴리스에서 모였고, 그리고 동일한 신앙을 확증하였다. 더욱이 에베소(431년)에서 거룩한 로마의 (주교) 케레스티누수(Celestinus 1세, 재위 422-432년)와 알렉산드리아의 (주교) 키릴루스(Cyrillus, 444년 사망)를 의장으로 개최된 거룩한 공회의 결정과 모든 신앙 규정을 우리들은 견실히 고수하면서 다음과 같이 선언한다.

경건하게 기억하여할 콘스탄티누스 시대에 니케아 회의(325년)에 모였던 318명의 거룩하고 축복받은 교부들에 의해서 결의된 정통적이며 비난의 여지가 없는 신앙의 해명은 보다 높은 위치를 가진다. 그 후, 지금까지 일어난 여러 이단을 퇴치하고, 더욱이 우리들의 보편적이며 사도적인 신앙이 견고하도록, 콘스탄티노폴리스에 모였던 150명의 거룩한 교부들(381년)의 결정과 그 권위는 지속된다.

(여기에 325년의 니케아 318인 신조가 들어간다.)

Πιστεύομεν	우리는
εἰς ἕνα Θεὸν Πατέρα παντοκράτορα	한 분 하나님 아버지 전능하시며,
πάντων ὁρατῶν τε	모든 보이는 것과 보이지 않은 것을
καὶ ἀοράτων ποιητήν·	창조하신 분을 믿습니다.
καὶ εἰς ἕνα Κύριον Ἰησοῦν Χριστόν	그리고 한 분 주 예수 그리스도,
τὸν Υἱὸν τοῦ Θεοῦ,	하나님의 아들이시며,
γεννηθέντα ἐκ τοῦ Πατρὸς μονογενῆ	아버지로부터 태어나신 유일하신 아들,
τοῦτ ἔστιν	다시 말해서,
ἐκ τες οὐσίας τοῦ Πατρος	아버지의 본질로부터
Θεὸν ἐκ Θεοῦ,	하나님으로부터의 하나님,
Φῶς ἐκ Φωτός,	빛으로부터의 빛,
Θεὸν ἀληθινὸν ἐκ Θεοῦ ἀληθινοῦ,	참 하나님으로부터의 참 하나님,
γεννηθέντα οὐ ποιηθέντα,	창조되지 않으시고 나신 분이시며,
ὁμοούσιον τῷ Πατρί,	아버지와 동질이시며,
δι' οὗ τὰ πάντα ἐγένετο	그분으로부터,
τά τε ἐν τῷ οὐρανῷ καὶ τὰ ἐν τῇ γῇ,	하늘에 있는 것과 땅에 있는 모든 것이 나왔으며,
τὸν δι' ἡμᾶς τοὺς ἀνθρώπους,	우리 사람을 위해서,
καὶ διὰ τὴν ἡμετέραν σωτηρίαν,	그리고 우리 구원을 위해서,
κατελθόντα,	오셔서,
καὶ σαρκωθέντα,	육체를 입으시고,
καὶ ἐνανθρωπήσαντα,	사람이 되시고,
παθόντα,	고난을 받으시고,
καὶ ἀναστάντα τῇ τρίτῃ ἡμέρᾳ,	셋째 날에 부활하시고,
ἀνελθόντα εἰς τοὺς οὐρανούς,	하늘에 오르시사,
ἐρχόμενον κρῖναι ζῶντας καὶ νεκρούς.	산 자와 죽은 자를 심판하시기 위하여 오십니다.
καὶ εἰς τὸ Ἅγιον Πνεῦμα.	그리고 성령을 믿습니다.
Τοὺς δὲ λέγοντας	다음과 같이 말하는 자들,
Ἦν ποτε ὅτε οὐκ ἦν,	아들은 계시지 않은 때가 있었고,
καὶ πρὶν γεννηθῆναι οὐκ ἦν,	그리고 나시기 전에는 계시지 않았으며,
καὶ ὅτι Ἐξ οὐκ ὄντων ἐγένετο,	그리고 존재하지 않는 것으로부터 나오셨으며,
ἢ Ἐξ ἑτέρας ὑποστάσεως	하나님의 아들은
ἢ οὐσίας φάσκοντας εἶναι,	다른 존재 또는 본질로부터 유래하며,
ἢ κτιστὸν ἢ τρεπτὸν ἢ ἀλλοιωτὸν	만들어진 자, 바뀔 수 있는 자, 변화될 수 있는
τὸν Υἱὸν τοῦ Θεοῦ,	자라고 말하지는 자를 거룩한 보편적 교회는
ἀναθεματίζει ἡ ἁγία καθολικὴ ἐκκλησία.	저주한다.

(다음으로 381년 콘스탄티노폴리스에 모였던 150인의 신조가 수록된다.)

Πιστεύομεν	우리는
εἰς ἕνα θεὸν Πατέρα παντοκράτορα,	한 분 하나님 아버지 전능하시며,
ποιητὴν οὐρανοῦ καὶ γῆς,	하늘과 땅, 보이는 것과 보이지 않는 모든 것을
ὁρατῶν τε πάντων καὶ ἀοράτων.	창조하신 분을 믿습니다.
Καὶ εἰς ἕνα κύριον Ἰησοῦν Χριστόν,	그리고 한 분 주 예수 그리스도를 믿습니다.
τὸν υἱὸν τοῦ θεοῦ τὸν μονογενῆ,	(그분은) 하나님의 유일하신 아들이시며,
τὸν ἐκ τοῦ Πατρὸς γεννηθέντα,	모든 세대의 이전에 아버지로부터 나시고,
πρὸ πάντων τῶν αἰώνων,	
φῶς ἐκ φωτός,	빛으로부터의 빛,
θεὸν ἀληθινὸν ἐκ θεοῦ ἀληθινοῦ,	참 하나님으로부터의 참 하나님,
γεννηθέντα οὐ ποιηθέντα,	창조되지 않으시고 나신 분,
ὁμοούσιον τῷ Πατρί·	아버지와 동질이시며,
δι' οὗ τὰ πάντα ἐγένετο·	모든 것은 그분으로부터 나왔으며,
τὸν δι' ἡμᾶς τοὺς ἀνθρώπους	우리 사람을 위해서,
καὶ διὰ τὴν ἡμετέραν σωτηρίαν	우리 구원을 위해서,
κατελθόντα ἐκ τῶν οὐρανῶν	하늘로부터 오시었고,
καὶ σαρκωθέντα ἐκ Πνεύματος Ἁγίου	그리고 성령과 동정녀 마리아로부터
καὶ Μαρίας τῆς παρθένου	육체를 취하시사 사람이 되시고,
καὶ ἐνανθρωπήσαντα,	우리들을 위해서,
σταυρωθέντα τε ὑπὲρ ἡμῶν	본디오 빌라도 치하에서 십자가에 달리시고,
ἐπὶ Ποντίου Πιλάτου,	
καὶ παθόντα καὶ ταφέντα,	고난을 받으시고, 무덤에 묻히시고,
καὶ ἀναστάντα τῇ τρίτῃ ἡμέρᾳ	성경대로 셋째 날에 부활하시고,
κατὰ τὰς γραφάς,	
καὶ ἀνελθόντα εἰς τοὺς οὐρανούς,	하늘에 오르사 아버지 우편에 앉으셨습니다.
καὶ καθεζόμενον ἐκ δεξιῶν τοῦ Πατρός,	그리고 그분은 영광 가운데서
καὶ πάλιν ἐρχόμενον μετὰ δόξης κρῖναι	산 자와 죽은 자를 심판하시기 위하여
ζῶντας καὶ νεκρούς·	다시 오십니다.
οὗ τῆς βασιλείας οὐκ ἔσται τέλος.	그 나라는 결코 끝남이 없습니다.
Καὶ εἰς τὸ Πνεῦμα τὸ Ἅγιον,	그리고 성령을 믿습니다.
τὸ κύριον, (καὶ) τὸ ζωοποιόν,	(그분은) 주가 되시며, 생명을 주시며,
τὸ ἐκ τοῦ πατρὸς ἐκπορευόμενον,	아버지로부터 나오시며,
τὸ σὺν Πατρὶ καὶ Υἱῷ συμπροσκυνούμενον	성부와 성자와 함께 예배를 받으시고,
καὶ συνδοξαζόμενον,	함께 영광을 받으시며,
τὸ λαλῆσαν διὰ τῶν προφητῶν.	예언자들을 통하여 말씀하십니다.
Εἰς μίαν, ἁγίαν, καθολικὴν καὶ	우리는 하나의, 거룩한,
ἀποστολικὴν ἐκκλησίαν.	보편적이며 사도적 교회를 믿습니다.
ὁμολογοῦμεν ἓν βάπτισμα	우리는 죄 용서를 위한
εἰς ἄφεσιν ἁμαρτιῶν.	유일한 세례를 고백합니다.
προσδοκοῦμεν ἀνάστασιν νεκρῶν,	우리는 죽은 자의 부활과,
καὶ ζωὴν τοῦ μέλλοντος αἰῶνος. Ἀμήν.	오는 세대의 생명을 대망(待望) 합니다. 아멘.

(다음으로는 칼케돈 회의가 결정내릴 수밖에 없었던 사정에 관한 이야기가 기술된다) 참고로 비교하면 다음과 같다.

니케아 신조	니케아 콘스탄티노폴리스 신조
Πιστεύομεν εἰς ἕνα Θεὸν Πατέρα παντοκράτορα πάντων ὁρατῶν τε καὶ ἀοράτων ποιητήν·	Πιστεύομεν εἰς ἕνα θεὸν Πατέρα παντοκράτορα, ποιητὴν οὐρανοῦ καὶ γῆς, ὁρατῶν τε πάντων καὶ ἀοράτων.
καὶ εἰς ἕνα Κύριον Ἰησοῦν Χριστόν τὸν Υἱὸν τοῦ Θεοῦ, γεννηθέντα ἐκ τοῦ Πατρὸς μονογενῆ τουτ ἔστιν ἐκ τες οὐσίας τοῦ Πατρος Θεὸν ἐκ Θεοῦ, Φῶς ἐκ Φωτός, Θεὸν ἀληθινὸν ἐκ Θεοῦ ἀληθινοῦ, γεννηθέντα, οὐ ποιηθέντα, ὁμοούσιον τῷ Πατρί, δι' οὗ τὰ πάντα ἐγένετο τά τε ἐν τῷ οὐρανῷ καὶ τὰ ἐν τῇ γῇ, τὸν δι' ἡμᾶς τοὺς ἀνθρώπους, καὶ διὰ τὴν ἡμετέραν σωτηρίαν, κατελθόντα, καὶ σαρκωθέντα, καὶ ἐνανθρωπήσαντα, παθόντα, καὶ ἀναστάντα τῇ τρίτῃ ἡμέρᾳ, ἀνελθόντα εἰς τοὺς οὐρανούς, ἐρχόμενον κρῖναι ζῶντας καὶ νεκρούς.	Καὶ εἰς ἕνα κύριον Ἰησοῦν Χριστόν, τὸν υἱὸν τοῦ θεοῦ τὸν μονογενῆ, τὸν ἐκ τοῦ Πατρὸς γεννηθέντα πρὸ πάντων τῶν αἰώνων, φῶς ἐκ φωτός, θεὸν ἀληθινὸν ἐκ θεοῦ ἀληθινοῦ, γεννηθέντα οὐ ποιηθέντα, ὁμοούσιον τῷ Πατρί· δι' οὗ τὰ πάντα ἐγένετο· τὸν δι' ἡμᾶς τοὺς ἀνθρώπους καὶ διὰ τὴν ἡμετέραν σωτηρίαν κατελθόντα ἐκ τῶν οὐρανῶν καὶ σαρκωθέντα ἐκ Πνεύματος Ἁγίου καὶ Μαρίας τῆς παρθένου καὶ ἐνανθρωπήσαντα, σταυρωθέντα τε ὑπὲρ ἡμῶν ἐπὶ Ποντίου Πιλάτου, καὶ παθόντα καὶ ταφέντα, καὶ ἀναστάντα τῇ τρίτῃ ἡμέρᾳ κατὰ τὰς γραφάς, καὶ ἀνελθόντα εἰς τοὺς οὐρανούς, καὶ καθεζόμενον ἐκ δεξιῶν τοῦ Πατρός, καὶ πάλιν ἐρχόμενον μετὰ δόξης κρῖναι ζῶντας καὶ νεκρούς· οὗ τῆς βασιλείας οὐκ ἔσται τέλος.
καὶ εἰς τὸ Ἅγιον Πνεῦμα.	
Τοὺς δὲ λέγοντας Ἦν ποτε ὅτε οὐκ ἦν, καὶ πρὶν γεννηθῆναι οὐκ ἦν, καὶ ὅτι ἐξ οὐκ ὄντων εγένετο, ἢ Ἐξ ἑτέρας ὑποστάσεως ἢ οὐσίας φάσκοντας εἶναι [ἢ κτιστόν] ἢ τρεπτὸν ἢ ἀλλοιωτὸν τὸν Υἱὸν τοῦ Θεοῦ, [τούτους] ἀναθεματίζει ἡ ἁγία καθολικὴ[καὶ ἀποστολικὴ] ἐκκλησία.	Καὶ εἰς τὸ Πνεῦμα τὸ Ἅγιον, τὸ κύριον, (καὶ) τὸ ζωοποιόν, τὸ ἐκ τοῦ πατρὸς ἐκπορευόμενον, τὸ σὺν Πατρὶ καὶ Υἱῷ συμπροσκυνούμενον καὶ συνδοξαζόμενον, τὸ λαλῆσαν διὰ τῶν προφητῶν. Εἰς μίαν, ἁγίαν, καθολικὴν καὶ ἀποστολικὴν ἐκκλησίαν· ὁμολογοῦμεν ἓν βάπτισμα εἰς ἄφεσιν ἁμαρτιῶν· προσδοκοῦμεν ἀνάστασιν νεκρῶν, καὶ ζωὴν τοῦ μέλλοντος αἰῶνος. Ἀμήν.

3. 니케아 공의회 전후의 동방교회 신조들[6]

상기의 설명으로 알 수 있듯이, '니케아 신조'와 '니케아 콘스탄티노폴리스 신조'가 교회의 공식적인 신조로 등장한 것은 칼케돈 공의회에서이다. 그렇지만, 두 신조가 역사적으로 나타난 것은 325년과 381년이기 때문에, 이들을 연구하기 위하여서는 3-4세기경에 동방교회가 사용하고 있었던 니케아 신조의 원조가 될 만한 조형(祖型)적 신조들을 살펴보고, 그리고 니케아 신조 이후에 사용되었던 신조들을 연구하는 것은 니케아 콘스탄티노폴리스 신조로 이어지는 신조의 역사적 흐름을 이해하기 위하여 필수적이라 할 수 있다.[7]

1) 카에사레아 신조(Nach Eusebius von Caesarea)

켈리에 의하면, 3세기후반에 동방교회는 '믿음에 관하여 서술'(헤페리 피스테오스 그라페[ἡ περὶ πίστεως γραφή])하기 시작하면서 이미 신조를 작성하기 시작하였다.[8] 그 하나의 예로 에우세비우스의 서한에 나오는 '카에사레아 신조'가 있다. 이것은 에우세비우스 본인이 세례받을 때에 사용되었던 것으로, 3세기 후반에 카에사레아 교회가 사용한 것으로 보인다.[9]

---

6 이 부분은 Thomas Herbert Bindley (ed.), *The Oecumenical Documents of the Faith: The Creed of Nicaea; Three Epistles of Cyril: The Tome of Leo; The Chalcedonia Definition* (London: Methuen & Co, 1899) 55-96에서 많이 인용하였다. 경우에 따라서 그대로 직접인용된 부분들이 있다.

7 여기에 사용된 본문은 다음 책에서 인용한 것이다. Thomas Herbert Bindley, 57.

8 Kelly, *Creeds*, 181-182.

9 Hahn § 123; 이 서한은 Kelly, *Creeds*,181-183; 소크라테스 교회사 I. 8, 테오도레투스 교회사 I. 12; KT 18; D 40, 영문은 J. Stevenson (ed.), *A New Eusebius: Documents illustrative of the history of the Church to A. D. 337* (London: S.P.C.K, 1957), No. 301(364-368)에 수록

Πιστεύομεν εἰς ἕνα θεὸν, πατέρα παντοκράτορα, τὸν τῶν ἁπάντων ὁρατῶν τε καὶ ἀοράτων ποιητήν·	우리는 한 분 하나님 아버지, 전능하시며, 모든 보이는 것과 보이지 않는 것을 만드신 분을 믿습니다.
Καὶ εἰς ἕνα Κύριον Ἰησοῦν Χριστόν τὸν τοῦ θεοῦ λόγον, θεὸν ἐκ θεοῦ, φῶς ἐκ φωτός, ζωὴν ἐκ ζωῆς, πρωτότοκον πάσης κτίσεως, πρὸ πάντων τῶν αἰώνων ἐκ τοῦ Πατρὸς γεγεννημένον, δι' οὗ καὶ ἐγένετο τὰ πάντα τὸν διὰ τὴν ἡμετέρον σωτηρίαν σαρκωθέντα, καὶ ἐν ἀνθρώποις πολιτευσάμενον, καὶ παθόντα καὶ ἀναστάντα τῇ τρίτῃ ἡμέρᾳ, καὶ ἀνελθόντα πρὸς τὸν Πατέρα, καὶ ἥξοντα πάλιν ἐν δόξῃ κρῖναι ζῶντας καὶ νεκρούς	그리고 한 분 주 예수 그리스도를 믿습니다. 하나님의 말씀이시며, 하나님으로부터의 하나님, 빛으로부터의 빛, 생명으로부터의 생명, 모든 창조된 자의 첫째가 되시며, 모든 세대 이전에 아버지로부터 나시고, 모든 것이 그분으로 말미암아 나왔습니다. 그는 우리 구원을 위하여 육체를 입으시고, 고난을 받으시고, 삼 일에 부활하시고, 아버지 품으로 오르시사, 산 자와 죽은 자들을 심판하시기 위해, 영광 가운데 다시 오실 것입니다.
πιστεύομεν καὶ εἰς ἓν Πνεῦμ Ἅγιον.	또한 우리는 한 분 성령을 믿습니다.

  에우세비우스가 '니케아 신조'의 초안으로 니케아 공의회에 제출한 것(Hahn § 188)과 비교하면 몇몇 곳이 수정되어있다. 따라서 그 동안 학자들 사이에는 에우세비우스가 제출한 '카에사레아 신조'의 수정본을 기초로 니케아 신조의 원안이 작성되었다고 믿어져 왔다.

  예를 들면, 곱틱교회는 알렉산더의 아타나시우스 1세가 니케아 신조의 저자로 믿는 반면, 홀트(F. J. A. Hort)와 하르낙은 카에사레아 출신의 카에사레우스의 주교 에우세비우스가 전하였던 카에사레아 지방에 사용되고 있었던 신조를 그가 작성하여 니케아 공의회에 제출하였다고 주장한다.

되어있다.

그러나 그가 원안을 제출한 것은 사실이지만, 최근에는 니케아 신조가 카에사레아 신조보다 '예루살렘 세례신조'에 더 가깝다는 주장이 대두되고 있다.

2) 예루살렘 세례신조(Nach Cyrillus von Jerusalem)

같은 팔레스타인 계통의 신조로서 예루살렘의 키릴루스(c. 315-386년)의 신앙문답 교육 강의에 의해서 전해지는 예루살렘 교회의 세례신조가 있다. 샤프는 '니케아 신조'의 원조로서 예루살렘 세례신조를 주장한다.[10]

키릴루스는 카테키즘으로 세례 지원자의 신앙교육을 실시하였는데, 모두 23개로 구성된 그의 강의는 첫 18 강의는 신앙문답식(카테케세이스[κατηχήσεις]) 형식이며, 마지막 5개 강의는 비의전수(뮤스타고기카이[μυσταγωγικαί]) 형식으로 되어있다.[11] 그의 신앙문답 강의는 일반적으로 347년과 350년 사이에 성립된 것으로 전해진다.

다시 말하자면, 예루살렘 교회는 니케아 회의가 끝난 후에도 니케아 신조를 사용하지 않고 이전부터 사용해 오던 자신들의 예루살렘 교회 세례신조를 고수하였다는 것이다. 사실, 키릴루스는 반-니케아파로서 '호모우시오스'를 거부하면서도, 아리우스주의를 단호하게 배격한 인물이다(Hahn § 124; KT 19; D 41).

---

10 Philip Schaff, *Creeds of Christendom, with a History and Critical notes. Volume I. The History of Creeds* 1. Retrieved 2011-12-21.

11 S Cyril, *Catechetical Lectures*, trans. by Edwin Hamilton Gifford(1894) in *NPNF* Second Series, Vol. 7. Edited by Philip Schaff and Henry Wace (Grand Rapids: Eerdmans, rept. 1983) 6-157.

Πιστεύομεν εἰς ἕνα Θεὸν Πατέρα παντοκράτορα, ποιητὴν οὐρανοῦ καὶ γῆς, ὁρατῶν τε πάντων καὶ ἀοράτων καὶ εἰς ἕνα Κύριον Ἰησοῦν Χριστόν, τὸν Υἱὸν τοῦ Θεοῦ τὸν μονογενῆ, τὸν ἐκ τοῦ Πατρὸς γεννηθέωτα Θεὸν ἀληθινὸν πρὸ πάντων τῶν αἰώνων, δἰ οὗ τὰ πάντα ἐγένετο, σαρκωθέντα καὶ ἐνανθρωπήσαντα, σταυρωθέντα καί ταφέντα, ἀναστάντα τῇ τρίτῃ ἡμέρᾳ, καὶ ἀνελθόντα εἰς τοὺς οὐρανούς, καὶ καθίσαντα ἐκ δεξιῶν τοῦ Πατρός, καὶ ἐρχόμενον ἐν δόξῃ κρῖναι ζῶντασ καὶ νεκρούς, οὗ τῆς Βασιλείας οὐκ ἔσται τέλος καὶ εἰς ἓν Ἅγιον Πνεῦμα, τὸν παράκλητον τὸ λαλῆσαν ἐν τοῖς προφήταις. καὶ εἰς ἓν Βάπτισμα μετανοίας εἰς ἄφεσιν ἁμαρτιῶν καὶ εἰς μίαν ἁγίαν καθολικὴν ἐκκλησίαν. καὶ εἰς σαρκὸς ἀνάστασιν καὶ εἰς ζωὴν αἰώνιον.	우리는 한 분 하나님 아버지 전능하시며, 하늘과 땅, 보이는 것과 보이지 않는 모든 것의 창조주를 믿습니다. 또한 한 분 주 예수 그리스도를 믿습니다. 그분은 하나님의 유일하신 아들, 진실로 모든 세대 이전에 아버지로부터 나신 참된 하나님, 그분으로 말미암아 모든 것이 나왔습니다. 그분은 육체를 입으시고 사람이 되시고, 십자가에 달리시고, 무덤에 묻히시고, 셋째 날 부활하시어, 하늘에 오르시사, 아버지 우편에 앉으셨으며, 산 자와 죽은 자를 심판하시기 위해, 영광 가운데 오십니다. 그 나라는 무궁합니다. 그리고 한 분 성령님을 믿습니다. 그분은 위로자이시며, 예언자를 통하여 말씀하여 말씀하시는 분이십니다. 그리고 죄 용서를 받는 하나의 회개 세례를 믿으며, 그리고 하나의 거룩한 공교회를, 그리고 육체의 부활, 그리고 영원한 생명을 믿습니다.

3) 안디옥 세례신조

요한 카시아누스(Johannes Cassianus, 430/35년 사망)가 네스토리우스와 그들의 잘못된 가르침에 대하여 기록한 문서 가운데 '안디옥 세례신조'가 발견된다. 카시아누스에 의하면 네스토리우스가 세례 받을 때에 고백하였던 안디옥 세례신조와 그가 실제적으로 가르치는 것과는 명백하게 다르다는 사실이 네스토리우스 본인에 의해서 인정되었다고 한다. 카시아누스가 인용한 '안디옥 세례신조'는 라틴어 번역판으로서, 그 연대는 네스토리우스가 이 신조로 세례를 받았다고 한다면, 약 360년경에 성립된 것으로 추정할 수 있다. 본문으로 남아있는 것은 결손된 라틴어 본문과 헬라어 단편뿐이다. 이전부터 안디옥에서 사용되어 왔던 것을 니케아 신조를 통해서 개정된 것으로 추정된다. 이 두 개를 서로 보완하여 복원한 것이 한의 신조집에 나온다.[12]

Credo in unum et solum verum Deum, Patrem, omnipotentem, creatorem omnium visibilium et invisibilium creaturarum,	나는 한 분이시며 유일하시고 참된 하나님 아버지, 전능자이시며, 모든 보이는 것과 보이지 않은 것을 창조하신 분을 믿습니다.
Et in Dominum nostrum Iesum Christum, Filium eius unigentium et primogenitum totius creatureae, ex eo natum ante Omnia saecula et non factum, Deum verum ex Deo vero, homousion Patri; per quem et saecula compaginata sunt et Omnia facta. Qui propter nos venit et natus est ex Maria virgine, et crucifixus sub Pontio Pilato, et sepultus, et tertia die resurrexit secundum scripturas, et ascendit in caelos, et iterum veniet judicare vivos et mortuos;	그리고 우리 주 예수 그리스도를 믿습니다. 그분은 아버지의 유일하신 아들로서, 모든 피조물의 장자, 모든 세대에 앞서 아버지로부터 나시고, 창조되신 분이 아니시며, 참 하나님으로부터의 참 하나님, 아버지와 동질(호모우시오스)이시며, 그분으로 말미암아 모든 세대가 연결되고, 만물이 창조되었습니다. 그분은 우리들을 위해서 오셔서, (G. 거룩한 평생의) 동정녀 마리아로부터 나시고, 본디오 빌라도 치하에서 십자가에 달리시고, 무덤에 묻히시고, 삼 일 만에 성경대로 부활하시고, 하늘에 오르사, 산자와 죽은 자를 심판하러, 거기로부터 오십니다(G. 또한 죄의 용서, 죽은 자의 부활, 영원한 생명을 믿습니다.)

* G는 헬라어만이 소유한 부분을 가리킨다.

4) 알렉산드리아 신조

아리우스 논쟁이 발생하였을 때에 알렉산드리아의 주교였던 알렉

---

12 Hahn § 130 b; KT 22/23; D 50; 안디옥 교회의 세례신조는 341년의 안디옥 회의에서 결정된 4개의 교리적 신조(Hahn § 153-156; KT, 27-31)와는 전혀 무관하다.

산더(Alexander of Alexandria, 313-328년)가 콘스탄티노폴리스의 주교였던 알렉산더(Alexander of Constantinople, 314-337년)에게 보낸 편지 가운데 신조의 흔적이 보인다. 이단자들의 잘못된 가르침을 공격한 후에, 알렉산더로서는 성부와 성자에 관한 정통적인 교리를 기술하면서 다음과 같이 말한다.

서한을 검토해보면 켈리가 지적하듯이 그들은 공식적인 성격을 지닌, 즉 교회적 권위에 의해서 인정된 '신조적 틀'을 가졌다고 말할 수 있다.[13]

46. Περί ὧν ἡμεῖς οὕτως πιστεύομεν, ὡς τῇ ἀποστολικῇ ἐκκλησίᾳ δοκεῖ εἰς μόνον ἀγέννητον πατέρα ... καί εἰς ἕνα κύριον Ἰησοῦν Κριστόν, τὸν υἱὸν τοῦ θεοῦ μονογενῆ, γεννηθέντα οὐκ ἐκ τοῦ μὴ ὄντος ἀλλ' ἐκ τοῦ ὄντος ...	46. 우리들이 믿고 있는 것들에 관하여, 사도적 교회가 믿었던 것과 같이 유일하시며 나시지 않은 아버지 … 그리고 한 분 주 예수 그리스도, 하나님의 유일하신 아들, 존재하는 것으로 나신 것이 아니라, 아버지로부터 나신 …
53. Πρὸς δὲ τῇ εὐσεβεῖ ταύτῃ περὶ πατρὸς καὶ υἱοῦ δόξῃ, καθὼς ἡμᾶς αἱ θεῖαι γραφαὶ διδάκουσιν, ἓν πνεῦμα ἅγιον ὁμολογοῦμεν τὸ καινίσαν τούς τε τῆς παλαιᾶς διαθήκης ἁγίους ἀνθρώπους καὶ τοὺς τῆς χρηματιζούσης καινῆς παιδευτὰς θείους, μίαν καὶ μόνην καθολικὴν τὴν ἀποστλικὴν ἐκκλησίαν. 이하 생략	53. 아버지와 아들에 관한 이 거룩한 가르침에 덧붙여, 거룩한 성경이 우리들에게 가르치듯이, 우리는 한 분 성령님을 고백합니다. 그분은 옛 언약 가운데 있는 성도들과 이른바 새 언약에 고무된 교사들을 새롭게 합니다. 그리고 하나의 보편적이며 사도적인 교회를 (고백합니다) … .

---

13 본문은 Kelly, *Creeds*, 188-9에서 인용; *Ante-Nicene Fathers*, Vol. 6. Edited by Alexander Roberts, James Donaldson and A. Cleveland Coxe (Grand Rapids: Eerdmans) American Reprint of the Edinburgh Edition, 291-296.

5) 아리우스와 에우조이우스(Euzoius) 신조

알렉산드리아 신조와 함께 이집트 신조와 관련된 것으로 주목할 수 있는 것이 '아리우스와 에우조이우스 신조'와 '마카리우스 신조'이다. 전자는 아리우스와 에우조이우스가 327년에 황제 콘스탄티누스에게 보낸 서한에 나타난다. 이것은 교회에 재가입을 바라면서 복종하겠다는 내용이다. 아리우스는 이것이야말로 모든 족속을 제자로 삼고 가르쳐 삼위의 이름으로 세례를 주라고 하신 주님의 명령에 근거한 것이라고 주장하였다. 그러나 이것은 그 당시의 세례신조와는 거리가 먼, 오히려 '인공적 혼합물'(테코이코스 순케이스타이[τεχωικῶς συγκεῖσθαι])이었다. 그러나 그 본체는 니케아 신조에 기초된 것으로 간주된다.[14]

Πιστεύομεν εἰς ἕνα Θεὸν Πατέρα παντοκράτορα,	우리는 한 분 하나님 아버지, 전능하신 분을 믿습니다.
Καὶ εἰς Ἰησοῦσ Χριστόν, τὸν υἱὸν αὐτοῦ, τὸν ἐξ αὐτοῦ πρὸ πάνων τῶν αἰώνων, γεγεννημένον θεὸν λόγον, δι' οὗ τὰ πάντα ἐγένετο, τά τε ἐν τοῖς οὐρανοῖς καὶ τὰ ἐπὶ γῆς, τόν κατελθόντα καὶ σαρκωθέντα καῖ παθόντα καὶ ἀναστάντα, ἀνελθόντα εἰς τοὺς οὐρανούς, καὶ πάλιν ἐρχόμενον κρῖναι ζῶντας καὶ νεκρούς.	그리고 예수 그리스도, 그분의 아들, 모든 세대 이전에 그분으로부터 나신 하나님 말씀, 그분으로 말미암아 모든 것, 하늘에 있는 것과 땅에 있는 것이 나왔습니다. 그분은 오셔서, 육체를 입으시고, 고난을 받으시고, 부활하시고, 하늘에 오르시사, 산 자와 죽은 자를 심판하시기 위해 다시 오실 것입니다.
Καὶ εἰς τὸ ἅγιον πνεῦμα, καὶ εἰς σαρκὸς ἀνάστασιν καὶ εἰς ζωὴν τοῦ μέλλοντος αἰῶνος, καὶ εἰς βασιλείαν οὐρανῶν, καὶ εἰς μίαν ἁγίαν καθολικὴν ἐκκλησίαν τοῦ θεοῦ τὴν ἀπὸ περάτων ἕως περάτων.	그리고 성령을 믿사오며, 육체의 부활과 오는 세상의 생명과, 하늘의 나라와, 땅 끝에서 땅 끝까지의 하나의 보편적 하나님의 교회를 믿습니다.

---

14 ECC, 190. Hahn § 187, KT, 24.

6) 마카리우스 신조 (Makarius)

아리우스와 에우조이우스 신조와 함께 이집트 교회에서 사용된 것으로 추정되는 또 하나의 신조는 '마카리우스 신조'이다. 이 신조는 1900년 이후에 프로이순과 카텐부쉬에 의해서 비교적 새롭게 알려진 이집트 계통의 신조이다. 두 종류의 본문이 존재하는 것으로 알려져 있다.[15]

마카리우스(MaKarius Magnus, 300-390년)는 이단 히에라카스(Hierakas)파를 제어하고 교회의 보편적 신앙을 사수한 수도사이다. 이 신조는 마카리우스 본인의 것은 아니지만, 이집트 교회가 사용하였던 공식적 정식으로 알려져 있다.[16] 9세기의 이른바 아포프테그마타 마카리 마그니(*Apophthegmata Macarii Magni*)의 비엔나 사본에 의하면, 마카리우스는 교회의 보편적인 신앙을 가르치도록 주장하였다. 이 신조는 명확하게 니케아적 어록으로 증보한 것으로 보인다. 다음과 같다.

Πιστεύω εἰς ἕνα Θεόν, πατέρα, παντοκράτορα. Καί εἰς τὸν ἀμοούσιον αὐτοῦ λόγον, δι'οὗ ἐποίησε τοὺς αἰῶνας, τὸν ἐπὶ συντελείᾳ τῶν αἰώνων εἰς ἀθέτησιν τῆς ἁμαρτίας ἐπιδημήσαντα ἐν σαρκί, ἢ ἐκ τῆς ἁγίας παρθένου Μαρίας ἑαντῷ ὑπεστήσατο, τὸν σταυρωθέντα καὶ ἀποθανόντα καὶ ταφέντα, καὶ καθεζόμενον ἐν δεξιᾷ τοῦ πατρός, καὶ πάλιν ἐρχόμενον ἐν τῷ μέλλοντι αἰῶνι κρῖναι ζῶντας καὶ νεκρολού.	나는 한 분 하나님, 아버지 되시며, 전능하신 분을 믿습니다. 그리고 그분과 동질하신 말씀을 믿습니다. 그분으로 말미암아 아버지께서는 모든 세상을 창조하셨습니다. 말씀은 세상 마지막 때에, 죄를 멸하기 위해, 동정녀 마리아로부터 취하신 육체 가운데 계시며, 십자가에 달리시고, 죽으시고, 무덤에 묻히시고, 셋째 날에 부활하시고, 아버지의 우편에 앉으셨습니다. 오는 세상에, 산자와 죽은 자를 심판하시기 위해서 다시 오실 것입니다.

---

15 KT, 25f.; D, 55.
16 더욱이 히에라카스의 그리스도론이 아리우스의 영향을 받았다는 사실을 아리우스의 고백론 가운데 그 이름이 열거되어있는 것으로부터 추정할 수 있다(Hahn § 186). 또한 마카리우스와 히에라카스의 논쟁은 육체의 부활이 그 중심이 되고 있는 것으로 보인다.

Καὶ εἰς τὸ πνεῦμα τὸ ἅγιον τὸ ὁμοούσιον τῷ πατρὶ καὶ τῷ λόγῳ αὐτοῦ. πιστεύωμεν δὲ καὶ εἰς ἀνάστασιν ψυχῆς καὶ σώματος καθὼς λέγει ὁ ἀπόστολος, [σπείρεται σῶμα ψυχικόν, ἐγείρεται σῶμα πνεθματικόν] κ.τ.λ.	그리고 아버지와 말씀과 동질이신 성령을 믿습니다. 우리는 또한 영혼과 육체의 부활을 믿습니다. 사도가 "육의 몸으로 심고, 신령한 몸으로 다시 사나니"(고전 15:44)라고 말하는 것처럼.

상기의 신조들 외에, 4세기 즈음에 시리아 팔레스티나에서 편집된 것으로 세례식 또는 입회식 때에 사용된 것으로 추정되는 신조가 『사도헌장』에 수록되어 있다. 또한 최근에 밝혀진 것으로 모프수에스티아 신조가 있다. 이것은 모프수에스티아의 데오도로스(Theodore of Mopsuestia)에 의해서 세례 때에 사용되어진 것으로 간주된다.

7) 동방교회 신조의 원형

상기의 신조들은 동방 각지에서 사용된 것이지만 교회회의에 의해서 정식적으로 또한 교회적으로 제정된 것들은 아니다. 이처럼 많은 신조가 존재하지만, 내용적으로 보자면 동방교회는 다양한 신조를 소유하면서도, 믿음의 근원적이고 본질적인 것에 일치성을 염원하였다는 것을 볼 수 있다. 사실, 그들은 형태와 내용에 있어 포괄적인 유사성을 보여주고 있다. 따라서 세례신조들이 이렇게 다양하게 존재하였다는 것은 그것들의 원형이 될 만한 시조적(始祖的)이며 원조적(元朝的) 신조가 존재하였고, 그것으로부터 많은 신조들이 파생되었다고 추정할 수 있을 것이다. 실로, 리츠만(Lietsmann)과 한(Hahn)은 그러한 원조적 신조를 다음과 같이 복원하였다.[17]

17　Hans Lietzmann, *Symbolstudien* I-XIV (Darmstadt : Wissenschaftliche Buchgesellschaft, 1966), IV. S.23; Hahn § 122.

제2장 니케아 신조 및 니케아 콘스탄티노폴리스 신조 69

리츠만	
Πιστεύω εἰς ἕνα Θεόν, πατέρα, παντοκράτορα, πάντων ὁρατῶν τε καὶ ἀοράτων ποιητήν. Καὶ εἰς ἕνα κύριον Ἰησοῦν Χριστόν, τὸν υἱὸν τοῦ Θεοῦ τὸν μονογενῆ, τὸν ἐκ τοῦ πατρὸς γεννηθέωτα πρὸ πάντων τῶν αἰώνων, δι'οὗ τὰ πάντα ἐγένετο, τὸν διὰ τὴν ἡμετέραν σωτηρίαν ἐνανθρωπήσαντα, παθόντα, καὶ ἀναστάντα τῇ τρίτῃ ἡμέρᾳ καὶ ἀνελθόντα εἰς τοὺς οὐρανούς, καὶ πάλιν ἐρχόμενον κρῖναι ζῶντας καὶ νεκρούς.	나는 한 분 하나님, 아버지이시며, 전능자이시며, 모든 보이는 것과 보이지 않는 것의 창조주를 믿습니다. 또한 한 분 주 예수 그리스도, 하나님의 유일하신 아들, 모든 세대에 앞서서 아버지로부터 나신 분, 그분으로 말미암아 만물이 생겨났습니다. 그분은 우리들의 구원을 위하여 사람이 되시고, 고난을 받으시고, 또한 셋째 날에 부활하시고, 하늘에 오르시사, 산 자와 죽은 자를 심판하시기 위해서 다시 오실 것입니다.
Καὶ εἰς τὸ ἅγιον πνεῦμα.	또한 성령을 믿습니다.

그러나 한은 다음과 같이 복원을 시도한다.

한(Hahn)	
Πιστεύομεν εἰς ἕνα Θεόν, πατέρα, παντοκράτορα, τὸν τῶν ἁπάντων ὁρατῶν τε καὶ ἀοράτων ποιητήν.	우리는 한 분 하나님, 아버지이시며, 전능자이시고, 모든 보이는 것과 보이지 않는 것의 창조주를 믿습니다.
Καὶ εἰς ἕνα κύριον Ἰησοῦν Χριστόν, τὸν υἱὸν αὐτοῦ μονογενῆ, τὸν ἐκ τοῦ πατρὸς γεννηθέωτα πρὸ πάντων τῶν αἰώνων, δι'οὗ καὶ τὰ πάντα ἐγένετο, τὸν δι'ἡμᾶς κατελθόντα ἐκ τῶν οὐρανῶν καὶ σαρκωθέντα, τὸν γεννηθέντα ἐχ Μαρίας τῆς παρθένου καὶ σταυρωθέντα ἐπὶ Ποντίῳ Πιλάτου καὶ ταφέντα καὶ ἀναστάντα τῇ τρίτῃ ἡμέρᾳ κατὰ τὰς γηρφὰς καὶ ἀνελθόντα εἰς τοὺς αὐρανοὺς καὶ καθεζόμενον ἐκ δεξιῶν τοῦ πατροὸς καὶ ἐρχομενον ἐν δόξῃ καῖναι ζῶντας καὶ νεκρούς οὗ τῆς βασιιλείας οὐκ ἔσται ἔλος.	또한 한 분 주 예수 그리스도를 믿습니다. 그분은 모든 세대에 앞서서 아버지로부터 나신 분, 그분으로 말미암아 만물이 생겨났습니다. 그분은 우리를 위하여, 하늘로부터 내려 오셔서, 육체를 입으시고, 동정녀 마리아로부터 태어나시고, 본디오 빌라도 치하에서 십자가에 달리시고, 무덤에 묻히시고, 성경대로 삼 일 만에 부활하시고, 하늘에 오르사, 아버지 우편에 앉으셨습니다. 또한 산 자와 죽은 자를 심판하시기 위해서 영광 가운데 오실 것입니다. 그 나라는 무궁합니다.

Πιστεύομεν καὶ εἰς ἓν πνεῦμα ἅγιον τὸ ζωοτοιὸν καὶ εἰς μίαν ἁγίον καθολικὴν καὶ ἀποστολικὴν ἐκκλησίαν, ἓν βάπτισμα μεταωοίας εἰς ἄφεσιν ἁμαρτιῶν, εἰς ἀνάστασιν νεκρῶν, εἰς βασιλείαν οὐρανῶν καὶ εἰς ζωὴν αἰώνιον. Ἀμήν.	또한 우리는 생명을 주시는 한 분 성령을 믿습니다. 그리고 하나의 거룩한 보편적 사도적 교회를 믿으며, 죄 용서를 위한 하나의 세례, 죽은 자의 부활, 천상의 나라, 영원한 생명을 믿습니다.

4. '니케아 신조'의 발단: 아리우스 논쟁

동방교회의 세례신조들은 일반적으로 3세기에서 4세기에 걸쳐 형성되었다. 물론 그 이전에는 단문형태의 원형들이 존재하였다. 이러한 의미에서 '니케아 신조'는 이미 사용하고 되고 있었던 세례신조를 기초로 하여, 그 신조에 니케아적인 용어와 저주구를 첨언한 형태라고 말할 수 있다. 그렇다면 왜 니케아적 용어를 사용하여야했으며, 저주구를 첨언할 수밖에 없었는가? 그 이유는 일반적으로 '아리우스 논쟁'으로 알려져 있다.

아리우스는 256년경 리비아에서 태어나 안디옥의 루키아누스 아래서 수학하고, 알렉산드리아로 이주하여 주교 베드로(300?-311년)로부터 부제 서품을 받지만, 리코폴리스의 멜리티우스(Melitius of Lycopolis) 이단문제가 발생하였을 때, 그들을 옹호하였다고 하여 파문되었다. 그러나 후임 주교 아킬라스(Achillas, 311-312년에) 의해 다시 복귀되어 사제 서품을 받았다.[18]

---

18 H. P. 드롭너, 『교부학』, 하성수 역 (서울: 분도출판사, 2001), 338; 한국교회사연구소 가톨릭대사전 편찬 위원회, 『한국가톨릭대사전』, 제8권, 5645; 참고: 로마 가톨릭교회 다음과 같은 삼직제의 교계제도(*hierarchia*)를 가진다. 주교(主敎, bishop), 사제(司祭, priest), 부제(副祭, 또는 助祭, deacon).

그 이듬해 그는 알렉산드리아의 바우칼리스(Baucalis) 교구 사제가 된다. 그러나 아리우스는 자신의 신학적 사상으로 말미암아 321년 '알렉산드리아 회의'에서, 325년 '안디옥 회의'에서 단죄되고, 그리고 동년 '니케아 공의회'에서 단죄가 추인되어 추방당했다.

그럼에도 아리우스의 주장을 신봉하는 자들이 적지 않았으며, 지속적인 궁정(宮廷) 공작으로 328년에 황제 콘스탄티누스 2세에 의해 콘스탄티노폴리스 주교와 화해하기로 예정되었던 바로 전날 336년에 급사하였다. 드롭너는 아리우스의 신학을 다음과 같이 설명한다.[19]

> 아리우스의 신학은 오리게네스와 알렉산드리아적인 특징을 가지고 있으며, 그의 관심사는 오리게네스의 불확실한 삼위일체론을 명백하게 해석하는 것이었다.
>
> 성부, 성자, 성령에게 각각의 하나의 '휘포스타시스'(위격)를 인정하지만, 그러나 단원론적 의미에서 하나님의 일치를 주장하였고, 사벨리우스주의에 대하여 삼위의 구별을 강조하기 위하여 성자와 성령을 성부에 종속시키게 되었다. 신플라톤주의적인 원리를 하나의 논거를 삼아서 삼위 문제를 해결하려고 하였다.
>
> 플라톤주의에 의하면 존재에는 하나의 근원만 있을 수 있다(토 헨 아르케[τὸ ἓν ἀρχή]). 이 존재는 시작이 없으며 자주적인 의미에서 하나의 실체(휘포스타시스[ὑπόστασις])에만 적합하다.
>
> 아리우스는 이 개념을 성부에게 적용하였다. '시작도 없고'(아나르코스[ἄναρχος]), '태어나지 않고'(아겐네토스[ἀγέννητος]), '창조되지 않고'(아게네토스[ἀγένητος]), 따라서 '영원하며'(아이도스[ἀΐδος]), '변함이 없고'(아트레프토스[ἄτρεπτος]), '달라지지 않는'

---

19 이 단락은 드롭너의 338-341에서 직접인용 또는 파라프레이즈 한 것이다.

(아날로이오토스[ἀναλλοίωτος]) 분은 유일하신 성부 하나님뿐이시다. 이러한 논리에 의하여 이신론을 배제하였으며, 결국에는 오리게네스의 신학을 달리 설명하여, 성자를 명백하게 피조물의 자리에 놓았다.

성자는 '태어났으며'(겐네토스[γεννητός]), 따라서 필연적으로 '피조물'(크리스마[κρίσμα], 포이네마[ποίημα])이며, 그러므로 성자가 존재하지 않았던 때가 있었다(엔 포테 호테 우크 엔[Ἦν ποτε ὅτε οὐκ ἦν]). 이러한 것들이 아리우스 신학의 상투어가 되었다. 그리스도는 만물 가운데 하나님과 가장 가까운 인간이며, 아버지 하나님만이 유일하신 하나님이다. 그러므로 아버지와 아들은 동격이 아니라, 아들은 어디까지나 아버지에게 종속된다고 주장하였다.

전통적으로 '아리우스 논쟁'의 발생 시기를 318년으로 간주한다.[20] 아리우스가 알렉산드리아에서 추방된 이유는 주교 알렉산더가 319년경에 모든 주교에게 보낸 회칙(encyclical letter) 가운데 기록되어 있다. 그에 의하면, 아리우스와 그 동조자들의 주장은 다음과 같다.

> 하나님은 언제나 아버지였던 것이 아니라, 아버지가 아니었던 때가 있었다. 하나님의 말씀은 영원부터 있었던 것이 아니라 무에서 창조되었다. 즉 언제나 존재하시는 하나님이 이전에 존재하지 않았던 것을, 비존재에서 존재로 불러내었기 때문에 그것이 존재하지 않았던 때가 있었다. 아들은 피조물이며, 작품이다. 그는 그의 본질(우시아)에서 아버지와 동일하지 않다.

---

20 아리우스 논쟁이 일어난 연대에 대하여는 많은 설이 있다. 318년이라고 보는 것이 전통적인 견해이지만, 323년으로 보는 자들(슈봐르츠), 그리고 그 보다 이른 시기로 보는 이들(오핏츠) 등의 견해가 있다. 다음을 보라. ECC, 231, footnote 2.

그는 아버지의 참된 본성으로부터의 말씀이 아니며, 그 참된 지혜로부터도 아니며, 단지 그 작품, 또는 피조물의 하나에 지나지 않기 때문에, 말의 비 본래적인 의미에서, 말씀 또는 지혜로 불렸다. 다시 말해서 본래적 의미에서 그는 하나님의 말씀과 하나님 가운데 있는 지혜에 의해서 존재하게 된 것으로, 그 지혜에 의해서 하나님은 만물을 창조하시고, 그를 창조하신 것이다.

따라서 그는 그 본성상 변화하는 자이며, 다른 이성적 피조물(인간의 것)과 동일하다. 말씀은 하나님의 본질로부터 외적인 것, 타적인 것, 분리된 것이다.

아들은 아버지에 관하여 모든 것을 말할 수 없다. 왜냐하면, 그는 아버지를 완전히 볼 수 없기 때문이며, 그의 아버지를 아는 지식은 불완전, 부정확하기 때문이다. 아들은 자기 자신의 본질에 관하여도 알지 못한다. 그것은, 아버지께서 그들 이른바 도구로서 우리들을 창조하시고자 하여, 위하여 그를 창조하셨기 때문이다. 만약, 하나님이 우리를 창조하시려고 원하시지 않으셨다면, 그도 존재하지 않았다. 하나님의 말씀은 악마가 변화하는 것과 동일한 것으로, 변화할 수 있는 것인가? 라고 묻는 자가 있다면, 이렇게 대답한다. 확실히, 변할 수 있다. 왜냐하면, 만들어지고 또한 창조된 자로서, 그는 그 본성상 변화하는 자이기 때문이다.[21]

아리우스의 주장에 의해서 야기된 신학적 논쟁을 매듭짓기 위하여 먼저 알렉산드리아 지방 회의가 개최되어 아리우스에 대한 배척이 결

---

21 Socrates Scholasticus, *Historia Ecclesiastica*, ed. S.T.B. Robertus Hussey, 3 vols (E. Typographeo Academico, 1853), TOMUS I.6,15-16; J. Stevenson, *A New Eusebius*, 342f; J.-P. Migne, *Patrologiæ cursus completus: Series Græca posterior*, 67 (Paris: Migne, 1859). (col. 675-82) (Book 6, Chapter 6).

정되었다. 그리고 325년 초반에 안디옥 회의가 개최되어 새로운 신조가 헬라어로 작성되었는데, 1905년 슈봐르츠에 의해서 주목되기 전까지 알려지지 않았다. 그는 '시리아 사본'(Codex Parisinus Syriacus 62)을 헬라어로 번역하여 출판하였다. 장르적인 측면에서 보자면 편지 또는 성명서 형태였다.[22]

> 이하는 영적인 사람들에 의해 제시된 신앙이다. 이 사람들은 육에 따라 살고 이해하는 것을 그 어떤 경우에서도 올바르다고 생각하지 않으며, 오히려 영감으로 기록된 거룩한 말씀을 통하여, 성령에 의해서 언제나 수련 받고, 자신을 만들어가기를 원한다. 우리의 믿음은 다음과 같다.
> 한 분 하나님 아버지를 믿습니다. 하나님은 만물의 통치자, 파악할 수 없으시며, 불변하시며, 변함이 없으시고, 모든 것을 섭리로 인도하시고 지배하시며, 의로우시며 선하시고, 하늘과 땅과 그 가운데 모든 것을 만드시고, 율법과 선지자, 그리고 새 언약의 주가 되십니다.
> 또한 한 분 주 예수 그리스도를 믿습니다. 그분은 유일하신 아들, 비존재로부터 존재로 나시지 않으시고, 아버지로부터 나셨으며, 창조되신 분으로 계시지 않으시며, 고유한 의미에서 나신 분, 그 태어나심의 방식은 말할 수 없고, 또 표기할 수 없습니다.

---

22 E. Schwartz, "Zur Geschichte des Athanasius," *Nachrichen von der Königlichen Gesellschaft der Wissenschaften zu Göttinge, Philologish-Historische Klasse* (Gottingen: Luder Horstmann, Jahre1905), 271-79; 이 사본의 진정성에 관하여 슈봐르츠와 하르낙 사이에 논쟁이 있어지만 일반적으로 그 진정성이 인정되고 있다. 이것에 관하여는 F. R. Cross, "The Council of Antioch in 325 A.D.," *Church Quarterly Review*, 12 (1939), 49-76을 보라; 슈봐르츠의 헬라어에서 영어로 번역된 것은 본문은 다음과 같다. ECC, 208-211; R. P. C. Hanson, *The Search for the Christian Doctrine of God: The Arian Controversy*. 318-381(London: T&T Clarck, 1988), 146. 전체적 개관으로는 146-51, 그리고 각주 71을 참조하라.

오로지 나시게 하시는 아버지와 태어나시는 아들만이 그것을 아시기 때문입니다. "아버지 외에는 아들을 아는 자가 없고, 아들과 또 아들의 소원대로 계시를 받는 자 외에는 아버지를 아는 자자가 없느니라"(마 11:27; 눅 10:22).

그분은 언제나 계시기 때문에, 계시기 이전에 존재하지 않았다는 것이 아닙니다. 왜냐하면 우리는 성경을 통하여 배우기를, 그분만이 아버지의 유일한 모습이시며(골 1:15 그 외), 또한 그분이 아버지로부터 나심이 명확하기에, 태어나시지 않은 분(아겐네톤 [ἀγέννητον])이 아니십니다.

성경은 그를 태어나신 아들로 부르며, 이것은 엄격 또한 고유한 의미에서 태어남을 말하는 것으로, 질서로서 아들로 되었다는 것을 말하는 것이 아닙니다. 이렇게 말하는 것은 부적절하며 모독적이지 않을 수 없습니다. 이런 까닭에, 우리는 그분이 변화하지 않으시며, 변이하지 않으신다고 믿습니다. 또한 그분은 나시지 않으셨으며, 그리고 존재하지 않은 것으로부터 모습을 드러내기 위해서, 의지나 또는 양자에 의해서 나타나신 것도 아닙니다. 그러나 나신 것이 그분에게 합당하지만, 그가 유사한, 또는 비슷한 본질, 또는 그분으로부터 나온 어떤 것과의 혼합이라는 이해에 의한 것이 아닙니다.

우리는 오히려 이렇게 고백합니다. 그분은 모든 개념과 이해와 이론을 초월하시기 때문에, 나시지 않은 아버지로부터 나신 분, 말씀이 되신 하나님, 참된 빛, 의가 되시며, 모든 것의 주 또는 구원의 주되신 예수 그리스도가 되심을 고백합니다. 왜냐하면 그는 아버지의 의지 또는 그 외의 어떠한 것의 모습이 아니라, 아버지의 실질적인 본질(휘포스타세오스[ὑποστάσεως])의 형체이시기 때문입니다(히 1:3). 아들이 되시고, 말씀이 되신 하나님은 하나님의 어머니 되신 마리아로부터 태어나시고, 육체가 되시고, 고난을 받으시고, 죽으시고, 죽은 자 가운데서 부활하시고, 하늘에 올라가셔서, 가장 높으신 분의 권능의 오른편에 앉으사(마 26:24; 단 7:13), 산 자와 죽은 자를 심판하러 오실 것입니다.

더욱이 성경이 우리 주를 믿어야 할 것을 가르치는 것처럼, 성경은 한 분 성령, 하나의 보편적 교회, 죽은 자의 부활, 및 모든 자가 육으로 있을 때, 선한 것이든 악한 것이든, 행하였던 행위에 대하여 행하였던 그 행위에 따라 받아야 할 심판을 믿어야 할 것을 가르칩니다.

또한 우리는 하나님의 아들이 피조물, 또는 존재하게 된 어떤 자, 또는 존재하도록 만들어진 자, 또는 진실로 태어나신 자가 아니며, 또는 그가 존재하지 않았던 때가 있었다고 말하고, 생각하고, 또는 가르치는 자를 저주합니다. 왜냐하면, 우리는 그분께서 이전에 계셨고, 지금도 계시며, 참된 빛이신 것을 믿기 때문입니다. 더욱이, 그분께서 자신의 의지만으로(참조, 자신의 본성이 아닌) 불변하시다고 생각하는 자, 또는 그의 나시기 이전에 존재하지 않았고, 아버지와 같이 본성적으로 불변하지 않다는 견해를 받아들이는 자를 저주합니다. 왜냐하면, 우리 구원의 주님께서 모든 점에서 아버지의 모습이심을 선언하는 이상, 특히 이러한 점에서 그러하기 때문입니다.[23]

이 안디옥 신조에서 '저주구'가 처음으로 나타난다는 점에서 '니케

---

23 J. Stevenson, *A New Eusebius*, 355f; *ECC*, 209f; Rowan Williams, *Arius, Heresy and Tradition* (Grand Rapids/Cambridg, U.K.: Eerdmans, 2001), 252f; Grillmeier, *Jesus der Chirstus im Glauben der Kirche*. Bd.1 S. 404f(독어역); Boularand, *L' Hérésie d' Arius et La {Foi} de Nicée*, 2e Partie, 190ff.(불어역).

아 신조'와 직접적인 관계를 유추해 볼 수 있지만, 그러나 니케아 신학의 용어인 호모우시오스(*homoousios*)를 사용하지 않으며, 아들에 우시아(*ousia*)를 적용시키고 있지 않다.[24]

안디옥 회의는 지금까지 구체적으로 알려지지 않았다. 아리우스가 '무식한 이단'이라고 비판하였던 세 사람 가운데 한 사람이었던 안디옥 주교였던 필로고니우스(Philogonius, 참고: 나머지 두 사람은 헬레니쿠스[Hellenicus]와 마카리쿠스[Marcarius])가 322 또는 324년에 죽은 후에 발생한 문제를 해결하기 위하여 모였던 것으로 보인다. 빈자리를 메꾸기 위하여, 에우스타티우스(Eustathius)가 325년 초에 선출되었다.

안디옥 회의에 참석한 자들은 팔레스타인, 아라비아, 페니키아, 시리아, 킬리키아, 카파토기아의 주교 등 적어도 59명이었다. 호시우스(Ossius, Hosius)가 의장으로 추대된 것으로 전해진다. 알렉산드리아의 알렉산더 주교가 참석하지 않았음에도 불구하고, 사용된 용어들은 그의 것과 유사한 것은 상기한 회칙을 주교들이 읽었기 때문일 것이다.

아리우스에 반대하는 자들도 있지만, 찬성하는 자들도 적지 않았다. 따라서 전체의 의견을 통일시키기 위하여 보편적(세계적) 주교 회의를 개최하여 문제를 해결해야 한다고, 로마황제는 생각하였다. 왜냐하면 황제 콘스탄티누스 1세는 아리우스 문제가 교회의 공의회에서 해결된다면, 로마제국을 통일시키고 일치시키는 원리로서 그리스도교를 이용할 수 있다고 생각했기 때문이다.

로마 가톨릭교회가 세계적인 회의를 '공의회'(콘킬리움[*concilium*])라 간주하여 '지방회의'(시노두스[*synodus*])와 구분하면서 '니케아 회의'는 제1회 에큐메니칼 공의회가 되었다. 그러나 황제가 소집하였고, 그가

---

24 Kelly, *Creeds*, 205-211; R. P. C. Hanson, 146; Lewis Ayers, *Nicaea and Its Legacy: An Approach to Fourth-Century Trinitarian Theology* (Oxford: Oxford University Press, 2004), 18, 50-51.

교회의 신앙고백을 제정하는 일에 관계되었다는 사실은 교회와 국가 관계에 대한 중요한 문제로 남게 되었다. 물론, 그 내용에까지 개입하였는지 확인할 수 없지만, 만약 내용에 개입하였다고 한다면 아리우스를 지지했을 것이다.[25]

아리우스의 주장을 이해하기 위해서는, 아리우스에 반대한 자들의 문서보다도, 아리우스 본인의 신앙고백적 문서를 살펴보는 것이 중요하다. 아리우스 자신의 개인적인 신앙을 고백하는 형태의 서한이 존재하는데, 그가 320년경에 주교 알렉산더에게 보낸 편지이다. 신조는 아니지만 참고적으로 살펴볼 필요가 있다.

> 축복받은 사부여,
> 우리가 선조들로부터 전수 받고, 또한 당신으로부터 받은 가르침에 의한 신앙은 다음과 같습니다.
> 우리는 한 분 하나님을 알고 있습니다. 하나님은 단 한 분이시며 태어나시지 않으신 분, 단 한 분의 영원하신 분, 단 한 분 시작이 없으신 분, 단 한 분 진실하신 분, 단 한 분으로서 불사(不死)하시며(딤전 6:16), 단 한 분 지혜를 가지시고, 단 한 분 선하시며, 단 한 분 주권을 가지시고, 단 한 분 만유의 심판자, 통치자, 계획자이시며, 변화하지 않으시고, 변이하지 않으시고, 의로우시고 자비로우시기가 한량없으시며, 율법과 선지자들과 새 언약의 하나님이십니다.
> 그분은 모든 세대 전에 유일하신 아들을 나시고, 이로 말미암아 모든 세대와 전 우주를 창조하셨습니다. 그 나심이란 외견상의

---

25 참고: 황제가 제국내의 교회분열에 간섭한 또 하나의 예로 도나투스 논쟁을 들 수 있다. 교회의 신앙고백은 순수하게 믿음의 문제이기 때문에, 공권력의 간섭은 제외되어야 한다.

것이 아니라, 진실함에 있어 그러하며, 하나님은 그 의지에 의해 아들을 존재하게 하시고, 또 변화 없이, 변이할 수 없는 분이 되게 하셨습니다. 이것이야말로 하나님의 창조하신 완전한 피조물(크티스마 투 테우 텔레이온[κτίσμα τοῦ θεοῦ τέλειον])이며, 다른 여하의 피조물과도 다른 것입니다. 이는 또 나신 분(게네마[γένημα])이지만, 태어난 다른 자들 가운데의 하나와 같은 그것이 아닙니다. 또한 이 출생은 바렌티누스가 주장하는 것처럼, 아버지로부터 발출(프로보렌[προβολήν])한 것과 같은 것이 아닙니다. 또한 마니카에우스가 설파한 것처럼, 이 출생은 아버지의 동일본질의 어떤 부분(메로스 호모우시온[μέρος ὁμοούσιον])도 아닙니다. 또한 사벨리우스가 말한 것처럼 자부(子父, 휘오파토라[υἱοπάτορα])라는 단일체(모나다[μονάδα])의 분리된 것도 아닙니다. 또한 히에라카스의 이른바 빛으로부터의 빛, 또는 2중의 등불(람파다 에이스 휘온[λαμπάδα εἰς υἱόν])도 아닙니다. 또한 이전부터 있었던 것이 시간이 지나서 아들로 태어난 것도, 또는 창조된 것도 아닙니다. 축복받은 사부여, 이것은 당신이 계속해서, 교회에서 또한 회의에서 반대한 것과 같습니다.

오히려 우리들이 말하는 것처럼, 그분은 하나님의 뜻에 의해서 시간과 세대에 앞서서 창조되시고, 생명과 존재를 아버지로부터 받아, 또한 영광까지도 존재와 함께 주어졌습니다. 즉 아버지께서 만물을 그에게 유업으로 주실 때, 자기 안에 스스로 가진 것은 아니었지만, 가지고 있는 것을 취하여 주시지 않았기 때문입니다. 왜냐하면, 하나님만이 만물의 원천이기 때문입니다. 그렇기 때문에 세 개의 존재(휘포스타세이스[ὑποστάσεις])가 있습니다.

하나님은 만물의 원인이시며, 시작을 가지지 않는 유일하신 분이십니다. 그러나 아들은 '시간 밖에서'(아크로노스[ἀχρόνως]) 아버지로부터 태어나신, 모든 세대에 앞서 창조되시고, 세워짐으로써, 태어나시기 전에는 존재하지 않았지만, 시간 밖에서, 다른 모든 것에 앞서서 태어나시고, 아버지로 말미암아 존재하는 유일한 분이십니다. 다시 말해서, 아들은 영원이 아니시며, 아버지와 영원을 같이하지 않으시며, 아버지와 같이 나시지도 않은 분도 아닙니다. 또한 어떤 자들이 사물의 관계에 관하여 말하듯이, 두 개의 태어나지 않는 분이 시원(始源)으로 존재하여, 아버지와 그가 병립하는 관계를 가지는 것도 아닙니다.

하나님은 단일자이며, 만물의 시원이었기 때문에, 만물에 앞서 존재합니다. 따라서 아들보다 앞서 존재하십니다. 이것은, 당신의 가르침에 따라서, 우리가 교회에서 배운 그대로입니다. 그런데, 아들이 아버지로부터 존재하는 것과, 영광과 생명을 받아 만물이 그에게 주어진 것과 같이, 하나님이 그의 시원(始源)입니다. 아버지는 그분의 하나님이시며, 그분보다 앞서 계신 분인 것처럼, 그의 시원(始源)입니다. 그러나 만약 "그(주)에게서"(롬 11:36), "태(胎)로부터"(시 110:3, 새벽이슬), 또는 "나는 하나님으로부터 나왔음이라"(요 8:42; 16:28)라는 표현을 그가 동일본질의 일부분인 것처럼, 또는 어떤 종류의 발출(프로보렌[προβολή])인 것처럼 인식하는 자가 있다면, 그 사람들은 아버지가 복합적인 분, 분할 가능한 분, 변화하는 분, 육체를 가진 분으로 이해하는 것이며, 그들에 의하면 육체를 가지지 않으시는 하나님이 육체를 가질 수 있음을 용인하는 것이 됩니다.[26]

아리우스는 자신의 신앙을 믿음의 선배들, 특히 알렉산더로부터 가

---

26 Hahn § 186.

르침을 받은 것으로 정통적 교부신학과 역사적 연속성을 가지기 때문에, 자기를 이단으로 규정하는 자들이야말로 오류가 있다고 주장한다. 그러나 아리우스가 알렉산더로부터 배웠다는 주장은 아주 의심스럽다. 왜냐하면 그는 안디옥의 루키아누스의 영향을 많이 받아 알렉산드리아 신학보다도 안디옥 신학에 심취한 경향이 있기 때문이다.

아리우스가 언급한 자들 가운데, 바렌티누스는 2세기의 그노시스파의 한 지도자로서 로마 교회와 대결하였다. 서방교회가 일반적으로 마니카에우스라고 부르는 시리아의 마니(c. 215-275년)는 마니교의 교조로서, 그리스도교의 이단이라기보다 그리스도교적 요소를 채용한 혼합종교였다. 215년경 로마의 지도자였던 사벨리우스는 하나님을 단일체(모나다[μονάδα])로 보았기 때문에, 아들은 아버지의 한 양태(모두스[modus])라고 하는 단일신론(monarchianism)을 주장했다. '자부'(子父, 휘오파토라[υἱοπάτορα])라는 용어는 위의 문서 외에서 찾아보기 힘든 것으로, 아들이 곧 아버지라는 의미이다. 히에라카스(Hierakas c. 270-360년)는 레온토포리스(Leontopolis) 출신의 은둔자로서, 신학적으로는 오리게네스의 감화를 받았다.

5. 니케아 공의회

니케아 회의가 개최된 것은 사실이지만, 이 공의회 전후에 관한 역사적인 정황을 이해하기란 쉽지 않다. 왜냐하면, 이 공의회 문서와 회의록이 남아 있지 않아 간접적인 정보에 의해서 추정될 뿐이기 때문이다.[27] 겨우 곱트어 역의 자료가 전해져 오면서 신조, 규정, 그리고 부활

---

27 드롭너, 344; 니케아 회의에 관하여 고대 역사가들에 의해서 기록된 것으로는 다음을 들

절에 관한 날짜 정함, 그리고 출석한 주교들의 명부가 알려져 있다.

회의가 개최된 목적에 관하여는 콘스탄티누스 황제의 소집령이 시리아 사본으로 남아있기 때문에 어느 정도 추측이 가능하지만, 장소가 앙키라(Anycra)에서 니케아로 변경된 이유에 관하여는 정확한 정보를 얻을 수 없다.[28] 슈봐르츠의 주장에 의하면, 콘스탄티누스 황제가 이집트의 멜리티안 분파와 아리우스 논쟁을 취급하기 위하여 소집하였다고 하지만 확실한 근거가 없다.[29]

니케아 공의회에 출석한 주교들의 인원에 관하여 에우세비우스가 250인 이상, 아타나시우스가 300인 이상, 에우스타티우스가 270명 정도로 간주한다. 그러나 일반적으로 제롬, 루피누스, 엑시구스, 그리고 칼케돈 신조가 주장하는 318명을 정설로 받아들인다. 이 숫자는 로마의 리베리우스(366년 사망) 및 다마수스(384년 사망)를 통해서 알려진 숫자이다.[30] 318명이란 숫자를 창세기 14:14에 나오는 아브라함이 통솔했던 병사의 숫자로 이해하기도 한다. 318명 주교들에 대하여 처음으로 '거룩한 아버지'라는 칭호를 붙였다.

의장으로 임명된 호시우스는 100세까지 살았던 자로서, 서로마 황제의 신임이 두터운 자로서, 알렉산드리아 회의와 안디옥 회의에서도 의장직을 맡았다. 325년 5월 20일의 개회식에서 콘스탄티누스 황제는 라틴어로 인사를 했다. 개최지는 니케아, 지금의 이즈니크(터키의 Iznik)라는 마을로서, 그 당시는 주교 좌가 있었고 황제의 궁전이 있었다.

신조를 심의함에 있어, 먼저 제출된 것은 아리우스를 지지하는 루

수 있다. Socrates HE I.8-13; Sozomenus HE I. 17-24; Theodoret HE I.7.1-9; Gelasius HE II.5-11, 25-35; Rufinius HE X.3ff; 현대학자들에 관한 논술은 Hanson, 152이하를 참조하라.

28 Hanson, 152-153.
29 Hanson, 153.
30 Hanson, 155.

키아누스 주의자들의 신조였다(Lucianus, Lucian of Samosata). 이것은 니코메디아의 에우세비우스(Eusebius of Nicomedia)에 의해 초안된 것으로 알려져 있지만 확실하지 않다. 그 다음에 제출된 것은 카에사레아의 에우세비우스가 초안한 것으로, 전술한 카에사레아의 세례신조를 근거로 작성한 것으로 다음과 같다(Hahn. § 188). 이것은 아리우스에 근접한 자들도 받아들일 수 있는 절충적인 것이다.

카에사레아 세례신조	카에사레아의 에우세비우스의 초안
Πιστεύομεν εἰς ἕνα Θεὸν Πατέρα παντοκράτορα, τὸν τῶν ἁπάντων ὁρατῶν τε καὶ ἀοράτων ποιητήν·	Πιστεύομεν εἰς ἕνα Θεὸν, πατέρα παντοκράτορα, τὸν τῶν ἁπάντων ὁρατῶν τε καὶ ἀοράτων ποιητήν·
καὶ εἰς ἕνα Κύριον Ἰησοῦν Χριστόν τὸν τοῦ Θεοῦ Λόγον, Θεὸν ἐκ Θεοῦ, Φῶς ἐκ Φωτός, Ζωὴν ἐκ Ζωῆς, πρωτότοκον πάσης κτίσεως, πρὸ πάντων τῶν αἰώνων ἐκ τοῦ Πατρὸς γεγεννημένον, δι' οὗ καὶ ἐγένετο τὰ πάντα τὸν διὰ τὴν ἡμετέρον σωτηρίαν σαρκωθέντα, καὶ ἐν ἀνθρώποις πολιτευσάμενον, καὶ παθόντα καὶ ἀναστάντα τῇ τρίτῃ ἡμέρᾳ, καὶ ἀνελθόντα πρὸς τὸν Πατέρα, καὶ ἥξοντα πάλιν ἐν δόξῃ κρῖναι ζῶντας καὶ νεκρούς	Καὶ εἰς ἕνα Κύριον Ἰησοῦν Χριστόν τὸν τοῦ Θεοῦ Λόγον, Θεὸν ἐκ Θεοῦ, Φῶς ἐκ Φωτός, ζωὴν ἐκ ζωῆς, υἱὸν μονογενῆ, πρωτότοκον πάσης κτίσεως, πρὸ πάντων τῶν αἰώνων ἐκ τοῦ πατρὸς γεγεννημένον, δι' οὗ καὶ ἐγένετο τὰ πάντα τὸν διὰ τὴν ἡμετέρον σωτηρίαν σαρκωθέντα, καὶ ἐν ἀνθρώποις πολιτευσάμενον, καὶ παθόντα καὶ ἀναστάντα τῇ τρίτῃ ἡμέρᾳ, καὶ ἀνελθόντα πρὸς τὸν πατέρα, καὶ ἥξοντα πάλιν ἐν δόξῃ κρῖναι ζῶντας καὶ νεκρούς
πιστεύομεν καὶ εἰς ἓν Πνεῦμ Ἅγιον.	Πιστεύομεν καὶ εἰς ἓν Πνεῦμ Ἅγιον.

카에사레아 세례신조	카에사레아의 에우세비우스의 초안
	Τούτων ἕκαστον εἶναι καὶ ὑπάρχειν πιστεύοντες πατέρα ἀληθῶς πατέρα καὶ υἱὸν ἀληθῶς υἱὸν καὶ πνεῦμα ἅγιον ἀληθῶς πνεῦμα ἅγιον, καθὼς καὶ ὁ κύριος ἡμῶν ἀποστέλλων εἰς τὸ κήρυγμα τοὺς ἑαυτοῦ μαθητὰς εἶπε πορευθέντες μαθητεύσατε πάντα τὰ ἔθνη, βαπτίζοντες αὐτοὺς εἰς τὸ ὄνομα τοῦ πατρὸς καὶ τοῦ υἱοῦ καὶ τοῦ ἁγίου πνεύματος.

(성령에 대한 고백 다음에 나오는 부분들을 해석하면 다음과 같다.)

특히, 아버지께서 참된 아버지이시며, 아들께서 참된 아들이시며,
성령께서 참된 성령이시라는 것은 믿는 것의 전체와 기초입니다.
우리의 주님이 자신의 제자들을 선교에 파견하시어,
너희들은 가서 모든 국민을 제자로 삼고,
아버지와 아들과 성령의 이름으로 세례를 주라고 말씀하신 것과
같습니다.

그러나 이 신조는 당시의 논쟁을 종식시킬 만큼 완성도가 높은 작품이 아니었기 때문에, 아리우스와 그의 친구 리비아 출신의 프톨레마이스의 세컨두스(Secundus of Ptolemais)와 마르마리카의 테오나스(Tehonas of Marmarica)가 끝까지 거부하였다.

최종적으로 니케아 신조 본문이 확정되어 카에사레아의 에우세비우스, 알렉산드리아의 아타나시우스, 앙키라의 마르케루스가 헬라어 본문을 후세에 전하여 주었다.

오래된 라틴어 번역으로는 포와티에의 히라리우스(c. 315-367년), 에르비라의 그레고리우스(392년 사망), 카리아리의 루키페르스(370년

사망)의 것들이다. 확정된 '니케아 신조'는 다음과 같다.[31]

우리는 한 분 하나님 아버지,
전능하시며,
모든 보이는 것과 보이지 않은 것을
창조하신 분을 믿습니다.
그리고 한 분 주 예수 그리스도,
하나님의 아들이시며,
아버지로부터 태어나신 유일하신 아들,
다시 말해서,
하나님으로부터의 하나님,
빛으로부터의 빛,
참 하나님으로부터의 참 하나님,
창조되지 않으시고 나신 분이시며,
아버지와 동질이시며,
하늘에 있는 것과 땅에 만물이
그분으로 나왔으며,
우리 사람을 위해서,
그리고 우리 구원을 위해서,
오셔서,
육체를 입으시고,
사람이 되시고,
고난을 받으시고,
셋째 날에 부활하시고,

31　Hahn § 142, KT, 26f, D, 125.

하늘에 오르시사,

산자와 죽은 자를 심판하시기 위해 오십니다.

그리고 성령을 믿습니다.

다음과 같이 말하는 자들,

아들은 계시지 않은 때가 있었고,

그리고 나시기 전에는 계시지 않았으며,

그리고 존재하지 않는 것으로부터 나오셨으며,

하나님의 아들은 다른 존재(헤테라스 휘포스타세오스[ἑτέρας ὑποστάσεως])또는 본질(우시아스[οὐσίας])에

유래하며, 창조된 자로서,

변화하고 변이한다고 말하는(파스콘타스[φάσκοντας]) 자,

이러한 자를 보편적이며 사도적인 교회는 저주한다.

에우세비우스는 카에사레아 교회에 보내는 편지에서 새롭게 작성된 신조가 자신의 것과 다름이 없다고 주장하였다.

이 주장에 근거하여, 오랫동안 니케아 신조는 카에사레아 신조를 근간으로 작성되었다고 믿어왔지만, 리츠만과 켈리는 서로 다르다고 주장하면서, 예루살렘 신조에서 그 원형을 찾는다.[32] 따라서 니케아 신조, 예루살렘 신조, 그리고 카에사레아 신조를 대관(大觀)하는 것은 좋은 연구가 될 것이다.

---

32 Kelly, *Creeds*, "Comparison of N and CAES", 217-220; Hans Lietsmann, *Symbolstudien* I-XIV(Zeitschrift f.d. N.T. Wiss, 1922-1927), XIII; Hason, 163.

니케아 신조	예루살렘 신조	카에사레아 신조
Πιστεύομεν εἰς ἕνα Θεὸν Πατέρα παντοκράτορα πάντων ὁρατῶν τε καὶ ἀοράτων ποιητήν	Πιστεύομεν εἰς ἕνα Θεὸν Πατέρα παντοκράτορα, ποιητὴν οὐρανοῦ καὶ γῆς, ὁρατῶν τε πάντων καὶ ἀοράτων	Πιστεύομεν εἰς ἕνα Θεὸν Πατέρα παντοκράτορα, τὸν τῶν ἁπάντων ὁρατῶν τε καὶ ἀοράτων ποιητήν·
καὶ εἰς ἕνα Κύριον Ἰησοῦν Χριστόν τὸν Υἱὸν τοῦ Θεοῦ, γεννηθέντα ἐκ τοῦ Πατρὸς μονογενῆ τουτέστιν ἐκ τες οὐσίας τοῦ Πατρος Θεὸν ἐκ Θεοῦ, Φῶς ἐκ Φωτός, Θεὸν ἀληθινὸν ἐκ Θεοῦ ἀληθινοῦ, γεννηθέντα οὐ ποιηθέντα, ὁμοούσιον τῷ Πατρί,	καὶ εἰς ἕνα Κύριον Ἰησοῦν Χριστόν, τὸν Υἱὸν τοῦ Θεοῦ τὸν μονογενῆ, τὸν ἐκ τοῦ Πατρὸς γεννηθέωτα Θεὸν ἀληθινὸν πρὸ πάντων τῶν αἰώνων,	καὶ εἰς ἕνα Κύριον Ἰησοῦν Χριστόν τὸν τοῦ Θεοῦ Λόγον, Θεὸν ἐκ Θεοῦ, Φῶς ἐκ Φωτός, Ζωὴν ἐκ Ζωῆς, πρωτότοκον πάσης κτίσεως, πρὸ πάντων τῶν αἰώνων ἐκ τοῦ Πατρὸς γεγεννημένον,
δι' οὗ τὰ πάντα ἐγένετο τά τε ἐν τῷ οὐρανῷ καὶ τὰ ἐν τῇ γῇ, τὸν δι' ἡμᾶς τοὺς ἀνθρώπους, καὶ διὰ τὴν ἡμετέραν	δι οὗ τὰ πάντα ἐγένετο, σαρκωθέντα καὶ ἐνανθρωπήσαντα, σταυρωθέντα καί ταφέντα, ἀναστάντα τῇ τρίτῃ ἡμέρᾳ,	δι' οὗ καὶ ἐγενετο τὰ πάντα τὸν διὰ τὴν ἡμετέρον σωτηρίαν σαρκωθέντα, καὶ ἐν ἀνθρώποις πολιτευσάμενον,
σωτηρίαν, κατελθόντα, καὶ σαρκωθέντα, καὶ ἐνανθρωπήσαντα, παθόντα, καὶ ἀναστάντα τῇ τρίτῃ ἡμέρᾳ, ἀνελθόντα εἰς τοὺς οὐρανούς, ἐρχόμενον κρῖναι ζῶντας καὶ νεκρούς.	καὶ ἀνελθόντα εἰς τοὺς οὐρανούς, καὶ καθίσαντα ἐκ δεξιῶν τοῦ Πατρός, καὶ ἐρχόμενον ἐν δόξῃ κρῖναι ζῶντασ καὶ νεκρούς, οὗ τῆς Βασιλείας οὐκ ἔσται τέλος	καὶ ἀναστάντα τῇ τρίτῃ ἡμέρᾳ, καὶ ἀνελθόντα πρὸς τὸν Πατέρα, καὶ ἥξοντα πάλιν ἐν δόξῃ κρῖναι ζῶντας καὶ νεκρούς
καὶ εἰς τὸ Ἅγιον Πνεῦμα. Τοὺς δὲ λέγοντας Ἦν ποτε ὅτε οὐκ ἦν, καὶ πρὶν γεννηθῆναι οὐκ ἦν, καὶ ὅτι Ἐξ οὐκ ὄντων	καὶ εἰς ἓν Ἅγιον Πνεῦμα, τὸν παράκλητον τὸ λαλῆσαν ἐν τοῖς προφήταις. καὶ εἰς ἓν Βάπτισμα μετανοίας εἰς ἄφεσιν ἁμαρτιῶν	πιστεύομεν καὶ εἰς ἓν Πνεῦμ Ἅγιον.

εγένετο, ἢ Ἐξ ἑτέρας ὑποστάσεως ἢ οὐσίας φάσκοντας εἶναι [ἢ κτιστὸν] ἢ τρεπτόν ἢ ἀλλοιωτὸν τὸν Υἱὸν τοῦ Θεοῦ, [τούτους] ἀναθεματίζει ἡ ἁγία καθολικὴ[καὶ ἀποστολικὴ] ἐκκλησία.	καὶ εἰς μίαν ἁγίαν καθολικὴν ἐκκλησίαν. καὶ εἰς σαρκὸς ἀνάστασιν καὶ εἰς ζωὴν αἰώνιον.	

예루살렘 신조와 카에사레아 신조 가운데 어느 신조가 니케아 신조의 원형이 되었는지 판단하기란 어렵다. 그러나 '니케아 콘스탄티노폴리스 신조'까지 시야에 넣어서 함께 고려한다면, 예루살렘 신조가 보다 가깝다고 할 수 있다. 특히 주목해야 할 것은 '참 하나님'이라는 구절이다.

6. 니케아 신조에 대한 반응

니케아 공의회 이후, 약 반세기 동안 동방에서 가끔씩 지방 회의가 열렸다. 이러한 회의를 통한 논쟁들에 의해서, 교리기준으로서의 신조 규정과 많은 신조가 작성되었다. 비록 이 시기가 논쟁과 혼란의 시기였지만 교회는 자신들이 가야 할 올바른 길을 찾기 위해서 싸웠으며, 일치를 위하여 노력하였다.

이러한 혼란의 원인은 교회가 사용하지 않았던 익숙하지 못한 철학적 개념과 용어를 니케아 회의가 신조에 도입한 것이다. 특히 '호모우시오스'(ὁμοούσιος)라는 용어가 문제가 되어 격렬한 반대가 있었다. 그럼에도 불구하고, 이 용어를 신학적으로 소화시켜 교회적 용어로 정착시키려는 노력은 451년 칼케돈 공의회를 통하여 혼란이 어느 정도 수

습되어감으로써 열매를 맺게 된다.

또 한 가지 혼란의 원인으로 생각해볼 수 있는 것은 그 당시 교회가 가졌던 통속적이며 소박한 신학적 관념에 의거한 유일신에 대한 이해였다. 그리스도의 신성에 대한 적확하고 고유한 표현을 교회가 이해하지 못하였다는 측면이다. 교회가 신학적이지 못할 때에 일어날 수 있는 문제이다. 물론, 시간이 흘러가면서 교회는 삼위일체 신학을 교회의 일반신학으로 이해하고, 받아들이게 되는 신앙과 신학의 성장을 보인다.

'니케아 신조'에 대한 반응은 아리우스를 옹호하는 편과 반대하는 편으로 나뉘게 된다. 후자는 '호모우시오스'에 대한 비판에서 시작되었다고 볼 수 있다. 이 용어가 비성경적이며 더욱이 과거에 이단들이 사용했던 좋지 못한 용례를 가졌다는 주장이다.

에우세비우스의 서한에 의하면, 황제 콘스탄티누스가 이 용어를 제안하였다고 한다.[33] 이 용어에 반대한 자들은 아리우스에 반대함과 동시에 호모우시오스라는 용어 사용을 반대한 것이다. 그들은 이른바 전통주의자들이다. 전통주의는 새로운 용어에 신중한 자세를 취한다. 신조는 전승된 용어들을 사용했기 때문에 이러한 반대는 당연한 것 일지도 모른다.

다른 한편, 아리우스를 옹호하는 자들의 책동(策動)은 적극적이었다. 그들의 주된 활동 장소는 신학적 토론장이 아니라, 궁전이었다. 지도자로서 니코메디아의 에우세비우스를 들 수 있다. 그는 안디옥의 루키아누스 밑에서 아리우스와 함께 동문하였던 자이다. 그들의 궁정 공작이 성공하여, 아리우스가 328년 황제의 부름을 받게 될 때, 상대편에 있던 아타나시우스가 335년에 제1차 추방을 당하게 된다.

---

33 Hanson, 165-6.

아타나시우스에게 호의적인 황제는 없었다. 아타나시우스 측의 정치적 술책이 빈약했던 것이 아니라, 아타나시우스의 신학적 사상과 계시 이해를 궁정이 이해하지 못했기 때문이다. 더욱이 아타나시우스는 신학적 지도자의 역할을 감당하지 못하였다.

아타나시우스의 중요성을 인정한 사람들은 극소수에 불과했으며, 그의 저작들도 알려지지 않았다. 말하자면 '니케아 콘스탄티노폴리스 신조'의 성립에 아타나시우스가 미친 영향은 거의 수준에도 못 미치는 것이었다. 아타나시우스는 오로지 교리를 수호한 자로서, 그리고 신학적 사고방식을 가르친 중요한 교부로서 후세의 평가를 받았다.

7. 새로운 신조 제정 시도

상술하였듯이 니케아 공의회 이후 약 반세기 동안 '니케아 신조'를 거부하는 많은 신조들이 생겨났다. 이러한 현상은 일차적으로 니케아 신조에 대한 불만이며, 이차적으로는 자신들의 신앙을 보다 정확하게 표명해야 할 신앙적 책임감에 기인한 것이었다.

따라서 '니케아 콘스탄티노폴리스 신조'에 이르기 까지 많은 교회 회의가 개최되었고, 그러한 것들에 의해 많은 신조가 작성되었다. 예를 들면, 341년 안디옥 회의, 343년 필리폴리스 회의, 351년 설미움 회의(Sirmium), 353년 아를 회의(Arles), 355년 밀란 회의(Milan), 357년 제2차/ 358년 제3차 설미움 회의, 358년 안디옥 회의, 368년 아네이라 회의(Aneyra), 360년 콘스탄티노폴리스 회의, 362년 알렉산드리아 회의 등이다.

1) 안디옥 회의 신조

니케아 공의회 이후, 341년에 안디옥에서 교회회의가 개최되었다. 서방교회의 주교들이 불참한 가운데, 동방교회 주교 97명(또는 90명)과 황제 콘스탄티누스 2세가 참석한 회의였다. 참석자들이 대게 동방교회에 속하였다는 뜻은 안디옥 신학의 영향을 받았다는 것이며, 따라서 아타나시우스 신학에 호의적이지 않았다는 것이다. 이 회의에서 3개의 신조가 작성(Hahn § 153-155)되었고, 회의 이후에 이른바 '네 번째 형식'으로 불리는 신조가 작성되었다.

첫 번째 신조는 다음과 같다(Hahn § 153, KT 27f).

> 우리는 아리우스를 추종하는 자가 아니며(왜냐하면, 주교인 우리들이 어떻게 사제인 그를 따를 수 있다는 말인가), 처음부터 전해져 내려오는 신앙 이외의 어떠한 신앙도 수용하지 않습니다. 오히려, 그 사람의 신앙을 검토하고, 음미하는 자가 되고자 하며, 그의 추종자가 되기보다는 동료가 되기를 원합니다. 당신들도, 우리가 말하고자 하는 것을 이해하여 주길 바랍니다. 우리는 처음부터 다음과 같이 배워 왔습니다.
> 유일하신 하나님, 전 우주의 하나님, 모든 지성과 감성을 가지고 파악되는 것의 창조주 되시는 섭리의 주님을 믿습니다.
> 그리고 하나님의 유일하신 아들을 믿습니다. 그분은 모든 세대에 앞서 계시며, 그분을 낳으신 아버지와 함께 계시며, 만물은 보이는 것과 보이지 않는 것도 그분에 의해서 창조되었습니다. 그분은 마지막 때에, 아버지의 은혜로 말미암아 내려 오셔서 동정녀로부터 육체를 입으시고, 아버지의 뜻을 모두 수행하시고, 고난을 받으시고, 부활하셔서, 하늘에 오르시고, 아버지의 우편에 앉으셨

습니다. 그리고 산 자와 죽은 자를 심판하시기 위해 다시 오십니다. 그리고 그분은 언제나 왕으로, 하나님으로 계십니다.

그리고 우리는 성령을 믿습니다. 덧붙이자면, 우리는 또한 육체의 부활과 영원한 생명에 관하여 믿습니다.

제2형식은 다음과 같다(Hahn § 154, KT 28f).

우리는 복음적이며 사도적인 전통에 따라서, 유일하신 하나님, 전능하신 아버지, 전 우주의 창조주, 관리자, 섭리자를 믿습니다. 만물은 그분으로부터 나왔습니다.

그리고 유일하신 주 예수 그리스도를 믿습니다. 그분은 모든 세대에 앞서 아버지로부터 나셨으며, 하나님으로부터의 하나님, 모든 것으로부터의 모든 것, 단일자로부터의 단일자, 완전자로부터의 완전자, 왕으로부터의 왕, 주로부터의 주, 살아있는 말씀, 살아있는 지혜, 참된 빛, 길, 진리, 부활, 목자, 문, 불변하시며, 변이하지 않으시며, 신적 본질과 아버지의 뜻과 능력과 영광과 다를 바 없는 형체이시며, 모든 피조물의 장자, 처음에 하나님과 함께 계신 자, 하나님 되신 말씀이시며, 복음서는 "말씀은 곧 하나님이시라"고 기록합니다.

그분에 의해서 만물이 창조되었고, 그분으로부터 만물은 성립되었습니다. 그분은 이 마지막 때에 위로부터 오셔서, 성경에 따라 동정녀에게 나시고, 인간이 되셔서 하나님과 사람 사이의 중보자가 되시고, 우리 신앙의 사도, 생명의 주가 되셨습니다. "내가 하늘로부터 내려온 것은 나의 뜻을 행하기 위함이 아니라, 나를 보내신 분의 의지를 행하기 위함이라"(요 6:38)고 말씀하신 그대로입니다.

제2장 니케아 신조 및 니케아 콘스탄티노폴리스 신조 93

그분은 우리를 위해서 고난을 받으시고, 삼 일 만에 부활하시어, 하늘에 오르사, 아버지 우편에 앉으셨습니다. 또한 산 자와 죽은 자를 심판하시기 위해, 영광과 권능을 가지고 다시 오십니다.

그리고 성령을 믿습니다. 성령은 믿는 자에게, 위로와 성화와 완성을 위해서 주어집니다. 우리 주 예수 그리스도께서 제자들에게 명하여 "너희는 가서 모든 족속으로 제자를 삼아, 아버지와 아들과 성령의 이름으로 그들에게 세례를 주라"고 말씀하신 그대로입니다. 환언하자면, 아버지는 진실로 아버지이시며, 아들은 진실로 아들이시며, 성령은 진실로 성령이시며, 이러한 이름은 무의미하게 주어진 것이 아니라, 각각에 붙여진 이름은 그 존재(휘포스타신[ὑπόστασιν]), 위치, 영예를 정확하게 표현하는 것입니다. 마치 세 개의 존재가 있으면서, 하나의 조화를 나타내는 것과 같습니다.

우리는 이 신앙을 처음 때부터 마지막 때까지 견지하면서, 아버지와 그리스도 앞에서 모든 이단적인 오류들을 저주합니다. 만약 성경의 건전하고 참된 믿음에 반대하여, 성자가 나시기 이전에 시(크로논[χρόνον]), 때(카이론[χαιρὸν]), 세대(아이오나[αἰωνα])가 존재하고, 또한 존재했다고 가르치는 자가 있다면 저주받아야 할 것입니다.

그리고 만약 아들이 모든 피조물 가운데 하나의 피조물이라고 하든지, 여러 산물들 가운데 하나의 산물이라고 하든지, 여러 업 가운데의 하나의 업이라고 하던지, 또는 앞서 설명한 것을 거룩한 책이 전하는 그대로 그 하나하나에 관하여 말하지 않고, 또는 우리가 받은 것과 다른 것을 가르치며, 더욱이 선교한다면, 그자는 저주받아야 할 것입니다. 왜냐하면, 예언자로 말미암든지, 사도로 말미암든지, 거룩한 책으로부터 전해진 모든 것을 우리는 진실과 두려움으로 믿고 또한 순종하기 때문입니다.

이 신조는 니코메디아에서 순교한 안디옥의 루키아누스(312년 사망)에 의해서 작성되었다고 전해진다.[34] 이것은 아리우스파를 의식하여 그것을 배제하는 요소를 포함하면서도, 또한 니케아 회의 이전의 요소도 포함한다. 다음은 제3형식인데, 이것은 회의가 제정한 것이 아니라, 의원 가운데 한 사람인 테오프로니우스(Theophronius)가 이단의 혐의를 씻기 위해서 작성한 것이다(Hahn § 155, KT 30).

> 내가 다음과 같이 믿고 있는 것에 관하여, 나의 영혼을 두고 예배드리는 하나님께서 아시고 계십니다.
> 다시 말해서, 나는 전능하신 아버지, 전 우주의 창조자 및 조성자되신 하나님을 믿습니다. 만물은 하나님으로부터 나왔습니다. 그리고 그 유일하신 아들, 하나님이 되신 말씀, 권능 또는 지혜이신, 우리의 주 예수 그리스도를 믿습니다. 만물은 그분으로 말미암아 창조되었습니다. 그는 모든 세대에 앞서 아버지로부터 나시고, 완전하신 하나님으로부터의 완전하신 하나님, 그 존재(휘포스타시스)에서 하나님과 함께 하시고, 그 마지막 때에 오셔서, 성경에 따라 동정녀로부터 나셔서, 사람이 되시고, 고난을 받으시고, 죽은 자 가운데서 다시 살아나시고, 하늘에 오르사, 아버지 우편에 앉으셨습니다. 또한 산자와 죽은 자를 심판하시기 위해, 영광과 권능을 가지고 다시 오십니다. 그리고 영원으로 머물러 계십니다.
> 그리고 위로의 주, 진리의 영이신 성령을 믿습니다. 하나님은 선

---

34 Socrates, *Historiae Ecclesiastic*, III.5.

지자들을 통해서, 그를 그 종들에게 부어 주실 것을 약속하시고, 그것을 보내어 주셨습니다. 사도행전이 증언하는 그대로입니다. 그러나 만약, 이 믿음과 다른 것을 가르치고, 또는 마음에 품고 있다면, 그 사람은 저주받을 것입니다. 앙키라의 마르케루스, 사벨리우스, 사모사타의 바울, 이러한 자들과 그 본인들과 교제하는 모든 자는 저주받아야 합니다.[35]

안디옥 회의의 신조 제4형식에 관하여 말하자면, 이 회의에서 작성된 것이라고 보기 힘들다. 아타나시우스는 이것이 회의 후에 작성되었다고 말한다(Hahn § 156, KT 30f). 이 신조는 모든 자들이 수용할 수 있는 '화합적인'(reconciling) 신조로 간주되기도 한다. 이 신조는 니케아 신학의 표상이라고 할 수 있는 호모우시오스(*homoousios*)를 사용하지 않는다.[36]

우리는 유일하신 하나님, 전능하신 아버지, 만물의 창조자, 또 조성자를 믿습니다. 하늘에서도 땅에서도, 아버지라 불리는 모든 것의 원천은 그분이십니다.
그리고 그 유일하신 아들, 우리의 주가 되신 예수 그리스도를 믿습니다. 그분은 모든 세대에 앞서 아버지로부터 나시고, 하나님

---

[35] 앙키라의 말켈루스(374년 사망)는 로마 신조의 헬라어 본문을 편지 가운데 기록한 자이다. 그는 니케아 회의에서 아리우스의 주장을 공격했다. 그가 배척된 이유는 잘 알려져 있지 않다. 340년의 로마 회의에서 아타나시우스와 함께 명예회복이 이루어졌지만, 341년의 안디옥 회의에서 퇴진 당했다. 381년에는 정식으로 이단자로 규정되었다. 그리스도의 위격의 고유성을 이해하지 못하였던 것 같다. 사베리우스는 로마에서 215년경부터 단일신론을 주장하여 카리쿠스투스 1세에 의해 파문당했다. 아리우스의 신앙고백(Hanh § 186)에 나온다. 사모사타의 바울(260년경 안디옥 주교, 268년에 이단자로 단죄, 272년에 추방)은 그리스도의 신성을 부정했으며, '호모우시오스'라는 용어를 니케아 신학과 별도의 의미로 사용했다.

[36] Hanson, 291-292.

으로부터의 하나님, 빛으로부터의 빛, 하늘에 있는 것과 땅에 있는 것, 보이는 것과 보이지 않는 것도, 만물은 그로 말미암아 창조되었습니다. 그분은 말씀이시며, 지혜이시며, 권능이시며, 생명이시며, 참된 빛이시며, 이 마지막 세대에 우리를 위해서 사람이 되셔서, 거룩한 동정녀 마리아로부터 태어나시고, 그분은 십자가에 달리시고, 죽으시고, 무덤에 묻히시고, 셋째 날에 죽은 자 가운데서 부활하셔서, 하늘에 오르시고, 아버지 우편에 앉아 계십니다. 그리고 세상의 마지막에 산자와 죽은 자를 심판하시며, 각각 그 행실에 따라 보상하여 주시기 위해 오실 것입니다. 그 나라는 영원히 존속합니다. 왜냐하면, 그가 아버지의 우편에 앉으심은 지금 뿐만 아니라, 장차 올 세상에서 그러하시기 때문입니다.

그리고 성령을 믿습니다. 그분은 위로의 주님이십니다. 주님은 승천 하신 후에, 이 분을 약속하신 대로 사도들에게 보내어 주셔서, 그들을 가르치시고, 모든 것을 생각나게 하시며, 또한 이 분에 의해서 믿는 영혼이 성화되게 하십니다.

그러나 아들이 존재하지 않는 것으로부터 나왔다라고 말하든지, 또는 다른 존재(휘포스타시스)로부터 되시고, 하나님으로부터가 아니라고 말하든지, 또한 그가 존재하지 않았던 시간(크로노스), 또는 세대(아이온)가 있었다고 말하는 자를 거룩한 보편교회는 교회 밖의 사람으로 인정합니다.

상기의 제2, 3, 그리고 4형식이 '휘포스타시스'를 사용한다. 동방교회는 '우시아'(οὐσία)와 '휘포스타시스'(ὑπόστᾰσις)를 사용한다. 그러나 서방교회는 '우시아'를 '숩스탄티아'(*substantia*)로, '휘포스타시스'를 '페르소나'(*persona*)로 번역하였다. 따라서 서방교회의 삼위일체를 '우나 숩스탄티아 트레스 페르소나'(una substantia tres persona)로 표현하지만, 언어적인 관점에서 보자면, 라틴어 '페르소나'에 해당하는 헬라어는 '프로소폰'(πρόσωπον)이다.

2) 사도헌장의 신조(Das Symbole der aposolischen Constitutionen)

더욱이 니케아 신조에 부정적이었던 시리아 교회의 세례신조로 간주되는 것이 『사도헌장』(Constitute Apostolicae) I.7.c.41에 수록되어있다. 4세기 중반에 안디옥에서 작성된 것으로 간주되지만, 니케아 회의 이전에 성립되었다고 보는 견해도 있다.[37]

> 유일하시며 나시지 않으신 분, 참되신 하나님, 전능하신 그리스도의 아버지, 만물의 창조자와 조성자가 되시며, 만물이 그로부터 나오신 분을 나는 믿으며 세례를 받습니다.
> 그리고 주 예수 그리스도, 그의 유일하신 아들, 모든 창조된 것의 장자, 모든 세대에 앞서 아버지의 뜻에 합당하게 나시고 창조되지 않으신 분, 이 분으로 말미암아, 하늘에 있는 것과 땅에 있는 것, 보이는 것과 보이지 않는 것의 만물은 창조되었으며, 이 분은 이 마지막 날에 하늘로부터 오셔서 육체를 입으시고, 거룩한 동정녀 마리아에게 태어나시고, 그분의 아버지 되신 하나님의 율법에 따라 사시고, 본디오 빌라도 치하에서 십자가에 달리시고, 우리들을 위하여 죽으시고, 고난을 받으신 후에, 셋째 날에 죽은 자 가운데서 부활하시고, 하늘에 오르시사, 아버지의 우편에 앉아계시며, 산자와 죽은 자를 심판하시기 위하여 세상 마

---

37 Constitute Apostolicae I.7.c.41. Hahn § 129에서 인용.

지막에 영광 가운데 다시 오실 것이며, 그의 나라가 영원한 이분을 (나는 믿으며, 세례를 받습니다).

또한 나는 성령 하나님으로 세례를 받습니다.

이분은 위로의 주로서, 영원부터 모든 성도들 가운데 역사하시고, 다음 세대에 이르기까지, 우리의 구원주로서 주 예수 그리스도의 약속에 따라, 아버지로부터, 사도들과 함께 거룩하고 보편적이며 사도적인 교회에 있는 모든 믿는 자들에게 보내어 주신 성령을 믿으며 몸의 부활, 죄 용서, 천국, 장차 올 세대의 생명을 (믿으며 세례를 받습니다).

3) 필리포포리스 신조

344년 필리포포리스(Filipopolis) 지방회의는 '니케아 신조'를 수용하지 않고 그것에 대체할 수 있는 신조를 작성하였다. 그 신조의 라틴어 번역본은 전문이 그대로 잔존하지만, 헬라어 원 본문은 부분적으로 남아있다. 상기의 '안디옥 신조' 제4형식의 마지막 부분을 제외하면 거의 동일하다. 이 신조는 '니케아 신조'를 수긍하지는 않지만, 극한적인 대립보다는 화해를 모색하려는 의도를 보인다. 그리스도, 성령, 그리고 마지막 항목만을 인용하면 다음과 같다(Hahn § 158).

우리는 유일하시고 전능하신 아버지, 우주의 창조자 또는 조성자이시며, 하늘에 있어서도, 땅에 있어서도, 모든 아버지로 칭함을 받는 이름에 의해 오는 것의 하나님을 믿습니다.

우리는 그분의 유일하신 아들, 우리 주 예수 그리스도를 믿습니다. 그분은 모든 세대에 앞서 아버지로부터 나시고, 하나님으로부터의 하나님, 빛으로부터의 빛, 하늘과 땅에 있는 것, 보이는 것과 보이지 않는 만물은 그분으로 말미암아 창조되었습니다. 그분은 말씀, 지혜, 권능, 생명, 또한 참된 빛이 되시고, 마지막 날에 우리를 위하여 육신을 입으시고, 거룩한 동정녀로부터 나시었습니다. 그분은 십자가에 달리시고, 죽어서 무덤에 묻히시고, 삼 일 만에 죽은 자 가운데서 다시 살아나시고, 하늘로 올라가셨습니다. 아버지 우편에 앉으셨습니다. 산 자와 죽은 자를 심판하시고, 각자 그 행실에 따라 보상하시기 위하여 오십니다. 그 왕국은 끝이 없으시고, 영원히 존속합니다. 그리고 아버지의 우편에 앉아 계심은 이 세대뿐만 아니라, 장차 올 세상에서도 그러하십니다.

우리는 또한 성령을 믿습니다. 이 분은 위로의 주님으로, 사도들에게 약속되었고, 하늘로 올라가신 후에 보내어 주신 분으로, 그들을 가르치시고, 모든 것을 생각나게 하십니다. 이 분으로 말미암아, 그분을 믿는 자의 마음이 진실로 성화됩니다.

그러나 하나님의 아들은 존재하는 자(엑스탄스[*extans*])로부터 되신 것이 아니시며, 다른 본질(숩스탄티아[*substantia*])로부터 되시고, 또 하나님으로부터 나오셔서, 계시지 않으시고, 이전에 존재하시지 않으신 때와 세대가 있었다고 믿는 자가 있다면, 거룩한 보편적 교회는 그를 교회 밖의 사람(外人)으로 인정합니다.

동일하게 하나님은 세 분이시고, 또는 그리스도는 하나님이 아니시고, 세상이 조성되기 이전에 그분은 그리스도가 아니셨고, 하나님의 아들도 아니었으며, 또는 성부, 성자, 그리고 성령은 동일하신 분이시며, 또는 성자는 태어나지 않으셨고, 성부는 성자를 낳으실 계획도 뜻도 가지지 않으셨다고, 말하는 자가 있다면, 그 자들을 거룩한 보편적 교회는 저주할 것입니다.

4) 설미움 신조

상기의 신조들과 함께 관심의 대상이 되는 것은 '설미움 신조'이다. 설미움 교회회의는 몇 차례 개최되었는데 그 가운데 특히 황제의 뜻에 의해서 개최되었던 제2차(351년) 회의에서 신조가 작성되었다.[38] 제2차 회의에서, 앙키라의 바실(Basil)과 포티우스 사이에 논쟁이 일어나 그 결과로 말미암아, 사모사타의 바울에 대한 단죄가 재확인되었고, 포티누스(Photinus)는 사벨리우스적인 이단자로 단죄되었다. 이 회의에서 작성된 신조는 27개의 저주문을 첨언하고 있다.[39] 설미움 신조는 그 본문과 저주문(제1항)에 있어서, 상술한 안디옥 신조 제4형식, 그리고 필리포폴리스 신조의 본문과 저주문들과 유사한 형태를 가진다.

저주문은 직접적으로 극단적 아리우스주의를 향한 것과, 일반적으로 사벨리우스주의와 말켈루스와 포티누스를 금하는 것들이다.[40] 저주문의 내용을 통하여 그 당시에 이르기까지 그리스도론, 특히 그의 신성에 관한 논쟁이 어떻게 진행되어 왔는지 살펴볼 수 있는 기회를 제공한다. 본문은 생략하고 저주문만 기재한다(Hahn § 160).

> 1. 아들이 존재하지 않는 것으로부터 나왔다고 말하든지, 또는 다른 존재로부터 되시고, 하나님으로부터가 아니라고 말하든지, 또한 그가 존재하지 않았던 시간, 또는 세대가 있었다고 말하는 자를 거룩한 보편적 교회는 교회 밖의 사람으로 인정합니다.

---

[38] 설미움(Sirmium)은 지금의 세르비아 공화국 서쪽 지방으로, 로마 황제가 거주하기도 했고, 교회회의도 몇 차례 개최되었다(347, 351/2, 357, 358, 359).
[39] Kelly, *Creeds*, 281에는 26개 항목으로 언급되지만, 한스 § 160에는 27개 항목으로 나온다.
[40] Hanson, 325-329.

2. 더욱이 만약, 아버지와 아들을 두 하나님으로 믿는 자가 있다면 저주받는다고, 우리는 주장합니다.
3. 만약, 그리스도가 하나님이라고 말하지만, 그리스도가 전 우주의 조성에 있어 아버지를 보좌하신 하나님의 아들이라는 것을 고백하지 않는 자가 있다면, 그자는 저주받습니다.
4. 만약, 그분을 나시지 않으시분(아겐네톤[ἀγέννητον])이라고 말하든지, 마리아로부터 태어난 그것의 부분(메로스[μέρος])이라고 말하는 자가 있다면 그자는 저주받습니다.
5. 만약, 그분은 예지에 의해서(카타 프로그노신[κατὰ πρόγνωσιν]) 마리아보다 앞서 존재했던 아들이라고 말하더라도, 모든 세대에 앞서 아버지로부터 나시고, 하나님과 함께 계시고, 그분에 의해 만물이 조성된 것을 말하지 않는 자가 있다면, 그자는 저주받습니다.
6. 만약, 하나님의 본질(우시안[οὐσίαν])이 확장된다든지, 축소된다고 말하는 자가 있다면, 그자는 저주받습니다.
7. 만약, 하나님의 본질로부터 확장된 것을 아들이라 말하고, 또는 그 본질의 확장이 아들로 불린다고 말하는 자가 있다면, 그자는 저주받습니다.
8. 만약, 내재적(엔디아텐톤[ἐνδιάθετον])인 말씀 또는 표현된(프로포리콘[προφορικὸν]) 말씀이 하나님의 아들이라고 말하는 자가 있다면, 그자는 저주받습니다.
9. 만약, 마리아로부터 태어난 아들이 단순히 인간에 불과하다고 말하는 자가 있다면, 그자는 저주받습니다.
10. 만약, 그분을 마리아로부터 태어나신 하나님 또는 인간이라고 말하면서도, 그분을 태어나지 않은 자로 이해하는 자가 있다면, 그자는 저주받습니다.

11. 만약, "나는 처음이요, 나는 마지막이라, 나 외에 다른 신이 없느니라"(사 44:6)고 기록되어 있는 것이, 우상이나 하나님이 될 수 없는 것을 훼파하기 위한 것임과 함께, 모든 세대에 앞서 존재한 유대인의 하나님의 유일하신 아들을 훼파하기 위한 것이라고 해석하는 자가 있다면, 그자는 저주받습니다.

12. 만약 "말씀이 육신이 되었다"는 말씀을 듣고, 말씀이 육신으로 변화했다고 생각하고, 또는 변화를 받음으로써 육체를 받았다고 말하는 자가 있다면, 그자는 저주받습니다.

13. 만약, "하나님의 유일하신 아들이 십자가에 달리셨다"라고 들었을 때, 하나님의 신성이 파괴(프토란[φθοράν]), 또는 고난(파토스[πάθος]), 또는 변화(트로펜[τροπὴν]), 또는 축소(메이오신[μείωσιν]), 또는 박탈(아나이레신[ἀναίρεσιν])되었다고 말하는 자가 있다면, 그자는 저주받습니다.

14. 만약, "우리가 사람을 만들자"(창 1:26)를 아버지가 아들에게 말씀하신 것이 아니라, 하나님께서 자기 자신에게 말씀하신 것이라고 말하는 자가 있다면, 그자는 저주받습니다.

15. 만약, 아브라함에게 나타나신(창 18:1 이하) 것이 아들이 아니고, 태어나지 않으신 하나님, 또는 그 부분이라고 말하는 자가 있다면, 그자는 저주받습니다.

16. 만약, 야곱과 씨름한 자를(창 32:25 이하) 아들이 아니라, 태어나지 않으신 하나님, 또는 그 부분이라고 말하는 자가 있다면, 그자는 저주받습니다.

17. 만약, "주님께로부터 유황과 불을 내리사"(창 19:24)를 아버지와 아들로부터라고 이해하지 않고, 그 자신으로부터 내렸다고 말하는 자가 있다면, 그자는 저주받습니다. 왜냐하면, 아들 되신 주님은 아버지 되신 주님으로부터 오셨기 때문입니다.

18. 만약, 아버지 되신 주님이 계시고, 아들 되신 주님이 계시고, 아버지와 아들도 주님이시라고 들었을 때, 두 주님이 계신다고 말하는 자가 있다면, 그자는 저주받습니다. 즉 아들을 아버지와 나란히(순타소멘[συντάσσομεν]) 두지 않고, 아버지께 종속하는 분으로 보기 때문입니다. 왜냐하면 그분이 아버지의 뜻에 의하지 않고 소돔에 내려가셔서, 자기로부터 불을 내리신 것이 아니라, 주님에 의해서, 즉 아버지의 권위에 의해서 그것을 하셨기 때문입니다. 또한 자기 자신이 우편에 앉으신 것이 아니라, 내 오른쪽에 앉으라고 아버지께서 말씀하신 것을 듣고, 그렇게 하신 것이기 때문입니다.

19. 만약, 아버지, 아들, 성령이 하나의 인격(프로소폰[πρόσωπον])이라고 말하는 자가 있다면, 그자는 저주받습니다.

20. 만약, 위로의 주님이신 성령을 태어나지 않으신 하나님(아겐네톤 레고이 테온[ἀγέννητον λέγοι θεόν])이라고 말하는 자가 있다면, 그자는 저주받습니다.

21. 만약, 주님이 우리들에게 가르쳐주신 대로, 아들과 다른 또 하나의 위로의 주가 있지 않다고 말하는 자가 있다면, 그자는 저주받습니다. 왜냐하면, "내가 아버지께 구하겠으니, 그가 또 다른 보혜사를 너희에게 주시겠다"(요 14:16)고 말씀하셨기 때문입니다.

22. 만약, 성령이 아버지 또는 아들의 부분이라고 말하는 자가 있다면, 그자는 저주받습니다.

23. 만약, 아버지, 아들, 성령이 세 하나님이라고 말하는 자가 있다면, 그자는 저주받습니다.

24. 만약, 하나님의 아들이 창조사역의 하나와 같이, 하나님의 뜻에 의해서 창조된 것이라고 말하는 자가 있다면, 그자는 저주

받습니다.

25. 만약, 아들이 하나님의 뜻에 의하지 않고 태어났다고 말하는 자가 있다면, 그자는 저주받습니다. 왜냐하면 아버지가 강요받아 자연적 필연에 못 이겨서 뜻 없이 아들을 나신 것이 아니라, 오히려 시간을 초월하여, 감각을 초월하여(아파톤 [ἀπαθῶς]), 그분 자신으로부터 낳으셨다는 것을 동시에 가르치고 있기 때문입니다.

26. 만약, 아들이 태어나지 않으신 자(아겐네톤[ἀγέννητον]), 또는 처음이 없는 자(하오아르콘[ἄωαρχον]) 이시며, 따라서 처음이 없고 태어나지 않으신 두 분이 계신다고 말하며, 또 두 하나님이 계신다고 말하는 자가 있다면, 그자는 저주받습니다. 왜냐하면, 아들은 만물의 머리이시며, 다시 말해서 만물의 처음이시며, 하나님은 그리스도의 머리이시며, 즉 그리스도의 처음이시기 때문입니다. 왜냐하면, 하나님은 모든 것의 처음의 원천이시며, 유일하시며 처음이 없는 분이시기 때문입니다. 아들로 말미암아 모든 것이 창조되었다고, 우리는 명언하기 때문입니다.

27. 그리고 다시 한 번, 우리는 그리스도교 신앙의 이해를 확실하게 함으로써 다음과 같이 말합니다. 만약, 하나님 되신 그리스도께서 모든 세상에 앞서 존재하신 하나님의 아들이시며, 모든 것들의 창조(데미우르기안[δημιουργίαν])에 있어 아버지께 섬긴 것을 말하지 않고, 오히려 이 분을 마리아로부터 태어난 그 때로부터, 따라서 그가 그리스도와 아들로 칭함을 받음으로써, 하나님으로 시작된 때가 있다고 말하는 자가 있다면, 그자

는 저주받습니다.[41]

더욱이 359년에 제5회 설미움 회의가 개최되어 새로운 신조를 작성하였다.[42] 이 신조의 원문은 라틴어였지만, 헬라어 번역본만이 남아 있다. 내용은 반-니케아적인 것으로 '호모우시오스'와 '우시아'를 기피하고, 그 대신으로 '호모이오스'(유사[類似])를 전통적인 용어로 간주하여, 마지막 부분을 "거룩한 책이 가르치는 그대로"(하이 하기아이 그라페아이 레구시 테 카이 디다스쿠신[αἱ ἅγιαι γραφαὶ λέγουσί τε καὶ διδάσκουσιν])로 고백함으로서 강조하고 있다. 물론 신약성경은 성부와 성자의 관계를 '호모이오스'라고 표현하지 않는다. 이 신조가 성자의 신성을 옹호하고자 하는 것은 틀림이 없다(Hahn § 163, KT 31f).

5) 니케 신조

359년에 토라키엔의 니케(Nice in Thracien, Hahn § 164, KT 33f) 회의 신조는 상기의 신조와 유사하며, 360년의 콘스탄티노폴리스 회의의 신조와도 아주 가깝다.[43]

> 우리는 유일하시고 단일하신 참 하나님, 전능하신 아버지를 믿습니다. 만물이 그분으로부터 나왔습니다.
> 그리고 하나님의 유일하신 아들을 믿습니다. 그분은 모든 세대

---

41 설미움 신조의 아나테마 해석에 관하여 다음을 보라. Kari Kloos, *Christ, Creation, and the Vision of God: Augustine's Transformation of Early Christian Theophany Interpretation* (Leiden: Brill, 2011), 74-78.
42 이 회의를 제4회 설미움 회의로 간주하는 자들도 있다(리츠만, 한).
43 360년의 콘스탄티노폴리스 회의 신조는 다음을 보라. Hahn § 167, KT 34f.

에 앞서, 모든 시원(始源)에 앞서서 아버지로부터 나시고, 보이는 것과 보이지 않는 것, 모든 것이 그분으로 말미암아 창조되었습니다. 그분은 유일하신 아들로서 나시고, 단일하신 아버지로부터의 단일자, 하나님으로부터의 하나님, 책에 기록된 대로 그를 낳으신 아버지와 유사(호모인[ὅμοιν])하시며, 이 아버지 외에 그의 출생을 아는 자는 없습니다.

우리는 인식합니다. 그분은 하나님의 유일하신 아들이시며, 성경에 기록된 대로 죄와 죽음을 씻으시기 위하여, 아버지로부터 보내심을 받아 하늘로부터 오시고, 육신으로는 성경에 기록된 대로, 성령과 동정녀 마리아로부터 태어나시고, 제자들과 교제를 가지시고, 아버지의 뜻에 따라 모든 경륜을 성취하시고, 십자가에 달리시고, 죽으시고, 무덤에 묻히시고, 지하에 내려가셨고, 음부는 그분을 보고 두려워했습니다(욥 8:17b). 그분은 또한 셋째 날에 죽은 자로부터 돌아오셔서, 제자들과 교제를 가지시고, 40일의 때가 차매 하늘로 올라가시고, 아버지의 우편에 앉으셨습니다. 마지막 부활의 날에, 각자의 행실에 따라 보상하시기 위해, 아버지의 영광 가운데 오실 것입니다. 또한 성령을 믿습니다. 그분은 하나님의 유일하신 아들로서 하나님 또는 주님이신 예수 그리스도가, 인류에 보내시겠다고 약속하신 위로의 주님으로서, 진리의 영이라 기록된 대로, 하늘에 오르사, 아버지 우편에 앉으사, 산 자와 죽은 자를 심판하러 거기로부터 오실 그분이 보내신 분이십니다.

그러나 '본질'(우시아)이라는 용어가 교부들에 의해 소박한 의미로 사용된 적이 있다 할지라도, 성경에 나타나지 않기 때문에 일반인들은 그 무지로 말미암아 시험에 빠질 수 있기 때문에, 이 용어를 거부하는 것이 좋습니다. 또한 이후로 '본질'을 언급하는 일이 전혀 있어서는 안 됩니다. 다시 말해서, 거룩한 책은 아버지에 관해서도, 아들에 관해서도, 전체적으로 본질을 언급하지 않으며, 또한 진실로 아버지와 아들과 성령의 '프로소폰'(인격)과 함께, 하나의 '휘포스타시스'(존재방식)의 이름을 말하지도 않기 때문입니다(메테 멘 데이 에피 프로소푸 파트로스 카이 휘우 카이 하기우 프뉴마토스 미안 휘포스타신 호노마제타이[μήτε μὴν δεῖν ἐπὶ προσώπου πατρὸς καὶ υἱοῦ καὶ ἁγίου πνεύματος μίαν ὑπόστασιν ὀνομάζεσθαι]). 단지, 우리는 거룩한 책이 말하고 가르치는 대로 아들은 아버지와 동등하다고 말합니다. 그러나 앞서 단죄된 모든 이단, 그리고 근래에 새롭게 나타나, 기록된 것에 대립하는 이단은 저주받아야 합니다.

6) 아리미눔 신조(*Ariminum*)

359년에 이사우리엔의 세레우키아(Seleucia in Isaurien, 지금의 터키 시리후케)에서 회의가 개최되었다. 이곳에 동방 주교들이 모여 안디옥 회의 신조의 제4형식을 확인하면서, 새로운 신조를 제정했다(Hahn § 165). 동년 359년 아리미눔 (Ariminum, 지금의 이탈리아 Rimini)에 서방 주교들이 모여 회의를 개최하여, 아리미눔 신조를 작성하였다. 히에로니무스가 전해주는 이 신조는 간단한 형식의 신조로서, 헬라어 '호모이오스'에 해당하는 라틴어 '시미리스'(*similis*[유사, 비슷함])를 사용한다 (Hahn § 166).

우리는 전능하시고 아버지 되신 유일하신 참 하나님을 믿습니다. 우리는 모든 세대에 앞서, 모든 시작 이전에 하나님으로부터 나신 하나님의 유일하신 아들을 믿습니다. 그분이 태어 나신 것은 오로지 아버지로부터만 나오신 유일하신 아들이시며, 성경에 따라 그 낳으신 아버지와 유사하시며(시미리스[*similis*]), 그 출생은 그를 낳으신 아버지 이외 어떤 자도 알지 못합니다. 그분은 하늘로부터 오셔서, 성령으로 말미암아 수태하시고, 동정녀 마리아로부터 태어나시고, 본디오 빌라도에 의해(아 폰티오 필라토[*a Pontio Pilato*]) 십자가에 달리시고, 셋째 날에(죽은 자 가운데서) 부활하시고, 하늘에 오르시사, 아버지 되신 하나님 우편에 앉으시고, 오셔서 산 자와 죽은 자를 심판하실 것입니다.

359-360년 각지에 개최된 회의들이 작성한 신조들을 가장 공통적인 특징은 '호모이오스'라는 용어를 사용하였다는 것이다. 이것은 '호모우시오스'라는 니케아 신학적 용어에 대한 거부를 의미하며, 더 나아가 용어 '우시아'에 대한 거부로까지 이어진다.

아타나시우스와 같이 개인적으로 '호모우시오스'를 사용하는 경우(Hahn § 194)를 제외하고, 이 시기의 교회 회의는 거의 사용하지 않는다. 그 가운데 앙키라 교회는 단독으로 372년에 신조를 작성하여, 아타나시우스 신학에 대한 지지를 표명하였다(Hahn § 193).

7) 에피파니우스 신조

마지막으로 374년에 기록된 것으로 보이는 살라미스의 에피파니우스(Epiphanius of Salamis)의 『안코라투스』(*Anchoratus*, αγκυωτός, *Ancoratus*)에 나오는 단편 형식(Hahn § 125)과 장편 형식(Hahn § 126)을 살펴보고자 한다.[44]

---

44 『안코라투스』(*Anchoratus*)(또는 *Panarion*[파나리온] 마음의 약)는 세 권의 책으로 구성되었

에피파니우스는 315년경 유대의 에레우테로포리스(*Eleutheropolis*) 근처의 베산두크(*Besanduk*)에서 태어나, 이집트에서 수도사로서 에레우테로포리스 주교에 의해 사제로 임직되어 367년에 살라미스(키프로스 섬)의 주교가 되었다. 신학적으로는 반 아리우스주의자이다. '안코라투스'란 '닻을 내려 흔들리지 않는 자'라는 의미이다(참고, 히 6:19).

저자는 정통신앙, 즉 삼위일체와 부활에 중점을 두는 신앙을 요약하고 있다. 마지막 부분에 두 개의 신앙고백을 제시하는데, 그 가운데 하나인 단편 형식은 '니케아 콘스탄티노폴리스 신조'와 거의 동일하다. 이 책자는 팜프리아(Pamphylia, 키프로서의 북서 반대편 해안)의 스에드라(Suedra) 교회의 요구로 기록된 것이다. 에피파니우스는 이 신조가 사도들로부터 전해져 내려온 것으로 주장하여, 수세자는 이것을 배워야 한다고 하였다. 단편 형식의 신조는 다음과 같다. '니케아 콘스탄티노폴리스 신조'에 없는 부분은 괄호 ( )로 표시한다(Hahn § 125, KT 19f.; D 42).

Πιστεύομεν εἰς ἕνα Θεὸν Πατέρα παντοκράτορα, ποιητὴν οὐρανοῦ τε καὶ γῆς, ὁρατῶν τε πάντων καὶ ἀοράτων·	우리는 한 분 하나님 아버지 되시며, 전능하신 분, 하늘과 땅과 모든 보이는 것과 보이지 않는 것의 창조주를 믿습니다.
Καὶ εἰς ἕνα Κύριον Ἰησοῦν Χριστόν, τὸν Υἱὸν τοῦ Θεοῦ τὸν μονογενῆ, τὸν ἐκ τοῦ Πατρὸς γεννηθέντα πρὸ πάντων τῶν αἰώνων, τουτέστιν ἐκ τῆς οὐσίας τοῦ Πατρός, φῶς ἐκ φωτός,	그리고 유일하신 주 예수 그리스도를 믿습니다. 그분은 하나님의 유일하신 아들, 모든 세대에 앞서 아버지로부터 나시고, 다시 말해서, 아버지의 본질로부터 나오시고, 빛으로부터의 빛.

다. 특히, 초기부터 그 당시까지 존재하였던 약 80개의 이단적 종파를 분석하고 있다. 다음을 보라. Philip R. Amidon, trans and ed., *The Panarion of St. Epiphanius* (New York: Oxford University Press, 1990), 10, 28-9.

Θεὸν ἀληθινὸν ἐκ Θεοῦ ἀληθινοῦ, γεννηθέντα οὐ ποιηθέντα, ὁμοούσιον τῷ Πατρί· δι' οὗ τὰ πάντα ἐγένετο, τά τε ἐν τοῖς οὐρανοῖς καὶ τὰ ἐν τῇ γῇ· τὸν δι' ἡμᾶς τοὺς ἀνθρώπους καὶ διὰ τὴν ἡμετέραν σωτηρίαν κατελθόντα ἐκ τῶν οὐρανῶν, καὶ σαρκωθέντα ἐκ Πνεύματος Ἁγίου καὶ Μαρίας τῆς Παρθένου, καὶ ἐνανθρωπήσαντα· σταυρωθέντα τε ὑπὲρ ἡμῶν ἐπὶ Ποντίου Πιλάτου, καὶ παθόντα, καὶ ταφέντα, καὶ ἀναστάντα τῇ τρίτῃ ἡμέρᾳ κατὰ τὰς γραφάς, καὶ ἀνελθόντα εἰς τοὺς οὐρανούς, καὶ καθεζόμενον ἐκ δεξιῶν τοῦ Πατρός, καὶ πάλιν ἐρχόμενον μετὰ δόξης κρῖναι ζῶντας καὶ νεκρούς· οὗ τῆς βασιλείας οὐκ ἔσται τέλος Καὶ εἰς τὸ Πνεῦμα τὸ Ἅγιον, κύριον, καὶ ζωοποιόν, τὸ ἐκ τοῦ Πατρὸς ἐκπορευόμενον, τὸ σὺν Πατρὶ καὶ Υἱῷ συμπροσκυνούμενον καὶ συνδοξαζόμενον, τὸ λαλῆσαν διὰ τῶν προφητῶν· εἰς μίαν ἁγίαν καθολικὴν καὶ ἀποστολικὴν Ἐκκλησίαν. ὁμολογοῦμεν ἓν βάπτισμα εἰς ἄφεσιν ἁμαρτιῶν· προσδοκῶμεν ἀνάστασιν νεκρῶν, καὶ ζωὴν τοῦ μέλλοντος αἰῶνος. Τοὺς δὲ λέγοντας, ἦν ποτὲ ὅτε οὐκ ἦν, καὶ πρὶν γεννηθῆναι οὐκ ἦν, ἢ ὅτι ἐξ οὐκ ὄντων ἐγένετο, ἢ ἐξ ἑτέρας ὑποστάσεως ἢ οὐσίας, φάσκοντας εἶναι ῥευστὸν ἢ ἀλλοιωτὸν τὸν τοῦ Θεοῦ Υἱόν, τούτους ἀναθεματίζει ἡ καθολικὴ καὶ ἀποστολικὴ Ἐκκλησία	참 하나님으로부터의 참 하나님, 창조되지 않으시고 나신 분, 아버지와 동질이시며, (하늘에 있는 것과 땅에 있는 것) 모든 것은 성자로부터 창조되었습니다. 그분은 우리 인류들 위해, 그리고 우리 구원을 위해서 하늘로부터 오셔서, 성령으로 말미암아 동정녀 마리아로부터 육체를 취하여 사람이 되시고, 또한 우리를 위해서 본디오 빌라도 아래서 십자가에 달리시고, 고난을 받으시고, 무덤에 묻히시고, 삼 일 만에 성경대로 부활하시고, 하늘에 오르시고, 아버지 우편에 앉으셨습니다. 또한 산 자와 죽은 자를 심판하시기 위해, 영광 가운데 다시 오실 것입니다. 그 나라는 영원할 것입니다. 그리고 주가 되시며, 생명을 주시는 성령을 믿습니다. 성령은 성부로부터 나오시고, 성부와 성자와 함께 예배를 받으시고, 함께 영광을 받으시고, 예언자들에 의해 말씀하십니다. 또한 하나의 거룩한 보편적 사도적 교회를 믿습니다. 우리는 죄의 용서를 위한 세례를 고백합니다. 우리는 죽은 자의 부활과, 장차 올 세대의 생명을 소망합니다. 그렇지만, 성자의 존재하지 않은 때가 있으며, 태어나지 않은 이전에는 존재하지 않았다라고 말하며, 또 존재하지 않는 자로부터 나왔고, 또 하나님의 아들은 다른 존재 또는 본질로부터 유래하며, 흘러 변해가는 자라고 말하는 자가 있다면, 이러한 자를 보편적 사도적 교회는 저주합니다.

단문 신조는 '니케아 콘스탄티노폴리스 신조'와 아주 비슷하지만, 니케아적 용어가 혼입된 것을 특징으로 들 수 있다.

1. 제1항 "하늘과 땅의 …"는, 우라오우 테 카이 겐스(οὐραωῦ τε καὶ γῆς)로서, 테(τε)가 여분으로 삽입되어있다.
2. 제2항 "즉 성부 하나님의 본질로부터 나오신 분"은 니케아 신조에 나오지만, 니케아 콘스탄티노폴리스신조에는 나오지 않는다.
3. 제2항 "하늘에 있는 것과 땅에 있는 것"은 니케아 콘스탄티노폴리스에 나오지 않는다.
4. 제2항 "주님으로서, 생명을 주시는"이라는 항은 니케아 콘스탄티노폴리스 신조에서는, 토 퀴리온, 토 죠오포이온(τὸ κὐριον, τὸ ζωοποιόν)으로 되어 있지만, 에피파니오스의 것에는 양편의 토(το)가 없다.
5. 저주 문구는 니케아 콘스탄티노폴리스 신조에는 없다. 이 저주 구문은 니케아 신조의 저주 문구와는 다르다. 니케아 신조는 "만들어진 자, 바뀔 수 있는자, 변화될 수 있는"(에 크티스톤 에 트레프톤 에 알로이오톤[ἢ κτιστὸν ἢ τρεπτὸν ἢ ἀλλοιωτὸν])으로 표현하지만, 에피파니우스는 류스톤([ῥευστὸν] 흘러가는, 변해가는)이라고 한다.

이 신조의 유래는 키프로스에서 사용되었던 세례신조가 그 후에 팜프리아의 스에두라로 전해진 것으로 보아진다. 에피파니우스가 이전에 예루살렘에 있었다는 사실로부터, 키프로스의 신조는 예루살렘의 영향을 받은 것으로 추정할 수 있다. 또는, 예루살렘에서 이전부터 사용하여오던 세례신조(Hahn § 124)가 니케아 신조의 영향을 받으면서, 또한 성령의 신성을 부정하는 자들과 논쟁하는 가운데 개정된 것으로 주장하는 자들도 있다. 이 주장에 근거하여, 키릴루스에 의해 362년 이후에 작성된 것으로 간주하기도 한다.

이 외에도 안디옥의 세례신조가 개정을 거듭하여 가면서 지금의 이 형태가 되었다고 주장하는 자들도 있지만, 에피파니우스와의 관계를 생각하면 수긍하기 힘들다. 그리고 에피파니우스가 제시한 장문 신조와 동일한 신조 본문이 나타난다는 이유로, 기원을 카파토키아 또는 아르메니아로 보려는 자들도 있지만 신빙성이 부족하다.

에피파니우스 장편 형식 신조는[45] 단편 형식 신조와 비교하면 전자의 패러프레이즈(paraphrase) 형식으로, 에피파니우스 자신이 작성한 것으로 보인다. 새로운 여러 오류들이 나오면서, 기존의 단문 신조만으로는 충분하지 못하다는 판단으로 개정과 증보의 필연성을 느낀 것으로 보인다.

특히, 그리스도론과 성령론이 증보되었다. 에피파니우스의 신학적 정황은 니케아적 그리스도론 논쟁에서 더 나아가 칼케돈적 그리스도론 논쟁의 전조가 나타나면서 칼케돈적 어록이 사용되기 시작했다는 점이다. 예를 들면, 그리스도에 관하여 '완전한 사람'(텔레이오스 안트로포스[τέλειος ἄνθρωπος]), 즉 '프시케'(ψυχή), '소마'(σῶμα), '누스'(νοῦς)를 포함한 인간이 될 만한 조건성을 모두 다 갖추었다는 사실이 강조되고 있다. 또한 그리스도를 '동일자'로 표현하는 칼케돈적 용어가 사용되었다.[46]

---

45 원문은 다음을 보라. Hahn § 126, KT 21f, D 44.
46 "한 분 주 예수 그리스도 두 분이 아니신, 동일하신 하나님, 동일하신 주님, 동일하신 왕이 계십니다"(에이스 갈 에스틴 퀴리오스 예수스 크리스토스 카이 우 뒤오, 호 아우토스 테오스, 호 아우토스 퀴리오스, 호 아우토스 바실류스[εἷς γὰρ ἐστιν Κύριος Ἰησοῦς Χριστὸς καὶ οὐ δύο, ὁ αὐτὸς Θεός, ὁ αὐτὸς Κύρεος, ὁ αὐτὸς βασιλεύς]).

8. 콘스탄티노폴리스 공의회와 이단들

니케아 공의회 이후, 니케아 신학에 대한 반발로 많은 지방회의가 개최되어 제국내의 모든 교회가 수용할 만한 신조 작성에 심혈을 기울였지만 별다른 효과도 없었으며, 영속성도 없었다.[47] 니케아 신학에 대한 지속적인 관심은 교회적으로, 정치적으로, 신학적으로 많은 부분에서 갈등과 발전을 가져왔다. 물론 360년을 경계로 '동질'(호모우시오스)을 거부하는 신조 작성이 종식되었다고 말 할 수 있지만, 여전히 교회는 여러 문제를 가지고 있었다.

예를 들면, 에우노미우스주의 형태의 아리우스주의 문제, 안디옥의 멜레티우스 분열 문제, 삼위일체론과 그리스도론에서 처음으로 나타난 신학적 문제, 성령 하나님의 신성 문제(마케도니아파), 그리스도의 두 본성에 관한 문제(아폴리나리우스주의) 등은 정통파 교회가 해결해야만 하였던 과제였다.

이러한 복합적인 정황 가운데 새로운 황제가 취임하였다. 379년 1월 19일 테오도시우스 황제가 취임하여, 8월 3일에 '니케아 신조'만을 교회의 신앙고백으로 허용한다고 발표하였다. 더욱이 380년 2월 27일에 제국 전체가 니케아 신앙의 그리스도교를 믿고 고백하라고 칙령까지 내렸다. 380년 11월 24일에 황제가 수도로 입성하면서, 아리우스파 콘스탄티노폴리스 총대주교 데모필로스를 나지안즈의 그레고리우스로 경질하고, 교회회의 소집령을 공포함으로써, 약 50년 동안 이어져 왔던 니케아신학 논쟁을 종식시키고자 하였다. 이렇게 하여 '콘스탄티노폴리스 공의회'가 개최되었다.

그러나 불행하게도, 약 150명의 동방교회 주교들만 참석하게 됨으

---

47 이 단락은 드롭너 405-6을 참조하라.

로써, 150명의 동방교회 주교들 만에 의한 회의를 '공의회'로 인정할 수 있는가? 라는 문제가 제기되기도 하였지만, 16세기 교회개혁가들이 이 신조를 보편 신조로 수용함으로 그러한 논쟁은 종식되었다. 문제는 381년 니케아 콘스탄티노폴리스 공의회에서 신조가 제정되었지만, 기록이 남아 있지 않다는 것이다. 앞에서 언급하였듯이, '니케아 신조'와 '니케아 콘스탄티노폴리스 신조'의 신조본문이 공식적으로 언급되는 것은 '칼케돈 공의회' 회의록이다.

콘스탄티노폴리스 회의 규정(canon) 제1조는 다음과 같이 말한다. (이 규정은 오래된 헬라어 사본으로는 남아있지 않고, 칼케돈 회의 이후의 헬라어 사본 및 라틴어 번역 사본으로 존재할 뿐이다. D 151)

> 비티니아(Bithynia)의 니케아에 모인 318인 교부들의 신앙을 침범해서는 안 된다. 오히려 이것을 충실히 수호함으로써, 모든 이단을 저주해야 할 것이다. 특히, 에우노미우스(*Eunomius*)파, 아노모이오스(*Anomoios*, ανόμοιος)파, 아리우스파, 에우도키우스파(*Eudoxius*)파, 반아리우스파, 반성령파(*Pneumatomachi*, *pneuma*[spirit], *machomai*[fight]), 사벨리우스파, 말켈루스파(*Marcellus*), 포티누스파(*Photinus*), 아포리나리우스파 등의 이단을 저주한다.[48]

위에 열거된 이단들의 이름은 381년경까지 니케아 신학이 대결

---

48 성부와 성자에 관하여 니케아 신학을 둘러싼 논쟁을 그룹별로 드롭너는 크게 네 그룹으로 분류하였다. 첫째는 '비유사파'(안호모이스파, 아리우스파, 신아리우스파, 에우노미우스파; ἀλλότριος μὲν καὶ ἀνόμοιος κατὰ πάντα τῆς τοῦ πατρὸς οὐσίας καὶ ἰδιάτητος)가 있다. 성자가 성부와 모든 점에서 같이 않다고 주장하는 학파이다(317). 또한 '동일본질파'(호모우시오스파)가 있다(319). 세 번째로는 '유사본질파'(호모이우시오스파, 에우세비우스파, 절충적 아리우스파; ὅμοιος κατ'οὐσίαν, 본질의 관점에서 비슷하다)가 있다(320-1). 마지막으로 '유사파'(호모이스파; ὅμοιος κατὰ τὰς γραφάς, 성경의 말씀에 따라 비슷하다)가 있다(322).

했던 논적들이었다. 예들 들자면, 에우노미우스파는 에우노미우스(Eunomius, c. 335-394년)에서 비롯된 극단적 아리우스주의자로 아에티우스를 중심으로 나아갔다. 아에티우스(Aetius, c. 367년 사망)는 아노모이오스파를 형성하여 '호모우시오스'를 부인하여 358년에 추방된다. 그러나 아에티우스는 자신의 제자였던 유리아누스 황제에 의해 362년에 복권된 자유 사상가였다. 그에 의하면, 성부와 성자는 '호모우시오스'(homoousios)도, '호모이우시오스'(homoiousios, semi-Arians)도, '호모이오스'(homoios, Acacians)도 아니며, '아노모이오스'(anomoios)라고 주장했다. 극단적 아리우스주의자였다.

에우노미우스는 360년경 미시아의 키지크스(Cyzicus of Mysia) 주교가 되어 자신의 신앙고백을 포함하는 『아폴로기아』(Apologia)를 저술하였다(Hahn § 190). 이것은 카파토키아에서 사용되었던 세례신조를 기초로 작성된 것으로, 그리스도의 성육과 속죄에 관한 사항을 삭제하였다. 이에 대하여 바실리우스(Basileus or Basilius)가 반박서를 저술하였고(363/65), 에우노미우스도 이에 반론을 제기하였다(378).

에우노미우스는 콘스탄티노폴리스 회의에서 인정받지 못하자, 테오도시우스 황제에게 신앙고백를 제출하여 자신의 신앙을 변명하였다(383).[49] 이 신앙고백은 정통신앙에 대하여 상당히 긍정적인 입장을 표명하지만, 로고스가 육체와 영혼을 가진 인성을 소유하지 않는다고 주장하여, 니사의 그레고리우스가 반박문을 저술하였다.

에우도키우스는 카파토키아 사람으로, 안디옥 학파에 속하며, 에우노미우스의 친구였다. 그는 330년에 게르마니키아(Germanicia)의 주교가 되어, 그 후에 안디옥(357-359년)과 콘스탄티노폴리스(360-370년 사망)에 죽기까지 재임하였다. 황제와 깊은 관계를 가졌던 그는 정치

49　Hahn § 190의 각주 51을 참조하라.

적인 권력을 이용하여, 아리우스파를 적극적으로 지원한 활동가였다. 그 역시 360년경에 기록된 것으로 보이는 신앙고백을 남겼다(Hahn § 191). 그 가운데 아주 특징적인 표현을 볼 수가 있다.

> "사르코텐타 욱크 엔안트로페산타"(σαρκωθέντα, οὐκ ἐνανθρω-πήσαντα, 육신을 취하시고, 그러나 [완전한 의미에서] 사람이 되지 않으신): 이것은 니케아 신조의 "육체를 취하시고, 사람이 되어"를 의식하여 전반을 인정하면서 후반을 인정하지 않는 표현이다.
> "우테 가르 푸켄 안트로피넨 하네이레펜 알라 사르크 게노네누테"(οὔτε γὰρ ψυχὴν ἀνθρωπίνην ἀνείληφεν, ἀλλὰ σαρξ γέγονενυτε, 사람으로서의 영혼을 취하지 않고, 단지 육체가 되어).
> "메 테레이오스 헨 안트로포스'(μὴ τέλειος ἦν ἄνθρωπος, 완전한 사람이 아니라).

콘스탄티노폴리스 공의회 규정 제1항 헬라어 본문에 나오는 반-아리우스파를 디오니시우스 에키구우스(Dionysius Exiguus)의 라틴어 번역본은 마케도니아 사람으로 번역하였다. 이것은 콘스탄티노폴리스 회의 도중에 자리를 박차고 나간 마케도니아 지방의 36명 주교들을 지칭하는 것으로 생각된다. 그들은 성령의 신성을 거부하여, 성령 하나님에 대하여 '호모우시오스'를 적용하는 것에 반대하였다. 그러므로 반-성령파와 마케도니아파를 동의어로 이해해도 무방하다. 반-성령파는 성령의 신성을 거부하고, 성령을 피조물로 이해하고자 했다.

다음으로는 사벨리우스파의 교조 사벨리우스는 215년경에 로마에서 나타났으며, 그의 영향력은 동방교회에 더욱 강하였다. 그의 주장은 간접적으로만 전해져 내려오는데, 하나님의 단일체(monad)를 주장하면서, 육체와 혼과 영이라는 세 가지의 작용성을 주장하여, 창조는 성부, 구속은 성자, 성화는 성령으로 표현하고자 하였다. 양태론적 단일신론이라고도 한다.

포티누스는 말켈루스의 제자로서 위에서 기술한 345년 신조에서 다루었다. 다만, 스코티누스(암흑의 사람)라는 이명으로 기록되어있다. 빛의 사람이라는 표현을 빌린 악의적인 명명이다.

아폴리나리우스는 시리아의 라오데키아 사람으로, 310년에 태어나 362년경에 주교가 되어 392년에 사망했다.[50] 초기에 니케아 신조를 옹호하여 아리우스파를 논박했지만, 사변적 사고에 빠져 정통파에서 이탈하였다. 그는 그리스도의 참된 인성을 부인한다. 즉 로고스는 인간의 육체와 그것을 살리는 자연적 동물적 혼(프시케)을 가지지만, 인간 고유의 영혼인 누마(이성)를 가지지 않는다고 주장했다.

이러한 이단적 주장과 투쟁하면서 교회는 381년 콘스탄티노폴리스 회의에서 그리스도론에 대한 깊은 논의가 진행되었다. 그리스론적인 관점에서 보자면, 4세기 후반부에 접어들면서 이미 교회의 신학적 양상은 니케아 신학을 뛰어 넘어, 칼케돈적 그리스도론의 확립을 바라보았다고 볼 수 있다.

9. 니케아 콘스탄티노폴리스 신조 본문 확정

'니케아 콘스탄티노폴리스 신조'는 '니케아 신조'의 증보판이 아니다. 두 신조를 대조하여 보면 분명하게 나타난다.

---

50 드롭너 371-376.

Πιστεύομεν	Πιστεύομεν
εἰς ἕνα Θεὸν Πατέρα παντοκράτορα	εἰς ἕνα θεὸν Πατέρα παντοκράτορα,
πάντων ὁρατῶν τε	ποιητὴν οὐρανοῦ καὶ γῆς,
καὶ ἀοράτων ποιητήν·	ὁρατῶν τε πάντων καὶ ἀοράτων.
καὶ εἰς ἕνα Κύριον Ἰησοῦν Χριστόν	Καὶ εἰς ἕνα κύριον Ἰησοῦν Χριστόν,
τὸν Υἱὸν τοῦ Θεοῦ,	τὸν υἱὸν τοῦ θεοῦ τὸν μονογενῆ,
γεννηθέντα ἐκ τοῦ Πατρὸς μονογενῆ	
τουτέστιν ἐκ τες οὐσίας τοῦ Πατρος	
	τὸν ἐκ τοῦ Πατρὸς γεννηθέντα
	πρὸ πάντων τῶν αἰώνων,
Θεὸν ἐκ Θεοῦ,	
Φῶς ἐκ Φωτός,	φῶς ἐκ φωτός,
Θεὸν ἀληθινὸν ἐκ Θεοῦ ἀληθινοῦ,	θεὸν ἀληθινὸν ἐκ θεοῦ ἀληθινοῦ,
γεννηθέντα οὐ ποιηθέντα,	γεννηθέντα οὐ ποιηθέντα,
ὁμοούσιον τῷ Πατρί,	ὁμοούσιον τῷ Πατρί·
δι' οὗ τὰ πάντα ἐγένετο	δι' οὗ τὰ πάντα ἐγένετο·
τά τε ἐν τῷ οὐρανῷ καὶ τὰ ἐν τῇ γῇ,	
τὸν δι' ἡμᾶς τοὺς ἀνθρώπους,	τὸν δι' ἡμᾶς τοὺς ἀνθρώπους
καὶ διὰ τὴν ἡμετέραν σωτηρίαν,	καὶ διὰ τὴν ἡμετέραν σωτηρίαν
κατελθόντα, καὶ σαρκωθέντα,	κατελθόντα ἐκ τῶν οὐρανῶν
καὶ ἐνανθρωπήσαντα,	καὶ σαρκωθέντα ἐκ Πνεύματος Ἁγίου
	καὶ Μαρίας τῆς παρθένου
	καὶ ἐνανθρωπήσαντα,
	σταυρωθέντα τε ὑπὲρ ἡμῶν
	ἐπὶ Ποντίου Πιλάτου,
παθόντα, καὶ ἀναστάντα τῇ τρίτῃ ἡμέρᾳ,	καὶ παθόντα καὶ ταφέντα,
	καὶ ἀναστάντα τῇ τρίτῃ ἡμέρα
	κατὰ τὰς γραφάς,
ἀνελθόντα εἰς τοὺς οὐρανούς,	καὶ ἀνελθόντα εἰς τοὺς οὐρανούς,
	καὶ καθεζόμενον ἐκ δεξιῶν τοῦ Πατρός,
	καὶ πάλιν ἐρχόμενον μετὰ δόξης κρῖναι
	ζῶντας καὶ νεκρούς·
	οὗ τῆς βασιλείας οὐκ ἔσται τέλος.

καὶ εἰς τὸ Ἅγιον Πνεῦμα.	Καὶ εἰς τὸ Πνεῦμα τὸ Ἅγιον, τὸ κύριον, τὸ ζωοποιόν, τὸ ἐκ τοῦ πατρὸς ἐκπορευόμενον, τὸ σὺν Πατρὶ καὶ Υἱῷ συμπροσκυνούμενον καὶ συνδοξαζόμενον, τὸ λαλῆσαν διὰ τῶν προφητῶν.
Τοὺς δὲ λέγοντας Ἦν ποτε ὅτε οὐκ ἦν, καὶ πρὶν γεννηθῆναι οὐκ ἦν, καὶ ὅτι Ἐξ οὐκ ὄντων εγένετο, ἢ Ἐξ ἑτέρας ὑποστάσεως ἢ οὐσίας φάσκοντας εἶναι [ἢ κτιστόν] ἢ τρεπτόν ἢ ἀλλοιωτὸν τὸν Υἱὸν τοῦ Θεοῦ, [τούτους] ἀναθεματίζει ἡ ἁγία καθολικὴ[καὶ ἀποστολικὴ] ἐκκλησία.	
	Εἰς μίαν, ἁγίαν, καθολικὴν καὶ ἀποστολικὴν ἐκκλησίαν· ὁμολογοῦμεν ἓν βάπτισμα εἰς ἄφεσιν ἁμαρτιῶν· προσδοκοῦμεν ἀνάστασιν νεκρῶν, καὶ ζωὴν τοῦ μέλλοντος αἰῶνος. Ἀμήν.

첫째, 성자에 관한 항목에서 '니케아 콘스탄티노플리스 신조'에 나타나지 않는 것은 다음과 같다.

아버지의 본질로부터,
하나님으로부터의 하나님,
하늘에 있는 것과 땅에 있는 것

둘째, '니케아 신조'에는 보이지 않지만 '니케아 콘스탄티노플리스 신조'가 새롭게 고백하는 내용은 다음과 같다.

천지를 창조하신 분

모든 세대에 앞서서 나시고
하늘로부터 오시사,
성령과 마리아로부터 육체를 취하시고,
본디오 빌라도의 치하에서 십자가에 달리시고,
무덤에 묻히시고
성경대로
아버지 우편에 앉으시사.
영광 가운데 다시 오시며
그분의 나라는 결코 끝남이 없습니다.

셋째, '니케아 콘스탄티노폴리스 신조'는 교회, 세례, 부활, 영원한 생명에 관한 항목을 포함하며, 저주문을 가지지 않는다.

넷째, 동일한 내용에 대한 표현법이 차이가 있다.

πάντων ὁρατῶν τε καὶ ἀοράτων ποιητήν	ποιητὴν οὐρανοῦ καὶ γῆς, ὁρατῶν τε πάντων καὶ ἀοράτων
μονογενῆ	τὸν μονογενῆ (정관사가 사용)
γεννηθέντα ἐκ τοῦ Πατρὸς	τὸν ἐκ τοῦ Πατρὸς γεννηθέντα
καὶ εἰς τὸ Ἅγιον Πνεῦμα	Καὶ εἰς τὸ Πνεῦμα τὸ Ἅγιον

'니케아 콘스탄티노폴리스 신조'에 가장 큰 영향력을 행사한 신조는 위에서 살펴본 바와 같이, 동방교회가 작성한 예루살렘 신조로 추정된다. 니케아 신조 역시 예루살렘 신조에 가깝다. 말하자면, 이전에 '호모우시오스'를 완고히 거부하였던 예루살렘 교회가 그것을 수용하

면서 자신들의 신조를 개정한 것으로 보인다.[51] 예루살렘 교회가 어떻게 신조를 개정하였는가에 대하여는 여러 측면에서 연구되어야 하지만, 아마도 에피파니우스가 제시하는 본문과 거의 동일한 것으로 보이며, 451년에 이르기까지 조금씩 개정이 거듭되었을 것이다.

10. 필리오케 문제

그런데 니케아 콘스탄티노폴리스 신조 본문이 확정되기까지는 더 많은 시간을 필요로 하였다. 왜냐하면 동방교회는 확정된 '니케아 콘스탄티노폴리스 신조' 본문에 더 이상 어떤 문구를 삽입하는 것을 원하지 않았지만, 서방교회에서 필리오케 문제가 대두되었기 때문이다.[52] 사실 서방교회, 특히 프랑스와 스페인의 많은 교회들은 이미 필

---

51 전수홍, "필리오케 논쟁", 『한국카톨릭대사전』, vol.12, 9198-9201. 전수홍은 예루살렘 신조의 영향을 강하게 주장한다.

52 참고: '니케아 콘스탄티노폴리스 신조'가 라틴어로 번역되면서, 헬라어 '에크 투 파트로스 에크포류오멘온'(ἐκ τοῦ Πατρός ἐκπορευόμενον)을, '엑스 파트레 필리오퀘'(ex Patre Filioque)로 번역하여 아들과 함께의 필리오퀘(Filioque)를 정식신조문으로 결정한다. Filioque라는 말은, 아들이란 의미의 필리우스(filius)와 '함께'라는 접미적 접속사 퀘(que)가 부가 된 것이다. 로마 주교회의는 이 필리오케를 정식문으로 결정하지만, 헬라계 동방교회가 이것에 강한 반대를 표시한다. 이것이 이른바 필리오케 논쟁이다. 이 문제는 동서교회가 합동으로 열린 피렌체회의에서 논의가 되었다. 동방교회의 주교들은 '아버지로부터 아들을 통해서'라는 것을 승인했다; 필리오케 문제에 관하여는 다음을 참조하라. 전수홍; ECC, 358-67; Jaroslav Pelikan, *The Christian Tradition*, vol. 3, *The Growth of Medieval Theology* (600-1300) (Chicago: University of Chicago Press, 1978), 229ff.; Dietrich Ritschl, "Historical Development and Implications of the Filioque Controversy," in Lukas Vischer (ed.), *Spirit of God, Spirit of Christ: Ecumenical Reflections on the Filioque Controversy* (London, 1981), 46-65; Gerald Bray, "The Filioque Clause in History and Theology," *Tyndale Bulletin* 34 (1983), 91-144; Jürgen Moltmann, *The Trinity and the Kingdom*, trans. Margaret Kohl (London: SCM Press, 1981; reprint, Minneapolis, MN: Fortress Press, 1983), 178-90; Leo Scheffczyk, "The Meaning of the 'Filioque'," *Communio* 13.2 (Summer 1986), 125-38; Theodore Stylianopoulos, "The Filioque: Dogma, Theologoumenon or Error?," in *Spirit of Truth*, ed., by Theodore Stylianopoulos and S. Mark Heim (Holy Cross Orthodox Press, 1986), 25-85 Gordon Watson, "The

리오케가 수용되어 발전되어왔다. 필리오케 문제가 역사에서 정식으로 대두된 때는 스페인의 제2차 톨레도(Toledo, 447년) 회의이다.[53] 이 회의에서 필리오케가 고백되었고, 레카레드(Reccared) 왕의 주도하에 개최된 제3차 톨레도 회의(589년)는 '필리오케'를 공식적으로 '니케아 콘스탄티노폴리스 신조'에 삽입하였다.[54]

톨레도 회의에서 두 개의 신앙고백이 제정되는데, 하나는 레카레드 왕의 것이며, 또 하나는 고트족의 주교들에 의한 고백이다. 이하는 왕 레카레드의 고백이다(Hahn § 177).

우리는 고백합니다. 성부 되신 그분은, 그 본질로부터 자기 자신

Filioque-Opportunity for Debate?," *Scottish Journal of Theology* 41 (1988), 313-30; David Guretzki, *Karl Barth on the Filioque* (Farnham: MPG Books Group Ashgate Pub., 1988); A. Edward Siecienski, *The Filioque: History of a Doctrinal Controversy* (New York: Oxford University Press, 2010); Alasdair I.C. Heron, "The filioque in recent reformed theology," in *Vischer* (1981), 110-117; J.R. Meyer, "Clarifying the filioque formula using Athanasius's doctrine of the Spirit of Christ," *Communio* 27 (2000), 386-405; Gary D. Badcock, "The Filioque Controversy," in *Light of Truth & Fire of Love: A Theology of the Holy Spirit* (Grand Rapids, MI: Wm. B. Eerdmans, 1997), 62-85; Daniel J. Nodes, "Dual Processions of the Holy Spirit: Development of a Theological Tradition," *Scottish Journal of Theology* 52.1 (1999), 1-18; Robert Letham, "East Is East and West Is West? Another Look At the Filioque," *Mid-America Journal of Theology* 13 (2002), 71-86; ibid., *The Holy Trinity: In Scripture, History, Theology, and Worship* (Phillipsburg, 2004), 201-20; B. Oberdorfer, "The filioque problem: history and contemporary relevance," in *Scriptura* 97(2002), 81-92. 본장의 신조해석 제3항을 참조하라.

53 자라고자(Zaragoza) 교회회의(380년)에서 신비주의적 금욕주의 운동을 일으킨 이단자 프리실리아누스주의(Priscilianismus)를 단죄할 때에 이 용어가 사용되었고, 팔렌시아(Palencia)의 주교 파스토레(Pastore)가 작성한 『신조형식에 관한 소책자』에서도 나타난다. 보다 공용화된 것은 589년 스페인 모자라베(Mozarabic) 전례에서 주님의 기도 앞에 도입되면서 결정적으로 공용화되었다.

54 ECC, 351. 더욱이 이 회의에는 아리우스파로부터 로마 교회로 옮긴 주교들이 33개조로 구성된 신앙고백을 작성하였다(Hahn § 178). 예를 들면, 제3조에 "성령을 믿지 않는 자, 성령이 성부와 성자로부터 발출하는 것을 믿지 않는 자, 이것은 성부와 성자와 함께 영원하시며, 동등하신 것을 말하지 않는 자는 저주받는다"(*anathema sit*)라고 말한다. 필리오케는 아타나시우스 신조가운데에서도 나타나게 된다. 그러나 학자들 가운데는 이 문제가 톨레도 공의회 회의록에 실질적으로 가필된 것은 회의 이후라고 주장하기도 한다. 최종적으로는 1014년 베네딕투스 VIII세에 의해서 결정되어 미사에서 사용되게 되었다.

과 동등하시며 동일하게 영원하신 분으로 성자를 낳으셨습니다. 그렇지만, 나신 분과 나게 하신 분은 동일하지 않습니다. 위격으로는 낳으신 성부와 나신 성자는 서로 다르지만, 쌍방의 본질적 신성에 있어서는 하나입니다. 성자를 낳으신 성부는 스스로 어떤 자로부터 나오시지 않으십니다. 아버지로부터 은혜를 입은 성자는 성부와 동등하시며, 함께 영원하시며, 신성으로 머물러 계시기 때문에, 처음이 없으시고 쇠하지도 않으십니다.

성령 또한 성부와 성자로부터 발출하시며, 그 본질에서 아버지 및 아들과 하나가 되시는 것을 우리들로부터 고백을 받으시며, 또한 선교되어져야 할 것입니다. 그렇지만, 성령은 삼위일체에서 제 삼의 위격으로서, 더욱이 성부와 성자의 신성의 본질을 공유하십니다.

이 거룩한 삼위일체는 한 분 되신 하나님, 성부, 성자, 성령이 되시며, 그분의 선하심으로 말미암아 모든 것이 선한 상태로 창조된 피조물입니다. 그러나 성자께서 취하신 인간 상태의 모습에 의해서, 우리는 정죄함을 받은 자손으로부터, 처음의 깨끗한 복으로 갱신됩니다.

그러나 참된 구원을 말 할 때 삼위를 한 분으로, 한 분을 삼위로 깨닫는 것처럼, 의(義)의 완성 역시 보편적 교회 안에서 동일한 믿음을 보유하며, 사도들의 가르침에 머물며, 사도적 기초 위에 세워진 것들을 견지하는 것입니다.

그러나 교회사적인 관점에서 필리오케 문제에 접근한다면 우리는 톨레도 회의 이전의 고대 교부들로 먼저 돌아가야 한다. 이미 테르툴리아누스, 힐라리, 마리우스(Marius Vctorinus), 그리고 암브로시우스 등이 이 문제를 해석하였으며, 보다 구체적으로 아우구스티누스가

『삼위일체』에서 이 문제를 다루었다(I.iv.7; v.8; viii.18). 그의 출발점은 성령이 "하나님의 영"(마 10:28; 요 15:26)이며, "아들의 영"(갈 4:6; 요 14:26; 20:22; 눅 6:19)이라는 성경적 증언이었다. 성경에 근거하여, 성령 하나님께서 아버지로부터 나오신다면(요 15:26), 아들로부터도 나온다는 사실을 부정할 수 없다(IV.xx.29; V.xi.12; xiv.15)는 주장이다.

> 이 삼위일체에서 성자만이 하나님의 말씀이며, 성령만이 하나님의 은사이며, 또한 성부 되신 하나님만이 그곳으로부터 말씀이 나오며, 그곳으로부터 성령이 원리적(프린키파리테르[*principaliter*])으로 발출하게 되는 분이라고 말하는 것에는 이유가 있다. 내가 원리적이라는 말을 첨부한 것은, 성령이 성자로부터 발출하는 것이 보이기 때문이다.[55]

11. 니케아 콘스탄티노폴리스 신조 해석

'니케아 콘스탄티노폴리스 신조'의 전체적 구조는 '사도신조'와 마찬가지로 삼위일체론적 구성이다.

> 우리는
> 한 분 하나님 아버지 전능하시며,
> 하늘과 땅, 보이는 것과 보이지 않는 모든 것을

---

55 "Et tamen non frustra in hac trinitate non dicitur verbum dei nisi filius, nec donum dei nisi spiritus sanctus, nec de quo gentium est verbum et de quo procedit principaliter spiritus sanctus nisi deus pater. Ideo autem addidi, principaliter, quia et de filio spiritus procedere reperitur." XV.xvii.29, *THE LATIN LIBRARY*로부터 인용.

창조하신 분을 믿습니다.

그리고 한 분 주 예수 그리스도를 믿습니다.
(그분은) 하나님의 유일하신 아들이시며,
모든 세대의 이전에 아버지로부터 나시고,
빛으로부터의 빛,
참 하나님으로부터의 참 하나님,
만들어지지 않으시고 나신 분,
아버지와 동질이시며,
모든 것은 그분으로부터 나왔으며,
우리 사람을 위해서,
우리의 구원을 위해서,
하늘로부터 오시어서,
그리고 성령과 동정녀 마리아로부터
육체를 취하시사 사람이 되시고,
우리들을 위해서,
본디오 빌라도 치하에서 십자가에 달리시고,
고난을 받으시고, 무덤에 묻히시고,
성경대로 셋째 날에 부활하시고,
하늘에 오르사 아버지 우편에 앉으셨습니다.
그리고 그분은 영광 가운데서
산 자와 죽은 자를 심판하시기 위하여
다시 오십니다.
그 나라는 결코 끝남이 없습니다.

그리고 성령을 믿습니다.

(그분은) 주가 되시며, 생명을 주시며,

아버지로부터 나오시며,

성부와 성자와 함께 예배를 받으시고,

함께 영광을 받으시며,

예언자들을 통하여 말씀하십니다.

우리는 하나의, 거룩한,

보편적이며 사도적인 교회를 믿습니다.

우리는 죄 용서를 위한

유일한 세례를 고백합니다.

우리는 죽은 자의 부활과,

오는 세대의 생명을 대망(待望) 합니다. 아멘.

제1항

Πιστεύομεν εἰς ἕνα θεὸν πατέρα παντοκράτορα,

ποιητὴν οὐρανου καὶ γῆς, ὁρατῶν τε πάντων καὶ ἀοράτων

우리는 한 분 하나님 아버지 전능하시며, 하늘과 땅,

보이는 것과 보이지 않는 모든 것을 창조하신 분을 믿습니다.

'피스튜오멘 에이스'([Πιστεύομεν εἰς] 우리는 믿습니다)로 시작한다는 것은 그 당시의 많은 신조적 원형들로 영향을 받았다는 사실을 말해준다. 또한 목적어 전치사 '에이스'(εἰς)를 취하는 것은 요한복음에서 찾아 볼 수 있는 용례이기 때문에, 이 신조는 성경과 밀접한 관계 속에서 이해되어야 할 것이다.

'피스튜오멘 에이스'가 라틴어로 번역되면서 '크레디무스 인' (*credimus in*)과 '크레도 인'(*credo in*)으로 시작하는 두 개의 번역본이 존재하게 되었다. 전자는 디오니시우스 에크시구스(Dionysius Exiguus)의 번역이다(Hahn § 145). 그러나 서방교회가 미사에서 일반적으로 사용하는 것은 후자이다. 왜 이러한 번역상의 문제가 발생하였는가? 그 이유는 일반적으로 서방교회가 사용하였던 세례신조의 영향을 받은 것으로 간주된다.[56]

'헤나 테온'(ἕνα θεὸν)의 '헤나'(ἕνα, 하나, 또는 유일)는 수사로서 루피누스가 지적하듯이 동방의 세례신조가 많이 사용하는 반면, 서방에서는 아프리카, 이스파니아, 갈리아계의 신조(Hahn § 44, 45, 51, 52, 53, 57, 59) 외에는 잘 나타나지 않는다. 물론, 동방교회 가운데서도 이 용어를 사용하지 않는 신조가 있다. 예를 들면, 341년의 안디옥 회의 신조 제3형식(Hahn § 155), 델 바리제 본문(KT 26), 시리아어 『주님의 유언』(Testamentum Domini, 4세기 혹은 5세기에 작성된 교회 규칙으로, 힙폴리투스의 사도적 전승을 기초로 한 것)에 나타나는 본문 등이다.[57]

성경적으로는 신명기 6:4의 "이스라엘아 들으라. 우리 하나님 여호와는 오직 하나인 여호와시라"로 거슬러 올라가며, 또한 신약 고린도전서 8:6 "우리에게는 한 하나님 곧 아버지가 계시니 … 또한 한 주 예수 그리스도께서 계시니"에서 유래한다. 또한 "영원한 생명은 곧 유일하신 참 하나님과 그의 보내신 자 예수 그리스도를 아는 것이다"(요 17:3)는 쉐마적 고백과 그리스도의 고백을 함께하여 작성한 것으로 볼 수 있다.

---

56 서방교회 세례신조 가운데도 '우리는 믿습니다' 형식이 존재한다(Hahn § 44, 45, 47, 48, 51, 53, 57, 59 etc). '니케아 콘스탄티노폴리스 신조'의 영향을 받은 것도 있으며, 그렇지 않은 것도 있다. 예를 들면, 카르다고의 세례신조가 '우리는 믿습니다'의 형식을 취한다(Hahn § 44, 주 89를 보라). 세례식에서 신조 답송으로 '우리는 믿습니다'라는 고백은 한 사람 한 사람의 신앙이 확인되는 것을 의미하며, 동시에 신앙의 보편성과 역사성을 의미화(意味化)하는 것이다. '우리는 믿습니다'라는 복수 형태와 '나는 믿습니다'라는 단수형태의 차이점에 관하여 제4장 사도신조 해석을 참조하라.

57 Kattenbusch II., S. 968; Kelly, 91.

한 분을 강조하는 이 항목의 표현은 교부들의 '신앙규범'에서도 종종 나타난다. 예를 들면, 이레나에우스의 『이단논박』은 "한 분 하나님 아버지 전능하신 분"(에이스 헤나 테온 파테라 판토크라토라[εἰς ἕνα θεὸν πατέρα παντοκράτορα], I.10.1), 또는 "한 분 하나님 전능하신 분"(우누스 데우스 옴니포텐스[unus deus omnipotens], I.22.1)으로 고백한다.[58]

'니케아 콘스탄티노폴리스 신조'가 성부, 성자, 성령, 교회, 그리고 세례에 형용사 '유일'을 붙여서 고백한다. 더욱이 '한 분 아버지', '한 분 그리스도', 그리고 '한 분 성령'이라는 표현으로 삼위일체적 형식을 표현하고 있다.

'아버지'라는 표현은 말켈루스의 로마 신조에 나타나지 않기 때문에, 초기의 신조들이 사용하지 않았다고 추정하기도 한다(Hahn § 122). 루피누스는 동방교회가 "한 분 하나님 아버지 전능하신 분을 믿습니다"라는 신조를 소유하였다고 주장한다.

신약성경에서는 "은혜와 평강이 아버지 하나님으로부터"(카리스 휘민 카이 에이레네 아포 테우 파트로스[χάρις ὑμῖν καὶ εἰρήνη ἀπὸ θεοῦ πατρός], 갈 1:3), 또는 "아버지되신 하나님께 영광을 돌리느니라"(에이스 도크샨 테우 파르토스[εἰς δόξαν θεοῦ πατρός], 빌 2:11) 등에서 보인다. 켈리가 지적하듯이, 성경이나 신조에서 아버지에 대하여 관사를 사용하고 있지 않다는 것은 서술적인 설명이 필요 없을 정도로 하나님의 신성이 정착되었다는 것을 의미한다.[59]

---

58 Hahn § 5 헬라어 본문. 헬라어 본문이 소실된 곳은 라틴어로 대용. 그 외에도 "한 분 하나님 하늘과 땅을 조성하신 분"(*unum deum factorem coeli et terrae*, III.1.2), "한 분 하나님, 하늘과 땅과 그 가운데 있는 모든 것을 만드신 창조주를"(*in unum deum credentes, factorem coeli et terrae et omnium quae in eis sunt*, III.4.1), "그러므로, 한 분 하나님 아버지, 한 분 그리스도 예수 우리 주"(*unus igitur deus pater et unus Christus Jesus dominus noster*, III.16.6), "한 분 하나님 전능하신 분"(εἰς ἕνα θεὸν παντοκράτρα, IV.33.7) 등으로 표현한다. 또한 테르툴리아누스의 『이단자의 시효』 13, 36; 『프락세아스 반론』 1, 2 등에도 나타난다.

59 ECC, 133.

'전능'은 신약에서는 찾아보기 힘들지만, 히브리어의 '엘 샤다이'(*El Shaddai*, "나는 전능한 하나님이라"[창 17:1])에서 알 수 있듯이, '전능하신 주'(퀴리오스 판토크라토르[κύριος παντοκράτωρ]) 또는 '전능하신 하나님'(호 테오스 판토크라토르[ὁ Θεὸς παντοκράτωρ]), 때로는 '전능자'(호 판토크라토르[ὁ παντοκράτωρ])로 나타난다.

성경과 교부들이 말하는 판토크라토르(παντοκράτωρ)의 기본적인 의미는 라틴어로 옴니포텐스(*omnipotens*), 또는 영어로 올마이티(almighty)로 표현하지만 의미는 다르다. 후자들을 헬라어로 표현하자면 판토뒤나모스(παντοδύναμος, all-powerful)가 될 것이다. 판토크라토르는 능동적 언어로서, 단지 능력만을 표현하는 것이 아니라, 능력의 구현화를 전달하는 용어이다. 따라서 옴니포텐스(omnipotens)와 올마이티(almighty)를 다 포함하는 광의적인 것으로 모든 것의 지배자, 모든 것에 대한 주권을 보다 구체적으로 표현한다.

'하늘과 땅'이라는 표현은 '니케아 콘스탄티노폴리스 신조'와 이것의 원형이라 할 수 있는 '예루살렘 신조'에 나타나지만, 그 이전의 동방교회 신조들에는 보이지 않는다. 아마도 동방교회가 사용하게 된 것은 서방교회의 영향으로 보인다. 이것은 구약적인 표현으로 하늘과 땅을 만드신 창조자, 또는 전능하신 아버지 하나님께서 창조자로 고백된다.

'보이는 것과 보이지 않는 것'이란 골로새서 1:16 '타 호라타 카이 타 아오라타'(τὰ ὁρατὰ καὶ τὰ ἀόρατα)에 나오는 표현과 같다. 모든 것이 전적으로 창조되었다는 피조성을 강조하고 있다. 그러나 후자는 하나님에 관한 형용사로도 사용되기 때문에(롬 1:20; 딤전 1:17; 히 11:27), 보다 고귀한 피조물, 즉 천사를 지칭하는 것으로 이해할 수도 있다.

그 당시의 세계관에서 보자면 '보이지 않는 것'이란 히브리적인 것이 아니라, 신 플라톤적인 이데아 세계, 피안적 로고스, 또는 그노시스파가 말하는 아이온 등과 관계하는 것으로도 이해될 수도 있다.[60] 그러나 이 표현의 원형으로 간주되는 골로새서와 이그나티우스의 서한들이 그리스도론적 배경 가운데서 사용하였다는 사실은 중요하다(예를 들면, 『폴리카르푸스 서한』 3:2). 그러므로 이 표현을 통해서 모든 것이 그리스도를 위해서 창조되었고, 그리스도의 주권 아래에 있다는 그리스론 중심의 강조이다.

제2항 제1절
καὶ εἰς ἕνα κύριον Ἰησοῦν Χριστὸν τὸν υἱὸν
τοῦ θεοῦ τὸν μονογενῆ
그리고 한 분 주 예수 그리스도, 하나님의 유일하신 아들이시며

"한 분 주"는 에베소서 4:5의 "주도 한 분이시요 믿음도 하나요 세례도 하나요"(에이스 퀴리오스 미아 피스티스 헨 밥티스마[εἷς κύριος μία πίστις ἓν βάπτισμα])와 고린도전서 8:6의 "한 하나님 곧 아버지 ⋯ 한 주 예수 그리스도"(에이스 테오스 호 파테르 ⋯ 에이스 퀴리오스 예수스 크리스토스[εἷς θεὸς ὁ πατήρ ⋯ εἷς κύριος Ἰησοῦς Χριστός])에 유래한다. 위에서 언급한 신명기 6:4에서 보이듯이, 이것은 하나님의 유일성을 그리스도 예수께 적용시킨 것이다.

성경이 "예수는 주"(롬 10:9; 고전 12:3), 또는 "예수 그리스도는 주"(빌 2:11)로 고백하고 있다는 사실을 고려한다면, 초기에 단순히 '주'로 고백하였던 것이, 서방교회에서는 '우리 주'로, 그리고 동방교회에서는 '유일하신 주'라는 신조적 고백 형태로 발전되어 갔다.

---

60 예를 들면, 이그나티우스의 『토랄레스 서한』 5:2에 나오는 "보이는 것과 보이지 않는 것을 ⋯ 안다"라는 어구는 그리스도론에 대한 그노시스파와 대결 의식이 나타나있다.

제2항 제2절

τὸν υἱὸν τοῦ θεοῦ τὸν μονογενῆ τὸν ἐκ τοῦ Πατρὸς γεννηθέντα πρὸ πάντων τῶν αἰώνων

하나님의 유일하신 아들이시며, 모든 세대의 이전에 아버지로부터 나시고

'니케아 신조'는 이 부분에서 그리스도 예수를 "아버지의 본질로부터 나신 분"으로 고백하면서, 니케아 신학의 특징 가운데 하나인 '우시아'(οὐσια, 본질)가 신조 용어로서 처음 등장한다. 테르툴리아누스가 처음으로 사용한 것으로 알려져 있는 이 용어는 『반론』 4장에서, "아들은 오로지 아버지의 본질로부터(데 숩스탄티아 파트리스[de substantia patris])만으로 취한다"고 한다. 그의 논법을 계승하여, 노바티아누스는 자신의 『삼위일체론』에서 그리스도와 성령의 '숩스탄티아'(substantia)가 성부의 그것이라고 주장한다.[61] 헬라어 '우시아'는 라틴어로는 일반적으로 '숩스탄티아'(substantia)로 번역되지만,[62] 언어적인 의미와 관점에서 보자면 '엣센티아'(essentia)에 가깝다.

"하나님의 유일하신 아들"이란 하나님의 아들과 유일하신 아들이 각각 별도로 성립되었던 것이 신조에서 결합된 고백 형태로 나타난 것이다. "하나님의 아들"은 성경에 나오는 "다윗의 아들"(막 10:47-8),

---

61 노바티아누스의 신학에 관하여 다음을 참고하라. W. Yorke Fausset (ed.), *Novatiani Romanae Urbis Presbyteri De Trinitate Liber* (Cambridge: Cambridge University Press, 1909); Geoffrey D. Dunn, "Diversity and Unity of God in Novatian's De Trinitate," *Ephemerides Thologicae Lovanienses* LXXVIII (2002), 385-409; Mark Weedman, *Theology of Hilary of Poitiers* (Leiden: Koninklijke Brill, 2007), ch.1(25-43).

62 '우시아'(οὐσια)는 신약성경 용어로는 '재산'을 의미하기도(눅 15:12f) 한다. 그러나 아리스토텔레스 이래로 철학용어로 사용되었던 '존재하다'라는 의미의 동사 '에이미'의 분사 '온'(ὤν)에서 유래하는 추상 명사로서 '존재하는 것'을 말한다. 사물에 있어 그것이 존재하는 것 그 자체가 가장 근본적인 것이기 때문에, 그 사물에 부가된 성질보다도, 그것이 존재하는 것을 탐구하는 것이 가장 근본적인 지혜라고 생각하게 된다. 이렇게 고찰하는 것이 '본질'이다.

또는 "하나님의 종"(행 3:13, 26; 4:27, 30) 등과 같은 호칭들이 고백적 정식으로 통합 흡수된 표현이다. 로마서 1:3-4은 이러한 과정을 잘 보여준다. "다윗의 자손으로부터"(에크 스페르마토스 다위데[ἐκ σπέρματος Δαυίδ])를 "육신으로", 그리고 "성령으로 말미암아"(카타 프뉴마 하기오수네스[κατὰ πνεῦμα ἁγιοσύνης])를 "하나님의 아들"로 확정하고 있다. 이그나티우스의 『에베소 서한』 18:2 이하는 이러한 사실을 확실히 보여준다. "우리들의 하나님이신 그리스도 예수님은 경륜으로 말미암아 마리아에게서 잉태하시고, 다윗의 자손으로부터 그러나 성령으로 태어나시고, 또한 그 고난으로 말미암아 물을 정결케 하시기 위하여 세례를 받으셨다."

'하나님의 종'이란 '하나님의 아들'이라는 의미를 내포한다. 왜냐하면 사도행전 4:25 이하가 시편 2:7의 '하나님의 아들'의 위치에 '하나님의 종'을 배합하였다는 사실로부터 알 수 있기 때문이다. 『폴리카르푸스의 순교』 20:2에 "그 유일하신 아들(종) 예수 그리스도를 통하여" (디아 파이도스 아우투 투 모노게누스 예수 크리스투[διὰ παιδὸς αὐτοῦ τοῦ μονογενοῦς Ἰησοῦ Χριστοῦ])라고 말할 때의 '아들'은 '파이스'(종)를 뜻한다.

"유일하신 아들"(휘오스 모노게네스[υἱὸς μονογενής])은[63] 형제가 없는 외아들을 의미하는 것으로(눅 7:12; 8:42; 9:38), 요한복음 또는 요한일서는 동일하게 그리스도를 지시하는 말로 사용 된다(요 1:14, 18; 3:16, 18; 요일 4:9). 따라서 요한적 의미에 근거하여 사용된 것이다. 사도 교부신학은 일반적으로 '모노스'([μόνος], 라틴어 우니쿠스[unicus])를 '모노게네스'(μονογενής)의 의미로 사용한다. 이와 비슷한 것으로 '장자' 또

---

63 헬라어 '모노게네스'(μονογενής)는 라틴어로 '우니쿠스'(unicus)가 아니라, '우니게니투스' (unigenitus)이다.

는 '처음 태어난 자'를 의미하는 '프로토코스'(πρωτότοκος)가 있다(롬 8:29; 히 1:6; 계 1:5 그 외 유스티누스에서 많이 사용됨). 이 두 단어가 라틴어로 우니겐티우스(unigenitus)와 프리모게니투스(primogenitus)로 나란히 번역되어 테르툴리아누스의 『프락세아스 논박』 7에서 나온다. '프리모게니투스'(primogenitus)는 모든 것에 앞서 태어났다는 것을 의미하며, '우니게니투스'(unigenitus)는 하나님으로부터 오직 한 분이 태어났다는 것을 뜻한다.

"프로 판톤 톤 아이오논"(πρὸ πάντων τῶν αἰώνων, 모든 세대에 앞서)는 '니케아 신조'에 나타나지 않지만, '안디옥 신조'(Hahn § 130), '카에사레아 신조'(Hahn § 123), '예루살렘 신조'(Hahn § 124), 그리고 '아리우스 신조'(Hahn § 187)를 비롯한 동방교회의 신조에 많이 나타난다. "세대에 앞서"와 비슷한 표현을 성경에서 찾아 볼 수 있지만, 그리스도의 선재(先在)를 기술하는 맥락은 아니다(고전 2:7, 프로 톤 아이오논[πρὸ τῶν αἰώνων]; 유다서 1:25, 에이스 판토스 투스 아이오나스[εἰς πάντας τοὺς αἰῶνας]).

그리스도의 선재에 관하여는 "태초에"(요 1:1, 2), "태초부터"(요일 1:1), "창세 전에"(요 17:5), "모든 창조물보다 먼저 나신 자"(프로토코스 파세스 크티세오스[πρωτότοκος πάσης κτίσεως], 골 1:15), "만물보다 먼저 계시고"(아우토스 에스틴 프로 판톤[αὐτός ἐστιν πρὸ πάντων], 골 1:17) 등과 같은 표현이 있다. 구약성경 잠언 8:23 "만세 전에 … 내가 세움을 입었나니"(프로 투 아이오노스[πρὸ τοῦ αἰῶνος])의 헬라어 표현이 후대에 영향을 미친 것으로 보인다. 잠언 8장이 말하는 '지혜'를 요한의 '로고스'와 동의어로 간주할 수 있지만, 잠언이 말하는 '지혜'는 창조된 것(잠 9:22)으로 사용되기 때문에 로고스의 피조성이 문제가 되기도 한다.

"아이온"([αἰών], 세대)은 시간과 공간이 함께하는 '세상', '시대', '시기', '세계'라는 뜻으로, '옛 시간'또는 '영원'이라는 뜻을 포함한다. '모든 세대'는 영원을 강조하는 말이다. 아리우스와의 논쟁에서 프로 아이온(πρὸ αἰών)이 사용되었기 때문에 선재라는 의미를 보다 강조하면서 그 이상의 것을 말하고자 한다. 이 표현은 칠십인 역의 시편 54: 20(55:19)에 나온다.

"모든 세대에 앞서"라는 표현은 삼위일체론이 확립되기 이전부터 신조 용어로 사용되었다. 예를 들면, 동방의 세례신조(Hahn § 122)에서 고백되었다. 신조어로 사용되기 이전, 요한복음의 첫머리에 '엔 아르케'(ἐν ἀρχῇ)가 있었다.

"나시고"(겐네텐타[γεννηθέντα], 나툼 에크스 파트레[natum ex Patre])는 '낳다'(겐나오[γεννάω])의 수동태 아오리스트 분사이다.[64] 겐나오는 (1) 아버지가 아들을 낳으시고(마 1:2 이하), (2) 어머니가 낳으시고(눅 1:13, 57; 요 16: 21), (3) 하나님에 의해서 우리들이 새롭게 태어나는 것(요 1:13; 요일 2:29; 3:9; 5:1 등)에도 적용되는 말이다. 특히 첫째는 아버지와 아들의 관계를 분명하게 나타낸다. 그러나 성경이 아버지 하나님과 아들 하나님과의 관계를 '낳다'로 표현하는 용례는 많지 않다(행 13:33; 히 1:5; 시 2:7). 더욱이 이러한 구절은 아버지로부터 태어난 아들이 아버지의 본질을 가진다는 의미를 가지지 않는다. 예를 들면, 시편 2편이 말하는 "오늘 내가 너를 낳았다"는 것은 모든 세상보다 먼저 태어났다는 의미가 아니다.

따라서 '아버지로부터 나시고'라는 글귀는 처음부터 사용된 것이 아니라, 신학적 논쟁과 논리에 의거한 사고의 산물이다. 즉 유일하신

---

64 예수 그리스도에 대한 고백에서, 분사가 긴 시리즈 형식으로 사용된다. 주님을 '나신 분'(γεννηθέντα), '내려오신 분'(κατελθόντα), '육신을 입으신 분'(σαρκωθέντα), '인간이 되신 분'(ἐνανθρωπήσαντα), '십자가에 달리신 분'(σταυρωθέντα), '고난을 받으신 분'(παθόντα), '장사되신 분'(ταφέντα), '부활하신 분'(ἀναστάντα), '올라가신 분'(ἀνελθόντα), '앉으신 분'(καθεζόμενον), '오시는 분'(ἐρχόμενον)으로 고백한다.

아들이라는 용어가 먼저 존재하였고, 그것과 아버지와의 관계를 나타내기 위하여 사용된 표현으로 이해된다.

신조 용어로 '겐나오'는 아버지로부터 나시는 것(니케아 신조), 또는 어머니로부터 나시는 것(로마 신조의 헬라어 본문 Hahn § 7, 24b)으로 사용되었다. 그러나 동일한 문맥 가운데 두 개의 의미를 병립시키지 않는다. 서방 신조는 마리아로부터 태어난 복음서 기술을 중시하며, 동방 신조는 그리스도가 아버지로부터 나셨음을 고백한다.

아버지로부터 나신 것은 신성을 나타내는 것이며, 어머니로부터 태어났다는 것은 인성을 나타낸다고 할 수 있다. 그러나 언어의 혼란을 피하기 위한 배려가 필요하다.

'아타나시우스 신조' 제31조가 "그분은 하나님으로서, 아버지의 본질로부터(ex) 만세 전에 나시고(게니투스[*genitus*]), 또한 사람으로서는 어머니의 본질로부터 세상에 나셨다(나투스[*natus*])"라고 표현하여, 태어나는 것을 두 종류의 동사로 표현하였다(데우스 에스트 엑스 숩스탄티아 파트리스 안테 세쿠라 게니투스, 호모 엑스 숩스탄티아 마트리스 인 세쿠로 나투스[*Deus est ex substantia Patris ante secula genitus, homo ex substantia matris in seculo natus*]).

제2항 제3절

φῶς ἐκ φωτός, θεόν ἀληθινὸν ἐκ θεοῦ ἀληθινοῦ,
γεννηθέντα, οὐ ποιηθέντα, ὁμοούσιν τῷ πατρί
빛으로부터의 빛, 참 하나님으로부터의 참 하나님,
만들어지지 않으시고, 나신 분, 아버지와 동질이시며,

"포스 에크 포토스"(φῶς ἐκ φωτός, 빛으로부터의 빛)는 '니케아 신조'와 '니케아 콘스탄티노폴리스 신조'가 동일하게 고백하는 것으로, '카에사레아 신조'(Hahn § 123)에서 유래되었다. 이 표현은 "하나님은 빛이시라"(요일 1:5), "각 사람에게 비취는 빛"(요 1:9; 요일 2:8), "빛이 세상에 왔으되"(요 3:19), "나는 세상의 빛"(요 8:12) 등에 언급된 빛을 종합적으로 정리한 수사학적인 표현이다.[65] 이것은 고린도후서 4:6에 "어두운 데서 빛이 비취리라"(에크 스코투스 포스 람프세이[ἐκ σκότους φῶς λάμψει])처럼, 피조적인 '빛'이 아니다. '무(無)로부터의 창조'는 그리스도에게 해당되지 않는다. 이것은 '카에사리아 신조'(Hahn § 123)가 고백했던 '생명으로부터의 생명'과 같다. 여기서 말하는 생명은 '죽음으로부터의 생명'과 대비되는 것이다. '니케아 신조'의 저주구가 그리스도가 '다른 존재 또는 본질로부터 유래'하였다는 생각을 단죄하듯이, 그는 '다른 존재로부터의 존재'가 아니다.

"테온 알레티논 에크 테우 알레티누"([θεόν ἀληθινὸν ἐκ θεοῦ ἀληθινοῦ], 참 하나님으로부터의 참 하나님) 역시 두 신조에 동일하게 나타난다. "참 하나님으로부터의 참 하나님"은 앞에 나온 글귀를 보다 강조하는 표현이다.[66] '참된' 것이란 진실한 것을 말하는데, 하나님에 대하여 진실이라고 표현하는 것은 현실성을 가진 것으로, 상징이나 명목이나, 또는 외면적으로 그렇다는 것이 아니라는 사실을 강조하는 것이다. 성경의 요한복음 17:3의 "톤 모논 알레티논 테온"([τὸν μόνον ἀληθινὸν θεὸν], 유일하신 참 하나님)과 요한일서 5:20의 "그는 참 하나님이시오"를 종합한 것이다.

"만들어지지 않으시고"는 피조물이 아니라는 뜻으로, 라틴어로 "창

---

65 이러한 표현 방법을 빌려서 341년의 안디옥 회의의 신조 제2형식은 "단일자로부터의 단일자, 완전자로부터의 완전자, 왕으로부터의 왕, 주로부터의 주"라고 고백하였다(Hahn § 154).

66 칼케돈 신조에서는 보이지 않는다. 다음을 보라. Denzinger-Schönmetzer, *Enchiridion Symbolorum*, editio XXXVI[Freiburg: Herder, 1976], nos. 125, 180; ibid., *Conciliorum Oecumenicorum Decreta*[Basel, 1962], 20.

조되지 않으시고 나신"(나툼 논 팍툼[*natum non factum*])으로 번역되지만, 헬라어 본문은 "태어난 자"(겐네텐타[γεννηθέντα])의 뒤에 콤마가 들어가면서, "나신 자로, 창조되지 않으시고"라고 고백함으로, 피조성을 강하게 부정하고 있다. 더욱이 니케아 신조의 저주구에는 "창조된 것"(크티스토스[κτιστός], 크티조[χτίζω]의 수동태 분사)이 사용되지만, 신조 분문은 동사 포이에오(ποιέω)에 유래하는 포이에텐타(ποιηθέντα)를 사용한다. '포이에오' 역시 창조한다는 의미가 있지만, '만들다'의 의미가 강하다. '크티조'는 오로지 창조적 의미로 사용된다.

"아버지와 동질하시며"의 '동질'(호모우시오스[ὁμοούσιος])은 니케아적 용어이다. '호모우시오스'는 우시아를 동일하게 또는 동질한 것으로 구성한다는 의미를 가진 형용사이다. 정통신학은 여전히 이 용어에 익숙하지 않아 소극적이었다. 오히려 그노시스파와 같은 이단에서 많이 사용되었기 때문에 이를 논박하기 위하여 이레나에우스, 힙폴리투스 등이 이 용어를 사용하였다. 예를 들어, 그노시스주의자들은 데미우르고스(Δημιουργός, 조물자)가 하나님과 '호모우시오스'하는 것이 아니라, 아이온이 발출한 원천인 '플레로마'(πλήρωμα, 충만)와 '호모우시오스' 한다고 말한다.

삼위일체의 본질에 관한 기술을 테르툴리아누스, 노바티아누스, 그리고 오리게네스(185-254년) 등에서 찾아 볼 수 있다. 예를 들어 후자는 본질의 동질성에 관하여 그의 『원리론』 I.2.6에서 다음과 같이 말한다. "이 형상(보이지 아니하시는 하나님의 형상. 골 1:15)은 아버지와 아들과의 본성(나투라[*natura*])과 본질(숩스탄티아[*substantia*])의 일치를 의미한다." 라틴어 번역본만 남아있기 때문에, 오리게네스가 '호모우시오스'를 사용하였는지 확인하기 어렵지만, 가능성이 존재한다. 왜냐하면, 소실된 『히브리서 강해』의 라틴어 단편에서 다음과 같은 표현이 있기 때문이다. "이 두 가지의 예는 아버지가 아들과 본질을 공유한다는 것을 무엇보다 명확하게 보여준다. 다시 말해서, 발출(發出)(라틴어, 아포르호에아[*aporrhoea*] - 헬라어 아포로이아[ἀπόρροια]의 번역어)은 발출이 일어나는 몸과 호모우시오스 즉 동일본질이다"(히 1:3의 주해).[67] 또한 300년경의 저자 불명의 문서 『아다만티우스와의 대화』(*Dialogue of Adamantius*, I.2)는 "나는 만물의 창조자와 조성자가 되시는 한 분 하나님 또한 거기서 나온 동질의(호모우시오스) 하나님 되시는 말씀을 믿고 있었습니다"로 기록한다.[68]

여하튼 이 말이 어떤 경로로 신조에 유입되었는지 알 수 없지만, 신학적 숙고 없이 무비판적으로 사용되지는 않았을 것이다. 에우세비우스에 의하면, 콘스탄티누스 황제가 이 말의 사용을 제안했다고 하지만, 의장 호시우스 또는 알렉산드리아의 알렉산더로 추정되고 있다.[69] 그리스도께서 아버지와 '동질'(호모우시오스)이라는 사실은 그리스도가 하나님의 자기 계시 그 자체이며, 그리스도에 의한 구원은 하나님 그분에 의한 구원이라는 것을 확인하는 것이다. 그것은 그리스도의 위격에 관한 형이상학적 문제가 아니라, 계시와 구원과 믿음의 근본적 문제이다.

제2항 제4절

δι οὗ τὰ πάντα ἐγένετο

모든 것은 그분으로부터 나왔으며,

---

67 방상근, "오리제네스", 『한국 가톨릭 대사전』 (서울: 한국 교회사 연구, 1981) 제9권, 6438-6443.
68 참고로 그리스도교 이 외의 용법으로는 프로티누스(Plotinus)의 "에네아데스"(Eneades) IV, 4, 28에 "분노는 욕망과 동질(호모우시오스)의 것이다" 등을 들 수 있다.
69 우시아 또는 호모우시오스에 대한 통찰력있는 연구로서, Christopher Stead, *Divine Substance* (Oxford: Oxford University Press, 1977)를 보라.

하나님의 아들 그리스도에 의한 창조는 바울서신(고전 8:6; 골 1:16), 히브리서(히 1:2), 그리고 요한복음(요 1:3, 10)에 나타나지만, 신조적 용어로는 후자가 사용되었다. 요한복음 1:3 "만물이 그로 말미암아 지은 바 되었으니"(판타 디 아우투 에게네토[πάντα δί αὐτοῦ ἐγένετο])와, 요한복음 1:10, "세상은 그로 말미암아 지은 바 되었으되"(호 코스모스 디 아우투 에게네토[ὁ κόσμος δί αὐτοῦ ἐγένετο])라는 두 구절은 그리스도가 구원의 주가 되실 뿐만 아니라, 아버지와 동질하신 분으로 아버지의 창조사역에 관여하셨다는 사실을 말한다. '사도신조'가 그리스도의 사역을 오로지 구원사역에 집중하는 반면에, 동방의 많은 신조들은 그리스도를 창조주라는 우주론적 관점에서 파악한다.

"에게네토"(ἐγένετο)는 창조적 의미가 희박하기 때문에 '나오다'라고 번역하는 것이 적절하다. 이 용어의 원형은 동사 '기노마이'(γίνομαι)로서, '어떤 일이 일어나다', '발생하다', 또는 '나오다'라는 의미를 가진다. 골로새서 1:16은 "만물이 … 그로 말미암고 그를 위하여 창조되었고(에크티스테, 크티조[ἐκτίσθη, χτίζω])"라고 하며, 히브리서 1:2은 "저로 말미암아 모든 세계를 지으셨느니라(포이에오[ποιέω])"라고 한다. 고린도전서 8:6의 "만물이 그에게서"(디 우 타 판타[δι' οὗ τὰ πάντα])라는 표현 역시 동사를 사용하지 않지만, 창조의 뜻을 강하게 나타내는 표현법이다.

"~로부터"(디, 디아[δί, διά], 그를 통하여 등)가 요한복음에서는 로고스에 적용되었지만, 신조는 로고스를 사용하지 않는다. 왜냐하면 이 용어가 번잡한 논의를 야기했기 때문이다. 세상이 로고스에 의해 만들어졌다는 요한의 신학은 잠언 8:30과 외경 솔로몬 지혜 7:12을 연상시킨다. 그 곳에는 로고스가 아닌 소피아(호크마, 지혜)가 하나님의 창조사역에 관여 한 것으로 나타난다.

"타 판타"([τὰ πάντα], 만물)는 요한복음에서 관사 없이 사용된다. 때로는 관사의 유무에 따라서 우주를, 또는 모든 만물을 뜻하는 것으로 이해하기도 한다. '니케아 신조'는 골로새서 1:16(20절 참고)을 참고 하여 수식구 '천지에 있는 것'을 덧붙여 사용하였다.

제2항 제5절
τὸν δἰ ἡμᾶς τοὺς ἀνθρώπους καὶ τὴν ἡμετέραν
σωτηρίαν κατελθόντα ἐκ οὐρανῶν
그분은 우리 사람을 위해서, 우리의 구원을 위해서 하늘로부터 오시어서

이 항목의 근간은 "그가 … 오시어서"(톤 … 카테르톤타[τὸν … κατελθόντα])로서, "하늘로 오르사"에 이르기까지 아오리스트 분사형으로 연결되어 있다. 다음에 나오는 "우편에 앉으사"와 "오시리라"는 현재분사이다. 이러한 시제 용법을 통해서 알 수 있는 것은 그리스도가 '무엇을 하였다'는 행위에 대한 강조보다도, '무엇을 하신 분'이라는 그분이 구속주가 되셨다는 사실을 강조하고 있다.

"디 … 텐 헤메테란 소태리안(δἰ … τὴν ἡμετέραν σωτηρίαν, 우리의 구원을 위해서)은 "육체를 입으사"로 연결된다. 그리스도께서 육체를 섭취하신 것은 우리의 구원을 위한 것으로, 성육의 사건을 구원으로 직접 연결시키고 있다. 이 표현은 이레나에우스의 『이단논박』 I.9.4에서 처음으로 나타나면서 이후에 '카에사레아 신조' 등에 나온다(Hahn § 123). '우리 사람을 위해서'와 '우리의 구원을 위해서'가 서로 따로 사용되었던 것을 '니케아 신조'가 종합한 것으로 보인다.

"카테르코마이"(κατέρχομαι, 오시어서)는 누가신학에서 주로 사용되는 것으로, 예루살렘에서 지방으로, 또는 높은 곳에서 낮은 곳으로 이동하는 의미가 강하다(눅 4:31; 행 8:5; 그 외). 또한 요한복음 3:13은 "하늘에서 내려온 자"(호 에크 투 우라누 카타바스[ὁ ἐκ τοῦ οὐρανοῦ καταβάς])라고 말한다.[70]

"에크 우라논"(ἐκ οὐρανῶν, 우라노스[οὐρανός]의 복수형, 하늘로부터) 은 '니케아 신조'에 나타나지 않는다. 이 표현은 위의 요한복음 3:13에 유래하지만, 동사가 다르며 하늘을 단수로 표현한다. 그러나 단수와 복수가 별다른 의미의 차이를 가진다고 보기 어렵다. 요한복음 3: 13 "하늘로 올라간 자 … 하늘에서 내려온 자"(카이 우데이스 아나베베켄 에이스 톤 우라논 에이 메 호 에크 투 우라누 카타바스[καὶ οὐδεὶς ἀναβέβηκεν εἰς τὸν οὐρανὸν εἰ μὴ ὁ ἐκ τοῦ οὐρανοῦ καταβάς])는 대구(對句) 형식을 취하며, 신조는 '하늘로부터 내려오사'와 '하늘에 오르사'라는 대치적 형태를 취한다. '하늘'이란 신성에 어울리는 영광의 위치를 의미한다.

제2항 제6절

σαρκωθέντα ἐκ πνεύματος ἁγίου καὶ Μαρίας
τῆς παρθένου καὶ ἐνανθρωπήσαντα
성령과 동정녀 마리아로부터 육신을 취하시사 사람이 되시고

헬라어 동사 '사르코'(σαρκόω)는 '육이 되다', '육으로 변하다', 또한 '생기를 얻다'는 의미로, 그리스도 교회는 그리스도께서 육을 '취하다' 또는 '입다'로 사용하였다. 육을 입는다는 개념이 강조된 것은 이를 부정하는 그노시스적 생각을 논박하기 위한 것이다. 성경은 '사르코'(σαρκόω)를 사용하지 않지만, 요한복음 1:14의 "육신이 되어"(사르크스 에게네토[σὰρξ ἐγένετο])가 이것에 상응한다.[71]

---

70 요한의 '카타바이노'(καταβαίνω)와 신조의 '카테르코마이'(κατέρχομαι)는 의미적으로 크게 차이가 없다. 참고로 마태복음 8:1에 "예수께서 산에서 내려오시니"(καταβάντι δὲ αὐτῷ ἀπὸ τοῦ ὄρους)에서 '카타바이노'가 사용된다.

71 라틴어로 이것은 잉카르노(incarno)라고 하며, 따라서 신조에는 잉카르나투스 에스트(incarnatus est)로 표현된다.

그리스도의 성육신, 육신을 입으신 것은 성경과 교부들에 의해서도 강조되는 중요한 고백적 사항이다. 요한일서 4:2은 "예수 그리스도께서 육체로 오신 것을 시인하는 영마다 하나님께 속한 것이요"(호모로게이 예수운 크리스톤 엔 사르키 에레루토타 에크 투 테우 에스틴[ὁ ὁμολογεῖ Ἰησοῦν Χριστὸν ἐν σαρκὶ ἐληλυθότα ἐκ τοῦ Θεοῦ ἐστιν])라고 말한다. 교부 이그나티우스는 그리스도가 '육을 입은 것', 또는 '육을 짊어진 것'(사르코포스[σαρκοφός])을 강조한다.[72]

"엔안트로페산타"(ἐνανθρωπήσαντα, 사람이 되시사)는 신약성경에 나오지 않는다. 이 용어는 본래 '사람들 가운데 거하다'는 의미를 가지지만, 신조는 '인간이 되다'(호모 팍투스[homo factus], 또는 후마나투스 에스트[humanatus est])라는 의미로 사용하였다. 여기서, 인간이 되는 것은 단순히 사람의 형상을 취한다, 또는 받아들인다는 것이 아니라, 완전한 의미에서 사람이 되어 살아가는 것을 의미한다. 따라서 그리스도 예수께서 죄를 제외하고는 온전한 사람으로 인격, 영혼, 몸, 정신 등 인간의 모든 것을 완전히 섭취하셨다는 사실에 대한 고백이다.[73] '

'사람이 된다'는 것은 '육체를 입다'라는 것 보다 비교적 늦게 신조에 사용되었다. 아리우스파 주교 에우도키우스(Eudoxius, 370년 사망)는 자신의 신조에서 "육체는 입었으나, 사람이 되지 않고"(사르코텐타 우크 엔안트로페산타[σαρκωθέντα οὐκ ἐνανθρωπήσαντα])로 고백한다(Hahn § 191). 즉 예수 그리스도가 단지 육체만을 입었고 영혼이 없다는 결론적으로 '사람이 되는' 것에 대하여 부정적인 상황 속에서 이러한 고백이 나왔다고 볼 수 있다.

"에크 프뉴마토스 하기우 카이 마리아스 테스 파르테누"(ἐκ

---

72 참고. 『스미르나 서한』 5:2.
73 Denzinger-Schönmetzer, *Enchiridion Symbolorum*, editio XXXVI (Freiburg: Herder, 1976), no. 44.

πνεύματος ἁγίου καὶ Μαρίας τῆς παρθένου, 성령과 동정녀 마리아로 말미암아)는 에피파니우스의 단문 신조(Hahn § 125)에 처음으로 등장한다. 위조 아타나시우스의 『신조해설』에 수록된 본문(Hahn § 127)에도 나타나지만, 니케아 신조 이전의 동방 신조, 그리고 니케아 신조 또는 여기에 반대하는 신조들 가운데는 나타나지 않는다.

"에크 프뉴마토스 하기우"(ἐκ πνεύματος ἁγίου, 성령으로부터)는 "저에게 잉태된 자는 성령으로 된 것이라"(토 가르 엔 아우테 겐네텐, 에크 프뉴마토스 에스틴 하기우[τὸ γὰρ ἐν αὐτῇ γεννηθὲν, ἐκ πνεύματός ἐστιν ἁγίου])라는 마태복음 1:20에 근거한다. 이 글귀가 이그나티우스의 『에베소 서한』 18:2, 테르툴리아누스의 『말키온 논박』 5:17과 『이단자의 시효』 13, 그리고 로마 신조의 헬라어 텍스트(Hahn § 17, 18)에 등장하지만, 동방교회 세례신조에는 늦게 나타난다. 성령에 대한 고백은 '생명을 주시는 성령' 또는 단순히 '성령을 믿습니다'라는 비교적 간단한 표현에서 성령 사역이 강조되면서, 특히 그리스도의 성육신과 성령과의 관계가 강조되면서 성령에 관한 항목이 구체화되어갔다.

성령과 마리아에 대하여 동일하게 '에크'(ἐκ)가 적용된다. 라틴어로는 '데 스피리투 상크토 에트 엑스 마리아 비르기네'(*de Spiritu Sancto et ex Maria Virgine*), 영어로는 by, from 또는 incarnate of the Holy Spirit 등으로 번역된다. 라틴 울가타 번역은 신약성경 갈라디아서 4:4과 마태복음 1:20에 나오는 헬라어 '에크'(ἐκ)를 '데'(*de*)와 '엑스'(*ex*)로 번역한다. 이러한 번역상의 어려움과 함께 성령과 마리아에 동일한 전치사를 적용한 것은 잘못된 신학(특히 아폴리나리우스)에 대한 보호로 해석될 수 있다.[74]

"동정녀 마리아로부터"의 에크(ἐκ)는 서방교회 신조에서 발전된 것

---

74 이 주제에 관하여는 다음을 보라. ECC, 333-337.

으로, 동방교회에서는 '~에게서 육체를 입으시니라'를 사용한다. 성경은 "~에게서 나시니라"의 형태를 취한다(마 1: 16). "동정녀 마리아"는 마태복음 1장과 누가복음 1장에 기록되어 있으며, 테르툴리아누스의 저술에서도 나타나기 시작한다. 그러나 마리아의 동정녀성이 중시된 것은 사도 교부 시대 이래로 이그나티우스의 『스미르나 서한』 1:1에 나온다. 그러나 '니케아 콘스탄티노폴리스 신조'에 사용된 이후로, 이 어구가 널리 보급되었다.

네스토리우스가 마리아를 하나님의 어머니로 칭하는 것에 부정적이었지만, 그러나 네스토리우스파 가운데는 "동정녀 마리아로부터"(에크 마리오스 테스 파르테누[ἐκ Μαρίος τῆς παρθένου])라는 표현을 사용하는 신조가 있다(Hahn § 132).

더욱이 종신 처녀에 관한 고백이 나타나기 시작한다.[75] 예를 들면, 안디옥 교회의 신조가 "거룩한 종신 동정녀 마리아에게서"(에크 마리오스 테스 하기오스 아에이파르테누[ἐκ Μαρίος τῆς ἁγίος ἀειπαρθένου])라고 고백한다(Hahn § 130). 위조 아타나시우스의 『신조해설』에 수록된 신조본문에도 '종신 동정녀'가 언급되어 있다(Hahn § 127).

신약성경은 예수의 수태에 관한 구절에서 미혼이라는 정황 가운데 '동정녀'를 언급하였고, 다른 곳에는 '마리아' 또는 '어머니 마리아'로 기술한다. 이것이 '동정녀 마리아'로 발전하였고, 더 나아가 '거룩한 동정녀 마리아'로, 그리고 결국에는 '거룩한 종신 동정녀 마리아'로 발전된 것이다.

제2항 제7절

σταυρωθέντα τε ὑπὲρ ἡμῶν ἐπὶ Ποντίου

---

75 제4장 '사도신조' 해석 제2항을 참조하라.

Πιλάτου καὶ παθόντα,
또한 우리를 위하여 본디오 빌라도 치하에서,
십자가에 달리시고, 고난을 받으시고,

"본디오 빌라도"는 서방 신조에서 먼저 등장한다. 동방에서는 363년경의 안디옥 신조(Hahn § 130), 에피파니우스의 단문 신조(Hahn § 125), 380년경의 사도헌장에 수록된 신조 본문,[76] 381년부터 392년까지의 것으로 보이는 모프수에스티아의 테오도루스(Theodorus of Mopsuestia, ca. 350-428년)의 『신앙 지도서』(Catecheses)가 채택한 신조 등에 나타난다.[77] 그 이전에는 본디오 빌라도라는 이름을 찾아보기 힘들다. 따라서 이 조항은 서방 신조의 영향을 받은 것으로 보인다.

동방교회는 빌라도라는 이름을 사용하지 않고, '십자가에 달리시어'(예루살렘 신조, Hahn § 124), '고난을 받으사'(파톤파[παθόντα]), 또는 '고난을 받으시고, 십자가에 달리사' 등으로 고백한다.[78] '니케아 신조'가 '파톤타'(παθόντα)로 고백함으로서, 죽음까지 포함하는 포괄적인 것으로 고백한다(눅 22:15; 24:46; 행 1:3; 3:18; 17:3 등). '사도신경'에서 알 수 있듯이, 고난과 죽음은 필연적인 관계를 가진다.

"스타우로텐타"(σταυρωθέντα, 십자가에 달리사)는 '스타우로오'(σταυρόω)의 아오리스트 분사형으로서 복음의 중심적 의미를 나타내고 있다(참고: 고전 1:23; 2:2).

---

76 이것은 로마의 힙폴리투스의 것을 원조로 하고 있다. Hahn § 129.
77 이것은 Hahn의 본문에는 나오지 않는다. D. 51에 나온다. 더욱이, 이것은 '니케아 콘스탄티노폴리스 신조'를 근간으로 작성된 것이다.
78 예를 들면, 카에사리아 신조, Hahn § 123, 또는 알렉산드리아 신조, Hahn § 187, 아르메니아의 신조, Hahn § 136, 137, 138 등이 있다.

제2항 제8절

καὶ ταφέντα,
무덤에 묻히시고

카에사레아 신조가 고백한 것으로 추정되는 이 항목은[79] '니케아 신조'에는 나오지 않지만, 고린도전서 15:4 "호티 에타페"(ὅτι ἐτάφη)가 말해주듯이, 오래 전부터 믿음의 필수 조항이었다. 이레나에우스와 테르툴리아누스에 의해서 분사형으로 사용되었다.[80]

제2항 제9절

καὶ ἀναστάντα τῇ τρίτῃ ἡμέρα κατὰ τὰς γραφάς,
성경대로 셋째 날에 부활하시고,

'니케아 신조'는 "카타 타스 그라파스"(κατὰ τὰς γραφάς, 성경대로)를 사용하지 않지만, '니케아 콘스탄티노폴리스 신조'가 사용한 이후로, 네스토리우스파를 비롯하여(Hahn § 132) 많은 신조가 이 표현을 사용하였다. "성경대로"의 '대로'(according to)는 '성경과 일치하여'라는 의미이다. 이 표현은 고린도전서 15:3-4에서 그리스도의 죽음과 부활을 서술하기 위해 반복적으로 사용된다.

"테 트리테 헤메라"(τῇ τρίτῃ ἡμέρα, 셋째 날에)는 누가복음에 많이 나온다. 다른 복음서는 "엔 트리신 헤메라이스(ἐν τρισὶν ἡμέραις, 삼일 동안에, 요 2:19f.), 또는 "메타 트레이스 헤메라스"(μετὰ τρεῖς ἡμέρας,

---

79 Hahn § 123의 각주 370을 보라.
80 참조: 이레나에우스, 『이단논박』, Ⅲ.18.3. "고난을 받으사, 장사되어, 다시 살아나사"(καὶ παθόντα καὶ ταφέντα καὶ ἀναστάαντα); 테르툴리아누스, 『프락세아스 논박』 2. "죽으사, 장사되어, 다시 살아나사"(mortuum et sepultum et resuscitatum).

삼일 후에, 막 8:31) 등으로 표현한다. 이러한 구절들은 구약성경 호세아 6:2의 성취라는 문맥에서 등장한다.

복음서는 부활의 날에 관하여 "프로테 사바투"(πρώτη σαββάτου, 또는 에이스 미안 사바톤[εἰς μίαν σαββάτων], 또는 테 미아 톤 사바톤[τῇ μιᾷ τῶν σαββάτων], 한 주의 첫 날)라고 말한다. 요한복음 20:26은 "메트 헤메라스 오크토(μεθ' ἡμέρας ὀκτώ, 여드레를 지나서), 바나바서한 15:9은 "제8일"(텐 헤메란 텐 오그도엔[τὴν ἡμέραν τὴν ὀγδόην])이라는 표현을 사용한다.

"부활하다"는 헬라어로는 두 단어를 사용할 수 있는데 '아니스테미'(ἀνίστημι)와 '에게이로'(ἐγείρω)이다. 두 용어는 '일으키다', 또는 '일어나다'를 뜻하는 동의어로, 신조에서는 항상 전자가 사용되지만, 어떤 차이가 있는 것은 아니다. 본문의 "부활하다"는 앞부분의 "십자가에 달리시어", "고난을 받으시고", "장사되시어"와 그리고 뒤 부분의 "하늘에 오르사"와 함께 분사형으로서, 이것들은 "우리를 위하여"에 관계된다. "부활하사"는 신조의 마지막 부분에 나오는 "죽은 자의 부활"(롬 1:4; 고전 15:12ff. 등)과 깊은 관계를 가진 고백으로, 죽은 자들로부터의 첫 부활의 열매로 그리스도가 죽음에서 다시 사신 것이다(행 26:23).

제2항 제10절
καὶ ἀνελθόντα εἰς τοὺς αὐρανούς,
하늘에 오르사

신약성경에서 가장 오래된 정식 가운데 하나인 고린도전서 15장 서두에 예수 그리스도의 승천에 관한 기술은 나오지 않는다. 마가복음 역시 '더 긴 결말'(The longer Ending) 부분에서 나타난다(막 16:19). 누가복음 24:51도 처음부터 포함하지 않았다. 그러나 오래 전부터 "하나님이 오른손으로 예수를 높이시매"(행 2:33)라는 표현은 사용되었다. 말하자면 초기에는 부활과 승천을 같은 날로 이해하였다고 볼 수 있다.

동방교회 신조들은 '하늘들'이라는 복수형을 사용하지만, 신약성경은 '하늘로'(에이스 톤 우라논 에이스 우라논[εἰς τὸν οὐρανόν, εἰς οὐρανόν])라는 단수를 사용한다. '육체를 가지고'(엔 아트토 토 소마티[ἐν ἀ'θτῶ τῶ σώματι]) 승천하였다는 고백도 존재한다(Hahn § 126, 127).

또한 에우세비우스의 카에사레아 신조(Hahn § 123)는 '아버지의 우편에 앉으사'가 아니라, '아버지가 계시는 곳으로 오르사'(아네르톤 타 프로스 톤 파테라[ἀνελθόντα πρὸς τὸν πατέρα])로 고백한다.

제2항 제11절

καὶ καθεζόμενον ἐκ δεξιῶν τοῦ πατρός,
아버지의 우편에 앉아계시다가

서방교회는 초기부터 이러한 표현을 사용하였지만,[81] 키릴루스의 예루살렘 신조(Hahn § 124)를 제외한 동방교회 신조는 이러한 표현을 사용하지 않는다. 그러나 이 어구는 시편 110:1, 5에 근거하여 오래 전부터 사용되었던 개념으로, 신약성경(마 22:44; 막 12:36; 16:19; 눅 20:42; 행 2:33, 35; 엡 1:20; 골 3:1; 히 1:3, 13; 8:1; 10:12, 12:2; 벧전 3:22)에 많이 나온다. 시편 110:1, "우편에 앉다"와 5절의 "주의 우편에 계신 주"라는 의미는 주님 그분께서 메시야 되심을 나타내는 것이며, 우

---

81 예를 들면, 아퀼레이아 Hahn § 36, 칼타고 Hahn § 47, 밀라노 Hahn § 33, 로마 Hahn § 17-22등이다.

편에 앉는다는 것은 영광과 주권을 의미한다. 헬라어로 '우편에'는 에크 데크시온(ἐκ δεξιῶν, 복음서와 사도행전에서)과 엔 데크시아(ἐν δεξιᾷ, 서신서에서)라는 두 용어가 사용된다. '니케아 콘스탄티노폴리스 신조'는 전자를 사용하였고, 후자는 '로마 신조'의 헬라어 본문(Hahn § 17, 18, 24b)에 나타난다. 헬라어로 번역된 '사도신조'는 "에크"를 사용한다(Hahn § 27, 28).

"카테조마이"(καθεζόμαι, 앉다)는 그 자체가 이미 권위, 군림, 지배를 뜻한다. "인자가 자기 영광의 보좌에 앉을 때에 나를 좇는 너희도 열두 보좌에 앉아 이스라엘 열 두 지파를 심판하리라"(마 19:28).

제2항 제12절
καὶ πάλιν ἐρχόμενον μετὰ δόξης κρῖναι ζῶτας καὶ νεκρούς.
그리고 그분은 영광 가운데서 산 자와 죽은 자를 심판하기 위하여
다시 오십니다.

'니케아 신조'는 '영광 가운데'(메타 독세스[μετὰ δόξης])와 '다시'(파린[πάλιν])를 사용하지 않는다.[82] '다시'는 에우세비우스 신조에 나타나지만, 예루살렘 신조에는 나오지 않는다. 성경은 '파린'(πάλιν)을 재림적 상황에서는 사용하지 않는다. 요한복음 14:3에 "다시 오신다"(파린 에르코마이[πάλιν ἔρχομαι])가 사용되고 있지만, 종말적 정황은 아니다.

"엔 독세"(ἐν δόξῃ, 영광 가운데)는 카에사레아와 예루살렘 신조에서 사용된다. 그러나 에피파니우스 장문 신조(Hahn § 126)는 엔 독세(ἐν δόξῃ)를, 단문 신조(Hahn § 125)는 메타 독세스(μετὰ δόξης)를 사

---

82 비록 의미상에 차이는 없지만, 에우세비우스의 두 텍스트(Hahn § 123, 188)는 에로코마이(ἔρχομαι)가 아니라, 헥손타 파린(ἥξοντα πάλιν)(ἥκω의 분사형)으로 되어 있다.

용하지만, 의미상의 차이는 없다. 성경은 마태복음 24:30, 마가복음 13:26, 그리고 누가복음 21:28에서 "권능과 영광으로"(메타 두나메오스 카이 독세스[μετὰ δυνάμεως καὶ δόξης])가 사용된다.

"조타스 카이 네크루스"(ζῶτας καὶ νεκρούς, 산 자와 죽은 자)의 심판은 오래 전부터 교리 조항에 포함되었다. 성경도 디모데후서 4:1에 "산 자와 죽은 자를 심판하실 그리스도 예수"(크리스투 예수 투 멜론토스 크리네인 존타스 카이 네크루스[Χριστοῦ Ἰησοῦ, τοῦ μέλλοντος κρίνειν ζῶντας καὶ νεκρούς])를 고백한다.

그러나 그리스도의 재림이 꼭 심판과 밀접한 관계를 가지는 것은 아니다. "그 때에 인자가 구름을 타고 큰 권능과 영광으로 오는 것을 사람들이 보리라"(마 24:34; 막 13:26, 27). 데살로니가전서 4:16 역시, 그리스도의 영광적 재림의 때 "그리스도 안에서 죽은 자들이 먼저 일어나고, 그 후에 살아남은 자도 저희와 함께 공중에서 주를 영접한다"고 언급한다. 부활과 재림의 가르침이 심판의 가르침과 서로 모순되는 것은 아니지만, 재림을 곧바로 심판과 결부시키지 않는 것이 중요하다. 예수 그리스도의 재림을 심판이라는 공포와 두려운 것으로 파악할 것이 아니라, 희망을 전하는 기쁨의 가르침으로 듣고 이해하는 것이 중요한 것이다.

물론 주님께서 재림하실 때에 심판의 주로 오신다는 사실이 무시되어서는 안 된다. 성경이 다음과 같이 확실하게 언급한다.

> "인자가 자기 영광으로 모든 천사와 함께 올 때에 자기 영광의 보좌에 앉으리니 모든 민족을 그 앞에 모으고 각각 분별하기를 목자가 양과 염소를 분별하는 것같이 하여 양은 그 오른편에, 염소는 왼편에 두리라"(마 25:31-33).

그의 보좌 앞에 모이는 것은 전 인류이기 때문에, 그 가운데에는 산 자와 죽은 자가 있다.

"하나님은 죽은 자의 하나님이 아니요 산 자의 하나님이시니라"(마 22:32)에서 알 수 있듯이, "산 자의 하나님" 이시기 때문에 죽음은 철저하게 부정되며, 따라서 죽음으로 심판을 면하지는 못하는 것이다.

제2항 제13절

οὗ τῆς βασιλείας οὐκ ἔστιν τέλος
그 나라는 결코 끝남이 없습니다

'니케아 신조'에 나타나지 않는 이 글귀는 키릴루스의 예루살렘 신조(Hahn § 124)와 에피파니우스의 두 신조(Hahn § 125, 126)에 나타난다. 또한 '니케아 콘스탄티노폴리스 신조'의 영향을 받은 아르메니아 교회 신조(Hahn § 137)와 시리아 교회 신조(Hahn § 129)에서도 나타난다.

이 어구는 구약의 다니엘 2:44, 7:14, 18, 27 그리고 신약의 누가복음 1:33(테스 바시레이아스 아우투 우크 에스타이 텔로스[τῆς βασιλείας αὐτοῦ οὐκ ἔσται τέλος])에 근거한 것으로 보인다. 동일한 용어는 아니지만, 전승되어온 찬양으로 간주되는 요한계시록 11:15 역시 같은 취지이다.

이것은 그리스도께서 심판의 주로 재림하심으로 모든 것이 끝나는 것이 아니라, 그분의 왕국이 영원하다는 사실을 고백하는 것이다. "그 나라"(바시레이아스[βασιλείας])는 왕국, 주권, 지배를 뜻한다.

제3항 제1절

καὶ εἰς τὸ πνεῦμα τὸ ἅγιον, τὸ κύριον, τὸ ζωοποιόν,

τὸ ἐκ τοῦ πατρὸς ἐκπορευόμενον,
τὸ σύν πατρὶ καὶ υἱῷ συμπροσκυνούμενον καὶ συνδοξαζόμενον,
τὸ λαλῆσαν διὰ τῶν προφητῶν.
그리고 주가 되시며, 생명을 주시는 성령을 믿습니다.
성령은 아버지로부터 나오시며, 성부와 성자와 함께 예배를 받으시고,
함께 영광을 받으시며, 예언자들을 통하여 말씀하십니다.

'니케아 신조'는 "또한 성령을 믿습니다"(카이 에이스 토 프뉴마 토 하기온[καὶ εἰς τὸ πνεῦμα τὸ ἅγιον])로 본문이 끝나고 곧바로 저주문으로 이어진다.

성령에 대한 표현법은 '토 프뉴마 하기온'(τὸ πνεῦμα ἅγιον), '토 프뉴마 토 하기온'(τὸ πνεῦμα τὸ ἅγιον), 또는 '토 하기온 프뉴마'(τὸ ἅγιον πνεῦμα) 등 다양하다. 동방의 세례신조 원형에 나타나는 '한(유일한) 성령을'이라는 형태도 있다(Hahn § 123, 124, 131, 188).

고린도후서 3:17이 "주는 영이시니"(호 데 퀴리오스 토 프뉴마 에스틴[ὁ δὲ κύριος τὸ πνεῦμά ἐστιν])라고 고백함으로서, 성령을 '주'(퀴리오스)로 고백한다. 더욱이 3:1이 "성령의 주"라는 표현을 사용하지만, 3장 문맥에서 '주'는 그리스도를 가리킨다. 단순히 성령의 신성을 표현하는 것이 아니라, 그리스도께서 현실적으로 힘을 가지고 성령으로 임하여, 자유를 얻게 하시며, 수건을 벗겨내신다는 내용이다.

성령을 '주'로 고백하는 것은 성령의 신성을 의심하고, 부인하였던 '프뉴마토마키'(Pneumatomachi)라는 사람들을 대항하기 위한 것이었다.[83]

---

83 참고: 4세기 후반부터 5세기 초반에 걸쳐, 성령은 신성을 가지지 않는다(프네우마토마키[Pneumatomachi], 프뉴마토마코이[πνευματομάχοι]: 성령에 대항하여 싸우는 자들)라고 주장하는 자들이 있었다. 그들은 마케도니아 사람들, 또는 세미-아리우스주의(semi-Arians)라고도 한다. 성부, 성자, 그리고 성령은 동질이 아니라, 유사(호모이우시오스[ὁμοιούσιος]라고 말하는 유사파이다.

신약성경은 성령 하나님을 '생명을 주시는 자'(조오포이오스 [ζωοποιός])로 표현하지 않는다. 그러나 동사 '조오포이에오'(ζωοποιέω [ζῶον+ποιέω]: '생명을 주다' 또는 '소생시키다')는 사용되었다(요 5:21; 6:63; 롬 4:17; 8:11; 고전 15:22, 36 등). 그리스도께서 살리는 주체가 되시고(고전 15:22), 성령께서 소생시키신다(고전 15:45; 고후 3:6; 요 6:63). 따라서 생명을 주시는 성령이란 구원을 의미한다.

니케아 공의회(325년) 이후부터 약 370년경에 이르기까지, 성령에 관한 보다 구체적인 내용들이 정립되어 갔다. 더욱이 성령 하나님께서 '생명을 주시는 주'로 고백되었다는 것은 성령 하나님을 그리스도와의 관계 속에서 이해하려고 한 것이다.

성령을 때로는 '파라크레토스'(παράκλητος: 위로의 주, 도와주시는 영), 또는 '토 프뉴마 테스 알레테스(τὸ πνεύμα τῆς ἀληθής: 진리의 영) 등으로 표현하였다.[84] 안디옥 회의 신조 제2형식(Hahn § 154)은 "믿는 자의 위로와 성화의 완성을 전하는 자"(토 에이스 파라크레신 카이 하기아스몬 테레이오신 토이스 피스튜우시 디도메논[τὸ εἰς παράκλησιν καὶ ἁγιασμὸν τελείωσιν τοῖς πιστεύουσι διδόμενον])로 고백한다. '위로의 주'는 예루살렘 신조(Hahn § 124)와 시리아 교회의 신조(Hahn § 129)에서도 사용되었다. '니케아 콘스탄티노폴리스 신조' 이후에 나온 것으로 간주되는 위조 아타나시우스의 신조 강해(Hahn § 127)는 다음과 같이 고백한다.

> 우리는 성령을 믿습니다. 다시 말해서, 그분은 성부와 성자와 다름이 없으시며, 오히려 성부와 성자와 동질하시며, 만들어지지

---

84 다음을 참조하라. 신조에 사용된 예로서는 341년 안디옥 회의의 신조 제3, 4 형식(Hahn § 155, 156), 359년 설미움 회의의 신조(Hahn § 164), 360년 콘스탄티노폴리스 회의의 신조(Hahn § 167) 등이 있다.

않은 완전한 분이시며, 위로의 주가 되시고, 율법과 선지자와 복음서 기자를 통해 말씀하시는 분이시며, 요르단으로 내려 오시사, 사도들을 통하여 선교하시고, 성도들 가운데 계십니다.

"에크 투 파트로스 에크포류오메논"(ἐκ τοῦ πατρὸς ἐκπορευόμενον [ἐκπορεύω의 현재분사]: 성령은 성부로부터 나시고)은 삼위일체 가운데 성령의 위치를 말하는 것으로, 성령의 사역이 아니라 존재 그 자체에 대한 고백이다. "성부로부터 나시는" 것은 요한복음 14:26과 15:26과 관계한다. 전자는 '보내다'(호 펨프세이 호 파테르[ὃ πέμψει ὁ πατήρ])를 사용하며, 후자는 '나오다'(에크포류오마이[ἐκπορεύομαι])를 사용한다(호 파라 투 파트로스 에크포류에타이[ὃ παρὰ τοῦ πατρὸς ἐκπορεύεται]). '성부로부터'는 그리스도론 항목에서도 언급되었다. 그리스도가 성부로부터 나온 것처럼 성령도 성부로부터 나온 것으로 이해한 것이다.[85]

"숨프로스퀴누메논 카이 순독사조메논"(συμπροσκυνούμενον καὶ συνδοξαζόμενον: 함께 예배를 받으시고, 더불어 영광을 받으사)의 첫 번째 동사는 신약성경에 나오지 않으며, 두 번째 동사는 로마서 8:17에

---

85 참조. 필리오케 논쟁이 여기에 들어간다. '카이 휘우'(καὶ υἱοῦ: 그리고 성자), 라틴어로 '필리오케'(filioque)라는 어구가 아버지 다음에 들어가는 본문이 서방교회에 존재하였다. 원 텍스트에는 없었던 어구를 삽입한 것이다. 따라서 이 부분을 삭제하고 사용해야 한다는 주장은 정당성을 가진다. 그러나 서방교회가 오래 동안 믿고 사용하여 왔던 이것을 삭제하는 것 역시 문제였다. 왜냐하면, '니케아 콘스탄티노폴리스 신조'는 4세기 말에도 완결되지 않고, 오랜 시간을 통하여 발전하여 가는 과정에서 필리오케가 삽입되었다는 견해도 있기 때문이다. 여하튼 신조본문이란 그 텍스트를 교회가 결정하였던 시점에서 확정되는 것이다. 필리오케는 '니케아 공의회'의 중심 논제였던 성자의 동질성에 대한 주장의 기초로서 필요하였던 것은 사실이다. 아리우스파에서 개종한 자들에게 신앙고백을 요구한 것은 철저하게 아리우스주의를 극복하기 위해서였다. 따라서 동방 텍스트와 서방 텍스트라는 두 종류의 신조가 존재하는 것이다. 그러나 이러한 분열을 막기 위해서 서방에서 '필리오케'를 삭제하자는 것이 오늘날 WCC의 대세이다(리마 본서). 문제는 여전히 잔존하지만, 그러나 성경적인 근거는 요한복음 15:26 "내가 아버지께로서 너희에게 보낼 보혜사"(호탄 데 에테 엘테 호 파라클레토스 혼 에고 펨푸소 휘민 파라 투 파트로스 [Ὅταν δὲ ἔλθῃ ὁ παράκλητος ὃν ἐγὼ πέμψω ὑμῖν παρὰ τοῦ πατρός])에서 찾을 수 있다.

나오는데, 그리스도께서 우리와 '영광을 함께 받는다'(순독사스테오멘[συνδοξασθῶμεν])는 의미로 사용되었다. 두 동사 모두 삼위일체론적 개념을 가졌다.

"토 라레산 디아 톤 프로페톤"(το λαλῆσαν διὰ τῶν προφητῶν: 선지자들을 통하여 말씀하십니다)의 동사는 아오리스트 분사형으로서, 일찍이 예루살렘 신조(Hahn § 124)에 나타난다.

에피파니우스의 단문 신조는 동일하지만, 장문 신조는 이 부분을 "율법으로 말씀하시고(아오리스트 분사), 선지자들을 통하여 선언하시며, 요르단에 내려오사 사도들에게 말씀하시고(현재분사), 성도들 가운데 머무십니다"(토 라래산 엔 노모 카이 케루크산 엔 토이스 프로페타이스 카이 카타반 에피 톤 오르단네 라룬 엔 아포스토로이스 오이쿤 엔 하기오스[τὸ λαλῆσαν ἐν νόμω καὶ κηρῦξαν ἐν τοῖς προφήταις καὶ καταβὰν ἐπὶ τὸν Ἰορδάνην, λαλοῦν ἐν ἀποστόλοις οἰκοῦν ἐν ἐγίοις])로 고백한다(Hahn § 126). 위조 아타나시우스의 신조 강해는 "율법과 예언과 복음으로 말씀하십니다"로 고백한다(Hahn § 127).

"예언자를 통하여 말씀하다"는 사도행전 28:25, "성령이 선지자 이사야로 너희 조상들에게 말씀하신 것"(호티 카로스 토 프뉴마 토 하기온 에라레센 디아 헤사이우 투 프로페투[ὅτι καλῶς τὸ πνεῦμα τὸ ἅγιον ἐλάλησεν διὰ Ἡσαΐου τοῦ προφήτου])과 베드로후서 1: 21, "예언은 … 오직 성령의 감동하심을 입은 사람들이 하나님께 받아 말한 것임이니라"(프로페테이아 포테 알라 휘포 프뉴마토스 하기우 페로메노이 에라레산 아포 테우 안트로포이[προφητεία ποτέ ἀλλὰ ὑπὸ πνεύματος ἁγίου φερόμενοι ἐλάλησαν ἀπὸ θεοῦ ἄνθρωποι])에 그 출처를 가진다.

특히 후자가 말하는 '예언'이란 '성경의 예언'(프로페테이아 그라페스[προφητεία γραφῆς])을 말하는 것으로, 구약의 선지자를 의미한다. 신조가 말하는 예언자 역시 신약의 선지자(엡 4: 11; 행 13: 1 그 외)라기

보다 구약의 선지자를 의미한다.

따라서 신조가 고백하는 것은 성경을 규정하는 것이 아니라, 성령 하나님의 사역을 고백한 것이다. 말하자면, 성령 사역에 대한 고백은 '생명을 주는' 것으로 시작하였고, 생명을 주시는 성령 하나님의 사역은 '말씀하시는' 사역으로 그 목적을 이루신다는 것을 고백하고 있다.

더욱이, 위의 베드로후서 1:21은 디모데후서 3:16의 "모든 성경은 하나님의 감동으로 된 것"(테오프뉴스토스[θεόπνευστος])과 연결하여 고려할 수 있다. 다시 말해서, 선지자를 통하여 믿는 자들에게 전파하는 말씀과 성령과의 내적인 관계를 암시한다는 것은, 동시에 '쓰여진 말씀'이 성령과 깊은 관계를 가지고 있다는 사실을 분명하게 밝히고 있다는 것이다. 이것은 성령을 성경의 저자로 명확하게 고백하면서, 동시에 해석자임을 분명하게 나타내는 고백자들의 신앙이었다.

제3항 제2절

εἰς μίαν, ἁγιαν, καθολικὴν καὶ ἀποστολικὴν ἐκκλησίαν.
또한 하나의, 거룩하고, 보편적인 사도적 교회를 믿습니다.

'니케아 신조'가 이 부분을 고백하지 않기 때문에, 니케아 회의 이전에 동방교회가 사용하였다고 보기는 어렵다.

카에사레아 신조(Hahn § 123)와 안디옥 신조(Hahn § 130)를 포함하여 니케아 신조에 나타나지 않기 때문에, 니케아 이전에는 동방교회가 사용하지 않은 것을 보인다. 그러나 알렉산드리아 신조(Hahn § 15)와 예루살렘 신조(Hahn § 124)는 이것을 고백하고 있다.

헬라어 본문이 분명하게 '에이스 미안'(εἰς μίαν)으로 교회를 고백하지만, 라틴어 번역은 in을 삭제하였다. 그 이유는 아마도 우남 상크탐 … 에클레시암(unam sactam … ecclesiam)이라는 대격(accusative)을 사용하였기 때문으로 보인다.

"하나의(한) 교회"는 신약성경이 표현하지 않지만, 그 개념은 에베소서 4:4 또는 2:16에 나오는 "한 몸"에서 찾아 볼 수 있다. 이그나시우스의 『스미르나 서한』 1:2은 "교회와 하나 되는 몸"이라고 한다. 알렉산드리아 주교 알렉산더(326년 사망)의 『신앙규범』에서는 "유일하며 단 하나뿐인 보편적이며 사도적 교회"로 나타난다(Hahn § 15).

"거룩한 교회"는 에베소서 5:25-27에 유래하는 개념으로, 사도 교부들의 문서에 많이 나타난다. 예를 들어, 이그나시우스의 『토라레스 서한』 표제가 "토라레스에 있는 거룩한 교회에게"(에클레시아 하기아 테 우세 엔 트랄레신[ἐκκλησία ἁγία τῇ οὔσῃ ἐν Τράλλεσιν])로 되어있다.

"보편적"(또는 공동적)이 교회적 용어로 사용된 것은 이그나시우스의 『스미르나 서한』 8:2부터이다. 지역적인 개 교회를 초월한, 그리스도 안에서의 포괄적인 교회를 말한다.

"사도적"이라는 표현은 '니케아 콘스탄티노폴리스 신조' 이전의 서방 신조와 동방 신조에 나타나지 않는다. 그러나 성경적 근거로서는 에베소서 2:20이다. "너희는 사도들과 선지자들의 터 위에 세우심을 입은 자라." 교부 폴리카르푸스는 『순교』 16:2에서 성경에 근거하여 "사도적이며 또한 선지자적인 지도자 … 주교 … 폴리카르푸스"라고 한다. 여기서 '사도적'이란 사도로부터 가르침을 받아 그것을 계승하여 가는 정통성을 나타내는 말이다. 따라서 교회를 사도적이라 할 때에 중요한 것은 사도의 직계적인 계승이 아니라, 사도적이며 선지자적인 선교(복음 설교)에 의해 교회가 형성되었다는 것을 의미한다는 것이다.

제3항 제3절

ὁμολογοῦμεν ἕν βάπτισμα εἰς ἄφεσιν ἁμαρτιῶν.
우리는 죄 용서를 위한 유일한 세례를 고백합니다.

신조가 세례신조에서 시작되었다는 특성을 근거로 '세례'를 신앙고백적 항목으로 간주하는 것은 당연하지만, 그러나 많은 신조가 이것을 포함하지 않는다.[86] 물론, '세례' 그 자체가 마태복음 28:19에 기초한 것이기 때문에, 이 구절을 인용하는 신조가 많은 것 또한 사실이다.[87]

세례에 관한 조항을 처음으로 신조에 채용한 것은 '예루살렘 신조'(Hahn § 124)로서, "성령을 믿습니다. 또한 죄 사함을 얻게 하는 유일한 회개 세례를 믿습니다"(카이 에이스 밥티스마 메타노이아스 에이스 아페신 하마르티온[καὶ εἰς βάπτισμα μετανοίας εἰς ἄφεσιν ἁμαρτιῶν])라고 고백한다. 이런 고백의 구조와 주제는 "죄의 용서를 가져오는 유일한 세례"(막 1:4)와, "죄 사함을 받게 하는 회개"(눅 24:47)이다. 따라서 세례는 회개의 상징이 아니라, 사도행전 2:38이 말하듯이 죄 사함의 상징이었다.

유사한 표현들로는, 위조 아타나시우스의 신조 강해(Hahn § 127)가 '카이'(καὶ)를 생략하고 "회개와 죄 사함의 유일한 세례를 믿습니다"라고 고백한다. 에피파니우스 장문 신조는 다음과 같다. "우리는 유일하신 보편적이며 사도적 교회를, 또한 하나의 회개 세례, 죽은 자의 다시 삶과, 영혼으로부터 육체에 대한 의의 심판, 또한 천국과 영원한 생명을 믿습니다"(Hahn § 126). 16세기에 서방교회에 소개된 에디오피아의 세례신조는 "또한 우리는 죄 사하심과 영원한 생명에 이르는 유일한 세례를 믿습니다"라고 고백한다(Hahn § 141). 네스토리우스파의 신조들도 이 조항을 가진다(Hahn § 132). 더욱이 '니케아 콘스탄티노폴리스 신조'가 결정된 이후에는 보다 적극적으로 이 항목이 널

86　예를 들면, Hahn § 53에 나오는 프리스킬리아누스(Priscilianus) 파의 신조를 보라.

87　안디옥 회의의 신조 제2형식 Hahn § 154; 카파토키아의 세례신조, Hahn § 134; 나지안즈스의 그레고리우스(Gregory of Nazianzus)의 『십계』 제1항 참고 Hahn § 135; 아리우스파의 신조 Hahn § 187.

리 수용되었던 것으로 보인다.

그런데 '세례를 믿습니다'라고 고백하는 신조들과 다르게, '니케아 콘스탄티노폴리스 신조'는 '고백하다'로 표현한다. '세례를 고백하다'라는 것은 세례와 고백을 강하게 결합한 것으로, '고백하고, 세례를 받다'라는 세례의 고백적 성격을 강조한 것이다. '고백'에서 '세례'로 이어지는 형식은 세례 요한에 의해서 처음으로 나타나는데, 그 때의 고백은 죄의 고백이었다(마 3:6; 막 16:16). 바실리우스(Basilius)의 고백은 '믿다'와 '고백하다'를 반복적으로 강조하면서, 다음과 같이 시작한다. "피스튜오멘 카이 호모로구멘 헤나 모논 알레티논"(Πιστεύομεν καὶ ὁμολογοῦμεν ἕνα μόνον ἀληθινὸν … : 우리는 하나의 진실한 … 믿고 고백합니다, Hahn § 196). 이것은 동의어적 반복으로 그 의미를 보다 강조하면서 그 중요성을 확인하는 논조이다.

세례는 "에피 토 오노마티 예수 크리스투"(ἐπὶ τῷ ὀνόματι Ἰησοῦ Χριστοῦ: 예수 그리스도의 이름으로, 행 2:38; 10:48), 또는 "에이스 토 오노마 투 파트로스 카이 투 휘우 카이 투 하기우 프뉴마토스"(εἰς τὸ ὄνομα τοῦ πατρὸς καὶ τοῦ υἱοῦ καὶ τοῦ ἁγίου πνεύματος: 아버지와 아들과 성령의 이름으로, 마 28:19)로 집행된다. '이름으로'의 전치사 용법은 '에이스 토 오노마티'(εἰς το ὀνόματι), 또는 '에피 토 오노마티'(ἐπὶ τῷ ὀνόματι), 또는 '엔 토 오노마티'(ἐν τῷ ὀνόματι)로 표현할 수 있지만, 의미상의 차이는 없다. 이 외에 "주의 이름을 불러(에피카레사메노스 토 오노마[ἐπικαλεσάμενος τὸ ὄνομα]) 세례를 받고 너의 죄를 씻으라"(행 22:16)라는 표현이 있다. '주의 이름을 부르다'는 주의 이름을 불러 고백한다는 의미이다. 신학적으로 말하자면 이것은 세례를 받는 것보다, 죄의 씻음에 더 깊이 관계한다.

"헨 밥티스마"(ἕν βάπτισμα: 유일한 세례)는 동방교회 세례신조의 공통적인 특징인 '유일'을 여기에 적용하고 있다. 이것은 에베소서 4:5

"주도 한 분이시요 믿음도 하나요 세례도 하나요"에 근거한 것이다. 물론 에베소서의 문맥은 교회의 일치에 중점을 두고 있기 때문에, 유일한 세례란 교회의 일치 그 이상을 말하는 것으로, 다른 세례 즉 예수 이름으로 집행되지 않은 것을 인정하지 않는다는 의미이다(행 19:4). 더욱이 단 한 번의 세례만을 인정한다는 의미가 포함되어 있다. 세례의 일회성은 아우구스티누스의 도나투스 논쟁을 거쳐 확립된 것으로, 단 한 번만으로 그 효력이 유효한 믿음의 보증이라고 여겨졌다. 이러한 의미에서 세례와 순교의 내적 연관성이 고려되었다(막 10:38f; 눅 12:50).[88]

제3항 제4절

προσδοκῶμεν ἀνάστασιν νεκρῶν καὶ ζωὴν
τοῦ μέλλαοντος αἰῶνος.
우리는 죽은 자의 부활과 오는 세상의 생명을 기다립니다.

이 부분은 "몸(육)이 다시 사는 것과 영원히 사는 것"이라는 '사도신조'의 고백과 일치한다. 따라서 아마도 서방의 일정한 형식이 동방으로 전해졌고, 동방에서 개정 수정된 것으로 보인다. 예를 들면, 예루살렘 신조 역시 그러하다.[89]

"아나스타신 네크론"(ἀνάστασιν νεκρῶν: 죽은 자의 부활)은 "아나스

---

[88] 참고. ECC, 15ff; David F. Wright, "One Baptism or Two? Reflections on the History of Christian Baptism," *Vox Evangelica* 18 (1988), 7-23; J. A. T. Robinson, "The One Baptism as a Category of New Testament Soteriology," *Sottish Journal of Theology* 6 (1953), 257-74.

[89] 카이 에이스 사르코사나스타신, 카이 에이스 조엔 아이오니온(καὶ εἰς σαρκὸσἀνάστασιν, καὶ εἰς ζωὴν αἰώνιον)(Hahn § 124); 물론 수정되지 않는 형식도 존재한다. 예를 들면, 위조 아타나시우스의 신조 강해 본문(Hahn § 127)과 사도헌장의 신조(Hahn § 129)을 보라.

타신 사르코스"(ἀνάστασιν σαρκός: 몸의 부활)보다 성경적 표현이다(행 17:32; 23:6, 고전 15:12ff.). 이 외에 "엔 네크론"(ἐκ νεκρῶν: 죽은 자 가운데서의 부활), 또는 "예수 안에 죽은 자의 부활"(엔 토 예수 텐 아나스타신 텐 에크 네크론[ἐν τῷ Ἰησοῦ τὴν ἀνάστασιν τὴν ἐκ νεκρῶν] 행 4:2)도 있다. 이것은 예수가 죽은 자 가운데서 부활하신 것을 말하는 동시에, 예수에게 이런 일이 일어났다는 사실을 간증한다.

'죽은 자의 부활'은 일반적으로 마지막 날에 다시 사는 것을 말한다. 마지막 날이 오는 것을 보지 못하고 죽어 간 사람들이 다시 소생되는 것이다. 유대교 역시 이러한 부활 신앙을 가지고 있었다. 예를 들면, 베다니의 마르다가 "네 오라비가 다시 살리라"라고 말했을 때, "마지막 날 부활에는 다시 살줄을 내가 아나이다"에서 나타난다(요 11:23, 24).

그러나 마르다가 말하는 유대교적 일반적 부활론에 대하여 예수 그리스도는 "나는 부활이요 생명이니"(요 11:25)라고 말했다. 마지막 날에 다시 사는 것은 죽은 자의 소생의 첫 열매인 그리스도의 부활(고전 15:23)로 이미 시작된 것의 연속적인 사건에 속한다. 또한 "죽은 자들이 하나님의 아들의 음성을 들을 때"(요 5:25)와 "무덤 속에 있는 자가 다 그의 음성을 들을 때"(요 5:28)가 온다는 예언의 때가 지금 도래하였다는 선언(요 5:25)이다. 마지막 날의 부활을 선취한 것이다.

"조엔 투 멜론토스 아이오노스"(ζωὴν τοῦ μέλλοντος αἰῶνος: 오는 세상의 생명)는 "조엔 아이오니온"(ζωὴν αἰώνιον: 영원한 생명, 딤전 6:12; 유 21; 요한의 문서 가운데 자주 나타남)과 동의어이다. 신약성경은 '오는 세상'이라는 표현을 사용한다(마 12:32; 엡 1:21; 히 6:5). '오는 세상의 생명'은 '죽은 자의 부활'과 함께 끝남이 없는 행복의 상태를 가리키며, 그리스도 항목의 끝 부분에 따라오는 "그 나라는 결코 끝남이 없습니다"와 밀접한 관련을 맺고 있다. 그러나 신조적 관점에서 보자면,

오는 세상의 생명보다도 영원한 생명이 더 오래된 고백구이다.[90]

"프로스도코멘"(προσδοκῶμεν: 기다린다, 학수고대한다)은 종말적 신앙의 표현으로서 신약성경에 자주 등장한다(벧후 3:12-14; 마 11:3; 눅 7:19 등). 사도 교부 문헌(이그나시우스 『마그네시아 서한』 9:3, 『폴리카르푸스 서한』 3:2)에도 보인다. 신조적 고백표현으로는 종말과 관련하여 '믿습니다'의 목적어로 취급하는 경우가 많다.

12. 니케아 신조의 저주문 해석

Τοὺς δὲ λέγοντας ἦν ποτε ὅτε οὐχ ἦν, καὶ πρὶν γεννηθῆναι οὐχ ἦν, καὶ ὅτι ἐξ οὐκ ὄντων ἐγένετο, ἢ ἐξ ἑτέρας ὑποστάσεως ἢ οὐσίας φάσκοντας εἶναι ἢ κριστὸν ἢ τρεπτὸν ἢ ἀλλοιωτὸν τὸν υἱὸν τοῦ θεοῦ, ἀναθεματίζει ἡ καθολικὴ ἐκκλησία.

그렇지만, 성자가 존재하지 않으신 때가 있으며, 태어나시기 전에는 그가 계시지 않았다고 말하며, 또는 존재하지 않는 자로부터 나오시고, 하나님의 아들은 다른 존재, 또는 본질로부터 유래하시고, 창조된 자라고 하며, 변화하고, 변이한다고 말하는 자가 있다면, 그러한 자를 공회의 사도적 교회는 저주한다.

'니케아 콘스탄티노폴리스 신조'와는 다르게 '니케아 신조'는 저주문을 가진다. 저주문을 가진 신조는 안디옥 회의(325년)의 신조, 에피

---

90 '영원한 생명'이라는 어구를 사용하는 신조는 다음과 같다. 에피파니우스의 장문 신조(Hahn § 126), 위조 아타나시우스의 '신조 강해'(Hahn § 127), 안디옥(Hahn § 130a), 라오디게아(Hahn § 131), 갈라디아(Hahn § 133), 아르메니아(Hahn § 137). 네스토리우스파의 신조(Hahn § 132). 따라서 '오는 세상의 생명'으로 고백하는 신조는 소수이다.

파니우스의 두 형식 신조(Hahn § 125, 126), 위조 아타나시우스의 신조 강해(Hahn § 127), 아르메니아의 신조(Hahn § 137) 등이 있지만, 안디옥 신조를 제외하고는 모두 니케아 신조를 기초로 한다. 에피파니우스 단문 신조는 니케아 신조와 거의 동일하다.[91] 에피파니우스 장문 신조의 저주문은 그리스도론의 이단 배척과 함께 성령론에 관한 이단을 논박하고 있다. 아르메니아 신조는 에피파니우스의 장문 신조를 옮겨 쓴 것으로서, "우리는 저주한다"를 "하나의 보편적 사도적 교회는 저주한다"라고 바꿔 말한 것 뿐이다.

저주문이 처음 사용된 곳은 안디옥 신조이다. 세례신조는 기본적으로 저주문을 가지지 않는다. 모든 교리 규범적 신조가 저주문을 포함하는 것도 아니다. 저주문을 부연하는 이유는 신조의 본문을 부정 형태로 반복함으로서, 그 내용을 보다 확실하고 정확하려는 의도이다. 이러한 논술 형식은 '칼케톤 신조'에도 적용되었고, 로마 가톨릭교회는 이것을 자주 사용하였다. 특히 트리엔트 회의는 '저주한다'를 남발할 정도이다. 물론 확인과 명확성을 위하여 부정하는 논리형식을 사용하였다는 사실은 존중되어야 한다. 프로테스탄트 교회의 고백문들도 오류를 배제하고 있으며, 20세기의 고백문인 '바르멘 선언'도 이 방식을 채택하고 있다.

"엔 포테 호테 우크 엔"(ἦν ποτε ὅτε οὐχ ἦν: 존재하지 않으신 때가 있으며)은 아리우스파의 주장이다. 아리우스파에 의하면, 성자가 성부로부터 나왔다면 나오기 이전에는 존재하지 않았고, 따라서 존재하지 않았던 때가 있었다는 것이다.

"프린 겐네테나이 우크 엔"(πρὶν γεννηθῆναι οὐχ ἦν: 태어나시기 전에

---

91 에피파니우스 단문 신조의 주된 문장은 니케아 콘스탄티노폴리스 신조와 거의 동일하며, 저주 부분은 니케아 신조와 같다; 저주문을 처음으로 사용한 회의는 스페인 엘바라 회의(Synod of Elvira, 303경, 또는 306경, 또는 310경)로 일컬어지고 있다.

는 그가 계시지 않았다)이라는 표현은 아리우스가 알렉산드리아의 주교 알렉산더와 니코메디아의 에우세비우스 앞으로 보낸 편지에서 사용되었다. 아리우스에 의하면, 성자는 '태어난 자'(겐네토스[γεννητός])이며, 성부만이 '태어나지 않은 자'(아겐네토스[ἀγεννητος])였다.

"엑스 우크 온톤 에게네토"(ἐξ οὐκ ὄντων ἐγένετο: 존재하지 않는 자로부터 나시고), 즉 존재자가 아닌 것, 다시 말해서 무(無)로부터 생겨났다는 아리우스의 주장이다. 이것은 아리우스의 사상적 특징을 나타내는 용어로서 '엑수콘티아노스'(ἐξουκοντιάνος, ἐξ+οὐκ+ὄντων)라는 별명이 생겨날 정도였다. 아리우스가 이렇게 주장하는 근거는 잠언 8:22 "여호와께서 그 조화의 시작 곧 태초에 일하시기 전에 나를 가지셨으며"에 있다.[92]

"엑스 헤테라스 휘포스타세오스 에 우시아스"(ἐξ ἑτέρας ὑποστάσεως ἢ οὐσίας: 다른 존재, 또는 본질로부터 유래하시고)를 통해서 아리우스는 성자가 성부의 본질에서 태어난 것이 아니라 다른 본성을 가진다고 설명했다. '휘포스타시스'와 '우시아'가 다음 세대로 가면서 서로 다른 의미로 사용되지만, 니케아 회의가 개최되었던 당시는 동의어로 사용되었다.

"에 크리스톤"(ἢ κριστὸν: 창조된 자)도 아리우스가 사용한 말이다.[93] 아리우스는 아들이라는 것 자체가 피조성을 내포하고 있다고 생각하였다.

---

92 하나님의 유일하신 아들 예수 그리스도가 이 세상에 오셨다. 따라서 세상에 오시기 전에도 계셨던 분이다. 그 때는 그리스도께서 약속에 의해서 알려져 있었다. 그러나 때가 차매 이 세상으로 오셨다. 로마서 1:4은 죽은 자로부터 부활하심으로 하나님의 아들이심이 선포되었고, 공관복음은 예수께서 세례를 받으시고 물에서 올라오실 때에 아들이심이 선언되었다고 말하며, 또한 산상변화에서도 아들이심이 선포되었다고 전한다. 중요한 것은 그리스도께서 하나님의 아들이심을 선언하시고 선포하셨다는 사실이다.

93 소크라테스, 『교회사』 I, 8.

"에 트레프톤 에 알로이오톤"(ἤ τρεπτὸν ἤ ἀλλοιωτὸν: 변화하고, 변이한다)에서, 변화란 도덕적인 의미로 죄를 범할 수 있다는 것을 의미한다. 변이라는 것은 다른 것이 된다는 것을 뜻한다.

"아나테마티제이"(ἀναθεματίζει: 저주하다)는 저주를 동반한 철저한 맹세를 가리킨다(막 14:71; 행 23:12-14). 그 명사형 '아나테마'는 70인역 본문에서는 히브리어 헤렘(חרם)의 번역어이다(신 7:26; 수 7:11 이하 등). '헤렘'이라는 것은 하나님이 멸망시킨다는 의미이다. 구약에서는 '하나님께 바쳐진 것'이라는 의미로 사용되었다(레 27:28-9). 따라서 인간, 동물, 국가, 국민, 물건 등 모두가 '아나테마'가 될 수 있었다(수 6, 신 7, 삼상 15). 다시 말하면, 하나님에 의해서 완전히 희생(멸망)되어 버린다는 의미에서 훗날에 이른바 저주의 의미가 되었다.

그러나 포로 후가 되면서, 공동체로부터 제외되고, 배제되는 것을 의미하게 되었다(마 18:17; 요 9:22). 서신서에는 "예수를 저주할"(고전 12:3), "주를 사랑하지 아니하거든 저주를 받을지어다"(고전 16:22), "복음 외에 다른 복음을 전하면 저주를 받을지어다"(갈 1:8f.), "내 자신이 저주를 받아 그리스도에게서 끊어질지라도"(롬 9:3) 등에서 명사 아나테마를 사용하고 있다.

사도 후 시대가 되면서, 교회에서는 이단을 '아나테마'하기 시작하였다. 6세기 이후는 아나테마와 '파문'이 구별되게 되면서, 파문은 예배와 사크라멘트로부터 제외를 말하지만, 아나테마는 교회로부터 완전한 분리로 이해되었다.

Establish the Confessing Church

고백하는 교회를 세워라

제3장
칼케돈 신조

1. 칼케돈 공의회 회의록

    일반적으로 일컬어지는 '칼케돈 신조'라는 용어는 칼케돈 공의회 섹션 5에 기술된 칼케돈 공의회의 '신앙정식'(데피니토 피데이[*Definito fidei*], 호로스 피르테오스['Ορος πίστεως])의 번역어이다. '칼케돈 공의회'(451년 10월)는 이른바 '칼케돈 신조'를 작성하지 않았다. 칼케돈 공의회는 니케아 신조와 니케아 콘스탄티노폴리스 신조의 믿음을 재 확언하고, 그들이 정통적 믿음에 대한 올바른 해석과 정의를 내리고자 '신앙정식'을 천명하였던 것이다(칼케돈 공의회, Sesscion V).[1]

> 따라서 하나님의 은혜에 의한 지혜롭고 건전한 이 정식은 완전한 경건의 지식을 확립시켜주기에 충분하다. 아버지와 아들과 성령에 관한 그 가르침은 완전하며, 이 가르침을 신실히 따르는 자들에게 주님의 성육신을 나타내기 때문이다. 그러나 어떤 자

---

[1] D. 300; Norman P. Tanner S. J. (ed.) *Decrees of Ecumenical Councils* 2 vols. vol. 1. Nicaea I to Lateran V, vol.2. Trent to Vatican II (Washington, DC: Georgetown University Press, 1990); Bindley Green, 192, 66ff; Stevenson, 336f; 앞부분은 제3장을 보라.

들은 스스로 새로운 이단적인 주장을 만들어 선교의 진리를 공격하는 공허한 말장난을 하며, 또한 어떤 이들은 주님께서 우리들을 위하여 계획하신 경륜(성육을 말함)의 비밀을 전복시키려 하며, 거룩한 동정녀를 '데오토코스'(하나님을 잉태한 자)라 부르기를 거부하며, 또한 다른 어떤 이들은 양 본성을 혼합하여 인성과 신성으로 만들어진 단일 성질만 존재한다는 우매한 공상을 주장하며, 또한 그 혼합으로 말미암아 유일하신 성자의 신성이 고통받았다고 불합리하게 주장하는 자들이 있다. 이러한 까닭으로 인하여, 여기에 모인 거룩하며 위대한 세계 회의는 세상이 시작될 때부터 말씀하신 부동의 가르침에 근거하여, 진리에 대항하는 모든 시도를 거부한다.

먼저 318인 교부의 신조(주: 니케아 신조를 말함)는 그르쳐서는 안 되는 신조임을 결의한다. 그리고 성령을 거역하는 자들로 말미암아, 훗날에 제국 도시에 모였던 교부 150명에 의해서 선언되었던 성령의 본질에 관한 교리(주: 니케아 콘스탄티노폴리스 신조를 말함)를 확인한다.

이들 교부들이 모든 사람들에게 선포한 교리는 그들의 선조들이 무엇인가 부족하여 그것을 보충하려는 것이 아니라, 성령의 주권을 훼파하려고 시도하는 자들에게 기록된 문서로 자신들의 신앙을 설명하기 위함이었다. 또한 부끄럽고 우매하게도, 거룩한 동정녀로부터 태어난 자는 단지 한 인간이었다고 호언장담하며 경륜의 비밀(주: 성육을 말함)을 전복시키려는 자들 때문에, 알렉산드리아 교회의 축복받은 키릴루스가 네스토리우스 및 동방의 여러 사람들에게 보낸 서한(주: 430년 2월 날짜의 제2 서한, 동년 11월 날짜의 제3 서한, 433년 4월 23일 날짜의 안디옥의 요한 앞으로의 편지)을 이 회의는 승인한다.

이 서한은 네스토리우스의 우매한 오류를 반박하고, 경건한 열의를 가지고 사모하는 자들에게 건전한 신조의 해설을 적절하게 보여준다. 또한 우리 회의는 위대하고 거룩한 도시 로마의 지도자, 축복받은 거룩한 대주교 레오가 에우티케스의 오류를 논박하기 위하여 대주교(주: 콘스탄티노폴리스) 플라비아누스에게 보낸 서한(주: 433년 4월 23일 소인)을 첨가하기로 한다. 이것은 저 위대한 베드로의 고백과 일치하며, 이단에 대항하여 정통 교리를 확고히 하려는 모든 자들에게 중요한 반석이다.

우리 회의는 성자의 이중성을 주장하고, 경륜(주: 성육신)의 비밀을 해체하려는 자들을 반대한다. 감히 유일하신 아들의 신성이 수난 받는다고 말하는 자들은 그 성직으로부터 해임되어야 할 것이다.

본 회의는 그리스도의 양성의 뒤섞임, 또는 혼합을 공상하는 자들을 거부한다. 또한 그리스도가 우리들로부터 섭취하신 종의 형상은 천상적인 것, 또는 우리의 그것과 다른 본질(우시아)이라고 잘못 가르치는 자들을 추방한다. 또한 주께서 합일(주: 신성과 인성이 합일하는 것) 하시기 전에, 두 개의 본성을 가지셨지만, 합일하신 후에는 하나의 본성이 되었다고 날조하여 가르치는 자(주: 아우투케스, 또는 아폴리나리우스)는 저주받아야 할 것이다.

(여기서부터 칼케돈 신조가 시작된다)

이런 까닭으로 우리는 거룩한 교부들을 따라서, 한 분이시며, 동일자되신 성자, 우리 주 예수 그리스도를 한 목소리로 함께 고백해야 할 것을 엄숙하게 교시한다. 이 동일자는 신성에 있어서 완전하시며, 인성에 있어서도 완전하시다. 참으로 하나님이시며,

그리고 참으로 사람이시다.

이 동일자는 이성적 혼과 몸을 가지사, 신성에 의하면 성부와 동질하시고, 인성에 의하면 이 동일자는 우리와 동질이시다. 죄를 제외하고는, 모든 것에서 우리와 같으시다. 신성에 의하면 만세 전에 성부로부터 나시고, 인성에 의하면 이 동일자는 이 마지막 세상에, 우리들을 위하여, 또한 우리 구원을 위하여, 하나님의 어머니가 되는 동정녀 마리아로부터 나셨다. 한 분이시며, 동일자 되신 그리스도, 성자, 주, 유일하신 아들 되신 이 분은 두 본성에 있어 혼합 없고, 변화 없고, 분할 없고, 분리 없는 분으로 인식된다. 이 합일로 인하여 양성의 구별은 결코 제거되지 아니하며, 오히려 각 본성의 고유함이 그대로 보존되어, 한 위격(프로소폰 [πρόσωπον]), 또는 한 위격존재(휘포스타신[ὑπόστασιν])로서 통합되어, 두 위격으로 분리되거나, 또한 분할되지 않으시며, 한 분으로 동일하신 성자, 또는 유일하신 아들, 말씀되신 하나님, 주 예수 그리스도가 되신다. 이는 옛적에 선지자들이 그에 관하여 예언한 바요, 주 예수 그리스도께서 친히 우리들을 가르치신 것이며, 교부들의 신조도 우리에게 전하여 준 것과 같은 것이다.

그러므로 우리가 가장 정확하고 주의 깊게 서술한 것을 통하여, 거룩한 공의회는 결정한다. 누구든지 다른 신앙을 말하고, 서술하고, 구상하고, 생각하며, 그러한 것을 다른 어떤 자들에 가르쳐서는 안 된다. 그러므로 이 외의 신앙을 구상하고, 발표하고, 사람들에게 가르치거나, 또는 이교나 유대교, 또는 이단으로부터 진리의 인식으로 돌아오려는 자들에게 다른 신조를 감히 전수하는 자가 있다면, 주교 또는 성직자일 경우에는 그 주교직을 박탈당하고, 성직자는 그 성직으로부터 해임될 것이다. 만약, 수도사 또는 성도일 경우에는 저주를 받게 될 것이다.

제3장 칼케돈 신조

헬라어/라틴어/한글 번역대조표		
헬라어	라틴어	한글
Ἑπόμενοι τοίνυν τοῖς ἁγίοις πατράσιν ἕνα καὶ τὸν αὐτὸν ὁμολογεῖν υἱὸν τὸν κύριον ἡμῶν Ἰησοῦν Χριστὸν συμφώνως ἅπαντες ἐκδιδάσκομεν, τέλειον τὸν αὐτὸν ἐν θεότητι καὶ τέλειον τὸν αὐτὸν ἐν ἀνθρωπότητι, θεὸν ἀληθῶς καὶ ἄνθρωπον ἀληθῶς τὸν αὐτὸν ἐκ ψυχῆς λογικῆς καὶ σώματος, ὁμοούσιον τῷ πατρὶ κατὰ τὴν θεότητα, καὶ ὁμοούσιον ἡμῖν τὸν αὐτὸν κατὰ τὴν ἀνθρωπότητα, κατὰ πάντα ὅμοιον ἡμῖν χωρὶς ἁμαρτίας· πρὸ αἰώνων μὲν ἐκ τοῦ πατρὸς γεννηθέντα κατὰ τὴν θεότητα, ἐπ' ἐσχάτων δὲ τῶν ἡμερῶν τὸν αὐτὸν δι' ἡμᾶς καὶ διὰ τὴν ἡμετέραν σωτηρίαν ἐκ Μαρίας τῆς παρθένου τῆς θεοτόκου κατὰ τὴν ἀνθρωπότητα, ἕνα καὶ τὸν αὐτὸν Χριστόν, υἱόν, κύριον, μονογενῆ, ἐν δύο φύσεσιν, ἀσυγχύτως, ἀτρέπτως, ἀδιαιρέτως, ἀχωρίστως γνωριζόμενον· οὐδαμοῦ τῆς τῶν φύσεων διαφορᾶς ἀνῃρημένης διὰ τὴν ἕνωσιν, σωζομένης δὲ μᾶλλον τῆς ἰδιότητος ἑκατέρας φύσεως καὶ εἰς ἓν πρόσωπον καὶ μίαν ὑπόστασιν συντρεχούσης, οὐκ εἰς δύο πρόσωπα μεριζόμενον	Sequentes igitur sanctos patres, unum eundemque confiteri Filium et Dominum nostrum Jesum Christum consonanter omnes decemus, eundem perfectum in deitate et eundem perfectum in humanitate; Deum verum et hominem verum eundem ex anima rationali et corpore; consubstantialem Patri secundum deitatem, consubstantialem nobis eundem secundum humanitatem; 'per omnia nobis similem, absque peccato': ante secula quidem de Patre genitum secundum deitatem; in novissimis autem diebus eundem propter nos et propter nostram salutem ex Maria virgine, Dei genitrice secundum humanitatem; unum eundemque Christum, Filium, Dominum, unigenitum, in duabus naturis inconfuse, immutabiliter, indivise, inseperabiliter agnoscendum: nusquam sublata differentia naturarum propter unitionem, magisque salva proprietate utriusque naturae, et in unam personam atque sunstantiam concurrente: non in duas personas partitum aut divisum,	이런 까닭으로 말미암아 우리는 거룩한 교부들을 따라서, 한 분이시며, 동일자되신 성자, 우리 모두 주 예수 그리스도를 한 목소리로 고백해야 할 것을 엄숙하게 교시한다. 이 동일자는 신성에 있어서 완전하시며, 인성에 있어서도 완전하시다. 참으로 하나님이시며, 그리고 참으로 사람이시다. 이 동일자는 이성적 혼과 몸을 가지사, 신성에 의하면 성부와 동질하시고, 인성에 의하면 이 동일자는 우리와 동질이시다. 죄를 제외하고는, 모든 것에서 우리와 같으시다. 신성에 의하면 만세 전에 성부로부터 나시고, 인성에 의하면 이 동일자는 이 마지막 세상에, 우리들을 위하여, 또한 우리 구원을 위하여, 하나님의 어머니가 되는 동정녀 마리아로부터 나셨다. 한 분이시며, 동일자되신 그리스도, 성자, 주, 유일하신 아들 되신 이 분은 두 본성에 있어 혼합 없이, 변화 없이, 분할 없이, 분리 없는 분으로 인식된다. 이 합일로 인하여 양성의 구별은 결코 제거되지 아니하며, 오히려 각 본성의 고유함이 그대로 보존되어, 한 위격(πρόσωπον), 또는 한 위격존재(ὑπόστασιν)로서 통합되어, 두 위격으로 분리되거나, 또한 분할되지 않으시며, 한 분으로 동일하신 성자, 또는 유일하신 아들, 말씀되신 하나님, 주 예수 그리스도가 되신다. 이는 옛적에 선지자들이 그에 관하여 예언한 바요, 주 예수 그리스도께서 친히 우리들을 가르치신 것이며, 교부들의 신조도 우리에게 전하여 준것과 같은

ἢ διαιρούμενον, ἀλλ᾽ ἕνα καὶ τὸν αὐτὸν υἱὸν καὶ μονογενῆ, θεὸν, λόγον, κύριον Ἰησοῦν Χριστόν· καθάπερ ἄνωθεν οἱ προφῆται περὶ αὐτοῦ καὶ αὐτὸς ἡμᾶς ὁ κύριος Ιησοῦς Χριστὸς ἐξεπαίδευσεν καὶ τὸ τῶν πατέρων ἡμῖν παραδέδωκε σύμβολον.	sed unum eundemque Filium et unigenitum, Deum verbum, Dominum Jesum Christum; sicut ante prophetae de eo et ipse nos Jesus Christus erudivit et patrum nobis symbolum tradidit.	것이다.

상기의 회의록을 통하여 '칼케돈 정식'을 결의되어진 의도와 경위를 어느 정도 알 수 있을 것이다. 앞에서 언급하였듯이, 325년과 381년의 두 신조는 심보룸(*symbolum*)으로 표현된 반면에, 칼케돈 회의가 결정한 규정은 데피니티오(*definitio*)였다. '데피니티오'라는 용어를 사용하였다는 것은 칼케돈 공의회가 새로운 신조를 작성하기보다는, 이미 제정된 두 개의 에큐메니칼 신조를 통해서 예수 그리스도의 몸된 교회가 하나님과 이웃 앞에서 마땅히 고백되어야할 신앙고백적 조항들이 충분히 명시하였다고 판단한 것에 근거한다.

사실 325년과 381년에 제정된 두 신조로 말미암아, 오히려 교회가 내부적으로 신학적 혼란에 빠지게 되었고, 그러한 상황 속에서 올바른 가르침에 근거한 정통적 신앙을 재확인하고, 신앙적 교회적 일치를 도모하기 위하여, 기존의 두 신조를 재 확인하면서, 동시에 해석적 기능을 제공하기 위하여, 공의회는 '칼케돈 정식'을 제정한 것이다. 이 정식이 그리스도론적 가르침에 집중하는 것도 그러한 이유이다. 따라서 칼케돈 정식을 이해하기 위해서는 이것이 무엇을 말하려고 했는지, 왜 그렇게 하였는지, 그리고 정식을 제정할 수밖에 없었던 상황들이 무엇이었는지 분명히 알아야 할 것이다.[2]

---

2 교회가 올바른 가르침에 있어 일치를 확보하는 것은 대단히 중요한 일이다. 칼케돈 공의회가

특히, '칼케돈 정식'에 사용된 용어들을 고찰함으로써 그 당시의 논쟁적 상황을 어느 정도 이해할 수 있다. 예를 들면, 신조적 용어로서 처음으로 '데오토코스'(하나님의 어머니), '프로소폰'(위격), '휘포스타시스'(위격존재, 또는 본질)가 사용되었다. 칼케돈 공의회가 이러한 새로운 용어를 사용한 것은 여러 논쟁들 가운데서 이것들이 빈번히 사용되었기 때문이다. 다시 말하자면 네스토리우스 논쟁, 아폴리나리우스 논쟁, 그리고 에우티케스 논쟁과 함께 이전부터 지속되어 왔던 그리스도론 논쟁으로 형성되었던 신학적 개념의 계보적 흐름 속에서 칼케돈 정식이 이해되어야 한다는 것이다.[3]

2. 네스토리우스 논쟁

동방과 서방교회는 4세기 말에서 5세기에 걸쳐서 사벨리우스주의, 아리우스주의, 아폴리나리우스주의, 에우티케스주의와 같은 단성설 이단에 대하여 그리스도의 두 본성에 관하여 보다 정확한 신학적 정립화를 요구받게 된다.[4] 당시의 그리스도론 논쟁은 '우시아'(οὐσία)에 대한 엄정한 해석이 요구되면서, 이를 위해서 '프로소폰'(πρόσοπον)과

그러한 의미에서 '칼케돈 정식'을 채택하게 되는 과정이 쉽지만은 않았다는 것을 암시한다. 사실 성립 과정에서 몇 몇의 불행한 사건들이 있었다고 전해지며, 그 당시의 고대 교회들 가운데는 이 신조를 기피하기도 하였다. 예를 들면, 로마제국 내의 교회들은 이 정식으로 일치되었다고 하지만, 아르메니아 교회와 시리아의 교회는 떠나갔다. 본문에서 '칼케돈 정식'이라고 번역하여 사용하는 것이 마땅하지만, 이미 '칼케돈 신조'로 일반화되었기 때문에, 종래대로 칼케돈 신조라는 명칭을 사용하며, 동시에 정식이라는 명칭도 함께 사용한다.

3 예를 들면, 359년 니케회의 신조(Hahn 164, KT 33f)가 있다. 이 책 제3장을 참조하라. 물론 새로운 용어 사용은 반대를 가져왔다. 이 신조를 사용하려던 복음주의 교회조차도 데오토코스라는 용어를 들어본 적이 없었기 때문이며, 프로소폰, 또는 휘포스타시스에 대하여 이전부터 부정적인 입장이었다.

4 이 단락은 드롭너 제10장 5세기의 신학논쟁(581-597)에서 빌려왔다.

'휘포스타시스'(ὑπόστασις)라는 두 개념이 사용되었다.

특히, 안디옥 학파는 '휘포스타시스'를 구체적이고 실재적 의미로 본성에 적용하였고, '프로소폰'을 본성의 외양적 전체(summe)의 주체로 이해하였다. 따라서 그리스도는 두 '프로소폰'을 가지지만, 동시에 한 주체로 일치된 하나의 '프로소폰'이 된다. '하나의 위격'으로 이해할 수도 있지만, 안디옥 신학은 일치하는 방법을 표현할 때에 '수나페이아'(συνάφεια, 결합)라는 개념을 사용하였고, 네스토리우스는 이것을 '호의에 의한, 의지에 따른'(카타 에우도키안[κατὰ εὐδοκίαν])이라는 개념으로 표현하였다. 그는 그리스도 안에 두 본성의 완전성과 자주성이 존재한다는 안디옥 학파의 기본선을 지켰다. 알렉산드리아 학파가 비난한 것처럼 '두 아들'을 주장한 것은 아니었다. 사실, 알렉산드리아 학파 역시 '휘포스타시스'와 '프로소폰'에 관하여 안디옥 학파와 동일한 이해를 소유하였고, 이러한 용어를 사용하였다. 그러나 그들에게 중요한 것은 두 본성의 내적인 일치였다. 그들은 '엔 프로소폰 카타 수나페이안'(ἓν πρόσωπον κατὰ συνάφειαν: 결합에 의한 프로소폰)에 의한 것에 만족하지 못하였고, 오히려 '미아 푸시스 = 미아 휘포스타시스'(μία φύσις = μία ὑπόστασις: 하나의 본성)로 이해하려고 하였다. 여기서 '휘포스타시스'는 위격을 의미하지 않는다.

서방 라틴신학은 이러한 헬라어에 대체될 만한 라틴어를 알지 못하였고, 결국 아우구스티누스에 이르러 '휘포스타시스'를 페르소나(persona)로 번역하면서, 문제점을 완전히 다른 각도에서 이해하려고 하였다. 아우구스티누스는 삼위일체론과 함께 그리스도론적 정식을 '두 본성 안에서 하나의 위격'(우나 페르소나 인 우트라쿠에 나투라[una persona in utraque natura])으로 정의하였다. 따라서 서방교회는 키릴루스의 '미아 휘포스타시스 = 우나 페르소나'(μία ὑπόστασις = una persona)를 네스토리우스 정식인 '프로소폰 = 우나 페르소나'(πρόσωπον = una *persona*)보다 더 선호하였다. 그러나 문제는 키릴루스의 이해와 달리 프로소폰 역시 하나의 주체를 의미하였다는 것이며, 또한 안디옥 교회가 그러한 의미로 사용하였다는 미묘한 차이를 라틴교회가 이해하지 못하였다는 사실이다.

그리스도의 두 본성과 인격에 관한 논쟁과 함께, 428년에 데오토코스 논쟁이 발생한다. 381년 시리아의 게르마니키아에서 태어난 네스토리우스(381-451년)는 경건과 학식으로 명성을 얻었고, 428년 4월 10일에 주교좌 콘스탄티노폴리스 주교에 취임하였다. 순수한 신앙에 대한 열정을 가졌던 그는 '하나님을 낳으신 분'이라는 마리아 칭호에 관하여 마리아론적 관점이 아니라, 그리스도론적 관점에서 문제를 제기 하였다. 네스토리우스는 그리스도론을 전개하면서 신성과 인성에 속하는 각각의 속성을 엄격히 구분해야 한다는 안디옥 학파의 영향을 받아, 마리아를 통해서 태어난 자는 하나님이 아니라, 인간 예수이기 때문에 예수의 어머니로 칭하여야 한다고 주장하였다. 물론 네스토리우스 역시 '하나님-인간' 안에 완전한 두 본성의 내적 일치를 부인하지 않았다. 그는 '인간을 낳으신 분'(안트로포토코스[ἀνθρωποτόκος])이라는 칭호를 단호히 거부하면서, 성탄절에 테오토코스에 대하여 부정적으로 설교하였다.

그러나 교회는 오랫동안 이 용어를 사용하여왔다. 예를 들면, 325년, 알렉산드리아 주교 알렉산더가 콘스탄티노폴리스 주교에게 편지를 보내면서, "우리 주 예수 그리스도는 참으로, 외면적이 아니라, 하나의 육체를 테오토코스(Θεοτόκος)되신 마리아로부터 받았습니다"(테오도레두스 교회사 1.3)라고 기술하였다.[5] 이러한 주장이 정통파 신학자들 사이에 일반적이었고, 더욱이 이러한 신학적 풍토 가운데 마리아

---

5 *NPNF* Second Series vol. III Theodoret, Jerome, Gennadius, 33.

숭배가 시작되었고, 더 나아가 마리아의 종신 처녀성까지 널리 퍼졌다. 따라서 네스토리우스의 테오토코스에 대한 부정적인 설교는 당연히 문제가 되었다.

네스토리우스는 '테오토코스'를 주장하는 그룹과 '안드로포코스'(사람의 어머니)를 주장하는 사람들의 대립을 해소하기 위하여 양 편이 서로 인정할 수 있는 대안을 제시하였다. 그것이 바로 '크리스토코스'(ξριστοκος)였다. 이것은 그가 로마의 카에레스티누스(Caelestinus)에게 보낸 제3의 편지에서 발견된다.[6] 네스토리우스는 낳는 자와 태어난 자는 서로 동일본질을 가져야하기 때문에 테오토코스는 부적당하며, 만약 '테오토코스'라는 명칭을 사용하면, 마리아에게 신성을 부여하는 결과가 된다고 지적하였다.[7]

네스토리우스의 주장을 가장 신랄하게 공격한 자는 알렉산드리아 주교 키릴루스(Cyrillus Alexandrinus, c. 376-444년)였다. 그는 네스토리우스에게 3통의 편지를 보냈고, 다른 주교들에게도 보냈다. 키릴루스에 의하면, 네스토리우스의 견해는 그리스도의 위격이 분할될 위험성을 내포하고 있었다. 그리스도는 한 분 동일자이시며 그 위격은 분할되지 않으시기 때문에, 그리스도를 낳으신 자는 하나님의 어머니라는 것이다. 그리스도의 두 본성이 하나라는 것은 한편이 다른 한 편에 '내재'(에노이케시스[ἐνοίκησις])하는 것이 아니며, 또한 '결부'(수나페이아[συνάφεια])나 '일체화'(에노시스 스케티게[ἕνωσις σχετική])에 의한 것도 아니다. 그것은 '본성에 따른 일치'(에노시스 카타 푸신[ἕνωσις κατὰ φύσιν])라는 주장이다. 로마에서는 카에레스티누스가, 알렉산드리아에서는 키릴루스가 반 네스토리우스의 지도자로 활약하였다. 네스토리

---

6 Friedrich Loofs, *Nestoriana: Die Fragmente Des Nestorius (Latin Edition)* (Halle: Max Nienmeyer, 1905, rept. Nabu Press, 2011), S.181.

7 Friedrich Loofs, *Nestoriana*. S.165ff. 코에레스티누스 제1 서한에서 나온다.

우스는 430년 로마 회의와 알렉산드리아 회의에서 단죄되였다.

키릴루스가 네스토리우스에게 보낸 제3의 편지(430년 11월) 말미에 들어있는 저주 조항은 다음과 같다.[8] 이 조항은 431년 에베소 회의에서 키릴루스의 편지 본문과 함께 제출되었고, 451년 칼케돈 회의에서 추인되었다.

> 1. 임마누엘을 참된 하나님으로 고백하지 않고, 거룩한 동정녀가 육신이 되신 하나님의 말씀을 육신으로 낳았기 때문에 (그녀를) 테오토코스라 고백하지 않는 자가 있다면, 그자는 저주를 받을 것이다.
> 2. 아버지 하나님으로부터의 말씀이 휘포스타시스에 의해서 육체와 하나가 되시고, 그리고 그리스도께서 그분 자신의 고유한 육체와 하나가 되셨다는 것, 즉 그분이 동일한 하나님이시며 동시에 사람이심을 고백하지 않는 자가 있다면, 그자는 저주를 받을 것이다.
> 3. 유일하신 그리스도 안에서의 합일을 단지 존엄, 권위, 지배에 의한 결합으로만 인정하고, 본성의 일치에 의한 결합을 인정하지 않음으로 휘포스타시스를 분할하는 자가 있다면, 그자는 저주를 받을 것이다.
> 4. 복음서와 사도서신에 포함되고, 더욱이 그리스도에 관하여 사도들에 의해서, 또한 그분 자신에 의해서도 사용되었던 용어인 프로소폰, 또는 휘포스타시스를 두 개로 분할하여 한편을 사람에게 속한 것으로 간주하여, 하나님으로부터의 말씀이 아닌 다

---

8 Hahn § 219; D 252-263; L. R. Wickham (ed.), *Cyril of Alexandria Selected Letters*, (Oxford, 1983), 28-33; Loofs, 125-27.

른 어떤 특별한 것으로 이해하고, 다른 한편을 하나님께 합당한 것으로 간주하여, 아버지 하나님의 말씀으로만 귀결시키려는 자가 있다면, 그는 저주를 받을 것이다.

5. 그리스도는 신성을 가진 인간(테오포로스 안트로폰[θεοφόρος ἄνθρωπον])으로, 유일하시며 본성으로 성자이시다. 또한 말씀이 육신이 됨으로서 우리와 동일한 혈육을 가진 자이기에(주: 히 2:14) 참된 하나님이 아니라고, 감히 말하자는 자가 있다면, 그는 저주를 받을 것이다.

6. 아버지 하나님으로부터의 말씀은 하나님, 또는 그리스도의 주가 되심을 주장하고, 동일자 되신 그리스도가 하나님이시며, 동시에 사람이시며, 성경에 따라 말씀이 육신이 되셨다고 고백하지 않는 자가 있다면, 그는 저주를 받을 것이다.

7. 사람으로 예수는 말씀되신 하나님의 사역으로 사역하였다고 말하고, 유일하신 아들과 분리되어 다르게 존재하는 자로서, 유일하신 아들의 영광을 입었다고 말하는 자가 있다면, 그는 저주를 받을 것이다.

8. 섭취된 인성은 말씀되신 하나님과 함께 예배 받으시고, 함께 영광을 받으시고, 함께 하나님의 이름을 받아야 한다고 말하면서(즉 한 분이 다른 한 분과 함께 존재할 경우, 함께는 언제나 이러한 의미이다. 주: 요 1:1), 임마누엘을 한 예배로 드리지 않고, 한 영광을 그에게 드리지 못하는 자가 있다면, 그자는 저주받을 것이다.

9. 유일하신 주 예수 그리스도께서 성령에 의해 영광을 받으셨다고 말하지만, 그의 행사하신 능력은 그 자신의 것이 아니라, 타인의 것, 즉 성령으로부터 받은 것이라 하여, 그가 더러운 영에 대항하는 힘이나, 사람들에 대한 신적인 표징을 행하는 힘은

성령으로부터 받은 것이지, 신적인 표징을 위해 그 자신의 영에 의해 행사하는 것이 아니라고 말하는 자가 있다면, 그자는 저주를 받을 것이다.

10. 성경은 그리스도가 '우리 고백의 대제사장 또는 사도'가 되심을 말한다. "그분 자신을 아버지 하나님에 대한 향기로운 제물로 드리셨느니라"고 말한다(주: 엡 5:2). 따라서 우리의 대제사장과 사도가 되신 자는 육신을 입으시고 우리와 동일한 인간이 되신 하나님의 말씀 그 자체가 아니라, 그 외의 것으로 그것과 구별되는 자, 여자로부터 태어난 인간이라고 말하며, 또는 죄를 알지 못하는 자로서 희생제물을 바칠 필요가 없기 때문에, 그가 드린 희생은 우리만을 위한 것이었다고 말하지 않고, 그 자신을 위한 것이었다(주: 히 5:3)고 말하는 자가 있다면, 그자는 저주를 받을 것이다.

11. 주님의 몸은 생명을 주시는 것으로(주: 요 6:51), 아버지 하나님으로부터의 말씀이라 고백하지 않고, 그 외의 어떤 자의 몸으로, 단지 존엄성에서 그것에 결부된 것에 지나지 않으며, 또는 단적으로 신적인 것이 내주하는 것으로, 생명을 주시는 몸이란 모든 자를 살릴 수 있는 말씀(주: 요 1:4) 바로 그것이 몸이 되셨다(주: 요 1:14)는 것을 인정하지 않는 자가 있다면, 그자는 저주를 받을 것이다.

12. 하나님의 말씀이 몸으로 고난을 받으시고, 몸으로 십자가에 달리시고, 몸으로 죽으시고(주: 골 1:22), 그리고 하나님으로서 생명을 주시는 분이시기 때문에, 죽은 자 가운데서 최초로 나신 자이심을(주: 골 1:18) 고백하지 않는 자가 있다면, 그자는 저주를 받을 것이다.

키릴루스의 저주조항에 대하여, 네스토리우스 측에서도 12개의 '항변적 조항'을 내세웠다. 불행하게도 헬라어 본문은 남아있지 않지만, 마리우스 메르카토르(Marius Mercator)에 의한 것으로 알려진 라틴어 본문만이 남아있다.[9]

1. 만약 누군가 임마누엘은 참된 하나님이시지만, 우리와 같은 하나님이 아니다. 다시 말해서, 그는 우리의 본성을 동정녀 마리아로부터 취하여, 그 자신을 우리와 하나가 되어 우리 가운데 계시는 것이 아니라고 말하는 자가 있다면; 그리고 마리아를 말씀되신 하나님의 어머니라고 부르면서, 그러나 임마누엘의 어머니라고 부르지 않는 자가 있다면; 그리고 말씀되신 하나님께서 오로지 자신의 신성을 가견적인 것으로 만들기 위하여, 또는 외견적으로만 사람으로 보이기 위하여, 자신을 육체로 변화시켰다고 하는 자가 있다면, 그자는 저주받을 것이다.

2. 만약 누군가 하나님의 말씀이 육신이 되실 때에, 신적 본질은 한 장소로부터 다른 장소로 이동했다고 주장하는 자가 있다면; 또한 육신이 신성을 받을 능력이 있기 때문에 신성이 부분적으로 육체와 합일하였다고 말하는 자가 있다면; 또는 그 반대로, 육체가 신성을 수용함으로써, 신적 본질과 함께 무한하며 무제한성을 가짐으로써 하나님과 인간이 본성상 동일하다고 말하는 자 있다면, 그자는 저주를 받을 것이다.

3. 만약 누군가 임마누엘이신 그리스도께서 결합의 결과에 의한

---

9 에드왈도 슈봐르츠는 항변적 조항을 네스토리우스 본인의 것이 아니며, 후세에 누군가에 의해서 작성되었다고 주장한다. 본문은 다음에서 인용. Hahn § 220(Gegen-Anathematismen des Nstorius gegen Crillus); Luise Abramowski & Alan E. Goodman, *A Nestorian Collection of Christological Texts*, 2 vols. (London: The Cambridge University Press, 1972), Vol.2, 125-127; 참고. NPNF, Vol.14, *The Seven Ecumenical Councils*, 206ff.

것이 아니라 본질적으로 한 분이시라고 말하며; 그리고 한 분 아들 안에서 말씀의 본질과 섭취하신 육체의 본질이라는 두 본질이 결합(수나페이아[συνάφεια]: 하나가 됨)되어 여전히 혼합 없이 계신다는 것을 깨닫지 못하는 자가 있다면, 그자는 저주를 받을 것이다.

4. 만약 누군가 그리스도의 두 본성을 언급하는 복음서와 사도서신에 나타난 표현들을 오로지 한편의 본성으로만 이해하려는 자가 있다면, 그리고 육체와 신성 가운데 오로지 하나님 말씀 그 자체로만 고난을 귀속시키려는 자가 있다면, 그자는 저주를 받을 것이다.

5. 만약 누군가 하나님의 아들은 임마누엘이시기 때문에 인성을 섭취하신 후에도 본성이 단지 하나라고 감히 말하는 자가 있다면, 그자는 저주를 받을 것이다.

6. 만약 누군가 성육하신 후에 말씀되신 하나님을 그리스도가 아닌 다른 어떤 자로 부르고, 종의 형체(주: 빌 2:7)는 말씀되신 하나님과 함께 처음이 없으신 분이며, 그 자체 그대로의 창조되지 않은 분으로 말하지 않는 자가 있다면; 또한 그분 자신에 의해서 창조된 것을 고백하지 않고, 본성상 주이시며, 창조주이시며, 하나님으로서 "너희가 이 성전을 헐라, 내가 사흘 동안에 일으키리라"(요 2:19)라고 유대인에게 말씀하신 그 고유의 힘으로 부활을 약속하신 것을 고백하지 않는 자가 있다면, 그자는 저주를 받을 것이다.

7. 만약 누군가 동정녀로부터 태어난 사람이야말로, 루키페루스(계명성, 사 14:12)보다 선재하였던 아버지의 품에서 나신 유일하신 아들이라고 말하며, 그리고 그는 자기 자신과 본질적으로 아버지의 유일하신 아들과의 결합으로 말미암아 독생자의 임

명을 얻었다고 고백하지 않는 자가 있다면, 따라서, 임마누엘 되신 예수를 다른 어떤 자로 부른다면, 그자는 저주를 받을 것이다.

8. 만약 누군가 종의 형체가 그 자체에 의해서, 즉 그 고유한 본성으로 말미암아 경배를 받아야 하며, 또한 만물의 지배자라고 말하면서, 그러나 거룩하신 분과 단순히 결합된 분으로 그리고 우주를 지배하시는 유일하신 독생자의 본질 그 자체로 경배를 받아야함을 인정하지 않는 자가 있다면, 그자는 저주를 받을 것이다.

9. 만약 누군가 종의 형체는 성령과 동질이라고 말하면서, 그러나 말씀되신 하나님과 수태 후에 결합과 중보에 의해서, 사람들 사이에 기적적인 치유를 행하고, 또 그것에 의해서 영을 쫓아내는 힘을 가졌다고 말하지 않는 자가 있다면, 그자는 저주를 받을 것이다.

10. 만약 누군가 태초에 계셨던 말씀이 우리 고백의 대제사장과 사도(히 3:1)가 되어 우리를 위하여 자신을 드렸다고 말하면서, 그것이 사도로서 보냄을 받은 임마누엘의 사역이 아니라고 말하자는 자가 있다면; 또한 이러한 이유로 희생으로 드려진 분을 (말씀과) 결합한 것과, 결합된 것(인성)을 서로 분리하여, 그것을 아들 가운데 하나의 결합으로 돌리지 않는 자가 있다면, 다시 말해서, 하나님의 것을 하나님께로 사람의 것을 사람에게 돌리지 않는 자가 있다면, 그자는 저주를 받을 것이다.

11. 만약 누군가 하나님 말씀과 하나가 된 육체는 그 자체의 본질적인 힘에 의해서 생명을 주시는 자라고 말하지만, 그러나 주님께서 "살리는 것은 영이니 육은 무익하니라"(요 6:64)고 선언한다면 그자는 저주를 받을 것이다. 만약 누군가 주님께서 "하

나님은 영이시라"(요 4:24)고 말씀하셨기 때문에, 말씀이 되신 하나님은 육체적인 방식에 따라 그 본질에서 육신이 되셨기 때문에, 부활 후에 "만져보라, 영은 살과 뼈가 없으되, 너희 보는 바와 같이 나는 있느니라"(눅 24:39)고 제자들에게 말씀하신 주님 그리스도께만 해당된다고 주장하는 자가 있다면, 그자는 저주를 받을 것이다.

12. 만약 누군가 육체의 고난을 고백할 때에, 그분께서 나타나신 육체로서의 하나님 말씀으로 고백하지 않고, 따라서 그분의 본성의 존엄을 구별하지 않는 자가 있다면, 그자는 저주를 받을 것이다.

최근에 네스토리우스의 것으로 전해지는 12조항이 시리아어로 남아 있는 것이 발견되었는데, 이것은 상기의 키릴루스의 12조항과 연결되어 네스토리우스파의 사본에 남아 있다. 네스토리우스가 저자라고 판단하기에는 부족하지만, 상당히 근접한 것으로 볼 수 있다.[10]

1. 거룩한 삼위일체에 관하여 그것이 본질에 있어 동등하며, 영원하신 하나님이 유일하시며, 형체가 없으시고, 무궁하시며, 수난 받으심이 없고, 변화가 없으시며, 만물의 원인 또는 창조자이신 아버지, 아들, 성령의 세 존재(휘포스타시스)로 알려지며, 그 세 위격(휘포스타시스의 포로소폰) 가운데는 각각의 고유성에 있어, 그 영원성과, 그 본질과, 충만한 본성의 위대함을 가진다고 말하지 않는 자는 모두 진리를 거부하는 자이다.

---

10 Luise Abramowski & Alan E. Goodman, *A Nestorian Collection of Christological Texts*, 2 vols. (London: The Cambridge University Press, 1972), 원문 Vol. 1, 214-218, 영역 Vol.2, 127-130.

2. 말씀되신 하나님이 어떠한 원인에 의해서, 또는 어떠한 방법을 통해서 그 본성으로부터 변화한다고 말하는 자, 또한 그가 언제나 아버지와 결부되어 모든 것이 그에 의해서 성취되고, 그의 힘에 의하지 않고는 살 수 없으며, 또는 존재할 수 있는 것이 하나도 없다고 말하지 않는 자는 모두 진리를 거부하는 자이다.

3. 성자께서 성부 및 성령과 동등 되심을 부정하는 자는 모두 진리를 거부하는 자이다.

4. 성부와 동등하신 성자께서 동등하지 않으신 자, 즉 인간이 되셔서 고난을 받으실 때에도 고난을 받으실 수 없는 분으로 계셨기 때문에, 합일에 의해서 그는 그것과 결합되신 분으로 말하지 않는 자는 모든 진리를 거부하는 자이다.

5. 성령에 관하여, 그분을 섬기는 분, 또는 종이라 하여 신성에 관하여는 부차적인 것, 요컨대 성부 및 성자와 동등하지 않으신 분이라고 말하고자 하는 자는 모두 진리를 거부하는 자이다.

6. 성부, 성자, 성령의 거룩하신 삼위일체의 인식으로부터 세 존재(휘포스타시스)를 말소하고 취소하여, 그리고 그 세 이름을 사용하여, 그 마음에 하나 된 존재를 확신하면서도, 위격(프로소폰)의 별도를 이해하려고 하지 않는 자, 즉 이러한 것에 있어 사벨리우스와 유사한 자는 모두 진리를 거부하는 자이다.

7. 성부, 성자, 성령의 하나 되심으로서의 신성, 즉 단일, 무한, 불가분, 불가시한 본성을 분할하고, 또는 서로 다른 세 본질이 있다고 말하는 자, 이러한 모든 것에 있어 아리우스에 유사한 자는 모두 진리를 거부하는 자이다.

8. 영원히 존재하시며, 모든 때에 존재하시며, 처음도 없으시고 마지막도 없으신 분께서 그 계시를 위해 인성을 섭취하셨다고

고백하지 않고, 오히려 그는 사람이 되어 버렸다고 말하는 자 (이러한 점에 있어 이것은 아폴리나리우스에 유사하지만), 또한 그는 태어나시고, 도움을 받으시고(또는 할례를 받아), 고난을 받으시고, 부활하시고 승천하시어, 하나님의 우편 자리의 합당한 지위에 앉으심으로 말미암아, 그것(주: 신전, 즉 육체를 말함. 요 2:21 참조)을 통하여 취하신 것을, 다시 말해서 우리들의 구원을 위해서 우리들로부터 취한 것이기 때문에, 그 이전에 거룩한 성전과 우리에게 수여하였던 것을 제거하였다고 말하는 자는 모두 진리를 거부하는 자이다.

9. 말씀되신 하나님의 계시로 말미암아 단번에 섭취하신 것에 관하여. 그가 천사의 말에 따라서, 성령에 의해서 동정녀의 태 안에서 창조된 처음부터, 또는 형체가 만들어진 이래, 또는 처음 때 이래로, 신성의 내재를 소유하신 적이 없으며, 따라서 이렇게 하여 두 번 섭취하신 것으로 생각할 수 있다고 말하려는 자, 또는 섭취하신 성자, 또는 주님이 그것을 섭취하신 그분과 달랐기 때문에 둘이라고 생각할 수 있다고 말하려는 자, 또는 이렇게 말하지는 않지만 성자의 일부분은 섭취된 것이라고 말하려고 하며, 또는 이러한 것 가운데 어느 것도 아니라고 말하고, 더욱이, 그는 하나님의 성전, 나눌 수 없는 형상이며, 또 섭취된 그는 그에게 있어 영속적 명시, 또 그러한 본성의 각각의 고유성과 함께, 부패하는 것 없이, 명백히 보유될 각각의 본성 때문에 섭취된 그와 영광과 영예를 공유한다고 말하고자 아니하는 자는 모두 진리를 거부하는 자이다.

10. 우리 주 그리스도에 관하여, 이 분을 보통 사람, 천사의 말에 따라서, 삽시간에, 또는 일순간에, 또는 어떠한 방법으로든 변화되었다고 말하며, 또는 그분의 것을 하나님이 기뻐하시는

자, 그리고 그 본질이 단지 마리아에게서만 유래하며, 이름으로는 공허하며 지각을 제외하고는 보통 사람이라고 말해야 한다고 주장하며, 그것도 그는 말씀되신 하나님과 함께, 태어나면서 아들이 되시고 주권자가 되셨기 때문에 경배 받아야 한다고 말하는 자, - 그러한 점에 있어, 그것은 사모사타의 바울이나 갈라디아의 포티누스에 유사하지만 - 그리고 그는 하나님이시며 사람이시고, 각각 분할할 수 없는 합일에 의해서 그의 존재 가운데 보유된다고 고백하지 않는 자는 모두 진리를 거부하는 자이다.

11. 말씀되신 하나님이시며 성부의 유일하신 아들이 형성되기 시작한 때부터, 그분 안에서 끊임없이 계시가 일어나기 위하여 섭취하신 이성적 영혼에 의해서 살게 된 몸에 관하여 말하자면, 그 몸은 그것을 섭취하신 것보다 권위에 있어서 열세하다고 말하고자 하며, 이것이 그분이 가진 권위와 동일하며, 그는 사람들과 모든 피조물에게 주어진 은사에서 동일한 권능을 가지고, 이것을 행사하신다고 고백하지 않는 모든 자는 진리를 거부하는 자이다.

12. 섭취된 인성에 관하여 말하자면, 나는 말씀에 의해서 섭취된 성전의 것을 말하기 때문에, 사도가 하나님과 인간과의 중보자로 부르는 분(주: 딤전 2:5)께서 아들이시며, 주님이시고, 왕이시며, 요컨대 그의 신적 교류로 말미암아 만물에 대하여 권능을 가진 분으로 천사, 대천사, 권세자를 지배하신다. 마찬가지로 이런 의미에서 모든 보이지 않는 힘, 보이는 것과 보이지 않는 것에 대한 권능을 가진 것으로, 이것을 고백하지 않는 자는 모두 진리를 거부하는 자이다.

상기의 조항을 네스토리우스 신학이라고 한다면, 네스토리우스의 삼위일체와 그리스도론의 견해에 관한 지금까지의 이해를 수정해야 할 것이다. 다시 말해서, 그가 삼위일체를 부정했다거나 그리스도의 인성을 부정했다거나, 또는 그리스도에 있어 양성의 결합을 부정했다는 주장들은 다시 고찰되어야 할 것이다. 더욱이 헬라어로 번역된 자료들이 최근에 알려지면서, 네스토리우스의 이단성에 대한 재검토가 필요하다는 인식이 대두되고 있다.

사실, 네스토리우스의 신학적 인식방식이 라틴어를 사용하는 서방교회와 달랐다는 사실은 지적되어야 할 것이다. 예를 들면, 용어에 대한 이해와 의미가 달랐다. 특히 칼케돈과 네스토리우스 사이에 '프로소폰'과 '휘포스타시스'의 용어법이 상당히 달랐다는 점은 연구의 과제이다. 네스토리우스 논쟁의 결말은 신학적 판단에만 근거한 것이 아니라, 교회의 정치적 판단도 함께 작용되었다는 점도 간과되어서는 안 된다. 또한 네스토리우스측의 자료가 너무 빈약한 반면, 그를 비난한 측의 자료가 많이 남아있다는 것 역시, 연구가들에게 하나의 부담으로 남는다. 네스토리우스의 자료가 알려지기 시작한 것은 20세기가 되면서부터이다. 에베소 회의에서 배척된 후에 기록하였던 『헤라크리데스의 바쟈르』(*The Bazaar of Heracleides*)라는 변명서는 관심의 대상이 된다.[11] 네스토리우스는 다마스커스 근처에 살았던 헤라크리데스라는 사

---

11 참고. Nestorius, *The Bazaar of Heraleides*, Newly trans., from the Syriac, and eds., with an Introduction, notes nad apendices, by G. D. Driver and L, Hodgson (Oxford: 1925, rep., New York, 1978); 네스토리우스에 대한 새로운 연구를 위해서 다음을 보라. Richard Kyle, "Nestorius: The Partial Rehabilitation of a Heretic," *Journal of the Evangelical Theological Society* 32/1 (March.1989), 73–83; C. E. Braaten, "Modern Interpretations of Nestorius," *Church History* 32/3 (1963) 253–266; V. Kesich, "Hypostatic and Prosopic Union in the Exegesis of Christ's Temptatio," *St. Vladmimir's Quarterly* 9/3 (1965) 118–137; R. C. Chestnut, "Two Prosopa in Nestorius' Bazaar of Heracleides," *Journal Theological Studies* 29 (1987), 392–398; M. V. Anastos, "Nestorius was Orthodox," *Dumbarton Oaks Papers* 16 (1962), 119–140.

람의 이름을 빌려서 헬라어로 저술한 것인데, 누군가 530년 전후에 시리아어로 번역한 것으로 보인다.

3. 에베소 회의의 분열과 안디옥 일치신조

네스토리우스의 신학적 주장은 430년 8월 로마 회의에서, 그리고 동년 11월 알렉산드리아 회의에서 정죄되었다. 그리고 430년 11월 19일, 동로마 황제 테오도시우스 II세는 그 다음해 5월에 에베소에서 교회 공의회를 개최할 것을 포고했다. 이렇게 하여 개최된 에베소 회의 첫째 날에 네스토리우스 배척에 대한 결의가 결행되었다. 결의에 앞서, 25항목에 걸친 네스토리우스의 교설이 낭독되었다. 네스토리우스에 대한 판결문은 다음과 같다.[12]

> 불경건한 네스토리우스는 다른 여러 조항들을 가지고 우리들의 소환에 정중하게 응하지 않고, 우리들이 파견한 거룩하며 경건한 주교들을 받아들이지 않았기 때문에, 우리는 부득이 그의 불경건한 교리를 검토하지 않을 수 없게 되었다. 여러 서한들과 논문들로부터, 또한 확실하게 뒷받침된 수도에서 행한 설교로부터, 그가 불경건한 교리를 가지고 있으며, 또한 그러한 설교를 하고 있다는 사실이 발견되었다. 따라서 제 규정(주: 3회 소환에 응하지 않는 주교는 배제된다)과 우리들의 거룩한 교부이자, 동료

---

12 D.264; Norman P. Tanner S. J., *Decrees of the Ecumenical Councils* (Sheed & Ward and Georgetown University Press, 1990), 61; *NPNF Second Series*, Vol. 14, 555. 네스토리우스의 교리를 배척하는 회의가 몇 번이고 실시되었지만, 신학적으로 논리성을 가진 것으로는 키릴루스 서한을 수용한 결의문 밖에 없는 것으로 간주되고 있다.

인 종 로마 주교 카에레스티누스의 서한(주: 430년 8월, 로마 지방 회의에서 네스토리우스 단죄를 고지하는 편지)에 근거하여, 우리는 많은 눈물을 가지고, 그에 대하여 이하의 슬픈 판결을 내리지 않을 수 없다.

네스토리우스로 말미암아 모독 받으신 우리 주 예수 그리스도께서 이 거룩한 회의를 통하여, 그가 주교의 지위로부터 물러나게 되고, 모든 주교들과의 교제로부터 근절됨을 결정한다.

사실, 431년에 개최된 에베소 회의는 논쟁의 여지를 남겨두고 있다. 다음과 같이 예를 들 수 있다.

① 네스토리우스 신학에 동조하는 자들이 많았다.
② 안디옥 주교 요한네스를 시작으로 동방교회(시리아, 킬리키아)의 주교 43인이 회의에 늦게 도착하였다.
③ 6월 26일에 도착한 요하네스는 황제의 권한 대리인인 칸디디아누스와 함께 다른 공의회를 열었고, 키릴루스와 그의 추종자들(알렉산드리아파)을 단죄하였다.
④ 12조항에 이르는 파문 결의문을 취소하지 않을 경우 관계를 끊겠다고 통보하였다.
⑤ 의장 키릴루스는 그들의 지연을 의도적인 것으로 규정하고 개최를 강행함으로써 네스토리우스에 대한 신학적 토론보다도 배척으로 밀어붙였다.

그러나 참석한 자들 가운데는 네스토리우스에 동정적이며 그의 신학을 찬성하는 자들이 많았다. 특히, 그들은 동방교회에 속한 자들이었다. 또한 네스토리우스나 키릴루스를 찬성하지 않는 중간파가 존재하였다. 예를 들면, 예루살렘의 유베나리우스를 대표로 하는 팔레스타인파, 빌립보의 프라바아누스를 대표로 하는 마케도니아파 등이다. 이러한 상황은 요하네스를 중심으로 하는 안디옥파와 키릴루스를 중심으로 하는 알렉산드리아파를 더욱 어렵게 만들었다.

그러는 가운데 433년 초에 안디옥의 요한네스로부터 키릴루스에게 한 장의 편지가 도착하였다. 그 가운데 하나의 신조가 수록되어 있었다. 이 신조 본문은 이미 431년에 큐로스의 테오도레두스(Theodoret of Cyrrhus, c. 393-458년)가 작성하였던 것으로 알려져 있다(서한 151). 이 신조를 흔히 '안디옥 일치신조'(*Unionssybol der Antiochener vom Jare 433*)라고 부른다. 키릴루스와 안디옥의 요한네스는 433년 4월에 이미 일치신조에 정식적으로 합의하여 논쟁의 해결점을 얻었다. 세 개의 부분으로 구성되어 있으며, 중앙 부분이 고백적 형식을 취하고 있으며, 그 가운데 두 본성에 관한 타협적인 글귀가 나온다.[13]

> 1. 테오토코스(하나님의 어머니)가 되는 동정녀에 관하여, 또 하나님의 유일하신 아들이 사람이 되시는 방식에 관하여, 우리가 이해하고 말하지 않으면 안될 것이다. 이것은 성경 및 거룩한 교부들의 전승으로부터 전수받은 것에 추가하기 위한 것이 아니다. 또한 이것은 충분히 인식할 수 있도록 간략하게 표현되었기 때문에, 니케아의 거룩한 교부들에 의해 선언된 신조에 어떤 것을 첨언하고자 하는 것이 아니다. 이미 기술한 것처럼, 이 신조는 경건의 인식과 이단적 오류를 배제하기에 충분

---

13 Hahn § 170. A 부분은 한(Hahn)의 251 각주 371에 기입되어 있다: D.271-273; PG, LXXVII.[Cyrilli Opera, Tom. X], col. 173.

한 것이기 때문이다. 우리는 우리가 도달할 수 없는 것에 감히 돌입하려고 하지 않으며, 자신들의 연약함을 고백하면서, 인간의 생각을 넘어선 사항에 관하여 우리로 하여금 논의하기를 원하는 자들을 배제하고자한다.

2. 이에 따라 우리는 다음과 같이 고백한다. 우리 주, 하나님의 유일하신 아들 예수 그리스도는 온전하신 하나님이시며, 또 인간 고유의 혼(이성적 영혼)과 몸으로 되신 온전한 사람이시다. 신성에 의하면, 이 동일하신 분이 우리를 위해, 또 우리 구원을 위해, 이 마지막 때에 동정녀 마리아로부터 태어나셨다. 이 동일하신 분은 신성에 의하면 성부와 동질이시며, 인성에 의하면 우리와 동질이시다. 즉 양 본성은 합일되신다. 이리하여, 우리는 하나 되신 그리스도, 하나 되신 성자, 하나 되신 주를 고백한다. 혼합 없이 일치하시기 때문에, 우리는 거룩한 동정녀를 테오토코스로 고백한다. 왜냐하면, 말씀되신 아버지께서 성육하시고, 사람이 되시고, 잉태하신 이후, 그녀로부터 받은 성전을 자신과 하나가 되게 하셨기 때문이다.

3. 그러나 하나님에 관하여 가르치는 자들이 주님에 관한 복음서와 사도의 말을 설명할 때에, 어떤 사람들은 하나의 프로소폰(위격)에 관하여 말한 것을 양 본성에 공통되는 것으로 말하고, 어떤 사람들은 양 본성에 관하여 말하는 것을 구별하여 사용하며, 그리고 하나님께 합당한 것(주: 로고스)을 그리스도의 신성으로 적용시키고, 다른 한편으로 낮은 것(주: 육을 말함)을 그의 인성에 적용시키려는 것을 우리는 인정한다.

후에 '칼케돈 신조'에 사용된 몇 개의 용어가 여기 '안디옥 일치신조'에 기술되어 있다. 448년 11월의 '콘스탄티노폴리스 회의 신조'

(Hahn § 171) 역시 일치신조의 용어들을 답습한다. 이 신조의 저자인 테오도레두스는 안디옥파를 대표하는 인물로서 키릴루스의 알렉산드리아파의 주장을 수정하였다. 알렉산드리아파는 라오디키아(시리아)의 아폴리나리우스(c. 310-c. 390년 f.)의 그리스도론적 영향이 남아 있다. 아폴리나리우스는 각지에서 배척되었지만, 알렉산드리아는 수용하였다. 아폴리나리우스의 그리스도론은 '한 본성'만을 주장하였고, 신성과 인성의 구별은 인정하지 않았으며, 성육을 '로고스가 육신이 되었다'라는 것으로 파악한다.

결국 431년 에베소 회의에서 분열된 알렉산드리아파와 안디옥파는 433년 9월에 이르러 네스토리우스를 면직하는 것으로 서로 화해에 이르게 된다. 네스토리우스는 처음에 안디옥 부근의 수도원에 은거하였다가, 후에 황제에 의해서 이두메아 지방의 페트라로 추방당하였고, 마지막으로는 이집트로 추방당하여 신학활동과 저술활동을 계속하였다.

4. 에우티케스 논쟁

네스토리우스 문제는 '안디옥 일치신조'에 의해서 일단 결착을 보았지만, 문제는 여전히 남아 있었다. 이러한 상황에서, 키릴루스에 의해서 주도되는 신학은 네스토리우스 신학과 함께 에우티케스(Εὐτχής. Eutyches, c.378-454년)의 주장을 방치할 수 없었다. 그의 신학적 주장은 448년 11월에 콘스탄티노폴리스 지방회의에서 단죄되었다. 에우티케스가 주장한 신학적 내용은 본인이 로마의 레오 주교에게 자신의 단죄에 억울함을 호소하는 편지 가운데 부분적으로 나타난다.[14]

---

14 Hahn § 222.

모든 자를 살리시는 하나님과 본디오 빌라도의 치하에서 선하신 말씀을 증거하신 그리스도 예수 앞에서 그 어떤 아첨도 없이 나는 당신에게 이렇게 증언합니다.

이미 선조들 이래로 다음과 같이 생각하여 왔으며, 저는 어릴 적부터 그렇게 가르침을 받아 왔습니다. 즉 모든 땅으로부터 니케아에 모였던 318인의 축복받은 주교들의 거룩한 회의가 결정한 바대로, 더욱이 에베소에 소집된 거룩한 회의가 계승하고 수호하여 다시 제정한 그대로입니다. 저는 바르고 유일하며 참된 정통신앙이 규정하는 것 외의 그 어떤 것도 결단코 생각하지 않습니다.

저는 또한 에베소의 거룩한 회의에서 결정한 모든 것에 찬동하며, 그 회의의 의장이었고, 지도자였으며 추억의 사람이 되어버린 거룩한 알렉산드리아의 주교였고 하나님의 성도와 선민들의 설교자였으며, 신앙 지도자였던 고(故) 키릴루스, 대 그레고리우스(주: 나지안즈스의 주교. 389년 사망. 로마의 그레고리우스가 아님), 동일하게 그레고리우스(주: 니사의 주교, 395년 사망), 바실리우스(주: 카에사레아 주교, 379년 사망), 아타나시우스(주: 알렉산드리아 주교, 373년 사망), 앗테쿠스(주: 콘스탄티노폴리스 주교, 425년 사망), 프로크로스(주: 콘스탄티노폴리스 주교, 446년 사망)의 동지이며, 또한 동년배입니다. 저는 그들과 함께 모든 정통적인 사람들과 신앙인들을 거룩한 자로서 존경하고, 스승으로 바라봅니다.

저는 네스토리우스와 아폴리나리우스, 또한 우리 주 예수 그리스도의 몸이 하늘로부터 내려오셨다는 모든 이단자들에 대하여 시몬에 이르기까지 저주합니다. 즉 하나님의 말씀되신 그분은 하늘에서 육체를 가지고 내려오신 것이 아니라, 거룩한 동정녀의 태로부터 동정녀의 육신을 취하시고, 변화와 전이도 없으시

며, 아시고 계시며 원하시는 대로 육체가 되셨기 때문입니다. 만
세 전에 완전한 하나님이신 그분께서 이 마지막 때에, 우리를 위
해, 또한 우리 구원을 위하여 완전한 사람이 되셨습니다. 따라서
이것이 귀하에 대한 저의 충분한 고백입니다.

에우티케스는 이 고백문에서 '완전한 하나님', '완전한 사람' 등 정
통적인 신조 용어를 사용하면서 자신의 주장을 피력하지만, 433년의
'안디옥 일치신조'보다 수준이 떨어지는 논법이다. 에우티케스의 신학
적 견해가 보다 선명하게 기록된 곳은 448년 11월 8일에서 22일까지
콘스탄티노폴리스 회의 제7섹션에서 플라비아누스(Phlabianus, Flavian,
449년 사망)와의 문답(11월 22일) 가운데 나타난다.[15]

◆ 대주교 플라비아누스는 묻는다.
"당신은 한 분이시며 동일하신 성자, 우리 주 예수 그리스도께서
신성에 있어서는 성부와 동질이시며, 인성에 있어서는 성모와 동
질하심을 고백하십니까?"

◆ 에우티케스가 대답한다.
"저는 당신을 신뢰하기 때문에, 내가 아버지와 아들과 성령에 관
하여 생각하는 것을 또 다시 묻는 것에 대하여 사양하기로 말씀
드립니다."

◆ 대주교 플라비아누스는 묻는다.

15　H. Karpp hrsg, *Textbuch zur altchristlichen Christologie*, § 163; B. J. Kidd, *Documents Illustrative of the History of the Church* (London: The Macmillan Companq, 1923), Vol. 2, No.208 (284-285); Stevenson, *Creeds, Councils and Controversies*, New Edition, 335f.

"당신은, 그리스도가 '두 본성으로부터'라고 고백하십니까?"

◆ 에우티케스가 대답한다.
"저는 나의 하나님, 나의 주를 하늘과 땅의 주로 고백하기 때문에, 오늘에 이르기까지 그분을 그 본성으로 설명하는 것을 내 자신이 허락하지 않았습니다. 오늘까지 저는 우리의 주, 또한 우리 하나님의 몸을 우리와 동질이라고 불러 본적이 없으며, 오히려 거룩한 동정녀가 우리와 동질이며, 우리 하나님은 그녀에 의해서 육체가 되셨다고 고백하는 것입니다."

◆ 귀족 프로렌티우스(Florentius, 플라비아누스파)는 말한다.
"성모가 우리와 동질이기 때문에, 성자께서 우리와 동질하심은 의문의 여지가 없습니다."

◆ 에우티케스가 대답한다.
"저는 나의 하나님의 몸을 인간의 몸이라고 말한 적이 없으며, 인간과 같은 몸이라고 부르며, 주님은 동정녀에 의해서 육체가 되셨다고 말했습니다. 만약, 이것에 덧붙여, 그분의 몸이 우리와 동질이라고 내가 말하기를 원하신다면 말해도 좋지만, 우리와 동질이라는 용어는, 그분이 하나님의 아들이시다는 것을 부정하지 않는 의미로 저는 이해합니다. 앞서 저는 일반적으로, 육에 관하여 동질하다고 말하지 않았지만, 지금 당신이 요구하기에 말씀을 드리는 것입니다."

◆ 귀족 프로렌티우스는 말한다.
"당신은 동정녀로부터 나신 우리의 주가 성육 후에 동질이시고,

또한 두 본성으로부터 되셨다고 고백하십니까, 고백하지 않으습니까?"

◆ 에우티케스가 대답한다.
"저는 우리 주님께서 합일 이전에는 두 본성으로부터 되신 것을 인정하지만, 합일 후에는 단일 본성이 되심을 고백합니다. 저는 축복받은 키릴루스나 거룩한 교부들, 또 성 아타나시우스를 따르고 있습니다. 왜냐하면, 이러한 분들은 합일 이전의 두 본성에 관하여 말하며, 그리고 합일 또는 성육 후에는 두 본성이 아니라, 단일 본성이라고 말하기 때문입니다."

위의 본문에서 특기할 만한 사항은 에우티케스가 '두 본성으로부터'라고 제한적으로 인정한다는 것이다. 이것은 '두 개로부터 하나가 된다'는 의미를 남겨둔 것이다. 따라서 성육 후에도 '두 본성으로부터' 되신 것을 거부한다. 에우티케스의 견해는 네스토리우스의 그것과 정반대이지만 교회는 별도로 대응하지 않고, '안디옥 일치신조'를 수정하고 강화함으로써 양편의 오류를 함께 논파하려고 하였다.

에우티케스를 논박한 플라비아누스는 두 개의 신앙고백을 기록하였는데, 이것은 안디옥 일치신조와 칼케돈 신조를 연결하는 중간적 위치를 차지하고 있다. 하나는 448년 11월의 콘스탄티노폴리스 지방회의에서 결정된 것이고, 또 하나는 449년 12월, 그가 황제 테오도시우스 2세(Theodosius II)에게 증정한 편지 가운데 개진된 것이다.

글귀의 논리적인 구성으로 볼 때 '안디옥 일치신조', 플라비아누스의 두 개의 신앙고백, 그리고 '칼케돈 신조'는 동일선상에 있음이 명백하다. 로마의 레오가 보낸 편지가 '칼케돈 신조'의 성립에 큰 영향력을 미친 것은 사실이지만, 그러나 동방에서 오랜 시간에 걸쳐서 준비되었다는 것 또한 사실이다. 448년 11월 12일에 콘스탄티노폴리스 지방의 회에서 결정된 플라비아누스 신앙고백은 다음과 같다(Hahn § 171).

> (앞부분 생략)
> 우리 주 예수 그리스도는 하나님의 유일하신 아들, 온전하신 하나님이시며, 또 이성적 영혼(주: 인간의 혼)과 몸으로부터 되신 온전한 사람, 신성에 의하면 만세 전에 처음이 없으시며, 아버지로부터 나시고, 인성에 의하면 이 동일자가 마침내 마지막 날에 우리를 위하여, 또 우리 구원을 위하여 동정녀 마리아로부터 태어나신 것으로, 신성에 의하며 아버지와 동질, 인성에 의하면 어머니와 동질이시다. 그리고 우리는 그리스도께서 사람이 되신 후에 두 본성으로부터 되셨음을 고백하고, 또한 한 위격존재(휘포스타세이[ὑποστάσει]), 한 위격(프로소폰[πρόσωπον])에 있어, 유일한 그리스도, 유일한 성자, 유일한 주이심을 고백한다. 그러나 우리가 주교들의 거룩한 회의, 또 교회의 충만한 전체(프레로마토스[πληρώματος])와 다른 해석을 한다고 생각해서는 안 된다.

449년 12월 14일 날짜의 플라비아누스의 편지에 수록된 신앙고백 부분은 다음과 같다(Hahn § 223).

> 또한 우리는 다음과 같이 전하고 가르친다. 우리의 유일하신 주 예수 그리스도께서 신성에 있어 만세 전에 아버지 되신 하나님으로부터 처음이 없이 태어나시고, 그리고 인성에 있어서는 이 마지막 때에 동일자가 우리를 위해, 또한 우리 구원을 위해서 동정녀 마리아로부터 나시고, 동일자가 온전하신 하나님이시며, 온전하신 사람이시고, 이성적 영혼과 육체를 취하시고, 신성에

관하여는 아버지와 동질, 인성에 관하여는 어머니와 동질이시다. 또한 우리가 두 본성 가운데 고백하는 그리스도는 거룩한 동정녀로부터 성육하시고, 또한 사람이 되신 후에, 한 위격존재, 한 위격에서, 유일하신 그리스도, 유일하신 성자, 유일하신 주이심을, 우리는 고백한다. 그리고 말씀되신 하나님의 한 본성이 성육하시고, 사람이 되시고, 둘이 하나가 되는 동일자, 우리 주 그리스도 되신 예수이심을 고백하는 것을 우리는 부정하지 않는다. 그러나 두 사람의 성자, 두 개의 위격존재, 또는 두 개의 위격을 고지하고, 살아계신 아버지의 아들 되신, 한 분 동일자 되신 예수 그리스도를 선교하지 않는 자들을 우리는 저주하며, 교회와 무연한 자로 판단한다. 무엇보다도, 불경건한 네스토리우스 및 그와 동일한 생각을 가지며, 동일한 것을 말하는 자를 우리는 저주한다.

5. 레오의 편지

로마 주교 레오(재위 440-461년)가 콘스탄티노폴리스 주교 플라비아누스(재위 446-449년)에게 보낸 449년 6월 13일 날짜의 편지(토무스[tomus])는 칼케돈 신조의 성립에 많은 영향을 주었다고 알려져 있지만,[16] 그러나 문장만으로 본다면, 상술한 플라비아누스의 제1신조(448년)가 칼케돈 신조에 보다 큰 영향을 미쳤다. 레오는 신조 그 자체보다도, 회의에 영향을 많이 끼쳤다.

로마 주교 레오의 신학적 영향을 무시할 수 없지만, 그러나 칼케돈

---

16 레오에 관하여서는 드롭너 602-608를 보라.

정식은 레오의 편지보다도, 이미 교회 가운데 존재하고 있었던 433년의 '안디옥 일치신조'와, 448년의 플라비아누스의 두 신조와 신학적 연속선상에서 확증된 고백이었다. 그럼에도 그의 편지는 간과될 수 없는 아주 중요한 자료임에 틀림이 없다.

다음은 한의 신조집에 나오는 본문이다(Hahn § 224).[17]

> 주교 레오로부터,
> 콘스탄티노폴리스 주교이며, 경애하는 형제 플라비아누스에게
>
> 1. 경애하는 형제의 서한을 읽고 – 그것이 너무 늦게 도착한 것에 놀라울 따름이지만 – 주교들의 회의록을 검토하면서, 당신들 사이에 일어난 건전한 신앙에 역행하는 걸림돌을 이제야 알았습니다. 이전에는 분명하게 알지 못했지만, 이제는 우리들에게 명백하게 들어났습니다.[18]
> 장로라는 직분으로 말미암아 존경받을 만한 에우티케스가 아주 우매하고, 또한 경솔함을 보여주었기 때문에, 예언자가 이전에 "그는 지혜와 선행을 그쳤도다. 그는 그의 침상에서 죄악을 꾀하며 스스로 악한 길에 서고 악을 거절하지 아니하는 도다"(시 36:3-4)라고 말한 것이 이 사람을 지칭한 것이라 생각할 정도입니

---

17 번역에 참고한 글들은 다음과 같다. 이규성, "플라비아누스에게 보내는 레오 대교황의 교의서한에서 나타나는 본성개념과 양성론," 「신학과 철학」 제8호(2006. 봄) 1-25; NPNF Second Series, vol. XII, Letter XXVIII; T. H. Bindley and F. W. Green, *The Oecumenical Documents of the Faith* (H.C), 168-173(원문), 224-231(영문); D 290-295; Steveson, 216; Pierre-Thomas Camelot, *Ephusu und Chalcedone*, Append (Mainz: Matthias-Grunewald, 1964). 서한에 관한 간략한 정리는 드룹너 608-610를 참조하라.

18 다음을 참고하라. 이 회의란 448년 11월 콘스탄티노폴리스에서 행하여진 지방회의다. 플라비아누스는 그 의사록과 함께 편지를 첨부하여 레오에게 보낸 것이, 늦게 도착한 것이다. 에우티케스의 편지가 먼저 레오에게 도착한 것이다. 레오는 449년 2월 18일 날짜로 플라비아누스에게 편지를 보내고, 그 답신을 아직 보지 않은 상태이다.

다. 불경건한 생각을 가지고, 보다 현명하고 보다 학식 있는 자들을 따르려고 하지 않는 것에 버금갈만한 악한 것이 그 어디에 있겠습니까? 어떤 불명확한 것에 방해를 받음으로서 진리의 인식에 도달하지 못한 사람들은 이러한 우매함에 빠져서, 예언자의 음성과 사도들의 글들과 복음의 권위를 신뢰하기보다는 자기 자신을 신뢰합니다. 이렇게 함으로서 잘못된 교사가 생겨나게 되는 것입니다. 왜냐하면, 그들은 진리의 제자가 아니었기 때문입니다. 다시 말해서, 신조의 기본조차 이해하지 못하는 자가 거룩한 신 구약성경의 장들(파기니스[paginis])로부터 그 어떤 학식을 터득하겠습니까? 전 세계를 통하여 거듭나야 할 자들이 목소리 높여 찬양(보케 프로미투르[voce promitur])해야 하는 것을[19] 이 연배자의[20] 마음은 지금까지도 깨닫지 못하고 있습니다.

2. 따라서 그는 하나님 말씀의 성육에 관하여 어떤 것을 이해하여야 하는지를 알지 못하며, 또한 성경의 광범위한 탐구에 의해서 지성의 빛을 얻고자 노력조차 하지 않습니다. 그는 적어도 전 세계의 신앙인들이 공통적으로 또한 한결같이 고백하는 하나의 고백에 주의 깊게 귀를 기울여야만 했었습니다.

이른바 '전능하신 아버지 하나님을 믿습니다. 또 그의 유일하신 아들 우리 주 예수 그리스도를 믿습니다. 그는 성령과 동정녀 마리아로부터 나시고 …' 이 세 조항으로 거의 모든 이단들의 의도가 멸망됩니다. 즉 하나님을 '전능하신 아버지'로 믿는다는 것은 성자가 성부와 함께 영원하심을 나타내는 것입니다.

성자는 어떤 점에서도 성부와 차이가 없습니다. 왜냐하면 하나

---

19 중생되어야 할 자란, 지금 세례를 받고자 하는 자를 말하며, 목소리를 높여서 찬양한다는 것은 세례 때에 신조 답송을 하는 것을 말한다.
20 에우티케스를 말하는데, 378년경에 태어났다고 본다면, 당시 70세를 넘었다.

님으로부터의 하나님, 전능자로부터의 전능자, 영원자로부터 영원자, 시간에 있어 나중 되신 자가 아니시며, 권세에 있어 열세하심을 가지신 자가 아니시며, 영광에 있어 상이함이 없으시며, 본질에 있어 구별됨이 없으시기 때문입니다.

이 동일하신 분은 영원자로부터 태어나신 유일하신 아들로서 영원자이시며, 성령과 동정녀 마리아로부터 나셨습니다. 시간 가운데 태어나심은 하나님의 영원한 탄생으로부터 무엇이 제거된다거나, 또는 어떤 것이 첨가되지 않은 것입니다. 이것은 단지 악마의 미혹에 빠진 인간을 전면적으로 회복시키기 위한 것입니다. 이는 그 능력에 의해 죽음을 이기시고, 죽음의 권세를 가진 악마를 쳐부수기 위함이었습니다.

그분께서 우리의 본성을 취하셔서 자신의 것으로 삼으셨지만, 그럼에도 불구하고 죄에 의해서 오염되지 않으시고 죽음에 의해서 구속됨이 없는 분이 아니었더라면, 우리는 죄와 죽음의 창시자를 극복할 수 없었을 것이었습니다. 그는 성령에 의해서 동정녀 되신 어머니의 태 내에 머무르시고, 그녀는 동정녀 됨을 잃어버림이 없이 그를 낳으셨으며, 이것은 또한 처녀성을 유지한 상태로 임신한 것과 동일한 것입니다. 그러나 자신의 우매함 때문에 명확한 진리의 빛에 눈이 멀어져,[21] 그리스도교 신앙의 가장 순수한 원천으로부터 그 어떠한 진리도 얻지 못한다고 할지라도, 그는 복음의 가르침에 자신을 복종시켜야만 했습니다.

마태는 다음과 같이 가르칩니다. "아브라함의 자손, 다윗의 자손, 예수 그리스도의 계보"(마 1:1)라는 사도의 설교의 가르침에 간구해야만 했습니다. 또한 로마서에서 "예수 그리스도의 종 바

---

21 에우티케스를 말함.

울은 사도로 부르심을 받아 하나님의 복음을 위하여 택정함을 입었으니, 이 복음은 하나님이 선지자들을 통하여 그의 아들에 관하여 성경에 미리 약속하신 것이라. 그의 아들에 관하여 말하면 육신으로는 다윗의 혈통에서 나셨고"(롬 1:1-3)라고 읽을 때, 그는 예언자의 책장에 경건하며 세심한 주의를 지불해야만 했었습니다. 또한 "아브라함에게 말하여 모든 족속이 너로 말미암아 복을 얻을 것이라"(창 12:3)고 약속된 것을 알게 된다면, 자손의 본래의 의미에 관하여 의문이 없어졌을 것입니다.

즉 사도가 다음과 같이 말하는 것에 의하면, 그 의미는 명백합니다. 이른바 "이 약속들은 아브라함과 그 자손에게 말씀하신 것인데, 여럿을 가리켜 그 자손들이라 하지 아니하시고, 오직 한 사람을 가리켜 네 자손이라고 하셨으니. 곧 그리스도라"(갈 3:16). 더욱이, 그는 이사야의 설교를 내적인 귀로 들어야만 했습니다. "보라, 처녀가 잉태하여 아들을 낳을 것이요. 그의 이름을 임마누엘이라 하리라 하셨으니 이를 번역한즉, 하나님이 우리와 함께 계시다"(사 7:14; 마 1:23)라는 의미입니다.

또한 동일한 예언자의 말을 충실히 읽어야 합니다. "이는 한 아기가 우리에게 났고 한 아들을 우리에게 주신 바 되었는데, 그의 어깨에는 정사를 메었고, 그의 이름은 위대한 기묘의 천사, 놀라우신 모사, 전능하신 하나님, 평강의 왕, 장차 올 세상의 아버지라고 할 것임이라"(사 9:6).

이처럼 이해를 하였다고 한다면, 에우티케스가 "말씀이 육체를 입었다"라는 부분을 해석할 때, 그리스도가 동정녀의 태로부터 인간의 형상은 받았지만, 어머니의 육체의 실질을 받지 않았다는 잘못된 논리를 펴지도 않았을 것입니다. 그렇지 않다면, 천사가 종생(終生) 동정녀(셈페르 빌기넴[semper virginem]) 마리아에게

"성령이 네게 임하시고 지극히 높으신 이의 능력이 너를 덮으시리니 이러므로 나실 바 거룩한 이는 하나님의 아들이라"(눅 1:35)라고 말했음에도 불구하고, 우리 주 예수 그리스도가 우리들의 본성을 가지지 아니하셨다고 그가 생각하였겠습니까?

그는 동정녀의 잉태를 하나님의 역사이기 때문에, 잉태된 자의 육체는 잉태한 자의 본성으로부터의 받을 수 없다고 이해한 것일 것입니다. 그러나 이 탄생은 무엇보다도 하나님의 역사이며, 기적과 같은 특별한 것이며, 피조물 가운데 새로운 사건입니다. 그렇다고 하여, 인류의 고유성이 취소된 것으로 이해되어서는 안 됩니다. 다시 말해서, 성령께서 동정녀가 아기를 낳을 수 있도록 하셨지만, 그 아기가 가진 육체의 실질은 그녀의 육체로부터 받은 것입니다. "지혜가 그의 집을 짓는다"(잠 9:1). 또한 "말씀이 육신이 되어 우리 가운데 거하시매"(요 1:14)라고 말하듯이, 이 '집'은 육체를 말하며, 이것을 그분은 인간으로부터 받으시고, 이 육체를 이성적 영혼에 의해서 살리셨던 것입니다.

3. 양 본성과 양 본질의 고유성(프로프리에타테 우트리우스쿠에 나투라에 에트 숩스탄티아에[*proprietate utriusque naturae et substantiae*])은 이렇게 하여 보유되고, 그리고 한 위격 안에 합일(인 우남 코에운테 페르소남[*in unam coeunte personam*])하셨기 때문에, 존엄에 의해서 비천함을, 전능하심에 의해서 약하심을, 영원성에 의해서 죽을 수밖에 없는 성질을 수용하신 것입니다. 더욱이, 우리 형편(콘디티오니스[*conditionis*])의 부채를 지불하시기 위해, 모독 받을 수 없는(인비오라빌리스[*inviolabilis*]) 본성이, 고난 받으실 수 있는 본성과 하나가 된 것입니다. 그것은 우리를 치유하시기 위해 합당한 것으로, "하나님과 사람 사이에 중보자도 한 분이시며, 동일하시며, 곧 사람이신 그리스도 예수"(딤전 2:5)이십니다.

그는 한편으로는 죽을 수 있었지만, 다른 한 편으로는 죽을 수 없었던 분이었습니다. 따라서 참되신 하나님께서 참되신 인간의 온전하고 완전한 본성을 가지시고, 자기 자신에 속한 모든 것을 가지시고, 또한 우리에게 속한 것을 모두 가지시고 태어나신 것입니다. 그렇지만, 우리에게 속하는 것이라고 말한 것은 창조주께서 처음에 우리 가운데 창조하신 그것을 회복하기 위해서 그리스도께서 섭취하신 것(본성)을 말하는 것입니다.

그러나 기만자(데케프토르[*deceptor*])가 우리 가운데로 가지고 들어왔던 것, 또한 기만당한 자가 허용하였던 것은 이 구원의 주님 안에서 그 어떤 흔적도 찾아 볼 수 없습니다.

그분은 인간의 약하심을 함께 짊어지시기 위해 내려오셨지만, 우리의 죄에는 참여하시지 않으셨습니다. 그는 죄의 더러움을 받으심이 없이 '종의 형체'를 취하시사(빌 2:7) 인성을 높이셨지만, 신성을 낮추시지는 않으셨습니다. 왜냐하면 그가 자신을 비우신 것은 그것으로 말미암아 보이지 않으신 분이 보이시는 분이 되셨으며, 그리고 만물의 창조자되신 주님께서 죽을 수 있는 한 사람이 되고자 하여 자비하심으로 낮아지셨지만, 그 권능을 잃어버리지 않으셨기 때문입니다. 이것은 하나님의 형상으로 인간을 창조하시는 그분께서 종의 형체로 사람이 되셨다는 것입니다.

양 본성은 각각의 고유성을 잃어버리지 않고 견지됩니다. 또한 하나님의 모습이 종의 형체를 버리지 않는 것과 같이, 종의 형체는 하나님의 모습을 축소하는 것이 아닙니다. (악마의) 기만으로 속임을 당한 인간은 하나님으로부터 받은 은사를 박탈당하고, 불사의 은사를 수탈당하여 두려운 죽음의 판결에 설 수 밖에 없는 것을 보고, 악마는 큰소리치고 있습니다. 더욱이 악마는 자신의 불행 속에서도 범죄자와 결탁하는 것에 위로를 얻고 있습니다. 그리고 하나님은 의의 원리를 추구하시기 때문에, 이처럼 존귀한 상태로 창조된 인간에 대하여 본래의 결정을 변경하셨습니다. 다시 말해서, 그분의 의지로부터 자비하심을 제거할 수 없으신 분이시며, 변함이 없으신 하나님께서 우리에 대한 최초의 사랑을 신비한 비밀을 통해서 완수하시어, 악마의 사악한 책략으로 죄에 꼬드김을 당한 인간도 하나님의 뜻에 반하여, 멸망당하는 일이 없게 하시고자 숨겨진 신비로운 섭리(디스포시티오넴 사크라멘토 오쿨티오레[dispositionem sacramento occultiore])가 필요하였던 것입니다.

4. 그러므로 하나님의 아들은 하늘 보좌로부터 내려 오셨지만, 아버지의 영광을 포기하지 않으시고, 새로운 질서와 새로운 탄생 방법으로 나심으로, 이 낮은 세상에 들어오셨습니다.

새로운 질서에 의한 것이란, 자신의 본성으로서는 보이지 않는 분이시지만, 우리의 본성으로 보이시는 분이 되시고, 파악될 수 없는 그분이시만 파악되시길 원하시고, 시간 전에 계신 그분께서 시간 안에 존재하시기 시작하시고, 우주의 주님께서 그 존엄의 무한성을 감추시고 종의 형체를 가지셨고, 고난 받으실 수 없으신 하나님께서 고난 받으시는 인간이 되심을 거부하지 않으시고, 죽지 아니하시는 그분께서 죽음의 판정 앞에 굴복하심을 원하셨기 때문입니다.

그리고 새로운 탄생 방식이란, 정욕을 알지 못하는 무흠의 동정녀에 의해 그의 육체의 재질을 가지게 되었다는 것을 말합니다. 주님은 그 어머니로부터 본성을 받으셨지만, 허물은 받으시지 않으셨습니다.

그러나 동정녀의 태로부터 나신 주 예수 그리스도의 탄생이 기적적인 것이기 때문에, 그 본성이 우리의 그것과 다르다고 말하여서는 안 됩니다. 왜냐하면, 참으로 하나님이 되신 그 동일하신 분께서 참으로 인간이시고, 인간성의 낮으심과 신성의 높으심이 상호 관계될 때, 그 합일에는 그 어떤 거짓도 없기 때문입니다. 왜냐하면, 신성이 자비하심에 의해 변화되시지 않으심과 마찬가지로, 인간성이 존엄을 받아 손상되지 않으시기 때문입니다. 왜냐하면 신성과 인성의 형태는 서로 교류하면서, 그럼에도 고유성을 가지고 움직이는 형태이기 때문입니다. 즉 말씀은 말씀에 속하는 사역을 행하고, 육체는 육체에 속하는 사역을 수행하기 때문입니다. 한편으로는 여러 가지의 기적에 의해서 광휘를 발하시며, 다른 한편으로는 굴욕에 굴복하십니다. 말씀이 아버지의 영광과 동등 됨을 그만두지 않으심과 마찬가지로, 육체는 우리 인류의 본성을 포기하지 않으십니다. 왜냐하면 종종 말하지만, 한 분이시며 동일하신 그분께서 참으로 하나님의 아들이시면서, 참으로 인간의 아들이시기 때문입니다.

하나님이라 함은 "태초에 말씀이 계시니라 이 말씀이 하나님과 함께 계셨으니 이 말씀은 곧 하나님이시니라"(요 1:1) 때문이며, 또한 "만물이 그로 말미암아 지은바 되었으니 지은 것이 하나도 그가 없이는 된 것이 없느니라"(요 1:3)고 말하기 때문입니다. 사람이 되심은 "여자에게서 나게 하시고, 율법아래에 나게 하신 것"(갈 4:4)이기 때문입니다.

육체의 탄생은 인간 본성을 나타내신 것이며, 동정녀로부터의 탄생은 신적인 힘의 증거입니다. 영아로서의 비천함은 요람의 낮으심에 의해 나타나며, 위대하고 높으신 분으로서의 위엄은 천사들의 음성에 의해서 선언됩니다.

그 생애의 초기에, 헤롯이 사악하게 살해하려고 한 자는 인간과 동일하지만, 박사들이 기쁨을 가지고 축원하며 예배한 분은 만물의 주님이십니다. 선구자 요한의 세례를 받기 위해 나왔을 때에, 육체의 덮음으로 신성이 감추어지지 않도록, 하늘로부터 아버지의 음성이 울려 퍼졌습니다. "하늘로부터 소리가 있어 말씀하시되 이는 내 사랑하는 아들이요 내가 기뻐하는 자라"(마 3:17). 악마가 간교함으로 시험하는 인간 그분을 천사들은 하나님으로서 섬겼습니다(마 4:11). 배고픔과 목마름, 피곤하심, 잠자심의 이러한 것은 명백하게 인간에게 속하는 것입니다. 그러나 다섯 개의 빵으로 수천 명의 사람을 배부르게 하여주시고, 사마리아 여인에게 그것을 마신 자가 이제는 목마르지 않을 생수를 부어주시고, 바다 위를 걷지만 빠지지 아니하시고, 풍랑을 질책하시어 파도를 잠잠케 하시는 이러한 것은 의심의 여지없이 하나님께 속하는 것입니다.

그러나 많은 예를 들지 않더라도, 죽은 친구를 불쌍히 여기시사 우시고, 4일 후에 무덤 바위를 제거하시고, 명령하시는 음성으로 그 친구를 부활하게 하신 것은 그것과 동일한 본성에 속하는 것이 아닙니다. 못 박히신 것과 강도의 믿음에 천국 문을 열어주신 것도 동일본성에 속하는 것이 아닙니다. "나와 아버지는 하나이니라"(요 10:30)라고 말하는 것과 "아버지는 나보다 크심이라"(요 14:28)고 말씀하시는 것도 동일한 본성에 속하는 것이 아닙니다. 왜냐하면, 주 예수 그리스도 안에 하나님과 사람이란 하나의 위격(우나 페르소나[una persona])이 되신다고 말하지만, 두 본성이 능욕을 받으신 이유와, 두 본성이 영광을 받으신 이유는 서로 다르기 때문입니다. 우리들이 보자면 인성으로는 아버지에 못 미치지만, 아버지께서 보시자면 아버지와 동등하신 신성을 가진 것입니다.

5. 여기서 위격 안에서의 합일(우니타템 페르소나에[*unitatem personae*]) 때문에, 이 양 본성에 관하여는 다음과 같이 이해해야 합니다. "인자가 하늘로부터 내려오셨다"는 것은 하나님의 아들이 그 태어나신 동정녀로부터 육체를 섭취하신 때를 말하는 것이며, 다른 한편으로는 "하나님의 아들이 십자가에 달리시고, 장사되셨다"는 것은 유일한 아들 되신 성자께서 아버지와 함께 영원하시며, 아버지와 그 본질을 함께하시기 때문에, 신성에 있어서가 아니라, 인간본성의 약하심으로 그것을 인내하시는 것이라고 말하는 것입니다.

따라서 우리 모두가 신조를 통해서 하나님의 유일하신 아들이 십자가에 달리시고, 장사되셨다고 고백하는 것은 다음에 말하는 사도들의 말에 따른 것입니다. "통치자들이 한 사람도 알지 못하였나니, 만일 알았더라면 영광의 주를 십자가에 못 박지 아니하였으리라"(고전 2:8). 그리고 우리 주가 되시며 구원의 주가 되신 그분 자신께서 제자들에게 질문 형식으로 믿음을 가르치고자 말씀하셨습니다. "사람들이 인자를 누구라 하느냐"(마 16:13). 그들이 다른 사람의 여러 의견을 말했을 때, 주님께서 말씀하셨습니다. "이르시되 너희는 나를 누구라 하느냐"(마 16:15). 다시 말해서, 참 인자인 내가 종의 모습을 가지고, 또 실제로 육신에 있어 너희들에게 보이는 나를 누구라 하는가? 라고 물어 보신 것입니다. 여기서 축복받은 베드로는 신적 영감을 받아서, 모든 인류에 유익을 끼치는 고백을 하였습니다.

"주는 그리스도시요, 살아 계신 하나님의 아들이시니이다"(마 16:16). 주님이 그에게 "복이 있도다"(마 16:17)라고 이름을 붙인 것은 부당한 것이 아니었습니다. 왜냐하면 반석의 반석(아 프린키

파리 페트라[*a principali petra*])²² 으로부터 힘과 이름의 확고함을 얻어서, 아버지의 계시로부터 동일한 그분을 하나님의 아들 또는 그리스도로 고백했기 때문입니다. 왜냐하면, 이 두 이름 안에 한편을 다른 한편과 분리해서 받아들인다면 구원에 유익이 없고, 주 예수 그리스도를 사람으로서가 아니라 단지 하나님으로서, 아니면 하나님으로서가 아니라, 단순히 사람으로서 믿는 것은 동일하게 위험한 것이기 때문입니다.

그러나 주님께서 부활(이것은 참된 육신을 가지신 부활이었습니다. 왜냐하면, 부활하신 것은 십자가에 달리시고 죽으신 자 이외의 그 어느 누구도 아니기 때문입니다) 하신 후 40일 동안에 일어난 일들은 우리의 건전한 믿음을 모든 어두움으로부터 정화시켜주는 것이 아니고 그 무엇이겠습니까? 제자들과 말씀하시고, 함께 기거하시고, 함께 잡수시고, 의심에 마음을 빼앗긴 자들이 자신들의 호기심으로 자세히 만져보도록 허락하시고, 문이 닫혀있음에도 제자들이 있는 곳으로 출입하시고, 숨을 내쉬며 성령을 주시고, 또한 그들에게 지성의 빛을 주셔서 성경 가운데 감추어진 것을 깨닫게 하시고, 더욱이 상처받은 옆구리, 못 자국 및 모든 고난의 생생한 표시들을 보이시며 말씀하셨습니다. "내 손과 발을 보고 나인 줄 알라. 또 나를 만져 보라 영은 살과 뼈가 없으되, 너희 보는 바와 같이 나는 있느니라"(눅 24:39). 이렇게 하여, 그분에게 있어 신적 본성과 인적 본성은 서로 분리되기 어려운(인디비두아[*individua*]) 것으로 존속되고 있음을 인정하게 됩니다. 이렇게 우리는 말씀이 육체가 아님을 아는 것입니다. 우리는 한 분이신 하

---

22 단어 그대로 번역을 하자면, 반석의 기초, 반석의 우두머리라는 의미이다. 따라서 주 그리스도를 의미하는 것으로 예를 들면, 고린도전서 10:4로 이해될 수 있다. 그러므로 베드로도 반석이지만, 그 반석의 기초가 되는 것이라는 의미로 해석.

나님의 아들께서 말씀이시며 동시에 육체이심을 고백합니다.

이상과 같이 신앙의 깊은 뜻(사크라멘툼[sacramentum])을 에우티케스가 온전히 파악하지 못하는 것으로 판단됩니다. 그는 하나님의 유일하신 아들 안에 있는 우리의 본성을 그 죽음의 낮아지심에 의해서도, 부활의 영광에 의해서도 인정하지 않기 때문입니다. 더욱이 그는 사도이며 복음서 기자인 요한의 말을 경외하지 않습니다. "예수 그리스도가 육체로 오신 것을 고백하는 모든 영은 하나님으로부터의 것이며, 예수를 해체(솔베레[solvere])하는 모든 영은 하나님으로부터의 것이 아니다. 그것은 반 그리스도의 것이다"(요일 4:2-3, 역주: 울가타 라틴어 번역)라는 말씀입니다.

예수를 해체한다는 것은 과연 어떤 의미입니까? 그것은 그분으로부터 인성을 분리하여 그것만이 우리를 구원하는 깊은 뜻이 된다는 아주 뻔뻔스런 날조이며, 허황된 것이 아니고 그 무엇이겠습니까? 그러나 그리스도의 육체의 본성에 관하여 진실로 눈먼 자는 그 고난에 관하여도 눈이 열리지 않아 그 어떤 것도 보이지 않습니다.

만약 주의 십자가를 진실한 것으로 생각하고, 주님께서 참된 고난을 인내하신 것이 세상을 구원하시기 위한 것임을 의심하지 않는다면, 육체의 죽음을 믿을 것이며, 그분의 육체를 아울러 인정하게 될 것입니다. 그리고 그분을 고난 받으시는 자로 인정한다는 것은 그분께서 우리와 동일한 몸을 가지신 인간이심을 인정하는 것입니다. 왜냐하면, 참된 육체를 부정하는 것은 몸을 가지시고 고난 받으신 것을 부정하는 것이 되기 때문입니다.

에우티케스가 그리스도교의 믿음으로 복음 설교에 귀를 기울인다면, 못 박힘을 당하고, 나무에 달리신 그분께서 어떤 본성을 가지신 분이였던가를 생각해 보아야 할 것입니다. 또 십자가에 달리신 분의 옆구리가 병사들의 창에 의해 폭행당하고, 그곳으로부터 피와 물이 흘러나온 것은(요 19:34), 하나님의 교회가 세례반과 성찬배를 통하여, 그리고 그것으로 말미암아 씻음을 얻기 위함이라고 이해하여야 할 것입니다.

사도 베드로가 설교하기를 "그리스도의 피 뿌림에 의해 성령의 정결함에 참여하라"(벧전 1:2)고 말한 것을 들어야만 합니다. 또한 동일한 사도의 말이 다음과 같이 언급된 것을 겉핥기로 읽지 말아야 합니다. "너희가 알거니와 너희 조상이 물려준 헛된 행실에서 대속함을 받은 것은 은이나 금같이 없어질 것으로 된 것이 아니요 오직 흠 없고 점 없는 어린 양 같은 그리스도의 보배로운 피로 된 것이니라"(벧전 1:18-19).

또한 사도 요한의 증언을 거부하여서도 안 됩니다. "예수의 피가 우리를 모든 죄에서 깨끗하게 하실 것이요"(요일 1:7). 그리고 "예수께서 하나님의 아들이심을 믿는 자가 아니면 세상을 이기는 자가 누구냐 이는 물과 피로 임하신 이시니 곧 예수 그리스도시라 물로만 아니요 물과 피로 임하셨고 증언하는 이는 성령이시니 성령은 진리니라 증언하는 이가 셋이니 성령과 물과 피라 또한 이 셋은 합하여 하나이니라"(요일 5:5-8).

다시 말해서 성화의 성령, 구속의 피, 세례의 물입니다. 이 세 개는 하나이고, 분리될 수 없는 것으로 지속되며, 그 가운데 하나라도 이 결합으로부터 분리되지 않습니다. 왜냐하면, 그리스도 예수 안에서 참된 신성 없이는 인성을 믿을 수 없고, 참된 인성 없이는 신성을 믿을 수 없다는 신앙에 의해서 보편적 교회는 살고, 또한 성장하기 때문입니다.

6. 그러나 당신들의 검증과 심문(인테르로쿠티오넴[*interlocutionem*])에서 에우티케스가 답변한 것은 "나는 우리 주님이 합일이전에

는 두 본성으로 되어있었다고 인정하지만, 합일 후에는 하나의 본성이라고 고백한다"는 것이었습니다.[23] 나는 그의 고백(프로펫시오넴[*professionem*])이 이렇게 어처구니없으며 비뚤어졌음에도 불구하고, 재판인의 견책에 의해서 조금도 비난받지 않았다는 사실과, 그리고 너무나도 깨달음이 없고 너무나도 모독적인 이 말을 듣는 사람들이 시험에 들지 않을까 생각할 정도임에도 불구하고, 묵과되고 있다는 사실에 놀라울 따름입니다.

하나님의 유일하신 아들은 성육 이전에 두 본성으로 되었다는 것은 너무나도 불경건하며, 또한 말씀이 육신이 되신(요 1:14) 후에는 단일 본성만이 존재한다는 것은 완전히 언어도단입니다. 에우티케스가 이러한 표현방식을 취하여도, 당신들의 결정에 어떠한 저촉도 받지 않았기 때문에, 정당하고 책망 받을 여지가 없다고 생각하지 않도록, 사랑하는 형제여, 주의 깊게 검토하여 주기를 우리는 권면합니다.

하나님의 자비하심에 의한 영감에 의해서 이 사건이 해결된다면, 이 무지한 사람의 미숙함은 정신적 역병으로부터 정결함에 이르게 될 수밖에 없을 것입니다. 분명히 일들이 되어가는 순서를 보아 알 수 있듯이, 그는 당신들의 의견에 근접하여 이전에 말하지 않았던 것을 공언하고, 처음과 다른 신앙에 거하며, 자신의 신념을 포기하기 시작했습니다. 그럼에도 자신의 불경건한 교리를 저주하는 것에 동의하지 않고, 그가 여전히 불성실에 고착하게 되자, 형제들께서는 그가 단죄 판정을 받기에 합당하다는 사실을 알게 되었습니다. 만약 그가 성실하게, 또한 실질적인 슬픔을 가지고, 주교의 권위가 얼마나 바르게 발휘되었는지를

---

23 448년 11월 22일 콘스탄티노폴리스 회의에서의 답변을 말함.

늦게나마 인정한다면, 또한 당신들의 면전에서 서명하고 나쁘게 생각하였던 것을 부인하고 참회하는 것이 발견된다면, 그에게 주어지는 동정은 비난 받을 것이 아닐 것입니다. 왜냐하면 우리의 주님은 참으로 선한 목자이시며, 양을 위하여 목숨을 버리시는(요 10:11, 15) 분이시며, 또한 사람의 생명을 멸망시키러 온 것이 아니요 구원하러 오신 (눅 9:56) 분이시며, 우리는 이 주님의 자비를 본받기를 원하기 때문입니다.

이렇게 우리가 죄를 지을 때 의가 우리를 억압하지만, 자비는 회심한 자를 거부하지 않는 것입니다. 다시 말해서 잘못된 믿음이 그것의 신봉자들에 의해서 저주될 때, 참된 신앙이 보다 유익하게 보호를 받게 되는 것입니다.

그러나 모든 것을 경건과 충실함으로 수행하기 위해서, 우리는 우리를 대표하는 우리의 형제, 주교 유리우스(Julius), 레나투스(Renatus),[24] 그리고 나의 아들 사제 힐라리루스(Hilarius, 레오의 후계자)를 파견하였습니다.[25] 그들과 함께 우리의 서기 둘키티우스(Dulcitius)를 참가시켰습니다. 그의 충실함은 우리가 인정하는 바입니다. 하나님의 도움이 함께하기를 바라면서, 오류를 범한 자가 그 잘못된 것에 대하여 스스로 단죄 받음으로서 구원받게 되기를 확신합니다.

친애하는 형제여, 하나님께서 당신들을 무사히 지켜주시기를.

6월 13일 449

가장 우수한 아스투리우스(Asturius)및
프로토게네스(Protogenes)의 조언을 통하여.

---

24 클레멘스 회당의 장로(사제)로서 여행 중에 사망.
25 참고: 이 자들은 449년 에베소 회의에 파견된 로마 대표단들이다.

6. 칼케돈 회의

에우티케스를 지지했던 황제 테오도시우스 2세가 급사한 후에, 정통파 신앙을 고수하는 새 황제가 등극함으로서 정세는 고(故) 플라비아누스 측에 유리하게 된다. 새 황제 마르키아누스는 교리적 분쟁을 수급하기 위해서 451년 9월 1일 날짜로 니케아에 공회의를 소집할 것을 결정하고, 장소를 칼케돈으로 변경하고, 회의장을 이 도시의 순교자 에우페미아(Euphemia)를 기념하는 바실리카 회당으로 하였다. 이 회의에 모인 대의원의 수는 전례 없이 많은 숫자로 추정되어 600명 또는 630명이라 말하기도 한다. 그러나 실제로는 350명에서 370명인 것으로 추정된다.[26] 니케아 회의가 약 318명, 니케아 콘스탄티노폴리스 회의(381년)가 약 150명에 지나지 않았다는 것과 비교할 때, 칼케돈 회의 의원수가 많은 것임에는 틀림이 없다. 아마도 고대 교회 역사상 최대 규모였다고 볼 수 있다.[27]

대의원으로 주교를 파견한 교회 지역은 오리엔스, 폰토, 아시아, 토라키아, 이루리코, 에집트로, 서방에서는 로마 주교의 대리로서 4명, 아프리카에서는 2명의 주교가 출석했다. 아르메니아, 메소포타미아, 아

---

26 Richard Price and Michael Gaddis (eds.) *The Acts of the Council of Chalcedon*, 3 vols., (Liverpool: Liverpool University Press, 2005), vol. 3,193-6;

27 칼케돈 정식에 관하여 다음을 참조하라. Richard Price and Michael Gaddis (eds.) *The Acts of the Council of Chalcedon*, 3 vols. (Liverpool: Liverpool University Press, 2005), 'General Introduction' 1-85; David M. Gwynn, "The Council of Chalcedon and the Definiton of Christian Tradtion," in Richard Price and Mary Whitby (eds.), *Chalcedon in Context: Church Councils* 400-700 (Liverpool: Liverpool University Press, 2009), 7-26; Sarah Coakley, "What Does Chalcedon Solve and What Does it Not? Some Reflections on the Status and Meaning of the Chalcedonia 'definito'," in *The Incarnation: An Interdisciplinary Symposium on the Incarnation of the Son of God*, eds., Stephen T. David, Daniel Kendall and Gerald O'Collis (Oxford: Oxford University Press, 2002); 144-163; Richard Norris, "Chalcedon Revisted: A Historical and Theological Reflection," in *New Perspective on Historical Theology*, ed. Bradley Nassif (Grand Rapids: Eerdmans, 1996), 140-158.

라비아, 곱트 교회는 이 회의에 관여하지 않았다. 이 외에, 황제대리위원으로서 전(前)원로의원 11명(혹은 12명)과 정치고관 8명이 참가했다.

회의장의 자리배치는 황제대리와 로마 주교에게 특별한 위치가 주어졌다. 황제측은 이른바 강도회의(라크토리니움[*Lactorinium*])로 알려진 제2차 에베소 회의(449년)의 결정들을 재검증하고,[28] 새로운 신조를 새롭게 제정하려는 의도를 가지고 있었다. 그러나 칼케돈에 모인 자들은 니케아 신조와 니케아 콘스탄티노폴리스 신조를 재확인하고, 정통적 가르침에 대한 올바른 해석적 정식을 제정하는 것으로 만족하기를 원했다. 그러나 '칼케돈 정식(신조)'이 완성되지만, 칼케돈 회의에 참석하지 않았던 교회는 물론, 관계를 했던 교회들도 이 정식을 충실히 지키려고 한 것은 아니었다.

동방교회는 '칼케돈 정식'을 수용하기 어려워하였지만, 서방교회는 비교적 긍정적이었다. 아마도, 서방 그리스도교의 논리적 특성과 칼케돈 신조의 논리가 잘 조화 된 것에 기인하는 것으로 보인다. 서방교회는 '칼케돈 정식'을 숙독하고, 그것의 고유성을 확인하려고 하였지만, 동방교회는 두 본성을 인식하기보다도, 하나의 본성이라는 사고가 강하였다. 한 본성이 부정되면서, 단성론은 단의론(單意論)으로 변해갔다.

종교개혁기에 접어들면서 이러한 차이점이 전형적으로 나타나는 곳이 성찬론이다. 칼케돈 회의가 종료되면서, 황제 마르키아누스는

---

28 풀케리아(Pulcheria)에게 보내는 레오의 편지(449.6.13) 가운데 이 단어가 처음 사용되었다고 전해진다. 그는 "심판자들이 아니라, 강도들이 모였다"(non iudicium sed latrocinium)라고 하였다. *Leo to Pulcheria*, 20 July 451(=*Leo Ep*. 95, trans. *NPNF*); 테오도시우스 2세에 의해서 소집된 이 회의의 목적은 에우티케스의 단죄(448년 콘스탄티노폴리스 회의)를 고려하는 것이었다; 다음을 보라. Michael Gaddis, *There Is No Crime for Those Who Have Christ: Religious Violence in the Christian Roman Empire* (University of California Press, 2005), 309-321.

452년 2월에 칙령을 발표하여 논쟁의 종결을 선언한다.[29] '칼케돈 공의회'는 그 이전 시대의 마무리로 간주될 수 있지만, 두 본성 안에서 하나의 위격이라는 그리스도론 정식이 오늘에 이르기까지 사용되고 있다.

7. 칼케돈 정식 해석

ἑπόμενοι τοίνυν τοῖς ἁγίος πατράσιν
sequenties igitur sanctos patres
거룩한 교부들을 따라

'교부'란 언어적으로 단순히 '아버지'를 뜻하지만, 교회는 오래전부터 '교회의 아버지' 또는 '지도자'라는 용법으로 사용하였다. 바울은 "그리스도 안에서 일만 스승이 있으되 아비는 많지 아니하니 그리스도 예수 안에서 복음으로써 내가 너희를 낳았음이라"(고전 4:15)고 말한다. 이러한 호칭은 유대교에 유래하는 것으로, 랍비를 아버지라 불렀다. 또한 "부모를 공경하라"(출 20:12)는 의미는 부모를 통하여 하나님의 말씀이 전달되기 때문이며, 하나님의 말씀을 전하는 자를 아버지라 하였다. 로마 가톨릭의 신부라는 호칭은 이것을 모방한 것이다.

그러나 칼케돈 문서가 말하는 '파테르'는 주교를 의미한다. 특히 4세기에 니케아와 니케아 콘스탄티노폴리스 공의회에 참가한 주교들을 '교회의 아버지들'이라 불렀다. 따라서 이 호칭을 사용한다는 것은 아

---

[29] 칙령에 대하여는 다음을 참고하라. Stevenson. *Creeds, Council, and Controversies*, 314f., New Edit., 364f.

버지들의 신앙고백을 자손들이 계승한다는 사상이 내포되어 있다. 말하자면, '니케아 신조' 및 '니케아 콘스탄티노폴리스 신조'를 계승하고, 또한 에베소 회의를 통한 정통적 교부들의 신학에 따른다는 표명이다.

그렇기 때문에 칼케돈 공의회는 새로운 신조(심볼룸[*symbolum*])가 아니라, 정식(데피니티오[*definitio*])을 결의함으로서 앞선 교부들의 신앙과 신조에 입각하여 그리스도론에 관한 정의와 해석을 내리고자 하였다.

ἕνα καὶ τὸν αὐτὸν ὁμολογεῖν υἱὸν
unum eundemque filium
한 분이시요 동일자되신 성자

칼케돈 정식의 특징 가운데 하나는 '한 분'과 '동일자'(헤나 카이 톤 아우톤[ἕνα καὶ τὸν αὐτὸν])가 한 쌍으로 세 번이나 성자에 대한 형용사로 사용되고 있다는 것이다. '한 분'은 '니케아 신조'와 '니케아 콘스탄티노폴리스 신조'에서도 사용되지만, '칼케돈 정식'은 여기에 '동일하신 분'(호 아우토스[ὁ αὐτός])이라는 용어를 덧붙였다. 헬라어 '호 아우토스'는 라틴어 이뎀(*idem*[same])과 같이, 관사와 함께 '그것과 같은 것'을 의미하는 지시 대명사로 사용된다. 여기에서는 '동일한' 또는 '같은'이라는 의미의 형용사로 사용된다.

칼케돈 신학은 호 아우토스의 성경적 근거를 히브리서 1:12과 13:8 "예수 그리스도는 어제나 오늘이나 영원토록 동일하시니라"(예수스 크리스토스 에크테스 카이 세메론 호 아우토스 카이 에이스 투스 아이오나스 [Ἰησοῦς Χριστὸς ἐχθὲς καὶ σήμερον ὁ αὐτός καὶ εἰς τοὺς αἰῶνας])에 두고 있으며, 특히 후자는 칼케돈 신조에 결정적인 영향을 주었던 것으로 간주된다.[30] 따라서 칼케돈 신조의 '호 아우토스'는 동일자, 또는 동일하신 분으로 이해되고 번역되어야 한다. 만약 이것을 대명사로 이해하게 된다면, 이 문서를 작성한 의미가 상실되어 버린다.

'안디옥 일치신조'(433년)역시 '동일자'를 사용하지만 대명사가 아니라, 의미적으로 신성과 인성의 일치 또는 불변성을 강조하는 표현으로 나타난다. "신성에 의하면, 동일하신 분은 우리들을 위하여, 또한 우리 구원을 위하여, 마지막 날에 동정녀 마리아로부터 태어나셨다. 동일하신 분은 신성에 의하면 아버지와 동질하시며, 인성에 의하면 우리와 동질하시다"(Hahn § 170).

신조 용어로서 '호 아우토스'는 '에피파니우스 신조'에 처음으로 사용된 이후로(Hahn § 126, KT 21), 플라비아누스의 두 신앙고백(Hahn § 171, 223) 등에 나타난다. 예수 그리스도께서 동일하신 분이심을 강조하는 것은 그를 분할한다든지, 변화하는 것으로 인식하려는 네스토리우스적 이해를 물리치고자 하는 것이다.

τέλειον τὸν αὐτὸν ἐν θεότητι
perfectum in deitate
동일자는 신성에 있어 완전하시며

τέλειον τὸν αὐτὸν ἐν ἀνθρωπότητι
perfectum in humanitate
(동일자는)인성에 있어서도 완전하시며

일반적으로 '신성'(테오테스[θεότης])을 하나님의 본성을 의미하는

---

30 참고: 빌립보서 2:2의 '같은 마음', '같은 사랑', 히브리서 11:9의 '같은 약속' 등이 있다.

것으로, '인성'(안트로포테스[ἀνθρωπότης])을 사람의 본성을 의미하는 것으로 이해하지만, 그렇지 않다. '신성'과 '인성'이란 추상명사로 '하나님이신 것' 그리고 '사람이신 것'이라는 의미이다. 지금까지 448년의 콘스탄티노폴리스 회의가 수용한 신앙고백(Hahn 171), 플라비아누스 신앙고백(Hahn 223), 그리고 433년의 안디옥 일치신조(Hahn 170, D 271-273)가 고백하였던 "완전한 하나님이시며, 완전한 사람"(테오스 테레이오스 카이 안트로포스 테레이오스[θεὸς τέλειος καὶ ἄνθρωπος τέλειος])이라는 표현을 이론적으로 엄격화하여 수정한 것이다.

성경에서는 골로새서 2:9에 나오는 "그 안에는 신성의 모든 충만이 육체로 거하시고"(엔 아우토 카토이케이 판 토 프레로마 테스 테오테토스 소마티코스[ἐν αὐτῷ κατοικεῖ πᾶν τὸ πλήρωμα τῆς θεότητος σωματικῶς])에서 발견할 수 있지만, '인성'은 발견되지 않는다. '완전한'이란 '완전히 바로 그것, 그 자체'를 의미하는 것으로, 반신반인(半神半人)을 의미하는 것이 아니다.

θεὸν ἀληθῶς καὶ ἄνθεωπον ἀληθῶς
deum vere et hominem vere
참으로 하나님이시며, 참으로 사람이 되시고

앞의 글귀와 비슷하지만, 앞의 고백이 헬라어적이라고 한다면, 이것은 라틴어적 표현이라 할 수 있다. 레오 서한 제4장에 그 선례가 나타난다. "한 분으로서 동일하신 그분은 참으로 하나님의 아들이시며, 참으로 사람의 아들이시며"(우누스 에님 이뎀쿠에 에스트 … 베레 데이 피리우스 에트 베레 호미니스 필리우스[Unus enim idemque est … vere Dei Filius et vere hominis filius]), 그리고 "참으로 하나님이신 그 동일하신 분은 참으로 사람이시며"(쿠이 에님 베루스 에스트 데우스, 이뎀 베루스 에스트 호모[*qui enim verus est Deus, idem verus est homo*])라고 말한다. '일치신조'에도 나타나며, '니케아 신조'의 "참 하나님으로부터의 참 하나님"(데움 베룸 데 데오 베로[*Deum verum de Deo vero*]) 역시 그렇다. 완전한 신성을 확인함과 동시에, 완전한 인성을 확인하는 고백이 필요했던 것이다.

"참으로"(아레토스[ἀλητῶς])는 진실성, 현실성, 확증의 의미를 포함하는 부사로서 이전부터 신앙고백적 용어로 사용되었다. 마태복음 27:54 "이는 진실로 하나님의 아들이었다"(아레토스 테우 휘오스 엔 우토스[Ἀληθῶς θεοῦ υἱὸς ἦν οὗτος]), 또는 요한복음 4:42 "그가 참으로 세상의 구주신 줄 앎이라"(호티 우토스 에스틴 아래토스 호 소테르 투 코스무[ὅτι οὗτός ἐστιν ἀληθῶς ὁ σωτὴρ τοῦ κόσμου]). 이상과 같은 경우 문법적으로는 '참으로 … 이다'의 '이다'를 수식하지만, 고백적 의미로 '참으로'는 하나님의 아들 또는 구원의 주를 수식한다. 형용사 '참'을 사용한다면 성육의 진실, 성육하신 분의 신성의 진실성으로 이해하기보다, 신성 및 인성에 함축된 진실성의 의미로 해석 될 위험성이 있다. 따라서 부사 '참으로'를 사용하는 것이 정확하다.

ἐκ ψυχῆς λογικῆς καὶ σωματος
ex anima rationali et corpore
이성적 혼과 육체를 가지시고

고대인들은 동물(animal)이 살아가는 생명으로 프시케(라틴어로 아니마[*anima*])를 가진다고 생각하였다. 그러나 인간의 경우는 동물과 달라서 이성적 프시케를 가지며, 이것을 인간의 영혼이라고 생각하였다. 이 영혼과 '몸'(소마)이 인간이 되는 것이다. 그러나 '칼케돈 정식'은 이러한 고대적 인간 이해를 적용하려는 것이 아니라, 오히려 그리스도가 참된 사람임을 논증하기 위해 지식을 총동원하여, 표현을 보다 엄밀하고 정확하게 구사하려고 한 것이다. 따라서 이성적 혼이란, 인간의 영혼으로 의역해도 무방하다.

아폴리나리우스는 "호 로고스 사르크스 에게네토"(ὁ λόγος σάρξ ἐγένετο: 말씀이 육신이 되었다. 요 1:14)라고 하는 성육에 대한 이해를,[31] 상술한 고대적 인간관에 기초하여 신적 로고스를 프시케로, 사르크스를 소마에 해당하는 것으로 이해하려고 하였다. 이렇게 된다면, 그리스도의 인성은 단지 물질적인 것으로 제한되어, 완전한 의미에서 인간이 되지 못한다. 이에 반하여, 칼케돈 신조는, 성육하신 그리스도가 참된 인간의 마음과 이성을 가진 실제적 인간이었다는 사실을 주장한다.

> ὁμοούσιον τῷ πατρὶ κατὰ τὴν θεότητα ὁμοούσιον
> τὸν αὐτὸν ἡμῖν κατὰ τὴν ἀνθρωπότητα
> consubstantialem Patrisecundum deitatem consubstantialem
> nobis secundum humanitatem
> 신성에 의하면 성부와 동질, 인성에 의하면 동일자는 우리와 동질이시다.

'안디옥 일치신조'에도 동일한 항목이 나온다. 니케아 신학적 용어인 '호모우시오스'가 '칼케돈 신조'에서는 '아버지'와 함께 '우리'에게도 연결되었다. 즉 신성과 인성의 의미와 그 내용을 규정한 것이다.

플라비아누스의 두 신앙고백은 모두가 '어머니와 동질'이라고 고백한다. 물론 '인성에 관하여'라는 한정적 용법으로 사용되었기 때문에

---

31 칼케돈 신조의 용어법은 '일치신조'를 답습하는 것이지만, 그것은 더욱이 키릴루스가 스토리우스에게 보낸 제2의 편지(430)에 나오는 표현에 유래하는 것이다. "로고스의 본성이 변화되어 육신이 되었다. 혹은 영혼과 육체로 이루어진 완전한 인간으로 되었다 라는 것이 아니다. 오히려, 우리는 다음과 같이 주장한다. 로고스는 그 위격에 있어(καθ᾽ ὑπόσταιν) 그 자신과 하나가 되고, 믿기 어려운, 이해하기 힘든 방법에 의해서 인간의 육체, 즉 이성적 영혼에 의해 살게 된 육체와 결합하여, 이렇게 하여 사람이 되고, 인자로 불려졌다." Bindley, 95, 38; Cyril, *Select Letters*, ed. by Wickham, 4, 22ff.

오류라고 할 수는 없지만, 우리와 동질이라는 표현이 더 적절하다. 왜냐하면 그것은 '우리들의 구원을 위하여'로 연결되기 때문이다.

κατὰ πάντα ὅμοιον ἡμῖν χωρὶς ἁμαρτίας
per ominia nobis similem absque peccato
죄를 제외하고는, 모든 것에 있어 우리와 동등하시다.

이 항목은 히브리서 4:15의 "모든 일에 우리와 한결같이 시험을 받은 자로되 죄는 없으시니라"에 유래하며, 의미론적으로는 로마서 8:3의 "죄 있는 육신의 모양으로"(엔 호모이오마티 사르코스 하마르티아스[ἐν ὁμοιώματι σαρκὸς ἁμαρτίας])에 가깝다. 후자는 육체 그 자체를 죄로 오해하기 쉬운 표현이지만, '로고스가 사르크스가 되었다'는 표현은 육체가 죄와 별개의 것임을 확실히 들어낸다. 육체를 더러운 것으로 생각하는 것은 비 성경적이다. 그리스도의 완전한 인성은 타락하고 부패한 인성과 구별되는 본래의 인성이다.

"동등하다"(호모이오스[ὅμοιος])는 '동질'과 다르다. '호모이오스'는 '같은', '유사', 또는 '비슷한' 등 광의적 의미를 지닌다. 니케아 신조 이후, 교회가 '호모우시오스'를 고집하여 온 이유가 여기에 있다. 에피파니우스의 장문 신조(Hahn § 126)가 동일한 표현을 사용한다.

"죄를 제외하고"(코리스 하마르티아스[χωρὶς ἁμαρτίας])의 '죄'는 죄의 행위만이 아니라 죄가 있는 상태까지를 말한다. 그러므로 죄를 범하지 않았다는 의미가 아니라, 인간성에 오점이 전혀 없다는 것을 강조하는 것이다.

πρὸ αἰώνων μὲν ἐκ τοῦ πατρὸς γεννηθέντα κατὰ τὴν θεότητα
ante saecula quidem de Patre genitum secundum deitatem

신성에 의하면 만세 전에 성부로부터 나시고

이 글귀는 키릴루스 제2 서한, 안디옥 일치신조, 그리고 레오 서한에 나타난다. 후자는 말하기를 "시간에 선재하시는 분이, 시간 가운데 존재하시기 시작하시며"라고 한다.

"만세 전에"는 '영원 전에'라고 번역할 수 있다. 왜냐하면 '아이온'은 그 자체로 아주 긴 시간을 의미하며, 더욱이 복수 형태를 취함으로서 보다 긴 시간 이른바 영원, 또는 만세를 강조하는 표현이다. 여기서 '만세 전'이란, 영원 전을 말하는 것이 아니라, 시간 이전의 것, 또는 시간 가운데 일어난 것이 아니라는 사실을 강조한다.

고린도전서 2:7, 디모데후서 1:9, 디도서 1:2(후자의 두 본문에는 크로노스가 첨가되어 있음), 그리고 유다서 25절에는 전치사 프로(~앞에)와 아이온을 연결한 형태로 나타난다(프로 판토스 투 아이오노스[πρὸ παντὸς τοῦ αἰῶνος]). 신약성경은 그리스도의 영원성을 표현할 때 전치사 에이스와 아이온을 함께 일반적으로 사용한다(예를 들면, 유다서 25절; 에이스 판토스 투스 아이오나스[εἰς πάντας τοὺς αἰῶνας]). 그러나 칠십인역 잠언 8:23에는 프로와 아이온을 사용한다.

교부들은 잠언 8장에 나오는 지혜를 요한복음 1:1의 로고스와 동일한 것으로 이해하였다. 따라서 영원한 말씀의 성육을 논하기 시작할 때부터 이 표현이 존재한 것으로 간주된다.

아버지로부터 "나시고"는 니케아적 표현이다. 잠언 8:22에 "여호와께서 나(지혜)를 가지셨다"는 표현이 니케아적 그리스도론의 형성 과정을 통하여 "창조되지 않으시고 나신" 것으로 강조되었다.

ἐκ Μαρίας τῆς παρθένου τῆς θεοτόκου κατὰ τὴν ἀνθρωπότητα
ex Maria virgine Dei genitrice secundum humanitatem

인성에 의하면 … 하나님의 어머니이신 동정녀 마리아에게서 나시었느니라.

일반적으로 마리아의 모성이 강조되지만, 언어적으로 '토코스'는 '~를 생성시키는 자'라는 의미이다. 따라서 '테오토코스'는 마리아의 어떤 인간적인 지위에 관한 것이라기보다, 마리아로부터 태어난 사람이 하나님이라는 사실에 중점을 두는 용어이다. 따라서 테오토코스는 육신으로 태어났다는 것에 강조를 두는 해석이 가능하다. 이런 의미에서, 칼케돈 신조는 헬라어 '토코스'를 라틴어로 마테르(*matre*)가 아닌 게니트리케(*genitrice*)로 번역하였다.

> δι' ἡμᾶς καὶ διὰ τὴν ἡμετέραν σωτηίαν
> propter nos et propter salutem nostram
> 우리들을 위하여, 또한 우리 구원을 위하여

이 글귀는 '니케아 신조', '니케아 콘스탄티노폴리스 신조', 키릴루스 제2 서한, '안디옥 일치신조'에 나타난다. 이 구절은 자기 자신을 겸비하실 필요가 없으셨던 성자께서 성육하신 것은 오로지 우리와 우리 구원을 위해서 그렇게 하셨다는 성육의 필연성에 관한 설명이다. 어떤 이들이 성육의 절대적 필연성을 논하는 자가 나타났다. 절대적 필연성이란, 인간의 타락과 관계없이, 목적에 의한 제한됨이 없이, 하나님의 아들이 성육하셨다는 의미이다. 이러한 절대적 필연성을 부정하는 것이다. 성육은 우리들의 구속을 위한 것이다.

> ἐπ' ἐσχάτων δὲ τῶν ἡμερῶν
> in novissimis autem diebus
> 이 마지막 세상에

이 항목은 히브리서 1:2 "이 모든 마지막 날에"(에피 에스카톤 톤 헤메론[ἐπ' ἐσχάτων τῶν ἡμερῶν])에 유래한다. "데"(δὲ)가 삽입되어 있지만, 번역할 필요가 없는 수식어로 간주해도 무방하다.

이 "톤 헤메론"(τῶν ἡμερῶν)은 히브리서 문맥에서 말하고자 하는 것과 동일하게 옛적과 대치되는 것이다. 즉 어제도 오늘도 언제나 동일하신 그분께서 이 '마지막 날'에 '테오토코스'로부터 태어나셨다는 것을 말한다. '안디옥 일치신조'에 나온다.

ἐν δύο φύσεσιν
in duabus naturis
두 본성에 있어서

두 본성에 관하여는 '안디옥 일치신조'가 언급하고 있다. 그 이전에는 '본성'이라는 용어와 용법에 분명한 정의를 가지지 못하였다. "본성"(푸신[φύσις], 성질, 자연 능력 등)에 대한 개념 고찰은 헬라철학의 문제이기도 하지만, 칼케돈 정식이 이 용어를 사용한 것은 그러한 철학적인 개념보다도, 그리스도론적인 의미에서이다. 따라서 성경적인 의미를 살펴보는 것이 타당하다. 신약성경에서 이 용어가 사용된 곳은 대부분 바울서신이다(13회, 가운데 11회). 예를 들어, 갈라디아서 4:8에 "너희가 본질상 하나님이 아닌 자들의 종이 되었더니"(에두류사테 토이스 메 푸세이 우신 테오이스[ἐδουλεύσατε τοῖς μὴ φύσει οὖσιν θεοῖς])라고 말한다.

본질에 있어서 하나님과 하나님이 아닌 것의 차이가 있다고 이해하였다. 로마서 11:24 "네가 (본성상)(카타 푸신[κατα φύσιν]) 원 돌 감람나무에서 찍힘을 받고 본성을 거슬러(파라 푸신[παρα φύσιν]) 좋은 감람나무에 접붙임을 얻었은즉 원 가지인 이 사람들이야 얼마나 더 자기 감람나무에 접붙이심을 얻으랴"라고 말한다. 로마서 2:14은 "본성으로 (또는 태어나면서부터) 율법의 일을 행할 때"라고 말한다.

"두 본성"을 특별히 기록한 것은 에우티케스적인 이해를 물리치기 위한 것으로, 이해 그 자체는 아폴리나리우스(c. 390년 사망)에서 유래한다. 아폴리나리우스와 그의 추종자들이 주장하는 것은 "성육하신 하나님 말씀의 본성은 하나"(미아 푸신 투 테우 로구 세사르코메네[μία φύσις τοῦ θεοῦ λογοῦ σεσαρκωμενη])이라는 단성론적 주장이다.

"에 있어서"(엔[ἐν])라는 새로운 표현은 레오 서한에 사용되었던 것으로, 이전에는 두 개의 본성으로부터(에크)가 사용되었다. 콘스탄티노폴리스 주교 아나토리우스(Anatolius, 재위 449–458년)에 의해서 칼케돈 신조의 초안이 작성되었을 당시는 에크(ἐκ)였는데, 공의회 제5섹션에 들어가면서 로마 교회의 대의원들의 주장에 의하여 엔(ἐν)으로 수정되었다. 그러나 '칼케돈 신조' 사본에는 '엔'과 '에크'를 사용하는 두 종류의 신조가 있다(KT p. 35). ἐν와 ἐκ의 차이점은 무엇인가? 전자는 신성과 인성의 근본적 하나 됨을 강조한다고 볼 수 있다. 즉 '두 개의 본성으로부터 하나의 본성으로'라는 뉘앙스가 잔존한다. 로마 교회는 이러한 애매한 부분을 확실히 하고자 한 것이다.

> ἀσυγχύτως ἀτρέπτως ἀδιαιρέτως ἀχωρίστως γνωριζόμενον
> inconfuse immutabiliter indivise inseparabiliter agnoscendum
> 혼합없이, 변화없이, 분할없이, 분리없는 분으로 인식된다.

'칼케돈 신조'의 가장 특색 있는 글귀는 위의 네 부사로서, 동사 "인식된다"로 연결된다. 이것은 두 본성이 두 본성으로 남아 있으면서 서로 다른 별개의 것으로 존재하는 것이 아니라, 통일된 것으로 인식되는 것이 어떤 것인지에 관하여 규정하는 내용이다. 말하자면, '신성'과

'인성' 그리고 이 두 본성의 구분 안에서의 일치에 대한 해석적 표현이다. 칼케돈 정식은 오로지 구원론적 관점이라는 배타적인 해석규정이 아니다.

이 정식은 성자되신 그분이 하나님과 사람이라는 것을 단순히 장황하게 반복하지 않는다. 그리스도의 모든 사역은 그의 하나 된 인격에 기인하는 것으로, 배타적으로 둘 중 한 본성에만 기인하는 것이 아니다. 따라서 네 부사는 그리스도론을 통하여, 말씀되신 그분께서 성육하신 그 하나님 말씀에 대한 해석학적 구조로도 인식된다. 네 부사는 칼케돈 신학이 안디옥 신학과 알렉산드리아 신학이 서로의 '구분 안에서의 일치'를 가능하게 하는 신학임을 보여주는 해석학적 구조이기도 하다.[32] 첨언하자면, 칼케돈 공의회가 하나의 신조를 만들지 않았다는 것은 안디옥 신학과 알렉산드리아 신학이 정통적 신학의 경계 안에서, 아니 그리스도 안에서 충분히 서로가 고려될 수 있다는 것을 증명한 것이다.

"혼합 없이"(아성퀴토스[ἀσυγχύτως])는 '슁키시스'(σύγχυσις: 혼동, 혼란)에서 만들어진 용어로 두 본성이 일체가 되어 제3의 어떤 것이 되지 않는다는 것을 강조한다. 이 용어는 일찍이 테르툴리아누스의 『프락세아스 반박』 27, "하나의 위격에 있어, 하나님이시며 사람이신 예수가 두 개의 존재 상태를 혼합 없이, 결합하신 것으로 존재하심을 우

---

[32] 참고: 칼 바르트는 칼케돈 신학을 19세기 프로테스탄트 자유주의 신학에 대항하고 응답하기 위하여 사용한다. 또한 바르트는 칼케돈 신학을 성경의 단순성과 복합성을 지적하기 위하여 사용한다. Henri Bocher, "Karl Barth's Christocentric Method," in *Engaging with Barth: Contemporary Evangelical Critiques*, eds., David Gibson and Daniel Strange (New York: T&T Clark, 2008), 21-54; George Hunsinger, *How to Reach Karl Barth: The Shape of His Theology* (Oxford: Oxford University Press, 1993); ibid., "Karl Barth's Christology: Its Basic Chalcedonian Character," in *Disruptive Grace: Studies in the Theolgy of Karl Barth* (Grand Rapids: Eerdmans, 2000), 131-147; Charles Waldrop, "Karl Barth's Concept of the Divinity of Jesus Christ," *Harvard Theological Review* 74 (1981), 241-263; Sarah Coakley, "What Does Chalcedon Solve and What Does it Not?"

리는 본다"(비데무스 두프리켐 스타툼, 논 콘퓨숨 세드 콘쥰크, 인 우나 페르소나 데움 에트 호미넴 이에숨[*videmus duplicem statum, non confusum sed conjunctum, in una persona deum et hominem Iesum*])에서 사용되었다. 아타나시우스, 알렉산드리아의 키릴루스, 그리고 크리소스토무스에서도 그 용례를 찾아 볼 수 있다. 서방에서는 포와티에의 히라리우스(c. 315-367년)의 삼위일체에서 사용되었다. 삼위일체론에서는 위격과 위격의 혼동을 피하기 위하여 비슷한 표현을 사용한다(아타나시우스 신조 4항).

"변화 없이"(아트레프토스[ἀτρέπτως])는 한 본성이 변화되어 다른 본성으로 되지 않는다는 의미이다. 테오도레투스와 안디옥 학파에 의해 사용되었던 용어이다. '혼합 없이'와 '변화 없이'는 아폴리나리우스와 에우티케스 학파에 대한 반박이다.

"분할 없이"(아디아이레토스[ἀδιαιρέτως])와 "분리 없이"(아코리스토스[ἀχωρίστως])는 네스토리우스의 주장을 반론하고 부정하는 것이다. 분할은 그리스도를 두 개의 위격으로 분할하는 것을 말하며, 분리는 신성과 인성을 동떨어지게 하는 것을 말한다. 이것은 다음에 언급하는 '구별'과는 다르다. 키릴루스는 구별은 필요하지만 '분할'은 불가능하다고 말한다. 왜냐하면 그것은 '합일'을 부정하는 것이 되기 때문이다.

> οὐδαμοῦ τῆς τῶν φύσεων διαφορᾶς ἀνῃρημένης
> διὰ τὴν ἕνωσιν
> nusquam sublata differentia naturarum propter unitionem
> 이 합일로 인하여 양성의 구별이 결코 제거되지 아니하며

이 글귀는 키릴루스의 제2 서한의 표현을 답습한 것으로 칼케

돈 신학의 요점이라고 할 수 있다.[33] 제거하다는 것은 아네레메네스(ἀνῃρημένης)로서 아나이레오(ἀναιρέω: to take away)의 완료 분사형이다.

"합일"(헨오시스[ἕνωσις])은 ἕν(헨: 하나)에서 만들어진 용어로서 '하나가 되는 것', 라틴어로는 우니티오(*unitio*) 영어로는 union으로 표현된다. 이 용어는 신약성경에 나오지 않지만, 이그나티우스를 비롯한 교부신학에서는 '로고스'와 '사르크스'가 하나가 된다는 그리스도론적 용어로 사용되었다. 두 개의 본성이 하나의 위격으로 결합하는 것을 가리킨다. 합일은 혼합과 구별된다.

"디아포라스"(διαφορᾶς: 구별)는 '분할'이나 '분리'와는 다르다. 디아포라스는 본래 어떤 것과 어떤 것의 '차이', 또는 '어긋나는 점'을 말한다. 푸세온(φύσεων: 본성)은 푸시스(φύσις)의 복수 속격이다.

σωζομένης δὲ μᾶλλον τῆς ἰδιότητος ἑκατέρας φύσεως
magisque salva proprietate utrisque naturae
오히려 각 본성의 고유함이 그대로 보존되어 있어

이 글귀는 레오의 편지 제3장 첫 부분에 나오는 "양 본성, 양 본질의 고유성은 이렇게 하여 보호되어"(살바 이기투어 프로프리에타테 우트리스쿠에 나투라에 에트 숩스탄티아에[*salva igitur proprietate utrisque naturae et substantiae*])가 계승된 것으로 보인다. 동일한 표현이 테르툴리아누스의 『프락세아스 논박』 27에서 발견된다.

> 양 본질의 고유성이 이렇게 보호되었기 때문에(아데오 살바 에스트 우트리스쿠에 프로프리에타스 숩스탄티아에[*adeo salva est utrisque*

---

33 Bindley, 96, 46 ; Wickam, 6. 5f.

proprietas substantiae]), 그의 영은 그 자신에 속해 있는 것 즉 힘, 사역, 징조를 행하시고, 육은 고난을 받아, 마귀 아래서 금식하시고(마 4:2), 사마리아 여인 곁에서 목 말라하시고(요 4:6), 나사로를 위해 우시며(요 11:33), 죽을 정도로 심히 고민하시고(마 26:38), 결국 죽으셨음이라.

'프로프리에타스'(*proprietas*: 고유성, 이디오테스[ἰδιότης])는 라틴어에서 유래된 라틴어적 개념이다. 이 용어를 동방교회는 이디오테스로 번역하였다. 이디오테스는 이디오스(ἴδιος)에서 유래된 명사로 어떤 자에게 속하는, 어떤 사람의, 어떤 사람의 고유에 속하는 것, 속성, 또는 본성에 예속되는 것을 의미한다. 예를 들면, "나무는 각각 그 열매로 안다"(이디우 카르푸 기노스케타이[ἰδίου καρποῦ γινώσκεται], 눅 6:44). "그가 자기 양의 이름을 불러 인도하여 내느니라"(이디아 프로바타 카레이 카트 오노마 카이 에크사게이 아우타[ἴδια πρόβατα καλεῖ κατ' ὄνομα καὶ ἐξάγει αὐτά], 요 10:3). "유다는 이 직무를 버리고 제 곳으로 갔나이다"(유다스 포류테나이 에이스 톤 토폰 톤 이디온[Ἰούδας πορευθῆναι εἰς τὸν τόπον τὸν ἴδιον], 행 1:25).

εἰς ἓν πρόσωπον καὶ μίαν ὑπόστασιν συντρεχούσης
in unam personam atque subsistentiam concurrente
한 위격 또는 한 위격존재로 통합되어 있다.

"위격"(프로소폰[πρόσωπον]; 페르소나[*persona*])과 "위격존재"(휘포스타시스[ὑπόστασις]; 서브시스텐티아[*subsistentia*])는 칼케돈 신학 이전에는 별개의 것으로 이해되었지만, 여기서는 동의어로 사용된다. 전자는 이미 테르툴리아누스의 『프락세아스 논박』(주: 라틴어로 기록)과 힙폴리투스의 『삼위일체론』(주: 헬라어로 기록)에서 삼위일체에 관한 논술 속에서 사용되었다.

'칼케돈 신조'는 프로소폰과 휘포스타시스를 동의어로 사용하지만, 네스토리우스파는 이것을 다르게 이해하였다. 이것이 문제의 주요 요인이 된다. 네스토리우스파는 '두 개의 휘포스타시스'(본성), '하나의 프로소폰'을 말한다. 네스토리우스는 프로소폰을 키릴루스가 말하는 것과는 다르게 이해한다. 프로소폰을 외적이며 개별적인 것을 표현하는 것으로 이해하였다.

휘포스타시스(ὑπόστασις)는 원래 '아래에 서 있는 것'이라는 뜻으로, 여기서 기초, 근거, 지탱, 위치, 출발점, 실질, 본성, 본질 등의 의미가 파생되었다. 철학적으로는 본질 또는 존재를 의미하나, 칼케돈의 용법은 다르다. 본질을 의미하는 그리스도론적 용어는 니케아 신학이 말하는 '우시아'이다. 그러나 '휘포스타시스'는 '우시아'와 동의어가 아니다. 오히려, 이전부터 사용하여왔던 '프로소폰'을 보충하기 위하여 사용된 동의어이다.

'휘포스타시스'는 철학의 존재론적인 용어가 아니라, 인간의 태도를 의미한다. 즉 자존하는 것, 자기를 지키는 것, 저항하는 것, 확신하는 것, 고유성을 가지는 것, 스스로 책임을 가지고 존재하는 것 등이다. 대 바실리우스가 위격을 표현함에 있어서 적당하다고 생각한 것은 프로소폰이 아니라, 휘포스타시스라고 한 것은 이러한 까닭에서였다. 즉 프로소폰이나 페르소나보다도, 휘포스타시스가 존재론적 의미가 강하며, 페르소나가 가지는 법적 인격 개념을 전용함으로써 의미가 모호해지는 것을 방지할 수 있다고 생각했던 것이다.

서방교회가 사용하는 라틴어 페르소나는 어원적으로 '면'을 뜻하지만 발전되어 '얼굴', '역할', '배역', '인격', '성격'의 의미까지 포함하게 되었고, 더욱이 법률적으로 '개인', 인격적인 '개체', 문법상의 '인칭' 등을 의미하게 되었다. 테르툴리아누스는 이 개념을 아버지 되시는 하나님, 아들 되시는 하나님, 성령 되시는 하나님의 삼자에 적용했다. 알렉산드리아의 키릴루스는 하나의 위격에 두 본성이 존재한다고 주장한 것으로 유명한데, 그 이전에 카파토키아의 바실리우스(379 사망)가 헬라어 교부 사이에서 이 말의 의미를 확정하였고, 그리고 휘포스타시스가 위격에 보다 적절한 용어라고 주장하였다(서한 210).

신약성경은 '휘포스타시스'를 칼케돈적 의미로 사용하지 않는다. '확신'(고후 9:14; 11:17, 히 3:14; 11:1)과 '본질'(히 1:3, 또는 본체)이라는 의미로 사용되었다. 칼케돈적 관점에서, 휘포스타시스를 라틴어로 번역한다면 숩스탄티아(*substantia*)가 아니라 서브시스텐티아(*subsistentia*)가 되어야 한다. 휘포스타시스를 '위격존재'로 번역한 것은 의미적으로는 위격에 가깝지만 존재의 의미도 들어 있기 때문이다.[34]

신약성경 이후 4세기 후반에 이르기까지 용법적으로 휘포스타시스(ὑπόστασις)가 서브스탄티아(*substantia*; 우시아[ουσια])에 해당되는 것으로 간주되었지만, 칼케돈적 또는 삼위일체적 용법으로는 서브시스텐티아(*subsistentia*)가 되었다.[35] 삼위일체론적인 문맥에서 숩스탄티아와 서브시스텐티아를 동의어로 간주하는 것은 잘못된 것이다. 만약 그렇게 된다면, 하나의 숩스탄티아(=우시아), 세 개의 서브시스텐티아라는 표현이 되어 버린다.

---

34 참고. *subsistentia*는 영어로 subsitence 또는 subsistent를 의미한다. 특별한 존재 또는 실존을 나타내는 것으로, 주어진 본질(essence)의 개별적인 사실(instance)이다. 후자의 의미에서는 휘포스타시스의 라틴어 동의어이다. *substance*는 존재하는 것의 물질적 또는 영적인, 기초를 이루는 물질(stuff)로서 *essentia*와는 구별되는 구체적인 실재를 말한다. Richard A. Muller, *Dictionary of Latin and Greek Theological Terms: Drawn Principally from Protestant Scholastic Theology* (Grand Rapids: Baker Book House, 1985), 290.

35 *substantia*와 *subsistentia*는 어원적인 의미에서는 그 차이점을 찾기란 쉽지 않다.

οὐκ εἰς δύο πρόσωπα μεριζόμενον ἢ διαιρούμενον
non in duas personas partitum sive divisum
두 위격으로 분리되거나 분할되거나 하지 않으며

"분리되다"는 고린도전서 1:13에 "그리스도가 나뉘었느뇨"에 유래한다. "분할하다"는 이전에 언급한 분할과 동일한 어근으로서, 누가복음 15:12의 "나누다"(διεῖλεν), 또는 고린도전서 12:11의 "나누어 주다"(디아이룬[διαιροῦν])에서 나타난다.

καθάπερ ἄνωθεν οἱ προφῆται περὶ αὐτοῦ καὶ αὐτὸς ἡμᾶς
ὁ κύριος Ἰησοῦς Χριστὸς ἐξεπαίδευσε καὶ τὸ τῶν πατέρων
ἡμῖν παραδέδωκε σύμβολον
Sicut ante prophetae de eo et ipse nos Dominus Jesus
Christus erudivit et partrum nobis symbolum tradidit
이는 옛적에 선지자들이 그에 관하여 예언한 바요,
주 예수 그리스도께서 친히 우리들을 가르치신 것이며,
교부의 신조도 우리에게 전하여 준것과 같은 것이다.

"옛적에 선지자들이 그에 관하여 예언한" 것이란 다름아닌 칼케돈적 그리스도론이라고 고백하는 것이다. 환언하자면, 칼케돈 신학의 그리스도론은 구약의 증언을 근거로 한다는 의미이다. 다음으로 "그리스도께서 친히" 말씀하신 것을 근거로 하는 것이 칼케돈적 그리스도론이라는 것이다. 마지막으로, 비록 칼케돈적 글귀를 사용하지는 않았지만, "교부의 신조" 역시 칼케돈의 고백과 일맥상통하고 있다고 강조한다. 이 항목을 통해서, 칼케돈 정식의 저자들은 자신들의 신앙고백을 역사적 전통에 입각한 것으로 옹호하면서, 동시에 그 전통에 의해서 자신들의 신앙을 재해석할 수 있다는 여지를 남겨두고 있음을 보여 준다.

'교부의 신조'를 단수로 표현하는 것은 '니케아 신조'와 '니케아 콘스탄티노폴리스 신조'를 복수로 취급하는 것이 아니라, 하나의 고백으로 간주한다는 의미이다. 여기서 신앙고백의 역사적 연속성을 보게 된다. 이 항목을 성경적인 관점에서 보자면, 히브리서 13:8의 "예수 그리스도는 어제(구약 시대)나 오늘이나 영원토록 동일하시니라"에 근거한 고백으로, 구약에서부터 신약 시대, 그리고 전 시대를 통하여 그리스도께서 동일하시며 일관적이라는 사실을 고백한다.

제4장
사도신조

1. 기원

'사도신조'가 신학적으로 관심을 받기 시작한 것은 16세기 교회개혁 시대였다. 개혁가들이 자신들의 신학을 기술함에 있어, 사도신조의 구조로부터 적지 않는 영향을 받았다. 그들은 사도신조를 그리스도교 신학의 최고 요약으로 간주하였고, 이 신조의 주석서를 발간하였다.[1]

오늘날 사용되는 '사도신조'의 형태는 일반적으로 7-8세기에 처음으로 나타났다고 주장되며, 그와 유사한 문서들도 많이 존재하였다 (Hahn § 66).[2] 예를 들면, 15세기 이후에 작성된 것으로 간주되는 헬라어 사본들도 존재하지만, 서방교회의 전승적 산물이라고 볼 수 있다 (Hahn § 43).

그러나 사도신조의 원형적 형태와 구조는 고대 교회 시대에 존재하였다. 그러한 원형적 형태는 성령 강림절날 열두 사도가 성령에 감

---

[1] 기독교 강요, 제네바 교회 신앙문답, 하이델베르크 신앙문답 등은 사도신조를 포함하고 있다. 칼빈은 사도신조를 신조의 요약판이라고 간주한다. 사도성 문제제기와 비판을 참조하라.

[2] Hahn, § 66, "Nach einem Sacramentarium Gallicanum aus dem 7. Jahrhundert, Dritte Formel."

동되어 한 조항씩 기록되어졌다는 것이다. 이러한 전설적인 견해는 루피누스(Tyrannius Rufinus, c. 345-410년)의 『신조 강해 II』(*Expositio Symboli*, 404 c.)를 통해 나타났다. 따라서 사도신조의 원형적 형태에 관한 전설은 루피누스 이전부터 존재했던 것으로, 상당히 오래되었다.[3]

루피누스의 설명에 의하면, 고대 교회는 12사도들이 건네준 글귀들(tradunt maiores)을 정리하여 '사도신조'라 칭하였다고 한다.[4] '사도신조'의 저자성을 12사도로 간주하려는 루피누스의 주장은 이미 존재하고 있었던 사적 자료에 의해서 확인되어진다. 역사적으로, '사도신조'(아포스토리쿰[*Apostolicum*], 심볼룸 아포스토리쿰[*Symbolum Apostolicum*], 심볼룸 아포스토룸[*Symbolum Apostolorum*])라는 용어가 처음으로 사용된 예는 밀라노 회의(390)에서 암브로시우스가 작성한 것으로 알려진 교황 시리키우스(Siricius)에게 보낸 편지 가운데서이다.[5]

또한 암브로시우스(340-397년)의 것으로 추측되는 『초신자를 위한 신조해설』(*Explanatio Symboli ad initiandos*)은 신조의 각 항목들을 각 사

---

3 Rufinus, 29-30; *Corpus Christianorum Series Latina*. XX,134f; PL, 21, 335-8(337).
4 Rufinus, 30.
5 St. Ambrosius, *Letter*, 42:5(PL 16.1125); 이외에 *Explanatio Symboli ad initiando* (PL 17.1155f), 그리고 『사도적 교헌』(*Apostollic Constitutiones*)의 제6권에도 나온다. 역사적 상황에 관하여는 다음을 참조하라. *ECC*; Gerhard Rein, ed., *A New Look at the Apostles' Creed* (Ausburg Publishing House, 1969); F. J. Badcock, *The History of the Creeds*, (London, S.P.C.K. 1930); J. de Ghellinck, *Patristique et Moyenâge Études d'histoire littérarire et doctrinal*. Tome I. *Les Recherches sur les Origines du Symbole des Apôtres* (Museum Lessianum, – Section historique n. 6. 1946, 2e éd.1949); F. Kattenbusch, *Das apostolische Symbol*, 1. Bd. 1894, 2Bd.1900 (Leipzig, 1962); H.B. Swete, *The Apostles' Creed. Its Relation to Primitive Christianity* (Cambridge, 1894); A. C. McGiffert, *The Apostles' Creed. Its Origin, Its Purpose, and Its Historical Interpretation* (New York, Charles Scribner, 1902); Alexander MacDonald, *The Symbol of the Apostles* (New York, 1903); Adolf Harnack, *The Apostles' Creed*, trans. By Stewart Means revised. and ed. By Thomas Bailey Saunders (Wipf and Stock, 2001); Jack Rogers, *Presbyterian Creeds A Guide to the Book of Confessions* (Louisville: WJK, 1985), 57-65.

도들에게 대응시키고 있다.⁶ 따라서 루피누스는 아마도 암브로시우스의 영향을 받아 '사도신조'라는 명칭을 사용하였고, 그것의 형성 과정과 주해서까지 기술할 수 있었던 것으로 보인다.⁷

이러한 내용들은 4세기 후반의 『사도헌장』(Constitutiones Apostolorum)과 니케타스(Nicetas Remisiana, 335 c.-414년)의 『신조해설』(Explanatio Symboli) 등에도 나타난다. 루피누스 이후에 나타나는 자료로는 위에 언급한 『위(僞) 아우구스티누스 설교』와 피르미니우스(Pirminius, 753)의 『각 경전으로부터 발췌된 교리에 관하여』(Dicta Abbatis Pirminii de singluis livris canonicis scarapsus) 등이 있다. 특히, 후자의 본문에 수록된 신조가 서방교회의 표준 또는 공인원문(텍스투스 레켑투스[textus receptus])으로 채택됨으로서, 오늘날의 사도신조 형태는 피르미니우스의 본문에 의거한 것이다.⁸

참고로 『위(僞) 아우구스티누스 설교』(pseudo-augustinischen Reden)에 나타난 원형적 형태는 다음과 같다(Hahn § 42).

> 주님께서 승천하시고 난 10일 후, 제자들이 유대인을 두려워하여 한 곳에 모였을 때, 주님께서 약속하신 위로의 주님께서 오셨다. 그분의 오심으로, 그들은 빛나는 철처럼 달아올라(우트 칸덴스 펠룸 인플람마티[ut candens ferrum inflammati]), 모든 언어의 지식으로 충만하여 신조를 작성하였다.

---

6 PL. 17. 1193-1196.
7 Rufinus, 2 (… 이와 같이 우리 선조의 전승은 기술하고 있지만).
8 ECC, 398-9; ibid., "THE NICENE CREED: A TURNING POINT" in *Scottish Journal of Theology*, vol. 36, 29-39; PL. 89, 1029 ff. 710-724c; A.E. Burn, "THE TEXTUS RECEPTUS OF THE APOSTLES' CREED," in *The Journal of Theological Studies*, 1902 July, 481-500.

Petrus dixit:

Credo in Deum Patrem omnipotentem, Creatorem coeli et terrae.

베드로가 말했다.

나는 하나님 아버지 전능하신 분, 하늘과 땅의 창조자를 믿습니다.

Andreae dixit:

Et in Jesum Christum, Filium eius unicum, dominum nostrum.

안드레가 말했다.

그리고 예수 그리스도, 그의 유일하신 아들, 우리 주를(믿습니다.)

Jacobus dixit:

Qui conceptus est de Spiritu sancto, natus ex Maris virgine.

야고보가 말했다.

그분은 성령으로 말미암아 잉태되시어, 동정녀 마리아에게서 나셨습니다.

Johannes dixit:

Passus sub Pontio Pilato, crucifixus, mortuus et sepultus.

요한이 말했다.

본디오 빌라도의 치하에서 고난을 받으시고, 십자가에 못 박혀 죽으시고 묻히셨습니다.

Thomas dixit:

Descendit ad inferna, tertia ide resurrexit a mortuis.

토마스가 말했다.

그분은 음부에 내려가셨으며, 셋째 날에 죽은 자들 가운데서 부활하셨습니다.

Jacobus dixit:

Adscendit ad coelos, sedet ad dexteram Dei Patris omnipotentis.

야고보(알패오의 아들)가 말했다.

그분은 하늘에 오르시어 전능하신 하나님 아버지 우편에 앉으셨습니다.

Philippus dixit:

Inde venturus est judicare vivos et mortuos.

빌립보가 말했다.

그분은 거기로부터 오셔서 산 자들과 죽은 자들을 심판하십니다.

Bartholomaeus dixit:

Credo in Spiritum sanctum.

바돌로매가 말했다.

나는 성령을 믿습니다.

Matthaeus dixit:

Sanctam ecclesiam catholicam, sanctorum communionem.

마태가 말했다.

거룩한 공교회와 성도의 교제를.

Simon dixit:

Remissionem peccatorum.
시몬이 말했다.
죄의 용서를.

Thaddaeus dixit:
Carnis resurrectionem
다대오가 말했다.
몸의 부활을.

Matthias dixit:
Vitam aeternam.
맛디아가 말했다.
영원한 생명을 (믿습니다).

  그러므로 '사도신조'에 대한 열두 사도의 저자성 문제는 쿨만이 말하듯이, 신앙조항의 객관적인 성격을 강조하고, 모든 자의적 의심을 가지지 못하도록 하기 위한 것과 관련한다. 정경으로 채택하기 위하여 사도들을 저작자로 만드는 편의적인 관점에서 논의되는 것은 문제가 될 것이다.[9]

2. 사도성 문제와 연구사

  루피누스에 유래하는 열두 사도 저작설은 '페라라 피렌체 공의회'

---

9 ECC, 12-17.

(후에 로마로 이어짐, *Concilium Ferrariense – Florentinum – Romanum*, 1438-9-45)[10]를 거쳐서, 서방과 동방의 양 교회가 서로 통합을 시도하려는 때까지 주장되었다. 그러나 이 회의에서 서방교회가 '사도신조'를 고백하였을 때에, 동방교회의 지도자였던 에베소 대주교 마르쿠스 에우게니쿠스(Marcus Eugenicus, 재위 1438-1444년)가 사도신조에 관하여 들어 본적이 없다고 말하였다.[11] 따라서 사도신조에 관하여 서방교회와 동방교회 사이에는 엄청난 차이가 있었다.

더욱이 15세기 중엽부터 인문주의 영향 아래서 '사도신조'가 가지는 '사도성'(아포스토리쿰[*apostolicum*]), 또는 '사도 저작성'에 대한 비판이 일어나면서 구체적인 논쟁으로 이어졌다.[12] 예를 들면, 이탈리아의 인문주의자 로렌쪼 벨라(Lorenzo Valla, 1407-1457년)는 사도신조의 사도 기원설에 문제를 제기하였다.[13]

아샤프(Asaph, 1444년)와 키체스트(Chichester, 1450년)의 주교였던 레기날드 페코크(Reginald Pecock)가 신학적으로 문제를 제기하였다.[14] 그들은 사도신조의 사도 저작성을 부인하였고, 특히 후자는 '음부에 내려가신' 것을 거부하였다. 이러한 비판은 16세기의 에라스무스로

---

10 이 회의는 다음 해에 장소를 피렌체로 이동해 그 곳의 이름으로 총칭되는 경우도 있다. 또한 이것은 그 이전의 바젤 회의와 연결되어 로마 가톨릭교회 내에서의 새로운 움직임을 나타내는 것이었다. 따라서 Ferrara는 일반적으로 Council of Basel 1431, Ferrara 1438, Council of Florence 1439로 일컬음.

11 ECC 4; J. de Ghellinck: *Patristique et Moyen Age, Études d'historie littéraire et doctrinale. Tome I. Les Recherché sur les Origines du Symbole des Apotres*. (Paris: Desclee de Brouwer, 1964), 19.

12 ECC, 5.

13 Philip Schaff, I, 23.

14 Joseph M. Levine, "Reginald Pecock and Lorenzo Valla on the Donation of Constantine," *Studies in the Renaissance* 20 (1973), 118-43; Jong-Won Choi, "Reginald Peccock, Vernacular, and a Vfision of Humanism," in 「중세르네상스영문학」, 제16권 1호(2008), 157-181(166).

이어져 갔다.[15]

그러나 16세기로 들어서면서, 비판적인 연구와 함께 '사도신조'가 가지는 신학적인 가치에 관한 본격적인 규명이 시작되었다. 16세기 교회개혁가들은 로마 가톨릭 신학의 잘못된 가르침과 오류를 논박하면서 바른 교회와 신학을 정립하고자 하였다. 프로테스탄트 교회는 교회개혁을 위하여 무엇보다도 '올바른 가르침'(orthodox, 정통)이 필요하였다.[16] 교회개혁을 위한 정통적인 가르침을 정립하여 전개함에 있어서, 그들은 사도신조의 구조를 자신들의 신학적 구조로 사용하여, 자신들의 신학적 저술, 신앙고백서, 또는 신앙문답 등을 사도신조 구성에 따라 기술하였다.[17] 예를 들면, 칼빈은 『기독교 강요』를 사도신조의 구성에 따라서 기술하였다.[18] 무엇보다도, 그리스도교 믿음을 간추

---

15 에라스무스 *Dilucida et pia explanatio Symboli quod apostorum dicitur, decalogi praeceptorum et dopminicae precationis*, in *Desiderii Erami Toterodami Opera omnia*, ed. J. Clericus, Leiden 1703-1706, Bd. V. 1133-1196; 사도신조의 저자성 문제는 초대 교회가 소유하였던 교의, 예전, 성직자들의 위계제도 등에 관한 문제들을 열두 사도로 직접 연결하고, 더 나아가 예수 그리스도로 연결시키려는 교회사적 문제를 포함한다. 이러한 맥락에서, 연구가들은 2세기의 가톨리시즘의 변증가들이 남겨놓은 '신앙규범'(*regula fidei*)과 12사도의 신앙이 서로 일치하며, 양자 사이에 동일성이 존재한다고 주장하였다. 따라서 결과적으로 열두 사도와 이 신조와의 직접적인 관계 문제라기보다는 '사도신조' - '신앙규칙' - '12사도' - '그리스도'라는 교회의 역사적인 흐름에 입각한 연구로 나아가게 되었다.

16 참조, San D. Kim, *Time and Eternity: A Study in Samuel Rutherford's Theology with Reference to His Use of Scholastic Method* (Aberdeen, 2002) chaps. 1-2; 정통이란 바른 가르침을 뜻한다.

17 예를 들면, 청교도의 아버지라 불리는 윌리엄 퍼킨스(William Perkins)의 『사도신조 강해』 (*An Exposition or Creed of the Apostles*, 1595)와 헤르만 위트지우스(Herman Witsius)의 『사도신조에 관한 거룩한 논문』(*Sacred Dissertations on The Apostles' Creed*, 1823)은 정통신앙의 사수에 대한 대표적인 예라고 할 수 있다.

18 칼빈의 『기독교 강요』가 가지는 구조적 형식은 중요하다. 특히 1550년판에서 1559년판으로 개정되면서 결정적인 변화가 일어난다. 1550년판에서는 삼위일체론이 사도신조 강해라는 형식으로 한 곳에 기술되어 있었지만, 최종판에서는 이 강해가 각각 분리되어 사도신조의 제1항은 제1권에, 제2항은 제2권에, 제3항은 제3편에, 제4항은 제4권에 각각 편집 삽입되었다. 말하자면, 여기서 기독교 강요 전체가 사도신조의 강해적 구조를 가지게 되고, 따라서 전체적으로는 삼위일체의 해설서가 되었다고 해도 과언이 아니다. F. L. Battles, *Analysis of the Institutes of the Christian Religion of John Calvin*, (Grand Rapids: Baker Book House, 1980), 15; Wilhelm Nijenhuis, "Calvin's Theology." in *TRE* (*Theologische*

린 요강으로 사도신조를 이해하였다. 칼빈은 『제네바 교회 신앙문답』 제15문에서 다음과 같이 말한다.[19]

> 문 15) 그렇다면, 나는 당신으로부터 이 지식의 요강(要綱, summa)이 무엇인지 간결하게 듣고 싶습니다.
> 답: 그것은, 모든 그리스도인들 사이에 일반적으로 가지고 있는 신앙고백, 또는 보다 정확하게 말하자면 신앙고백의 정식(formula confessionis) 안에 포함되어 있습니다. 그것을 보통 사도신조라 부르지만, 그것은 초대 교회로부터 모든 경건한 사람들 사이에 언제나 수용되어 왔습니다. 이것은 사도들의 입으로 전해져 내려왔으며, 또한 그들의 문서로부터 신실 되게 수집된 것입니다.

개혁자들은 '사도신조'의 저자성이나 본문 비평에 대한 관심보다도, 그 자체가 가지는 신학적 의미에 보다 많은 관심을 가졌다. 사실, 로마 가톨릭은 로마 공교리 제1부, 제1장에서 사도신조의 사도적 기원을 확인하고 있지만, 16세기 개혁자들은 일반적으로 사도신조의 사도적 기원성을 인정하면서도, 그들의 저자성을 고집하지 않았다.[20]

그러나 17세기가 되면서 보스(Geradus Joannes Vossius, 1577-1649년) 『세 신조연구』(Dissertationes tres de tribus symbolis, apostolico, athanasiano et constantinopolitano, 1647, 1sts ed., 1662)는 사도의 저작성을 부인하였고,

---

Realenzyklopädie) ed. by Gerhard Krause, vol.7 (New York: W. de Gryter, 1981), 578-87(582).

19 John Calvin, Catechismus Ecclesiae Genevensis, in Joannis Calvini Opera Selecta ed., by Petrus Barth & Guilemus Niesel 5 vols. (Monachii in Aedibus Chr. Kaiser, 1970) vol. II, 76; 김산덕, 『제네바 교회 신앙문답 번역과 해설』, 제15문 (근간).

20 다음을 보라. Calvin, Inst. II.xvi.18; Melanchiton, C. R. 25, 165.

루피누스의 신조 강해와 예루살렘의 키릴루스의 신앙문답서로부터 신조 본문을 인용하여 비교 검토하였다.

북 아일랜드의 대표적인 칼빈주의 신학자였던 제임스 어셔(James Ussher, 1581-1656년)는 고대 사본을 이용한 신조연구의 개척자로서 자신의 『로마 신조의 사도신조에 관하여』(*De romanae eccesiae symbolum apostolico*, 1647)에서, 『에세르스탄 왕의 시편』(*Psalterium Regis Aethelstani*) 의 헬라어 본문과, 라우디아누스 사본(Codex Laudianus, Hahn § 20)에 있는 라틴어 본문이 서로 잘 부합된다는 것에 착목하여, '고(古) 로마 신조'의 존재를 주장하였다.

18세기에는 '사도신조' 그 자체가 연구 대상이 되기보다는 계몽주의적 사상을 확립시키기 위하여 사도신조 또는 성경을 예로 든다. 예를 들면, 레싱그(Gotthold Ephraim Lessing. 1729-1781년)는 1778년에 루터파의 정통주의 신학자 괴체(Johann Melchior Goeze. 1717-1786년)와의 논쟁에서, 성경의 권위라는 견해를 거부하고 신약성경보다도 '신앙규범'이 더 오래되었으며, 이 신앙규범이야말로 교회가 그 위에 서야 할 반석이라고 주장했다.[21]

19세기가 되면서, 역사적 가치는 저차원에서 고차원으로 발전하여

---

21 Gotthold Lessing, "Necessary Answer to a Very Unnecessary Question of Herr Hauptpastor Goeze of Hamburg," in *Lessing: Philosophical and Theological Wrtitings*, ed. H. B. Nisbet, Cambridge Text in the History of Philosophy (Cambridge: Cambridge University Press, 2005), § § 2-5, "this *regula fidei* and *not the Scriptures*[that] is the rock on which the Church of Christ was built"(5); 참고. Hugh Barr Nisbet, *Gotthold Ephraim Lessing: His Life, Works, and Thought* (Oxford: Oxford University Press, 2013), 557-8; 레싱은 1768년에 사망한 예수의 신성을 부정한 라이마루스(Hermann Samuel Reimarus)의『신의 이성적 숭배자들을 위한 변론』을 1773년부터 게재하기 시작하였다. 합리주의적인 이성적 관점에서 기독교와 성경을 비판하며, 특히 계시 개념을 공격하였다. 이에 대하여 괴체 목사로 대표되는 기독교 측과 논쟁이 시작되었다. 레싱은『반괴체-글들』,『현자 나탄』등으로 지속적으로 공격하였다. 이 섹션에서는 Watanabe에서 많이 차용하였다; 참고. 계몽주의적 합리주의 사고에 의한 연구로서 발츠의 신조집이 있다. Christian Wihelm Franz Walch, *Bibliotheca Symbolica vetus ex monumentis quinque priorum seculorum maxime collecta, et observationibus historicis ac criticis illustrata* (Lemgo. 1770).

간다는 진보적 역사 사관으로 바뀌어 갔다. 이에 따라서 '사도신조'에 관한 관심도 그것의 본질적이고 신학적인 의미나 내용보다도, 그것의 기원이나 역사적 발생 과정에 대한 인식이 중심이 되었다.

예를 들면, 그란드뷔그(Nikolai Frederik Severin Grundtvig. 1783-1872년)는 세례신조와 주기도문 그리고 성만찬 제정어를 주님이 직접 가르치신 것으로 주장하면서 교회적 실천을 강조하였다.

또한 카스파리(Carl Paul Caspari. 1814-1892년)는 24세에 기독교로 개종한 동양 학자이면서, 1847년 이후 크리스티아나대학(오슬로)에서 구약을 가르쳤다. 그는 교회적으로 넓은 시야를 가지고 신조의 고사본 조사를 위해서 전 유럽을 2번이나 여행하여 『자료집』을 출판했다.[22]

4년 후에는 이것의 보증판으로 『세례신조와 신조 규범의 역사에 관한 신구약 자료』(Alte und neue Quellen zur Geschichte des Taufsymbols und der Glaubensregel, 1879)를 간행하였다. 제임스 어셔가 '사도신조'의 기원을 로마에서 찾으려고 한 것에 반하여, 카스파리는 신조의 발생 장소로서 남 프랑스를 주목하면서, 그 기원을 소아시아의 요한적 그룹에서 찾았다.[23] 그 시기를 사도시대와 사도 후시대의 과도기로 보았다.

그 후 1842년에 한(Hahn)이 『신조집』 초판을 출판하고, 덴진거(Denzinger)는 『자료집』 초판을 1854년에 출판하였다. 또한 영국계 학자의 신조연구로서 홀트리(Charles Abel Heurtly: *Harmonia Symbolica*, Oxford, 1858)를 들 수 있다.

19세기 말과 20세기 초에, 신조연구에 중요한 업적을 남긴 자로서 하르낙(Adolf von Harnack. 1851-1930년)을 언급할 수 있다. 그는 바

---

22 Carl Paul Caspari, *Ungedruckte, Unbeachtete und wenig beachtete Quellen zur Geschichte des Taufsymbols und der Glaubensregel*, 3 Bde 1866-75. (Bruxelles: reprint. Cultur et Civilisation 1964).

23 Carl Paul Caspari, *Alte und neue Quellen zur Geschichte des Taufsymbols und der Glaubensregel* (Kristiania, 1879), III. 227. Watanabe에서 재인용(16-17).

우케의 『프로테스탄트 신학백과사전』(*Realencyklopädie fur protestantische Theologie und Kirche*, 2,3 판, 1877, 1896)에 '사도신조' 항목의 기고를 맡았다. 또한 『고대 기독교 문학사』 2권(1893, 1907, 1957 2판)과 『교리사 교본』(1886년-초판, 1888년-중판, 1894년-3판, 1909년-4판)에서 '사도신조'를 다루었고, 몇 개의 논문과 아울러 단행본으로 『사도신조』를 출판하였다.[24]

하르낙은 로마 교회에서 사용한 것으로 간주되는 '고(古) 로마 신조'의 성립시기를 1877년까지는 120년부터 130년 사이라고 추정하였지만, 그 후에는 140년경으로 수정하였고, 1896년 이후에는 150년경으로 보았다. 또한 1897년 한(Hahn)의 『신조집』 제3판의 부록으로 발표된 논문에서는 2세기 말로 수정하였다.[25] 이 논문에서 그는 가장 오래된 '사도신조'의 형태를 다음과 같이 보고 있다(원문은 헬라어로 기록되어있다. Hahn, p. 390).

> Πιστεύω εἰς (ενα) θεὸν παντοκράτορα, καὶ εἰς Χριστὸν Ἰησοῦν (τὸν) υἱὸν αὐτοῦ, τὸν κύριον ἡμῶν, τὸν γεννηθέντα διὰ (ἐκ) παρθένου, τὸν ἐπὶ Ποντίον Πιλάτου παθόντα (σταυρωθέντα) καὶ ἀναστάντα (ἐκ νεκρῶν), καθήμενον ἐν δεξιᾷ τοῦ θεοῦ, ὅθεν (ἐν δόξῃ) ἔρχεται κρῖναι ζῶντας καὶ νεκρούς, καὶ εἰς πνεῦμα ἅγιον
>
> 나는 믿습니다. (한 분) 하나님 전능하신 분을, 그리고 그리스도 예수 그의 아들을, 우리 주, 동정녀를 통하여(안에서) 나시고, 본

---

24 Adolf Harnack, *The Apostles' Creed*, trans. By Rev. Stewart means (Wipf and Stock), 3. 각 1 참조.
25 Adolf Harnack, "Materialien zur Geschichte und Erklärung des alten römischen Symbols aus der christilichen Litteratur der zwei ersten Jahrhunderte", in Hahn, 364-390.

디오 빌라도 치세에 고난을 받으시고 (십자가에 달리시고), 그리고 부활하시고(죽은 자들로부터), 하나님의 우편에 앉으사, 거기로부터 (영광 안에서) 오셔서 산자들과 죽은 자들을 심판하심을 믿습니다. 그리고 성령을 (믿습니다).

하르낙과 함께 포괄적인 연구가로서 카텐부쉬(Ferdinand Kattenbusch. 1851-1936년)의 '사도신조'(1Bd. 1894, 2Bd. 1900)를 들 수 있으며, 그리고 위간트의 『사도신조의 성립』(Friedrich Wiegand, *Die Stellung des apostolischen Symbols*, 1899)은 중세 교회의 예배와 교육이라는 측면에서 연구하여, 세례 준비 교육과 사도신조의 사용 등에 관하는 자료들을 수록하고 있다. 또한 독일의 연구가 로후즈(Friedrich Loofs. 1858-1928년) 『신조학』(*Symbolik oder christliche Konfessionskunde*, I. 1902)을 발표하였다. 이 책은 본격적인 신조연구는 아니지만, 신조에 대한 포괄적인 이해를 제공한다. 또한 신약 학자로서 명성이 높은 쟌은 『사도신조』라는 책을 통하여 자신의 연구 업적을 남겼다(Th. Zahn, *Das apostolische Symbolum*, 1893).

라인홀드 제베르그(1859-1953년)는 『교리사 교본』에서 사도신조에 대하여 짧게 언급하지만, 『사도신조 성립사』라는 논문을 교리사 잡지에 기고하여 사도신조의 성립에 대하여 상세한 저술을 제공하였다.[26] 그에 의하면, 교회 신앙고백의 가장 초기 단계는 그리스도론적인 고백 형식이었으며, 점차적으로 신약성경의 여러 곳에서 볼 수 있는 형식들로 발전 성립되어 갔다고 전한다. 이러한 형식들은 아직 그 모양새를 제대로 갖추지 못한 것들이었지만, 각지의 교회에서 사용되면서, 그리

---

26 Reinhold Seeberg, "Zur Geschichte der Entstehung des apostolischen Symbols", *Zeitschrift fur Kirchengeschichte*, 40 (1920) 1-41.

스도론 중심에서 점차 삼위일체 형식으로 정식화되어 갔다고 주장한다. 약 140년경 예루살렘 교회에서 그 예를 찾아 볼 수 있다고 하였다.

한스 리츠만(1875-1942년)은 특히 동방교회의 신조를 연구하여 『신조연구』를 저술하였다.[27] 또한 그는 신조 및 신앙규범의 중요한 것만을 편집한 『고대 교회신조』를 출판 했다.[28] 고대 교회의 신조에 관한 자료와 문헌 비평은 19세기 말과 20세기 초에 걸쳐서 일단락 짓게 된다. 신조 연구에 관한 열기는 20세기에 들어오면서 식어가지만, 신조가 가지는 전통적인 형식과 신약성경과의 관계에 대한 연구가 활발하게 이루어진다. 쿨만(Oscar Cullmann)과 스타우퍼(Ethelbert Stauffer) 등의 신약 학자가 이 연구에 관여한다.[29]

영국계의 신조연구는 독일보다도 오래된 연구 학풍에 의해 양성된 것이다. 라이트 풋이나 웨스트 콧으로 대표되는 수준 높은 신약성경 주해가 영국에서 나왔다는 사실 등을 통해서 잘 알 수 있다. 이러한 연구결과는 신조 연구에도 크게 공헌한다.

예를 들어, 스웬슨(C. A. Swainson, *The Creeds of the church*, 1858; *The Nicene and Apostle's Creed*, 1875, 1894), 번(A. E. Burn, *An introduction to the Creeds*, 1899; *The Apostle's Creed*, 1906), 스웨트(H. B. Swete, *The Apostle's Creed*, 1894), 터너(C. H. Turner, *The history of the use of Creeds and Anathemas*, 1906, 1910), 홀트(F. J. A. Hort, *Two dissertations*, 1876), 배드콕(F. J. Badcock, *The history of the Creeds*, 1930, 1938), 그리고 현대에 이르러 켈리(J. N. D. Kelly, *Early Christian Creeds*, 1950, 1960; *The*

---

27 Hans Lietzmann, *Symbolstudien*. I-XIV 1922-1927 (Darmstadt: Wissenschaftliche Buchges, 1966).

28 Hans Lietzmann, *Symbole der alten Kirche* (Berlin: Walter de Gruyter, 1968).

29 참조. Oscar Cullman, *The Earliest Christian Confessions*, J. K. S. Reid, trans. (London: Lutterworth, 1949); ibid., *Early Christian Worship: Studies in Biblical Theology*, No. 10, Stewart Todd and James B. Torrance, trans. (London: SCM, 1956).

Athanasian Creed, 1964)가 있다. 그의 신조 연구는 현대에서 최고의 평가를 받고 있다고 해도 과언이 아니다.

교회적으로 영국 국교회는 '람베스 회의'(Lambeth Conference, 1888년)에서 '사도신조'를 성경, 성사, 성직위계와 함께 교회의 가시적인 일치를 견지하는 하나의 기둥으로 간주하였다.

또한 동방교회와 서방교회는 1927년 로잔느 회의 'The World Conference on Faith and Order'에서 처음으로 이 신조를 고백하면서 서로의 일치를 다졌고, '사도신조'가 그리스도의 메시지를 적절하게 표명하고 있다는 이해에 일치하였다.[30] 이와 같이 '사도신조'가 20세기로 들어서면서 교회 일치라는 측면에서 교회사적으로, 교의학적으로 연구되어 왔다는 사실은 놀라운 일이다.[31]

결론적으로 '사도신조'의 기원을 3-4세기의 '고(古) 로마 신조'로 간주하는 주장에 대하여 학자들은 일반적으로 동의한다. 또한 일반적으로 학자들은 사도신조의 원 본문이 헬라어로 기록되었다고 주장한다. 다시 말해서, 동방(소아시아)에서 유래되었고, 각 지역의 교회가 사용하였던 신조를 기초로 하였다는 것이다. 그러나 그것의 정확한 기원과 장소, 신조가 가졌던 최초의 본문 형태를 확정하는 것에 대해서는 그 의견들이 다양하게 나뉜다.[32]

---

30 ECC, 368.

31 참조. J. I. Packer, *Affirming the Apostles' Creed* (Wheaton: Crossway Books, 2008); Karl Barth, *The Faith of the Church: A Commentary on the Apostles' Creed According to Calvin's Catechism* (Wipf & Stock, Pub. 2006); C. E. B. Cranfield, *The Apostles' Creed: A Faith to Live By* (Edinburgh: Continuum International Pub., T. &T. Clark, 2004); Alister McGrath, *I Believe: Exploring the Apostles' Creed* (Leicester: IVP, 1997); Hans Urs von Balthasar, *Credo: Meditations on the Apostles' Creed*, trans. by Daivd Kipp, (Edinburgh: T.&T.Clark, 1990); 칼바르트, 『교의학 개요 사도신경 해설』, 신경수 역 (서울: 크리스챤다이제스트사, 1997); J. I. 패커, 『사도신경 성경공부』, 이상원 역 (서울: 크리스챤다이제스트사, 2001).

32 참조. Johannes Quasten, *Patrology* 4 vols., vol.1~3:1950, vol. 4:1986 (Christian Classics,

3. 고(古) 로마 신조(Romanum)

상기의 연구 결과를 중심으로 '사도신조'의 기원을 찾는다면, 사도신조의 표준분문에 가장 가까운 텍스트는 약 8세기경에 나타난다. 예를 들면, '라우디아누스 사본'(*Codex Laudianus*)의 로마 신조는 다음과 같다.[33]

> Credo in Deum Patrem omnipotentem.
> 나는 하나님 아버지 전능하신 분을 믿습니다.
>
> Et in Christo Jesu, Filium ejus unicum, Dominum nostrum,
> 그리고 그리스도 예수, 그의 유일하신 아들, 우리 주를 믿습니다.
>
> qui natus est de Spiritu sancto et Maria virgine,
> 그분은 성령과 동정녀 마리아로부터 나셨습니다.
>
> qui sub Pontio Pilato crucifixus est et sepultus,
> 그분은 본디오 빌라도의 치하에서 십자가에 못 박히시고 그리고 묻히셨습니다.

1986); F.L. Cross, *The early Christian fathers* (London: Gerald Duckworth, 1960); Wolfram Kinizig and Markus Vinzent, "Recent Research on the Origin of the Creed," *Journal of Theological Studies* 50, no.2 (1999), 535-59.

33 Hahn § 20; 고(古) 로마 신조의 역사와 해석에 관하여는 다음을 참조하라. Adolf von Harnack, "Materialien zur Geschichte und Erklärung des alten römischen Symbols aus der christlichen Litteratur der zwei ersten Jahrhunderte," in Hahn, *Bibliothek der Symbole und Glaubensregeln der alten Kirche*. 364-390.

tertia die resurrexit a mortuis,

셋째 날에 죽은 자들 가운데서 부활하셨습니다.

ascendit in caelis,

하늘에 오르시어,

sedet ad dextera Patris,

아버지 우편에 앉으셨습니다.

unde venturus est judicare vivos et mortuos.

거기로부터 오셔서 산 자들과 죽은 자들을 심판하십니다.

Et in Spiritu sancto,

그리고 성령을 믿습니다.

sancta ecclesia,

거룩한 교회를,

remissione peccatorum,

죄의 용서를,

carnis resurrectionis.

몸의 부활을 (믿습니다).

다음은 옥스포드 보들레이안 도서관(Oxford Bodleian Library)에 소장된 '라우디아누스 사본 35'의 부록에 나오는 대문자 사본이다. 이 사

252　고백하는 교회를 세워라

본은 사도행전의 헬라어 및 라틴어 본문을 수록한 것으로도 유명한데, 많은 사본 연구가들에 의하면 그 연대가 6세기 말부터 8세기까지라고 한다[34] 카스파리 또한 대문자로 소개하고 있는데 그것을 재현해 보면 다음과 같다(제3권 162).

CREDINDMPATREM
OMNIPOTEM
ETINXPOIHUFILIUMEI`S
UNICUM DOMINUMNOS
TRUMQUINATUSEST
DESPUSCOETMARIAUIR
GINEQUI SUBPONTIOPI
LATO. CRUCIFIZUSEST
ETSEPULTUS TERTIA
DIERESURREXITAMOR
TUISASCENDITINCAELIS
SEDETADDEXTERAPATRIS
UNDEUENTURUSEST
IUDICARE UIUOSETMOR
TUOSETINSPUSCOSCA
PECCATORUM CARNIS
RESURRECTIONIS

34　이것은 어셔(James Ussser)의 신조 연구 가운데서 나타났고, 홀트리(Heurtly)의 자료집에도 수록되어 있다(62f).

'사도신조'의 표준본문으로 간주되는 것과 개괄적으로 비교하여 보면, 1. 천지의 창조자, 2. 잉태하사, 3. 죽으시고, 4. 음부에 내려가시고, 5. 전능하신, 6. 공교회, 7. 영원한 생명 등의 글귀를 가지지 않는다. 이와 비슷한 몇 개의 본문들이 존재하는데, 공통적으로 로마 교회와 관계 있는 것으로 보인다. 이러한 본문들 가운데 가장 오래된 것은 루피누스(Tyrannlus Rufinus, 또는 Rufinus Aquileiensis, 340/45-410년)의 『신조 강해』에 수록되어 있다.[35] 루피누스는 자신이 세례 받을 때(370년경) 사용했던 아퀼레이아(Aquileja)의 세례신조와 로마에서 사용되고 있었던 로마 신조를 서로 비교하고 있다.[36]

루피누스에 의한 로마 신조(Hahn § 19)	루피누스에 의한 아퀼레이아 신조(Hahn § 36)
1. Credo in Deum Patrem omnipotentem;	Credo in Deo Patre omnipotente Invisibili et impassibili.
et in Christum Jesum, Filium eius unicum Dominum nostrum, qui natus est de Spiritu sancto et Maria virgine, qui sub Pontio Pilato crucifixus est et sepultus,	Et in Christo Jesu, unico Filio eius, Domino nostro. Qui natus est de Spiritu sancto ex Maria virgine, crucifixus sub Pontio Pilato et sepultus descendit in inferna,
tertia die resurrexit a mortuis, ascendit in caelos, sedet ad dexteram Patris, unde venturus est judicare vivos et mortuos, et in Spiritum sanctum, sanctam ecclesiam remissionem peccatorum, carnis resurrectionem.	tertia die resurrexit a mortius, ascendit in coelos, sedet ad dexteram Patris: inde venturus est judicare vivos et mortuos. Et in Spiritu sancto. Sanctam ecclesiam, remissionem peccatorum, huius carnis resurrectionem.

---

35 Tyrannius Rufinus, *A Commentary on the Apostles' Creed*; PL. 21, 335-386; CCL. 20, 127-182; 18세기에 이르기까지 이 책은 키프리아누스 저작집에 수록되어 있었으나, 16세기에 칼빈과 같은 교부 연구가는 키프리아누스의 것이 아니라고 생각했다.

36 Rufinius, 15-16.

더욱이 루피누스의 '로마 신조'와 비슷한 두 개의 헬라어 사본이 존재한다. 하나는 '에셀스탄 왕의 시편'(Psalterium Regis Aethelstani) 사본에 기록된 것이며(Hahn § 18), 다른 하나는 '앙키라의 말켈루스'(Marcellus von Ancyra, c. 280-374년)의 편지에 나온다. 전자는 영국의 대영 박물관에 소장되어있으며, 제임스 어셔에 의해 일찍이 소개되었지만, 헬라어 사본은 헬라어가 아닌 앵글로색슨식의 로마 문자로 되어있다(Caspari, 제3권, p.5).

사본은 9세기경의 것으로 보이지만(에셀스탄 왕의 사망 941년), 본문은 오래된 사본으로부터 베껴 쓴 것으로 보인다.[37] 아마도 6세기 말 이교도로 여겨졌던 영국 사람들을 개종시키기 위하여, 그레고리우스 1세가 당시 로마 교회가 사용하였던 신조를 보내었을 가능성이 높다. 이것은 아마도, 그 당시 로마에서 헬라어로 예배를 드리는 교구가 있었으며, 그 곳에서 세례식 때에 사용되었던 신조였을 것이다.

'에셀스탄 왕의 시편'에 나오는 본문 연대와, 그것이 로마로부터 유래되었다는 사실을 입증할 만한 헬라 본문이 존재하는데, 앙키라의 말켈루스에 의해서 제시된 '로마 신조'(Hahn § 17)이다.

이 신조는 말켈루스가 이전에 방문하였던 로마 주교 유리우스(Julius)에게 자신의 입장을 주장하기 위하여 약 341년경에 보낸 편지 가운데 수록된 것이다.[38]

'에셀스탄 왕의 시편'(Hahn § 18)과 비교하면 다음과 같다.

---

37 번역문은 위에 언급한 라우디아누스 사본의 신조와 같다. Hahn. p.23의 각주 3 참조하라.
38 편지 전문의 영어 번역이 James Stevenson, *Creeds, Councils, and Controversies: Documents Illustrative of the History of the Church A.D.337-461* (London: S.P.C.K., 1966), 9ff에 수록되어 있다. 같은 책 신판에서는 6ff에 나온다.

18 에셀스탄 왕의 시편	17 로마 신조
Πιστεύω εἰς θεὸν πατέρα παντοκράτορα καὶ εἰς Χριστὸν Ἰησοῦν, υἱὸν αὐτοῦ τὸν μονογενῆ, τὸν κύριον ἡμῶν, τὸν γεννηθέωτα ἐκ πνεύματος ἁγίου καὶ Μαρίας τῆς παρθένου, τὸν ἐπὶ Ποντίου Πιλάτου σταυρωθέντα καὶ ταφέντα, τῇ τρίτῃ ἡμέρᾳ ἀναστάντα ἐκ νεκρῶν, ἀναβάντα εἰς τοὺς οὐρανούς, καθήμενον ἐν δεξιᾷ τοῦ πατρός, ὅθεν ἔρχεται κρῖναι ζῶντας καὶ νεκρούς. καὶ εἰς πνεῦμα ἅγιον, ἁγίαν ἐκκλησίαν, ἄφεριν ἁμαρτιῶν, σαρκὸς ἀνάσταριν. Ἀμήν.	Πιστεύω εἰς θεὸν παντοκράτορα καὶ εἰς Χριστὸν Ἰησοῦν, τὸν υἱὸν αὐτοῦ τὸν μονογενῆ, τὸν κύριον ἡμῶν, τὸν γεννηθέωτα ἐκ πνεύματος ἁγίου καὶ Μαρίας τῆς παρθένου, τὸν ἐπὶ Ποντίου Πιλάτου σταυρωθέντα καὶ ταφέντα, τῇ τρίτῃ ἡμέρᾳ ἀναστάντα ἐκ τῶν νεκρῶν, ἀναβάντα εἰς τοὺς οὐρανούς, καὶ καθήμενον ἐν δεξιᾷ τοῦ πατρός, ὅθεν ἔρχεται κρίνειν ζῶντας καὶ νεκρούς. καὶ εἰς τὸ ἅγιον πνεῦμα, ἁγίαν ἐκκλησίαν, ἄφεριν ἁμαρτιῶν, σαρκὸς ἀνάσταριν, ζωὴν αἰώιον Ἀμήν.

두 본문을 비교하면 § 17번의 신조에는 하나님 아버지의 항목에 파테라(πατέρα)가 없다. 그리고 유일하신 아들의 항목이 톤 휘온 아우투(τὸν υἱὸν αὐτοῦ)로 되어 있다. 셋째 날의 앞에 카이(καί)가 삽입되어있으며, 죽은 자 가운데서가 에크 톤 네크론(ἐκ τῶν νεκρῶν)으로 되어 있다. '하늘에 오르사' 다음에 카이(καί)가 들어간다.

재림의 항목이 크리나이(κρῖναι)가 아니라, 크리네인(κρίνειν)으로 되어 있다. 성령에 관한 항목에서는 카이 에이스 토 하기온 프뉴마(καὶ εἰς τὸ ἅγιον πνεῦμα)로 되어 있다. 마지막으로는, 조엔 아이오이온(ζωὴν αἰώιον: 영원한 생명)이 삽입되어 있다.[39]

---

39 루피누스에 의해 전해진 바대로, 마지막 부분의 '영원한 생명'은 이전부터 로마에서 사용되어 오던 세례신조에 나타나지 않았다고 단정할 수 있다. 로마에서 세례를 받은 히에로니무스(c. 345-419년)가 로마 신조는 '몸이 다시 사는 것'으로 끝난다고 말한 것을 통해서도 확인할 수 있다(Hahn, S.25, 주 8). 결국, '영원한'과 '생명'이라는 두 단어는 말켈루스에 의한 것으로 볼 수 있다. 이 잘못된 기록의 원인은 동방교회에 '영원한 생명'으로 끝맺는 신조가 있었다는 사실에 있다.

로마에서 처음으로 사용된 세례신조는 라틴어가 아니라 헬라어로 기록되었고, 라틴어 본문은 그것을 번역한 것이라고 가정한다면 '에셀스탄 왕의 시편'에 수록된 헬라어 신조가 원본에 가장 가까운 것으로 볼 수 있다. 신조 연구가들은 일반적으로 이 신조를 '로마 신조' 또는 '로마의 신조'(Romanum)로 간주한다.[40]

그러나 쿠아스텐(J. Quasten)은 로마의 힙폴리투스에 의한 '사도적 전승' 가운데 수록된 세례신조 본문이야말로,[41] 루피누스의 본문과 카파토키아 앙키라의 말켈루스가 헬라어로 남겨준 본문과 거의 일치하기 때문에, 그보다 더 오래된 것이라고 주장한다.[42] 왜냐하면 이단들과의 논쟁 가운데 로마 교회는 사도전승을 만들었다. 크로스가 지적하듯이 보수적이었던 힙폴리투스는 자신의 저술 가운데 기술한 것은 적어도 이미 사용(2세기경)되고 있었던 신조였을 가능성이 높다.

2세기의 교부들, 예를 들면, 이레나에우스와 테르툴리아누스가 언급한 '신앙규범'의 내용에서 추론한다면, 이미 이 시대에 서방교회 최초로 신조정식이 로마에서 형성되었다고 생각할 수 있다. 그러나 불행하게도 그러한 본문은 잔존하지 않는다. 따라서 힙폴리투스가 남겨준 것이 서방교회의 신조형식 가운데 가장 오래된 것으로 볼 수 있다. 그

---

40 다음을 참고하라. 힙폴리투스(c. 236년 사망)에 의해서 전해진 세례 예식문의 신조(Hahn § 35d)가 전해져 내려온다. 그 본문은 한스의 것보다 리츠만의 것이(KT 10) 보다 정확하다고 볼 수 있다. 또한 파르마티우스의 세례 기록에 수록된 것(Hahn § 35a)도 오래된 것이지만, 내용적으로는 앞의 로마 신조와 거의 동일하다. 형식적으로는 문답 형식으로 되어 있으며, 이러한 오래된 형식에 대해서는 나중에 언급하고자 한다. 따라서 '로마 신조'는 세례신조로서 가장 오래된 신조들 가운데 하나라고 해도 과언이 아닐 것이다. '로마 신조'로 부르는 것은 '카르타고의 신조', '카에사리아의 신조'와 같은 의미로, 그 지역(교회)에서 사용된 것을 전제로 한다.

41 Johannes Quasten, *Patrology* vol. 2, 147-152. 힙폴리투스의 교회규범 또는 교회령을 이집트 교회규범이라고 하기도 한다. 기록연대와 장소에 대하는 논란이 여전하지만, 3세기 중엽경에 힙폴리투스에 의해서 편집된 헬라어 문서를 말한다.

42 다음을 참조하라. F. L. Cross, *The early Christian fathers* (London: Gerald Duckworth, 1960).

럼에도 불구하고, 오늘날 이른바 '고(古) 로마 신조'로 사용되는 것은 루피누스에 의해서 재형성된 '로마 신조'를 말한다.

4. '고(古) 로마 신조' 이외의 신조들

로마 교회가 사용하였던 '고(古) 로마 신조'는 다른 지역의 교회들이 사용하였던 것들과의 관계 속에서 관찰되어야 할 것이다. 예를 들면, 다음과 같은 신조들이 그 당시에 존재하였다.

1) 아퀼레이아 신조(in der Kirch zu Aquileja)

루피누스에 의해 기록된 아퀼레이아 신조는 다음과 같다(Hahn § 36).

본문	한글 번역
Credo	나는 믿습니다.
in Deo Patre omnipotente	하나님 아버지 전능자,
Invisibili et impassibili.	불가시하시며 고난당하실 수 없는 분을.
Et in Christo Jesu,	그리고 그리스도 예수,
unico Filio eius, Domino nostro.	그분의 유일하신 아들, 우리 주를.
Qui natus est de Spiritu sancto	그분은 성령으로 말미암아
ex Maria virgine,	동정녀 마리아에게서 나셨습니다.
Crucifixus sub Pontio Pilato	본디오 빌라도의 치하에서 십자가에 못 박히시고
et sepultus descendit in inferna,	묻히시어, 음부에 내려 가셨습니다.
tertia die resurrexit a mortuis,	셋째 날에 죽은 자들 가운데서 부활하셨습니다.
ascendit in coelos,	하늘에 오르시어,
sedet ad dexteram Patris:	아버지 우편에 앉으셨습니다.
inde venturus est judicare	거기로부터 오셔서
vivos et mortuos.	산 자들과 죽은 자들을 심판하십니다.
Et in Spiritu sancto.	그리고 성령을 믿습니다.
Sanctam ecclesiam,	거룩한 교회를,
Remissionem peccatorum,	죄의 용서를,
huius carnis resurrectionem.	이 몸의 부활을 (믿습니다).

이 신조의 특징은 다음과 같다.

① '… 를 믿사오며'라고 할 때, 로마 신조처럼 '크레도 인 데움, … 인 크리스툼 에슘'(credo in Deum, … in Christum Jesum)이라고 말하지 않고, '크레도 인 데오, … 인 크리스토 예수'(credo in Deo, … in Christo Jesu)라고 한다.
② 아버지 하나님에 대하여 불가시하시며, 고난당하실 수 없는(인비시블레스 에트 임파시비리스[invisibles et impassibilis])이라는 형용사를 사용한다. 이 표현은 동방교회에서 찾아 볼 수 있다.
③ 음부에 내려가시고라는 구절이 삽입되어 있다.
④ 일반적인 부활이 아닌 이 몸의 부활을 말한다.

이러한 상이점들의 존재는 아퀼레이아 교회가 로마에 의존하지 않았다는 것을 의미하며, 이 신조가 로마가 아니라, 동방으로부터 직접 전해졌다는 것을 뜻한다. 따라서 이 본문은 헬라어에서 라틴어로 번역된 것으로 볼 수 있다.[43]

2) 밀라노 신조

밀라노 신조라는 이름으로 두 편의 신조가 현존한다. 하나는 이 지역 주교였던 암브로시우스의 『초신자를 위한 신조 강해』(*Beati Ambrosii*,

---

43 본문의 이탤릭체는 본문에 의한 것이다. 아퀼레이아 신조는 루피누스에 의한 것 외에도 *Nach einer von de Rubeis mitgetheilten Auslegung*(Hahn § 37); *Nach Venantius Honorius Clementianus Fortunatus*(Hahn § 38)에도 수록되어 있다; 참고로 한이 소개한 '라벤나 신조'에 관하여 말하자면, '라벤나 신조' 본문은 5세기 중엽 이전에는 존재하지 않았다. 왜냐하면, 433년에 이 지역의 주교가 되었던 페트루스 크리솔로구스(Petrus Chrysologus, 380-458년)의 설교에 수록된 것이 가장 오래된 것이기 때문이다. 신조를 언급하는 설교가 6편이 존재하지만, 각각의 구절이 조금씩 다르다(Hahn § 35).

Episcope Mediolanensis Explanatio Symboli ad initiandos)에 수록된 것을 복원한 것이다. 다른 하나는 이 교회에서 암브로시우스에게 세례 받은 아우구스티누스(394-430년)가 힙포 교회에서 신조 전수를 집행 할 때에 행한 설교에서 발췌한 본문이다(힙포 신조는 별도로 존재한다). 진정성이라는 의미에서 보자면, 전자보다도 후자가 더 정확한 그 문구를 전달하는 것으로 간주된다. 두 신조를 비교하면 다음과 같다.

암브로시우스에 의한 밀라노 신조(Hahn § 32)	아우구스티누스에 의한 밀라노 신조(Hahn § 33)
Credo in Deum Patrem omnipotentem.	Credo in Deum Patrem omnipotentem.
Et in Christum Jesum	Et in Jesum Christum,
filium eius unicum,	Filium eius unicum,
dominum nostrum,	Dominum nostrum.
qui natus est	Qui natus est
de Spiritu sancto et Maria virgne,	de Spiritu sancto et virgine Maria,
sub Pontio Pilato passus	passus est sub Pontio Pilato,
et sepultus,	crucifixus et sepultus,
tertia die resurrexit a mortuis,	tertia die resurrexit a mortuis,
ascendit in coelos,	adscendit in caelum,
sedet ad dexteram Patris,	sedet ad dexteram Patris.
unde venturus est judicare vivos et mortuos.	Inde venturus est judicare vivos et mortuos.
Et in Spiritum sanctum,	Et in Spiritum sanctum,
ecclesiam sanctam,	sanctam ecclesiam,
remissionem peccatorum,	remissionem peccatorum,
carnis resurrectionem.	carnis resurrectionem.

아우구스티누스에 의한 '밀라노 신조'는 '예수 그리스도'로, '로마 신조'는 '그리스도 예수'로 표현한다. 또한 암브로시우스의 '밀라노 신조'는 '십자가에 못박히시사'를 생략하고, '고난을 받으시사'를 포함시키고 있다.[44]

---

[44] 이 외에도 암브로시우스의 것으로 간주될 수 있는 본문이 신조 강해 가운데 기술되어있다 (Hahn § 45). 그러나 저자성에 대하여 논란이 있으며, 밀라노 신조라는 진정성에도 의심을 받는다.

3) 힙포 신조

아우구스티누스에 의해 전해지는 힙포의 세례신조는 다음과 같다 (Hahn § 47). 이 신조의 특징은 일인칭 단수가 아닌 복수형을 사용하고 있다는 것이다. 또한 몇몇 어구들이 새롭게 나타난다.

Credimus in
우리는 (믿습니다)

Deum Patrem omnipotentem,
하나님 아버지 전능하신 분을,

universorum creatorem,
우주의 창조자를,

regem saeculorum,
세세 무궁하신 왕을,

immortalem et invisibilem.
죽지 않으시고 불가시하신 분을 (믿습니다).

Credimus et in Filium eius unicum Dominum nostrum Jesum Christum,
그리고 우리는 그의 유일하신 아들 우리 주 예수 그리스도를 믿습니다.

Natum de Spiritu sancto ex virgine Maria.
성령으로 말미암아 동정녀 마리아에게서 나셨습니다.

Qui crucifixus sub Pontio Pilato et sepultus est,
그분은 본디오 빌라도의 치하에서 십자가에 못 박히시고 그리고 묻히셨습니다.

tertia die resurrexit a mortuis,
셋째 날에 죽은 자들 가운데서 부활하셨습니다.

adscendit ad coelos
하늘로 오르시어

sedet ad dexteram Dei Patris.
아버지 우편에 앉으셨습니다.

Inde venturus est judicare vivos et mortuos.
거기로부터 오셔서 산 자들과 죽은 자들을 심판하십니다.

Credimus et in Spiritum sanctum,
우리는 믿습니다. 성령을,

Remissionem peccatorum,
죄의 용서를,

Resurrectionem carnis

몸의 부활을,

et vitam aeternam per sanctam ecclesiam.
그리고 거룩한 교회를 통한 영원한 생명을.

지금까지 서방교회의 신조본문들을 살펴보았다. 지역별로 구분하여 이탈리아, 아프리카 그리고 다음 세대에 가면서 갈리아(프랑스)와 스페인으로 구분하여 볼 수도 있다.

5. 질문 형식의 신조

로마의 힙폴리투스(c. 236년 사망)는 세례식에 사용되었던 하나의 신앙고백을 『사도적 전승』(215년경)에 수록하고 있다. 헬라어 원문은 소실되고 '베로나 사본'에 라틴어 번역본만 남아있지만, 이것도 파손되어 콥트어에서 아라비아어로 번역과 복원된 것이 『힙폴리투스 규정』에 들어있다(Hahn § 31d).[45] 이것은 세례 집행자와 수세자 사이의 문답 형식으로 되어 있다.

Interr.: Credisne in Deum Patrem omnipotentem?
Resp.: Ego credo.
집례자: 당신은 하나님 아버지 전능하신 분을 믿습니까?

---

45 참고. KT 10, Kattenbusch I,321f. 『힙폴리투스 규정』은 그가 직접 기록한 문서가 아니라, 6세기 초기에 힙폴리투스의 『사도적 전승』을 하나의 자료로서 기록한 헬라어 문서이다. 이것이 콥트어로 번역되었지만 소실되었고, 에티오피아어 또는 아라비아어로 번역된 것이 남아 있다.

대답: 나는 믿습니다.

Interr.: Credisne in Jesum Christum, Filium dei,
quem peperit Maria virgo ex spiritu sancto,
qui venit ad salvandum genus humanum,
qui crucifixus est pro nobis sub Pilato Pontio,
qui mortuus est et resurrexit a mortuis tertia die,
et ascendit ad coelos,
Sedetque ad dexteram patris
et veniet judicatures vivos et mortuos?
Resp.: Ego credo.
집례자: 당신은 예수 그리스도, 하나님의 아들을 믿습니까?
그분은 성령으로 말미암아 동정녀 마리아에게서 나신 분이시며,
그분은 인류 구원을 위하여 오셨고,
그분은 본디오 빌라도의 치하에서 우리를 위하여 십자가에 못 박히시고,
그분은 죽으시고
그리고 셋째 날에 죽은 자들 가운데서 부활하시어,
하늘에 오르시사 아버지 우편에 앉으셨으며,
그리고 그분께서 산 자와 죽은 자를 심판하시기 위하여 오심을 믿습니까?
대답: 나는 믿습니다.

Interr.: Credisne in Spiritum sanctum?
Resp.: Credo.
집례자: 당신은 성령을 믿습니까?[procedentem a patre flioque].

대답: 나는 믿습니다.

상기는 '로마 신조'를 '나는 믿습니다'의 문답 형식으로 바꾸어 놓은 것에 불과하다. 이와 동일한 문답 형식의 신조가 220년경 로마에서 세례 받은 팔마티우스(Palmatius)의 세례식 가운데 발견된다.[46]

Credis ex toto corde in Deum Patrem omnipotentem,
Factorem omnium visibilium et invisibilium?
Respondit Palmatius: Credo.
당신은 온 마음으로부터 하나님 아버지 전능하신 분이시며,
모든 보이는 것들과 보이지 않는 것들의 창조자를 믿습니까?
팔마티우스는 대답하였다: 나는 믿습니다.

Et in Jesum Christum, Filium eius?
Et ait: Credo.
그리고 예수 그리스도, 그분의 아들을 (믿습니까)?
그는 말하였다. 나는 믿습니다.

Qui natus est de Spiritu sancto ex Maria virgine?
Palmatius respondit: Credo.
그분은 성령으로 말미암아 동정녀 마리아에게서 나신 것을 (믿습니까)?
팔마티우스는 대답하였다. 나는 믿습니다.

---

46 Hahn § 31a. 그리고 본문 각주 31을 참조하라(p.34).

Et in Spiritum sanctum;

sanctam ecclesiam catholicam, remissionem peccatorum et carni resurrectionem?

Et exclamavit cum lachrymis Palmatius dicens: Credo, domine.

그리고 성령을 (믿습니까)?,

거룩한 공교회와 죄의 용서와 몸의 부활을 (믿습니까)?

팔마티우스는 말하여 눈물로 부르짖었다.

내가 믿습니다, 주여.

이 외에도 약간의 상이점들은 있지만 동일한 계열의 신조 본문들이 서방 각 지역의 주교구 교회들 가운데 전승되었다.[47]

'고(古) 로마 신조'는 서방교회를 대표하는 신조로서 다른 지역으로 많이 전달되었다. 이 신조가 서방교회에서 가장 오래된 신조라고 할 수 있지만, 그러나 동방교회의 헬라어 신조 본문이 서방교회로 전달되어 서방 각지에서 라틴어로 번역되었다고 추정할 수 있다.

예를 들어, 루피누스가 말하는 '아퀼레이아 신조'가 '인 데오, 인 크리스토 예수, 인 스피리툼 상크토'(in Deo, in Christo Jesu, in Spiritu sancto)를 사용하고 '인 데움 파트렘, 인 크리스툼 예숨, 인 스피리툼 상크툼'(in Deum Patrem, in Christum Jesum, in Spiritum sanctum)을 사용하지 않는다는 것은 이것이 로마에서 빌려온 것이 아니라는 것을 의미한다. 헬라어의 '피스튜오 에이스 테온'(Πιστεύω εἰς θεόν)은 라틴어로 '크레도 인 데움'(credo in deum) 또는 '크레도 인 데오'(credo in deo)로 번역이 가능하기 때문이다.

---

47 Hahn, § 31, b, c, e, f를 참조하라. 34-36.

6. 여러 단문 신조

많은 연구가들은 '고(古) 로마 신조'가 가장 오래된 본문으로 간주하지만, 그러나 새로운 자료가 발견되면서 '로마 신조'보다 간략한 삼위일체 형식의 신조가 이미 존재하고 있었다는 사실이 밝혀졌다.

예를 들면, 1907년에 이집트의 델 바리제(Dêr Balyzeh) 수도원에서 출토된 파피루스 단편이 있다. 이것은 아주 오래된 몇몇의 단편으로 구성된 것으로, '고대 이집트 기도집'을 포함하고 있다. 비록 파피루스 그 자체는 7-8세기 작품이지만, 발견된 단편적 신조들에 관하여서는 학자들 가운데는 이르게는 2세기 초반, 또는 3세기의 작품으로 간주하는 자들도 있다.

그러나 브라이트만은 4세기 이전의 작품이라는 증거를 찾기란 쉽지 않다고 주장한다.[48] 그 당시에 헬라어로 쓰인 신조가 동방의 콥트, 에티오피아, 아르메니아어권의 교회에 적용되어가는 단계에서 문장을 간략화 하는 실례가 적지 않았다고 한다. 따라서 '델 바리제 신조'가 그러한 경우일지도 모르나, 저자는 이 신조가 오래된 형식을 보존하고 있다고 생각한 것이다(KT 26).

신조 내용을 살펴보면, 총 다섯 항목으로 구성된 신조로서, 삼위 하나님에 관한 간략한 세 항목에 몸의 부활과 거룩한 공회라는 2항이 첨가된 신조이다.

---

48 Frank Edward Brightman, "Liturgica," in *Journal of Theological Studies*, xii (Jan. 1911) 308-332(311); ECC, 89에서 재인용.

ὁμολογεῖ τὴν πίστιν λέγων πιστεύω εἰς θεὸν πατέρα παντοκρίτορα καὶ εἰς τὸν μονογενῆ αὐτοῦ υἱὸν κύριον ἡμῶν Ἰησοῦν Χριστόν, καὶ εἰς τὸ πνεῦμα τὸ ἅγιον καὶ εἰς σαρκὸς ἀνάστασιν καὶ ἁγία καθογικὴ ἐκκλησία	신앙을 고백하여 이르기를, 나는 하나님 아버지 전능하신 분을 믿습니다, 그리고 유일하신 그의 아들을, 주 우리 예수 그리스도를, 그리고 성령을, 그리고 몸의 부활을, 그리고 거룩한 공교회를 (믿습니다).

또한 3세기 중반 경, 네메시우스라는 사람과 그의 딸이 세례 받을 때 기록된 고백에서 찾아 볼 수 있다. 그들의 고백은 '팔마티우스 신조'와 비슷하지만 아주 간략하게 네 항목으로 구성되어 있다(Hahn § 31b). 그러나 어떤 이유인지는 모르나, 성령에 대한 고백이 없지만, 이처럼 간단한 형태의 신앙고백이 존재했던 것은 사실이다. 다음과 같다.

> 문: 당신은 믿습니까? 전능하신 하나님 아버지를.
> 답: 나는 믿습니다.
> 문: 그리고, 예수 그리스도, 우리 주를?
> 답: 나는 믿습니다.
> 문: 모든 죄의 용서를?
> 답: 나는 믿습니다.
> 문: 몸의 부활을?
> 답: 나는 믿습니다. 주여.

더욱이 콥트어로 기록된 『사도들의 서한』(*Epistula Apostolorum*) 역시 간략한 신조들을 포함하고 있다. 이 문서는 1895년에 칼 슈미트가 카이로에서 발견하여 1919년에 출판한 교정본이다. 이 문서는 2세기 중엽 그노시스주의에 반대하는 내용을 담고 있는 것으로, 소아시아에서 성립된 것으로 간주된다. 헬라어 원본은 소실되었고, 콥트어 및 에티오피아어 사본만이 남아있다. 신조에 관한 부분은 에티오피아어로만 전해져 내려온다.[49] '델 바리제 신조'와 같이 다섯 항목으로 구성되어 있지만 내용은 같지 않다.

> 그 후에 우리들에게 먹을 음식이 없어
> 다섯 개의 빵과 두 마리의 물고기만이 있었을 때,
> 그는 백성들에게 명하여 앉게 하셨는데,
> 그 인원은 여자와 아이를 제외하고 오천 명에 이르렀는데,
> 그들을 위하여 우리는 빵을 떼어 봉사하였습니다.
> 그들은 만족하였고, 남은 것이 나왔습니다.
> 우리는 뗀 것을 열두 광주리에 가득 모았는데,
> 이 다섯 개의 빵에 어떤 의미가 있는지 물었습니다.
> 그것들은 우리 그리스도교 신앙의 상징입니다.
> 다시 말해서, 전 세계의 통치자 되시는 아버지,
> 우리의 구속주가 되신 예수 그리스도,
> 위로의 주가 되신 성령,
> 거룩한 교회,
> 죄의 용서를 믿는 신앙입니다.[50]

상기의 고백을 신조로 간주하기가 어렵지만, 이미 사도 시대에 세례고백이 정식화되기 시작하였으며, 2세기 중엽에 이미 신앙을 몇 가

---

49 참조. Hennecke-Schneemercher, *Neutestamentiliche Apokryphen* 4. Aufl. Bd.I, S. 129. *New Testament Apocrypha*, English translation ed., by R. McL. Wilson 2 vols., (Philadelphia: The Westminster Press, 1963). Vol.I., p.194에서 번역함; 이 문서의 해설서로 J. Hills, *Tradition and Composition in the Epistula Apostolorum* (Harvard Dissertations in Religion. No. 24: Minneapolis: Portress, 1990)가 있다.
50 본문에서 '아버지', '구속주', '위로의 주'가 생략된 사본도 있다. 켈리의 책을 참조하라.

지의 항목으로 요점화하여 정리하려는 시도가 있었다는 사실을 말해준다. 따라서 이러한 정식화 노력이 『사도들의 서한』에 나오는 다섯 항목의 고백들과 어떤 형태로든 관계가 있었다는 사실을 부정 할 수 없다. 더욱이 초대 그리스도교에서 '상징'이란 단어가 무엇을 의미하였는지 알 수 없지만, 헬라어로 '심볼룸'이라고 하였다면, 리츠만이 주장하듯이 그것은 신조였을 가능성이 높다(*Symbolstudien* S.22).

7. '로마 신조'에서 '사도신조'로

신조 연구가들 사이에 제임스 어셔 이래로 중요시되어 온 본문 가운데 하나는 '파파 그레고리우스의 시편'이라는 사본(캠브리지대학교 도서관 소장)에 포함되어 있는 라틴어와 헬라어 신조이다. 여기서 말하는 파파 그레고리우스(Papa Gregorius)는 교황 그레고리우스 1세(590-604년)가 아니라, 그레고리우스 2세(715-731년), 또는 3세(731-741년) 아니면 보다 후기에 영국인들로부터 존경받았던 교부의 한 인물이다. 이 사본이 주목받는 이유는 새로운 로마의 세례신조가 수록되어 있기 때문이다. 다시 말하면, 로마에서 사용되던 신조가 변혁되고 발전되었다는 것이다.

'파파 그레고리우스의 시편'에 나오는 신조(사본)보다 오래된 것은 앞에서 언급한 '라우디아누스 신조'(사본)이다. 이 사본에 근거하여, 7세기 후기에 로마에 헬라어를 사용하였던 공동체가 존재하였다는 사실을 알 수 있다. 이 신조 사본은 아마도 로마에서 성립되어, 테오도레와 하드리안(Theodore and Hadrian)에 의해서 잉글랜드로 전해졌던 것으로 보인다.[51] 따라서 구판일 수 있는 라우디아누스 사본과 신판인 파파 그레고리우스 사본을 비교하면 다음과 같다.

라우디아누스 사본 신조 (Hahn § 20)	파파 그레고리우스의 시편 사본 신조 (Hahn § 24 a)
Credo in Deum Patrem omnipotentem.	Credo in Deum Patrem omnipotentem, creatorem coeli et terrae,
Et in Christo Jesu, Filium eius unicum, Dominum nostrum, qui natus est de Spiritu sancto et Maria virgine, qui sub Pontio Pilato crucifixus est et sepultus,	et in Jesum Christum, Filium ejus unicum, dominum nostrum, qui conceptus est de spiritu sancto natus ex Maria virgine, passus sub Pontio Pilato, crucifixus, mortuus et sepultus, descendit ad inferna.
tertia die resurrexit a mortuis, ascendit in caelis, sedet ad dextera Patris, unde venturus est judicare vivos et mortuos,	tertia dio resurrexit a mortuis, ascendit ad coelos, sedet ad dexteram dei patris omnipotentis; inde venturus judicare vivos et mortuos.
Et in Spiritu sancto, Sancta ecclesia,	Credo in Spiritum sanctum, sanctam ecclesiam catholicam sanctorum communionem
Remissione peccatorum, carnis resurrectionis.	remissionem peccatorum, carnis resurrectionem, vitam aeternam. Amen.

더욱이 '파파 그레고리우스 시편' 사본 신조와 비슷한 본문이 8-10세기경 『로마 정식서』(*Ordo Romanus*)에 나타난다(Hahn § 25.n.22; D. 30). 환언하자면, 8세기에서 10세기 사이에는 '고(古) 로마 신조'가 사용되지 않았다는 것을 의미이다. 이러한 변화는 일찍이 프랑스에서 지금의 사도신조와 거의 동일한 것이 사용되었는데, 이것을 로마 교회가

---

51 다음을 참조하라. Andrew J. Ekonomou, *Byzantine Rome and the Greek popes: Eastern influences on Rome and the papacy from Gregory the Great to Zacharias, 590-752 a.d.* (Lexington Books, 2007), 235, note 123.

채용한 것이다.

더욱이 북 이탈리아의 보비오(Abbey of Bobbio) 수도원 도서관에서 7세기의 것으로 간주되는 사본이 발견되었다(*Bobbio Codex*, Paris, BN, MS Lat.13246. 현재 파리국립도서관 소장). 이 사본은 '갈리아 전례 의식서' 또는 '보비오의 미사 예식서'(Missal of Bobbio)를 수록하며, 동시에 세 가지 신조 형식을 포함하고 있다. 첫 번째는 선언 형식(이것은 다음 페이지에서 언급함), 두 번째는 질문 형식, 세 번째는 12사도의 한 마디씩을 모아 만들었다는 설화 형식이다.

카스파리는 보비오 수도원이 아일랜드 사람인 콜룸바누스(c. 550-615년)에 의해 건립된 사실에 근거하여(612년), 그 예전과 신조가 아일랜드 형식에 유래한다고 주장한다(2, 287). 그러나 7세기경의 것으로 보이는 아일랜드의 방고아(Bangor Abbey) 수도원에 존재하는 신조사본은 보비오 수도원 사본과 상당히 다르다.[52] 따라서 보비오 사본은 갈리아 계로 보는 것이 타당하다.

그렇다면 갈리아계의 신조는 어떻게 발전되었는가? 갈리아 계통의 신조로 가장 오래된 것은 아긴눔(Aginnum) 지역의 비숍 포에바디우스(Phoebadius, c. 392년)가 358년경에 직접 작성한 신조로 알려져 있다(Hahn § 59). '우리는 ~믿사오며'라는 표현은 이러한 형식이 그 당시에 통용되고 있었다는 의미이다.[53]

> 우리는 한 분의 전능하신 아버지를 믿사오며,
> 그리고 독생자(*unigenitus Filius*),
> 우리 주 우리의 구원의 주,

---

52 Hahn, § 76; KT16.
53 이 본문을 근간으로 하여 그 당시의 신조를 어느 정도 추정할 수 있다. 포에바디우스는 358년경에 신앙고백을 기록하여 남겨두었다. 그 본문 전체가 Hahn § 189에 수록되어 있다.

예수 그리스도를 믿습니다.
그는 성령으로 말미암아 동정녀 마리아에게서 나시고,
본디오 빌라도 치하에서 고난을 받으시고 ,
십자가에 달리시고,
죽으시고 묻히시어,
성경대로, 셋째 날에 죽은 자 가운데서 다시 살아나시며,
하늘에 오르사, 아버지 우편에 앉으시고,
거기로부터 오셔서, 산 자와 죽은 자를 심판하시니라.
그리고 우리는 성령을 믿사오며,
죄의 용서,
이 몸의 부활을 믿습니다.

또한 프랑스 남부의 프로방스 지방 레이(Reij)의 주교 파우스투스(Faustus, 재위 c. 450-490년)가 저술한 신조 강해 설교 2편이 현존하는데, 그 가운데 신조가 포함되어있다.[54] 그리고 투론(Toulon) 지방의 주교 키프리아누스가 516-533년경에 기록한 편지 가운데 포함된 것도 있다(KT 15, D 25). 레이는 에크스(Aix)의 대주교 관할에 속하고, 투론은 그 이웃의 마르세이유 관할에 속한다. 따라서 후자의 일부가 결손되었지만, 두 본문은 매우 비슷하다.

더욱이, 7세기의 것으로 보이는 두 종류의 본문이 있는데, 이것들은 거의 동일하다. 하나는 앞서 언급한 보비오 수도원의 것이며(Hahn § 66), 다른 하나는 '갈리아 미사 예전서'에 나오는 본문이다(Hahn § 67; KT 15). 후자의 본문은 다음과 같다.

---

54 강해 설교는 카스파리 2, 185-199, 신조 본문은 Hahn § 61, KT 14에 있음.

Credo in Deum Patrem omnipitentem creatorem coeli et terrae.
나는 믿습니다. 전능하신 하나님 아버지, 천지의 창조자를.

Credo et in Jesum Christum, Filium eius unigenitum sempiternum.
나는 믿습니다. 예수 그리스도, 그분의 영원한 유일하신 아들을.

Qui conceptus est de spiritu sancto.
그분은 성령으로 말미암아 잉태되셨습니다.

Natus est de Maria virgine,
(그분은) 동정녀 마리아에게서 나시고,

passus est sub Pontio Pilato,
본디오 빌라도의 치하에서 고난을 받으시고,

crucifixus
십자가에 못 박혀,

mortuus et sepultus;
죽으셨고 그리고 묻히시고,

descendit ad inferna
음부로 내려가시고
(셋째 날에 부활하시고, tertia die resurrexit 생략)

ascendit ad coelos
하늘에 오르셨고,

sedit ad dexteram patris omnipotentis
전능하신 아버지 하나님의 우편에 앉으셔서(현재형이 아닌, 완료형),
inde venturus judicare vivos et mortos.
거기로부터 산 자들과 죽은 자들을 심판하시기 위하여 오실 것입니다.

Credo in sanctum Spiritum,
나는 성령을 믿습니다.

sanctam ecclesiam catholicam,
거룩한 공교회를,

sanctorum communionem,
성도의 교제를,

Remissionem peccatorum,
죄의 용서를,

carnis resurrectionem,
몸의 부활을,

vitam aeternam.
영원한 생명을 (믿습니다).

신조의 발전사적 견지에서 보자면, 이 시대는 신조 답송 또는 전수라는 형태를 벗어나는 과도기였다고 말 할 수 있다.

주목할 만한 것은 '필리우스 우니쿠스'(*filius unicus*)라는 표현이 여기서는 '필리우스 우니게니투스'(*filius unigenitus*[유일하신 아들])로 고백된다. 그러나 '영원한(셈피테르누스[*sempiternus*]) 독생자'라는 표현은 일반적이지 않다. 그리고 많은 신조가 '주 예수 그리스도'를 말한 다음, 관계 대명사 '퀴'(*qui*)를 사용하여 성육과 구속(구원) 사역을 설명하는 것에 반하여, 여기서는 관계 대명사를 사용하지 않고 완료 분사를 사용한다(피리움 에이우스 우니겐티움 셈피테르눔, 콘케프툼 데 스피리투 상크토[… *Filium eius unigentium sempiternum, conceptum de spiritu sancto* …]). "아버지의 우편에 앉으시사"는 보통 현재형(세데트[*sedet*])으로 사용하는데, 여기서는 완료형(세디트[*sedit*])을 쓴다. '거기로부터 오셔서'도 벤투루스 에스트(*venturus est*)라고 하지 않고, 미래 분사(*venturus*[벤투루스])만을 사용하고 있다. 마지막으로 "나는 믿사오며"라는 크레도(*credo*)를 모두 세 번 사용하고 있다.

8. 사도신조 해석

사도신조를 석의한다는 것은 그것이 놓였던 상황(context)을 명확하게 이해하는 것에서 출발되어야 한다. 다시 말해서, 신조자체가 역사적 진공상태에서 형성된 것이 아니기 때문에, 그들이 사용한 용어와 정식 등이 어떻게 사용되어왔는지를 연구함으로써, 그러한 단어와 정식들이 포함되었던 전승과 그것들이 성경에 수록되어 있기 때문에, 성경본문의 문맥을 통하여 고찰되어져야 한다.

Symbolum Apostolicum		
Credo in Deum Patrem Omnipotentem; Creatorem coeli et terrae. Et in Jesum Christum, Filium ejus unicum, Dominum nostrum; qui conceptus est de Spiritu Sancto, natus ex Maria virgine; passus sub Pontio Pilato, crucifixus, mortuus, et sepultus; descendit ad inferna; teria die resurrexit a mortuis; ascendit ad coelos; sedet ad dexteram Dei Patris Omnipotentis; inde venturus (est) judicare vivos et mortuos. Credo in Spiritum Sanctum; sanctam Ecclesiam catholicam; sanctorum communionem; remissionem peccatorum; carnis resurrectionem; vitam oeteram. Amen.	Πιστεύω εἰς Θεον Πατερα, παντοκράτορα, ποιητην ουρανου και γης. Και (εις) ῾Ιησουν Χριστον, υίον αυτου τον μονογενη, τον κύριον ἡμων, τον συλληφθέντα εκ πνεύματοσ άγίου, γεννηθέντα εκ Μαρίας της παρθένου, παθόντα επι Ποντίου Πιλάτου, σταυρωθέντα, θανόντα και ταφέντα, κατελθόντα εις τα κατώτατα, τη τρίτη ῾ημέρα ῾αναστάντα ῾απο των νεκρων, ῾ανελθόντα εις τους ουρανούς, καθεζόμενον εν δεξια θεου πατρος παντο δυνάμου, εκειθεν ερχόμενον κρῖναι ζωντας και νεκρούς. Πιστεύω εις το Πνυμα το ῾Αγιον, αγίαν καθολικην εκκλησίαν, αγίων κοινωνίαν, άφεσιν αμαρτιων, σαρκος ανάστασιν, ζωήν αιώνιον. Αμήν.	나는 하나님 아버지, 전능하신 천지의 창조주를 믿습니다. 나는 예수 그리스도, 그의 유일하신 아들, 우리 주님을 믿습니다. 그분은 성령으로 말미암아 잉태되시어, 동정녀 마리아에게서 나셨습니다. 본디오 빌라도 치하에서 고난을 받으시고, 십자가에 못박혀 죽으시고, 그리고 묻히셨으며, 음부로 내려가셨습니다. 셋째 날에 죽은 자들 가운데서 부활하셨으며, 하늘에 오르시어, 전능하신 하나님 아버지 우편에 앉으셨습니다. 거기로부터 산 자들과 죽은 자들을 심판하러 오십니다. 나는 성령을 믿사오며, 거룩한 공교회와, 성도들의 교제와, 죄의 용서와, 몸의 부활, 영원한 생명을 믿습니다. 아멘

제1항

Credo in Deum Patrem omnipotentem, creatorem coeli et terrae.
나는 하나님 아버지 전능하신 천지의 창조주를 믿습니다.

"크레도 인"([Credo in] 나는 … 믿습니다)은 헬라어의 피스튜오 에이스(πιστεύω εἰς)에 대응한다. 라틴어로 '하나님을 믿습니다'라고 표현할 경우 (1) 동사 + 여격(크레도 데오[credo deo]), (2) 동사 + 대격(크레도 데움[credo deum]), (3) 동사 + in + 여격(크레도 인 데오[credo in deo]), (4)

동사 + in + 대격(크레도 인 데움[*credo in deum*]) 등 네 가지 표현이 가능하다. 일반적으로 그리스도교 문서에서는 네 번째의 것을 사용하지만, 두 번째의 것도 존재하며 오래된 형식 가운데는 세 번째 것도 있다. 예를 들면, 루피누스에 의한 '아퀼레이아 신조'는 아버지, 아들, 성령에 대해서 "크레도 인 데오 파트레 옴니포텐테, … 인 크리스토, … 인 스피리투"(*credo in Deo patre omnipotente*, … *in Christo*, … *in Spiritu*, 그리고 는 *sanctam ecclesiam*)라고 하여 서로 구별하고 있다. 첫 번째의 경우도 드물지 않다.[55]

"크레도"(*credo*)는 '빌려주다', '위임하다', 또는 '신뢰하다'라는 상업적 의미에서 '신뢰하다' 또는 '믿고 섬기다'라는 종교적이며 신앙적인 의미로 발전하였다. 따라서 크레도 인(*credo in*)과 크레도(*credo*)를 구별한다면, 신앙의 대상으로 하나님에 관하여서는 전자를 사용하며, 은의(恩義)나 피조물을 대상으로 하는 경우에는 후자를 택한다. 그러나 이러한 용법은 관례일 뿐, 언어 본래의 의미에 관한 문제는 아니다.[56]

크레도(*Credo*)형식과 크레디무스(*Credimus*) 형식이 존재한다. 일반적으로 동방 신조는 '우리는 믿습니다'로 시작하지만,[57] 세례식을 집행

---

55 참고. Hahn § 36, 또는 Hahn § 90; *Oxford Latin Dictionary* (Oxford: Oxford University Press, 1968), 455-6; Albert Blaise, *Dictionnaire latin-fraçais des auteurs chrétiens* (Turnhout, 1954-67), credo 항, Ⅱ 참고.

56 Nigel Turner, James Hope Moulton, *Wilbert Francis Howard, Moulton Howard & Turner Greek Gramer Collection* 5 vols (Eindburdh: T.& T. Clark, 1963-2006) vol. I, 67f에 5종류의 구문의 저자별 사용 도수표가 나와 있다. 헬라어의 '피스튜오 에이스'는 라틴어의 '크레도 인'과 어떠한가. 헬라어에는 앞에서 언급한 라틴어의 4용법에 대응하는 것이 없다. '피스튜오'라는 동사의 구문에는 동사+eis+대격, 동사+epi+여격 조사, 동사+epi+대격, 동사+en+여격 조사, 동사+여격 조사 등의 종류가 있다. '피스튜오 에이스'는 요한복음에 집중하는데, 요한은 여격 조사를 사용하는 표현 방법을 선호하며, 그 외의 표현 방법은 사용하지 않는다.

57 참고. '나는(우리는) 믿습니다' 대신에, '나는(우리는) 고백합니다'(*confiteor*, 현재, 수동, 일인칭 단수, 혹은 *confitemur*, 현재, 수동, 일인칭 복수)을 사용하였던 신조가 존재하였다 (Hahn § 22; 152; 170; 177; 182; 183; 192; 195; 204; 206; 207; 214; 222; 235; 246). 이러한 것들이 비록, 교회적으로 제정된 신조는 아니지만, 믿는 것과 고백하는 것은 서로

할 때에는 '나는 믿습니다'라는 선언을 사용하였다. 그것은 세례가 예수 그리스도의 이름으로 한 사람, 한 사람이 받아야 하는 것이기 때문이었다(행 2:38). 예루살렘의 키릴루스에 의하면, 수세자는 다음과 같이 고백한다.[58]

> πιστεύω εἰς
> 나는 믿습니다
>
> τὸν πατέρα
> 아버지를
>
> καὶ εἰς τὸν υἱόν
> 아들을
>
> καὶ εἰς ἅγιον πνεῦμα
> 성령을
>
> καὶ εἰς ἓν βάπτισμα μετανοίας
> 하나되는 회개의 세례를

"피스튜오 에이스"(πιστεύω εἰς)의 '에이스'는 '그분의 이름으로' 세

중복된다(참고: 롬 10:9-10). 예를 들면, '니케아 콘스탄티노폴리스 신조' 최후의 항은 "우리는 고백합니다"로 되어 있다는 것을 앞 장에서 배웠다. 중요한 것은 우리들의 믿는 행위가 아니라, 우리들이 믿는 한 분되신 하나님, 그분의 본질과 그분의 사역(ad extra), 다시 말해서 그분께서 어제와 오늘과 내일에 행사하시는 그분의 은총과 계시 가운데 자기 자신을 보여주시는 그것이 중요하다.

[58] F. L. Cross, ed., *St. Cyril of Jerusalem's Lectures on the Christian Sacraments* (Crestwood, NY: St. Vladimir's Seminary Press, 1986), 16.

례를 받을 때의 '에이스'와 같다고 볼 수 있다. 세례의 경우에는 '에이스', '엔', '에피'가 거의 동일한 의미로 사용되고 있기 때문에, '에이스'가 가지는 헌신과 순종의 의미는 세례신조와 신앙규범에 공통적이라고 할 수 있다.[59]

서방교회 신조들이 하나님을 '한 분'(unicum) 또는 '유일하신 하나님'(우눔 데움[unum Deum])으로 고백하는 것은(Hahn § 44; 51; 52; 53; 57; 59 등) 동방교회의 영향이다. 그러나 라틴어로 기록된 신조는 일반적으로 '한 분'이라는 말을 사용하지 않는다. 왜냐하면 라틴어 수사 '하나'가 가지는 의미가 헬라어와 다르기 때문이다. 라틴어로 '데우스'(Deus)라고 일단 언급 했다면, '우누스 데우스'(unus Deus)라고 또 다시 말할 필요가 없다.

이러한 한 분 하나님에 대한 믿음은 성경적으로 "이스라엘아 들으라 우리 하나님 여호와는 오직 한 분 여호와시니"(신 6:4), 그리고 요한복음 17:3, "영원한 생명은 곧 유일하신 참 하나님과 그의 보내신 자 예수 그리스도를 아는 것이니이다"(하우테 데 에스틴 헤 아이오니오스 조에, 히나 기노스토신 데 톤 모논 아래티논 테온 카이 혼 아페스테이라스 예순 크리스톤[αὕτη δέ ἐστιν ἡ αἰώνιος ζωή, ἵνα γινώσκωσιν σὲ τὸν μόνον ἀληθινὸν θεὸν καὶ ὃν ἀπέστειλας ἰησοῦν χριστόν])에서 찾아 볼 수 있다.

---

59 C. E. B. Cranfield, 8-9; 참고적으로 마가복음 9장 24절에 나오는 "나는 믿습니다, 믿음 없는 것을 도와주소서"(πιστεύω βοήθει μου τῇ ἀπιστίᾳ)를 '나는 믿습니다'라는 신조적 정식으로 연결시킬 필요는 없다. 왜냐하면 여기서는 '피스튜오'의 절대적 용법이 사용되기 때문에, 무엇을 믿는가가 중심 문제가 아니라 "믿는 자에게는 능치 못할 일이 없느니라"(막 9:23)라는 주제가 다루어지고 있기 때문이다. 불신자가 믿음을 가지게 되는 신앙의 역설성과 그것을 가능하게 하는 하나님의 은총이 신조적 정황에서도 시사된다는 사실이 간과되어선 안 된다. 믿는 신앙은 나의 산물, 나 자신의 노력이나 지혜에 의한 것이 아니다. 하나님을 위하여 내가 해줄 수 있는 어떤 행위도 아니다. 그것은 오로지 하나님으로부터의 자유하신 선물이다. 그럼에도 불구하고, 신앙은 믿는 자들의 진실한 개인적 결단이다. 따라서 우리가 믿는다는 고백은 거짓된 신들로부터 떠나서, 참되신 한 분 하나님을 선택하는 것이기도 하다.

하나님을 '아버지'로 부르는 것은 구약(신 32:6, 삼하 7:14 등)뿐만 아니라, 일반종교에서도 발견된다(행 17:28-29). 그러나 복음서에 나타나는 것은 본질적으로 예수 그리스도에게서 시작된 것이다. 예수 그리스도가 하나님을 '아버지'라 부를 때(요 5:18), 유대인들에게 그것은 용납할 수 없을 정도로 충격적이고, 혁명적이었다.

예수 그리스도께서 하나님을 '아버지'로 부른 것은 인간의 부자 관계를 비유한 것이 아니다. 하나님 아버지는 하늘의 아버지, 또는 '아버지'라 불리는 모든 것의 아버지 되신 하나님을 말한다. 그럼에도 불구하고 이 호칭은 '아버지의 영광'을 가리지 않는다. 왜냐하면, 예수께서 형제들에게 하나님을 '우리 아버지'라 부르며 기도하는 것을 가르쳐주셨기 때문이다. '우리 아버지'는 '나의 아버지' 즉 '아바'와 구별 없이 사용되었다.

하나님을 아버지로 호칭하는 것은 그리스도교가 처음부터 사용해 온 기도의 형식으로, 나중에 그것이 고백적 형식으로 발전한 것이다. 고린도전서 8:6, "우리에게는 한 하나님 곧 아버지가 계시니"(헤민 에이스 테오스 호 파테르[ἡμῖν εἷς θεὸς ὁ πατήρ])는 아주 오래된 정식이다. 아버지라는 표현은 하나님의 사랑과 하나님을 향한 신뢰를 특별히 강조하는 표현이다. 하나님과 인간과의 관계는 직접적이지 않고 그리스도의 중보만으로 이루어진다. "내 형제들에게 가서 이르되, 내가 내 아버지 곧 너희 아버지, 내 하나님 곧 너희 하나님께로 올라간다 하라"(요 20:17)는 말씀은 그리스도가 우리의 형제 되심으로 그의 아버지가 우리의 아버지가 되신 것을 나타낸다.

물론 성경은 아버지를 언제나 그리스도의 아버지로 연결하는 삼위일체론적 이해만을 말하지는 않는다. 예를 들면, 베드로전서 1:17의 "각 사람의 행위대로 판단하시는 자를 너희가 아버지라 부른즉"과 사도행전 17:29의 "신의 소생(게노스[γένος])이 되었은즉"을 들 수 있다.

또한 2세기 문서들은 '아버지'를 '지배자'와 '창조자'의 동의어로 사용하는 경우가 적지 않았다. 예를 들면, '그리스도의 아버지', '아들의 아버지', '전 우주의 아버지'(파테르 톤 호론[πατὴρ τῶν ὅλων]), '만물의 아버지'(파테르 톤 판톤[πατὴρ τῶν πάντων]), '조물자 또는 아버지'(데미우르고스 타이 파테르[δημιουργός καὶ πατήρ]), '아버지 또는 창조자'(파테르 카이 크티스테스[πατὴρ καὶ κτίστης]), '전 우주의 하나님 아버지'(테오스 카이 파테르 톤 호론[θεὸς καὶ πατὴρ τῶν ὅλων]), 그리고 '지배자 또는 아버지'(데스판테스 카이 파테르[δεσπάντης καὶ πατήρ])와 같은 표현들이 있다(Hahn S.371). 그러나 신조는 아들 되신 예수 그리스도와의 관계를 통한 아버지를 고백하며, 아버지와 아들 관계를 그 아버지로부터 나신 아들로 고백한다. 여기서 나신다는 것은 영원한 나심을 말하는 것으로 출산을 의미하지 않는다. 따라서 하나님께서 예수 그리스도의 아버지가 되시기 때문에, 또한 우리의 아버지가 되시는 것이다.

"판토그라토르"(παντοκράτωρ: 전능)란 모든 것을 하실 수 있다는 의미로 하나님의 자비와 인자하심으로 연결된다. 이 표현은 하나님의 속성으로 구약에서 종종 언급된다. 신약의 요한계시록에서도 발견되지만, 다음 네 곳(계 16:7; 16:14; 19:15; 21:22)을 제외한, 대부분은 전례문(liturgy)이나 찬양적인 표현이다(고후 6:18; 계 4:8; 11:17; 15:3; 19:6). 신조는 이러한 전례문으로부터 이 용어를 채택한 것이다. 따라서 이 용어에 의해서 말하고자 하는 것은, 신적인 전능을 규정하려는 것이 아니라, 하나님에 대한 찬양적 고백이다.[60]

하나님의 전능하심을 고백하는 것은 교리적인 차원에서 말하는 하나님의 잠재적 속성이 아니라, 그것을 초월한 보다 실천적이며 예배적인 찬양이다. 성경은 다음과 같이 말한다.

---

60 전능에 관한 하르낙의 설명을 참조하라. "Anhan" in Hahn, 370-1.

> 예수께서 이르시되 내 아버지께서 이제까지 일하시니, 나도 일한다(요 5:14).

칼빈은 전능을 풀이하면서 섭리를 설명한다. 하나님의 전능하심은 그 어떤 것도 하나님의 뜻에 합당하지 않은 것은 발생하지 않는다는 실제적이고 실천적인 신앙의 확신을 고백하는 것이다.[61] 전능하심은 하나님의 주권적 행위가 실제로 우리 가운데 행사되고 있음을 고백하는 것이다. 자연법칙에 의해서 자연적으로 시작되고 끝나는 것을 인정하는 것은 섭리 신앙이 아니다.

"크레아토렘 코에리 에트 테라에"(*creatorem coeli et terrae*: 천지의 창조자)는 교부들의 '신앙규범'에 많이 나타나는 글귀이다. 왜냐하면, '신앙규범'이 작성되는 정황이란 이단과의 논쟁이었고, 그들로부터 창조주 하나님에 대한 변증을 요구받았기 때문이다. 예를 들어, 말키온(144년경 로마 교회에서 방축)의 이원론적 사고는 '조물주'(데미우르고스)를 하나님보다 낮은 자로 보았다. 따라서 창조주 하나님에 대한 신앙고백은 사도 교부들의 문서 가운데서 아주 중요한 역할을 담당한다.[62] 그러나 천지를 창조하신 하나님에 대한 고백은 초대 교회가 가졌던 믿음이었고, 그 믿음이 신조형성에서 자연스럽게 나타났다.

'천지'란 피조물 전체를 말하는 것으로 하늘에 있는 것과 땅에 있는 것을 말한다. "눈에 보이는 것들과 보이지 않는 것들"(골 1:16)로 환언할 수 있다. 믿음이란 세상을 안보는 것이 아니다. 오히려 믿음을 소유함으로써, 그 믿음으로 세상을 바르게 직시하고 또한 자리매김하는 것

---

61 제네바교회 신앙문답, 23문.
62 예를 들면, 창조자를 사랑하는 것에 관하여 『12사도의 교훈』 1:2; 창조주를 믿는 것에 관하여 『헤르마에의 목자』 교훈 1:1; 창조자에게 고착하는 것 『클레멘스 제1서』 19:2 등에서 일차적인 요소들로 설명되고 있다

이다. 성경이 증언하듯이 믿음으로 세상이 하나님의 말씀에 의해서 창조되었다는 사실을 깨닫는 것이다(히 11:3). 고대 교회의 창조신학은 아우구스티누스에 의해서 신학적으로 정립되었다.[63]

앞에서 인용한 팔마티우스의 세례고백(c.220년)은 "모든 보이는 것과 보이지 않는 것을 창조하신 자"를 고백한다(Hahn § 31a). 이미 동방에서 사용되고 있었던 것으로 추정되는(골 1:16) 이 항목을 로마 교회가 사용하였다는 것은 예외적이라 할 수 있지만 교회가 하나님의 창조역사를 고백하게 되면서 표현들이 다양해진 것은 사실이다.

예를 들면, "피조물의 보이는 모든 것들과 보이지 않는 것들"(Hahn § 64), "피조물들의 보이는 것들과 보이지 않는 것들"(크레아투라룸 비시비리움 에트 인비시비리움[*creaturarum visibilium et invisibilium*], Hahn § 76), "하늘과 땅에 있는 모든 것, 보이는 것들과 보이지 않는 것들의 창조자"(파트토렘 카에레스티움 옴니움 에트 테레스트리움, 비시비시움 에트 인비시비리움[*factorem caelestium omnium et terrestrium, visibilium et invisibilium*], Hahn § 52), "우주의 창조자, 하늘의 왕"(우니베르소룸 크레아토렘, 레겜 코에로룸[*universorum creatorem, regem coelorum*], Hahn § 48), "존재하는 모든 것들의 창조자, 대대의 왕"(레겜 사에쿨로룸[*regem saeculorum*], Hahn § 49) 등이 있다.

"하늘"(코에룸[*coelum*] 혹은 카에룸[*caelum*])과 "땅"(테라[*terra*])은 헬라어 신조의 "보이는 것들과 보이지 않는 것들"에 해당하는 것으로 구약에 근거한 것이다(창 1:1; 시 121:2; 134:3 등). 또한 '창조주'를 콘디토르(*conditor*), 파크토르(*factor*), 또는 크레아토르(*creator*) 등으로 다양하게

---

63 그의 『고백』 마지막 부분을 에서 두드려지게 나타난다. '무(無)로부터의 창조'(*creatio ex nihilio*) 사상이 사도 교부들에 의해 설명된다(『헤르마에의 목자』, 환영 I, 1:6, 클레멘스 제1서 1:8). '*ex nihilio*' 사상은 이단을 논박하는 가운데 변증론으로 발전되어 우주론, 그리고 추상적인 것으로 사색되면서 기독교적 존재론을 만들어낸다.

표현하였다.

성경은 그리스도 안에서의 창조를 고백하기 때문에, 창조에 관한 고백은 그리스도와 함께 고백된다. 골로새서 1:16, "만물이 그에게서 창조되되 하늘과 땅에서 보이는 것들과 보이지 않는 것들과 … 만물이 다 그로 말미암고 그를 위하여 창조되었다." 로마서 11:36, "만물이 주에게서 나오고 주로 말미암고 주에게로 돌아감이라." 고린도전서 8:6, "우리에게는 한 하나님 곧 아버지가 계시니 만물이 그에게서 났고 우리도 그를 위하며 또한 한 주 예수 그리스도께서 계시니 만물이 그로 말미암고 우리도 그로 말미암았느니라." 그리고 에베소서 3:9, "만물을 창조하신 하나님" 등을 근거로 들 수 있다. 성경이 말하는 창조론은 성자되신 그리스도 예수를 배제한, 그 자체의 홀로걷기를 허용하지 않는다. 성경이 창조를 가르칠 때, 그것은 하나님 그분(성부, 성자, 성령)의 실재성을 말한다. 창조주 되신 하나님을 고백하는 것은 하나님의 존재론적 실재를 고백하는 것이다.[64]

신조적 견지에서 보자면, 삼위일체 논쟁으로 천지의 창조주 하나님이 강조되었다고 볼 수 있다. 특히, 동방교회에서 형성된 신조들의 영향을 받았던 '니케아 콘스탄티노폴리스 신조'의 영향이 강하였다.

제2항

Et in Jesum Christum, Filium ejus unicum, Dominum nostrum,
qui conceptus est de Spiritu Sancto, natus ex Maria virgine,
passus sub Pontio Pilato, crucifixus, mortuus et sepultus,
descendit ad inferna, tertia die resurrexit a mortuis,
ascendit ad caelos, sedet ad dexteram Dei Patris omnipotentis,

---

64 Cranfield, 16.

inde venturus est judicare vivos et mortuos.
나는 예수 그리스도, 그의 유일하신 아들, 우리 주님을 믿습니다.
그분은 성령으로 말미암아 잉태되시어, 동정녀 마리아에게서 나셨습니다.
본디오 빌라도 치하에서 고난을 받으시고, 십자가에 못 박혀 죽으시고,
그리고 묻히셨으며, 음부로 내려가셨습니다.
셋째 날에 죽은 자들 가운데서 부활하셨으며, 하늘에 오르시어,
전능하신 하나님 아버지 우편에 앉으셨습니다.
거기로부터 산 자들과 죽은 자들을 심판하러 오십니다.

'사도신조'의 제2항은 그리스도에 관한 고백으로서, 크레도(*credo*)로 시작하지 않고 접속사 에트(*et*)로 시작한다. 그러나 '갈리아 사크라멘툼 신조'는 제1항과 동일하게 제2항에서도 크레도 인 예숨 크리스툼(*credo in Jesum Christum*)으로 시작한다(Hahn § 66). 또한 질문 형식들의 신조들은 각항마다 크레도(*credo*)로 응답한다. 따라서 제2항이 접속사로 시작되었다고 하여 의미를 축소시키거나,[65] 또는 제3항이 후에 첨가되었다고 생각할 필요는 없다.

제2항은 그리스도에 대한 고백으로 신조의 중심적 부분을 차지하며, 다른 항목에 비하여 내용이 풍부하다. 이러한 것은 제2항이 다른 부분보다 먼저 성립되었다는 가능성이 존재한다는 것을 의미한다. 이 항목의 핵심 구절은 '주 예수 그리스도' 또는 '예수 그리스도는 주가 되시니'이다. 예수 그리스도를 '주'로 고백하는 것이 이제 '그의 유일하신 아들'과 짝을 이루게 된다.[66] 제2항의 첫 부분을 칼 홀은 다음과

---

[65] 참고: 고린도전서 8:6에 "한 하나님 곧 아버지 … 또한 한 주 예수 그리스도"가 초기의 고백 정식이었다고 보는 견해가 있다는 것은 이미 언급한 바 있다.

[66] Rufinus, 38-47.

같이 분해한다.[67]

  1. 예수 그리스도, 그의 유일하신 아들, 우리 주
  2. a 그는 성령으로 말미암아 잉태되시고, 동정녀 마리아에게서 나셨습니다.
     b 본디오 빌라도의 치하에서 고난을 받으셨고, 십자가에 못 박히시고,

순서상 1이 먼저 성립되어, 그 후에 1+2b, 그리고 1+2a+2b로 발전되어갔다.[68] 왜냐하면, 고린도전서 15:3, "이는 성경대로 그리스도께서 우리 죄를 위하여 죽으시고"에 근거하여 추정하여 본다면, 먼저 2b의 형태에 본디오 빌라도라는 고유명사가 첨가되어 하나의 정식화를 이룬 것으로 보인다(참고: 딤전 6:13; 행 4:27). 사실, 초기에는 예수 그리스도의 출생에 관한 언급이 많이 나타나지 않는다. 마가복음과 요한복음은 예수의 출생을 언급조차하지 않으며, 로마서 역시 "육신으로는 다윗의 혈통에서 나셨고"(롬 1:3)라고 간략하게 언급 할 뿐, 탄생에 관하여는 기술하지 않는다. 구약에 약속된 하나님의 말씀이 성취되었다는 것과 하나님 아들께서 성육신하셨다는 사실에만 주목한다.

1) 1 부분에 대해서

'예수 그리스도' 앞에 놓인 전치사 *in*에 관하여는 이미 제1항에서 언급하였다. 그러나 그리스도와의 관계 속에서 고찰한다면, 이것은 그

---

67 K. Holl, *Gesammelte Aufsätze*, Bd. 2, S. 115ff.
68 '델 바리제 신조' 제2항이 그렇게 되어 있다. 그러나 이 신조가 가장 오래된 형태를 취하고 있다고는 확인하기 어렵다.

리스와의 연합이라는 관점에서 이해될 수 있다. 헬라어 에이스(εἰς)는 공간적, 시간적인 방향 또는 관계를 의미하며, 특히 인격적인 관계에서 귀속적 관계를 나타낸다.[69] 이 귀속적 관계는 삼위일체론적인 의미에서 이해될 수도 있지만, 초기 그리스도교는 믿는 자들이 그리스도께 귀속되는 그리스도와 성도들과의 관계를 나타내었다. 왜냐하면 그리스도에 대한 고백이란 그리스도의 이름으로 세례를 받아 그분과 연합되는 것이기 때문이다(마 28:19; 행 8:16; 19:3, 5; 롬 6:3-4; 고전 1:13, 15; 10:2; 갈 3:27). 그러나 이 귀속적 관계와 '그리스도 안에서'(엔 크리스토[ἐν χριστῷ] 롬 6:11; 8:1)를 그리스도와 신비주의적 연합으로 해석하지는 않는다.

어순적으로 '예수 그리스도'와 '그리스도 예수'라는 두 가지 형태가 나타나지만, '로마 신조'는 후자를 사용한다.[70] 일반적으로 예수 그리스도가 사용되지만, 그리스도 예수로 고백함으로써 그리스도를 더욱 강조하려는 의도를 생각해 볼 수 있다.[71] '예수 그리스도'는 '그리스도이신 예수'(예수스 호 크리스토스[Ἰησοῦς ὁ χριστός])의 생략형으로, 예수의 그리스도 되심을 강조한다. 마태복음 1:21의 "예수는 자기 백성을 저희 죄에서 구원할 자"로 해석된다. 하나님께서 '예수'라는 이름을 명명하셨다. 따라서 예수라는 이름은 하나님의 구원의 뜻이 담겨져 있다. 다시 말해서 하나님께서 예수를 통해서 우리를 위한 구원을 성취하시려는 의미가 그 속에 담겨져 있다. 더욱이, 하나님께서 우리로 하여금 그분을 예수로 부르게 하셨다는 것 자체가 신앙고백적 의미를 함

---

69 P.G.W Glare (ed.) *Oxford Latin Dictionary* (Oxford: Clarendon Press, 1982) 855-858; Henry Geogre Liddell & Robert Scott (by Comp) *Greek-English Lexicon* (Oxford: Clarendon Press, 1961), 487-9의 각 항목을 참조하라.
70 서방교회는 주로 '그리스도 예수'를 사용; Harnack, p.11.
71 Cf. C. E. B. Cranfield, *International Critical Commentary – Romans* (Edinburgh: T&T Clarck, 1979), vol.1, ch.1, v.1.

축한다. 예수라는 이름은 히브리어 '여호수아'를 헬라어로 음역한 것이다(행 7:45; 히 4:8).

첫째, "예수가 그리스도이시다"라는 고백의 근거가 구약성경에 있다는 점을 고려하여야 할 것이다. 고백적 근거가 구약성경에 존재한다는 것은 약속이 성취되었다는 의미이다. 신약의 그리스도란 '크리오'(χρίω)라는 동사의 수동형 분사에 유래하는 '기름부음 받은 자'를 의미한다. 이것은 구약의 '메시야'를 번역(요 1:41; 4:25)한 용어로서, 그 의미는 구약성경의 문맥 가운데서 정해졌다. 신약교회는 왕의 즉위식으로 보이는 시편 제2편의 "왕을 … 세웠다. … 내 아들이라. 오늘 내가 너를 낳았도다"라는 구절을 예수 그리스도와의 관계 속에서 중요하게 생각하였다(행 4:25). 다시 말해서 그리스도는 직무를 의미한다. 사도행전 4:27에 "기름 부으신 거룩한 종 예수"라는 표현은 그분의 직무를 말한다. 구약에 기인하는 기름부음이란 성별(聖別) 의식으로, 특별한 직무를 임직할 때에 행하여졌다. 예를 들어, 열왕기상 19:15과 16이 보여주듯이 왕 또는 예언자의 임직식이 거행될 때에 기름부음이 행하여졌다. 또한 제사직의 임직도 동일하였다(레 7:36 등).

그러나 기름부음 받은 자에 대한 의미가 한층 발전되어 간다. 예를 들면, 다니엘 9:24-26은 기름부음 받은 자를 언젠가 오실 것으로 약속된 '왕'으로 규정하고 있다. 다시 말해 메시야란 단순히 기름부음을 필요로 하는 직무만이 아니라, 종말론적인 의미에서 기대하고 기다린다는 의미가 포함된 것이다. 그것은 신약성경의 "오실 이"(마 11:2ff, 눅 7:18ff)와 같은 것이었다. 공생애를 시작하실 때에 예수 그리스도께서 나사렛 회당에서 이사야 61장의 앞부분을 낭독하시면서 그것이 그날 성취되었다고 선언하셨다(눅 4:16ff). 이것은 성령에 의한 기름부음의 예언 성취이며, 기름부음 받은 자의 고유한 직무였던 '가난한 자에게 복음을 전하는' 것이었다. 그리스도의 존재는 복음을 전하는 존재이다. 이 복음이 사람들의 마음에 그리스도를 불러일으킨 것이다.

더욱 중요한 것은 이름이 가지는 의미와 능력이다. 그의 이름으로 세례가 집행되며 그의 이름으로 기적이 일어난다(행 3:6, 16). 예수의 이름을 고백하고 선포하며 말한다는 것은 어떤 개념이나 이론이나 신학을 말하는 것이 아니라, '예수'라는 이름이 가진 실제를 전면에 선포하는 것을 의미한다. 즉 이름을 부르며 고백하는 것은 그분의 실제적 임재하심을 가까이 하는 것이다. 사도행전에 나오듯이 초대 교회는 "나사렛 예수의 이름"(행 2:22; 3:6; 4:10; 6:14; 22:8; 24:5; 26:9)을 불렀다. 서신서에는 나오지 않는다.

그러나 그 자체로 능력을 가졌던 '예수'를 고백하는 것은 '그리스도'로 고백하는 것과 다른 의미를 가진다고 말 할 수 있다. "당신은 그리스도시오"(마 16:16; 막 8:29; 눅 9:20; 요 11:27; 행 2:36 등)라는 고백은 판단의 의미를 지닌다. 이 판단은 신앙의 결단과 논증을 뒷받침하는 논리이다. 이 논리는 성경적 논리이며, 사용되는 논거는 구약성경이었고, 증명의 유효성은 인간의 지혜에 의한 설득력 있는 말이 아니라, 위로부터의 "성령과 능력"(고전 2:4, 행 9:22)이었다. 더욱이 그리스도라는 뜻은 그 당시 사람들의 의식 속에 희석되어 버릴 수 있는 성질이 아니었다.

그리스도의 존재는 그를 받아들이는 의식을 통해서 헤아려질 수 있는 그런 작은 것이 아니었다. 고백자의 상황에 맞추어 그리스도가 가지는 칭호의 의미 내용이 확정되었다기보다, 그리스도의 존재 그 자체가 상황을 만들어 내었다. 다시 말하자면, "당신은 그리스도입니다"라는 고백이 유대적 종교 전통 가운데 최초로 성립되었다고 할지라도, 그러한 종교적 전통을 가지지 않았던 이방 세계로 퍼져가고 있었기 때문이다.

둘째, 생각해야 할 중요한 주제는 예수 그리스도께서 '종'이 되셨다는 사실이다. 예수께서 인용한 구약의 본문들 가운데 '주의 종'(Ebed Yahweh, παῖς θεοῦ)에 관련된 것들이 많다. 그가 세례를 받을 때에 하늘로부터 들렸던 "너는 내 사랑하는 아들이라 내가 너를 기뻐하노라"(우에이 오 휘오스 호 아가페토스 엔 소이 에우도케사[οὐ εἶ ὁ υἱός ὁ ἀγαπητός ἐν σοὶ εὐδόκησα], 마 3:17; 막 1:11; 눅 3:22)는 이사야 41:8 또는 42:1과 비슷한 것으로, 이사야서는 아들이 아닌 종으로 고백한다. 또한 누가복음 9:35의 "이는 나의 아들 곧 택함을 받은 자"(호 에크레레그메노스[ὁ ἐκλελεγμένος]) 역시 이사야서의 반영이다.

'주의 종'이라는 글귀가 정확하게 복음서에 나타나지 않지만, 문맥상에서 그 의미를 찾아볼 수 있다. 예를 들면, 예수께서 인용한 이사야 42:1ff., 49:1ff., 50:4ff., 그리고 52:13-53:12의 "주의 (고난의) 종" 등이다. "인자가 많은 고난을 받고 장로들과 대제사장들과 서기관들에게 버린 바 되어 죽임을 당하고 사흘 만에 살아나야 할 것"(마 16:21; 막 8:31; 눅 9:22)이라는 것이다. 그분의 고난은 주의 종에 관한 예언의 성취였다(마 12:17-21; 막 9:12f., 31; 10:33f.; 14:49; 특히, 행 8:26ff.). 이런 맥락에서 사도행전의 '종 예수'가 유래한다(행 3:13, 26; 4:25, 27, 30). 이 용어를 사용한 사도 교부들의 문헌들을 보면 다음과 같다. 『12사도의 교훈』 9:2, 『폴리카르푸스의 순교』 20:2, 『바나바의 편지』 6:1, 9:2, 클레멘스의 『고린도 서한』 59:2f 등에 나온다. '주의 종'이라는 용어가 결국에 사용되지 않게 된 것은 아마도 그 용어가 가진 의미가 그리스도라는 칭호 안으로 흡수되었기 때문으로 이해된다.

히브리어 '에베드'(ebed, 종)는 헬라어로 파이스(παῖς) 또는 둘로스(δοῦλος)로 번역된다. 파이스와 둘로스는 종과 노예를 의미하면서 동시에 젊은이 또는 아들이라는 뜻으로도 사용된다. 특히 '파이스'가 그러한데 사도행전 4:30을 보면, "거룩한 종 예수"(투 하기우 파이도스 수 예수[τοῦ ἁγίου παιδός σου Ἰησοῦ])로 기록되어 있다. 예수님의 세례, 그리고 산상변형 때에 하늘로부터 선언된 "내 아들"(휘오스[υἱός])은 에베드를 연상시킨다. 또한 파이스와 둘로스가 신약성경에서는 거의 동일한 의미로 사용된다. 빌립보서 2:7의 "종의 형체"(모르페 둘로스[μορφὴ δούλος])은 이사야의 '주의 종'과 관련되어 이해된다.

셋째, 예수 그리스도와 '인자'(톤 휘이온 투 안트로푸[τὸν υἱὸν τοῦ ἀνθρώπου])의 관계이다. 성경에 "네가 인자를 믿느냐 … 주여 내가 믿나이다"(요 9:35-39)의 문답은 신조 성립과정에 나타나지 않는다. 아마도 인자는 그리스도 안으로 흡수된 것으로 보인다.

넷째, 기름부음 받은 자와 '그리스도의 삼중직'(크리스티 무누스 트리플렉스[Christi munus triplex])과의 관계이다. 히브리서 7장은 그리스도의 예형으로 멜기세덱을 언급하면서, 왕과 제사장직에 관하여 말한다. 예언자로서 그리스도는 사도행전 3:22에 나온다. 마태복음 27:11은 "(빌라도)가 물어 이르되, 네가 유대인의 왕이냐. 예수께서 대답하시되 네 말이 옳도다"라고 기술한다. 또한 예루살렘에 입성하실 때에 "네 왕이 네게 임하나니 그는 겸손하여 나귀, 곧 멍에 메는 짐승의 새끼를 탔도다"(마 21:5)라고 성경은 말한다. 히브리서 8:1-6을 통하여 그리스도가 참된 제사장이 되심을 보여주고 있다. "지금 우리가 하는 말의 요점은 대제사장이 우리에게 있다"(히 8:1)는 것이다.

예언자에 관한 신약성경의 표현은 마태복음 23:10, "지도자라 칭함을 받지 말라 너희의 지도자는 한 분이시니 곧 그리스도시니라"에서 찾아 볼 수 있다. 여기에서는 선생 가르치는 자를 말한다. 이런 의미에서 요한복음 4:25, "그가 오시면 모든 것을 우리에게 알려 주시리이다"에 나오는 사마리아 여인의 발언은 중요하다.

그리스도께서 왕, 제사장, 예언자라는 세 가지 직무(무누스[munus], 오피키움[officium])를 가지셨다는 이해는 초대 교회의 이중직(왕과 제사장) 이해와 관련한다. 가이사랴의 에우세비우스는 『교회사』 I.3.1-

20(8)에서 다음과 같이 설명한다.

> 예언자들은 기름부음을 통하여 그리스도의 모습이 되며, 이러한 모든 것은 하나님의 영과 천상의 말씀이신 참된 그리스도와 관계하는 것으로, 이 분은 모든 사람들에 유일하신 대 제사장이시며, 그리고 모든 피조물의 유일하신 왕이시며, 그리고 모든 예언자들 가운데 아버지의 유일하신 최고의 예언자이시다.[72]

중세신학은 그리스도의 삼중직에 관하여 아주 소극적이었다. 그러나 16세기로 들어오면서, 루터가 『그리스도인의 자유』 제14절에서 왕직과 제사장직에 관하여 언급하고, 예언자로서의 직무를 인정하지만 교리로서 발전시키지는 않았다. 그리스도의 삼중직을 신학적으로 정리하여 체계화한 사람은 칼빈을 비롯한 개혁 신학자들이었다.[73]

"유일하신 아들"(필리움 에이우스 우니쿰[Filium ejus unicum], 호 모노게네스 휘오스[ὁ μονογενὴς υἱός])은 요한서신에 유래하는 용어이다(요 1:18; 3:16, 18; 요일 4:9; 또한 눅 7:12; 8:12; 9:38; 히 11:17). 이것은 단순히 형제가 없는 아들을 의미한다. '유일하신 아들'이 중요한 것은 "하나님께로부터 난 자들"(요 1:12, 13)과 명확한 구별 때문이다. 요한복음 1:12은 하나님의 아들들을 휘오스가 아닌 테크나 테우(τέκνα θεοῦ)로 표현한다. 유일하신 아들이란 아버지와의 유일한 관계를 나타낸다. 즉 아버지의 본질(숩스탄티아[substantia])로부터 나셨기 때문에 아버지와 본질(엣센티아[essentia])이 하나이며, 본성적(나투라[natura])으로 아들이다. 이런 의미에서 본질적 동일성을 가지신 하나님의 유일하신

---

72 NPNF Second Series, 1:86.
73 『기독교 강요』 II.xv; 제네바 신앙문답 35; 하이델베르크 신앙문답 31문; 웨스트민스트 신앙고백 8장; 바르트 『교회교의학』 IV.3.1.12이하.

아들이다.[74]

베드로의 빌립보 가이사랴 고백은 '유일하신 아들'이라는 표현을 사용하지 않고 "당신은 하나님의 아들"(마 16:16)로 나타난다. 물론, 처음에 '아들'(휘오스[υἱός])로 고백되다가 나중에 '유일하신'이 첨가되었다고 볼 수 있지만, '모노게네스'(μονογενής)가 처음부터 요한서신적 용어라고 한다면 '아들'에서 '유일하신 아들'로 발전되었다고 억측할 필요는 없다. 아버지, 아들, 성령이라는 삼위적인 틀 속에서 세례신조가 확정되어왔기 때문에, "하나님의 아들 예수 그리스도"(요일 3:15; 5:5)로 고백하는 초기부터 자연스럽게 '아들'과 '유일하신 아들'이 동의어로 간주되었다고 보는 것이 오히려 자연스럽다.

그러나 헬라어 모노게네스가 라틴어 우니쿠스(unicus)로 번역되면서, 요한적인 뉘앙스가 남아있지 않게 되었다. 모노게네스는 모노스(단 하나)와 게네스(태어난 자)의 합성어이다. 따라서 후반부 게네스는 유일하신 아들을 형용하기 위해 반드시 필요한 것은 아니다. 왜냐하면, 라틴어의 우니쿠스(unicus)는 헬라어의 모노스(μονος)에 해당하기 때문이다. 모노게네스(μονογενής)를 직역한다면 우니겐티투스(unigenitus)가 된다. 그럼에도 우니겐티투스를 사용하지 않고 우니쿠스(unicus)를 사용하는 특별한 이유는 찾기 힘들다. 물론 이것을 사용한 신조도 있다(Hahn § 52, 59, 69). 또한 헬라어로 모노스를 사용하는 경우가 있는데, 예를 들면, 이그나티우스의 『로마서한』의 표제, 유스티누스의 『대화』 I, 23 그리고 『변명』 II, 6 등이다.

"주"(도미누스[dominus], 퀴리오스[κύριος])라는 용어의 유래는 헬레니

---

74 제네바교회 신앙문답, 46문; 참고적으로 '유일하신 아들'과 비슷한 표현으로 '장자'(πρωτότοκος, 롬 8:29; 히 1:6)가 있다. 이 표현은 삼위일체적인 의미로 사용되지 않지만, 다른 형제들과의 관계를 포함해 죽은 자 가운데서 최초로 태어난 자(골 1:18; 계 1:5), 또는 "피조물보다 먼저 나신 이"(골 1:15)와 같은 의미로 사용되었다.

즘과 유대주의 두 가지 계통을 고려하여 볼 수 있다. 헬레니즘 세계의 모든 밀의 종교는 자신들의 신에게 퀴리오스라는 호칭을 적용하였고, 로마제국도 자신들의 황제숭배에 이것을 사용하였다. 그러나 초기의 그리스도교가 헬레니즘 세계의 유대인 회당을 거점으로 이루어졌다는 사실을 고려한다면, 퀴리오스는 유대교적 기반에서 먼저 고려되어야 할 것이다. 또한 칠십인 번역의 구약성경이 야훼와 아도나이의 번역어로 퀴리오스를 사용하였다는 사실도 중요하다. 다시 말해서, 성경이 말하는 퀴리오스는 초월신으로서, 헬레니즘 세계가 말하는 퀴리오스와는 절대적으로 다르다. 퀴리오스가 가지는 이러한 절대성과 배타성은 유대교뿐만 아니라, 헬레니즘과 로마적 토양에서 적지 않은 반대에 부딪히게 되었다. 예를 들면, 로마 황제가 자기만을 퀴리오스로 고백하도록 강요할때, 교회는 예수 그리스도만을 퀴리오스로 고백하였기 때문이다.

그리스도 교회는 처음부터 신앙과 정치의 일원화를 초월하고 있었기 때문에 신앙적 대립이 직접 정치적 대립으로 이어지지는 않았다. 오히려 권위는 하나님에 의해 세움을 받은 것이기 때문에 존경과 복종의 대상이었다. 그러나 교회 외부에서는 "다른 임금 곧 예수라 하는 이가 있다"(행 17:7)하여, 그리스도인들을 가이사에 반항하는 세력으로 간주하였다. 물론, 그리스도인들은 믿음과 양심을 배반하면서 무조건 황제의 권위를 따르지 않았다(행 4:19; 5:29). 이러한 반역으로 신앙의 '증언'(마르투리온[μαρτύριον])이 순교라는 의미로 사용되게 되었다.

초기 그리스도교의 기본적 신앙고백은 "예수 그리스도는 주시라"(고전 12:3; 빌 2:11)였다. 모든 신앙고백이 여기에서 출발하였다고 해도 과언이 아니다. 이것이 '우리 주가 되시며'로 발전하였다. '주'와 '우리 주'의 차이점은 무엇인가? 바울서신은 '주'를 '주 하나님'으로 표현하며 많이 사용하였고(예: 롬 4:8; 9:28, 29), 그리스도론적으로 언급할 때는 "우리 주"(퀴리오스 헤몬[κύριος ἡμῶν])를 많이 사용하였다 (예: 롬 1:4; 4:24; 5:1). 그렇지만, '예수 그리스도는 주가 되시며'와 '예수 그리스도는 우리 주가 되시며'의 실질적인 구별은 '우리'라는 대명사가 어조상으로 합쳐지면서 생략된 것으로 보인다. 예를 들면, 요한계시록 22:20의 "아멘 주 예수여 오시옵소서"의 '주'는 '우리 주'의 생략형이다. 즉 이 구절은 아람어에서는 마라나 타(μαράνά θα) 즉 "우리 주여 오시옵소서"(고전 16:22)이기 때문이다.

'주'는 단순한 개념이 아니다. 주의 주권은 현실적인 지배 영역을 가진다. 그 결과 주를 고백하는 것은 지배에 대한 복종을 나타낸다. 주에 대한 고백을 다음과 같이 이해할 수 있다.

첫째, 주의 날에 예배로 모이는 사람들 가운데 그분께서 임재하신다는 이해와 관계한다. 구약에서 '주의 날'은 종말을 가리키는 묵시적 용어였지만(암 5:18; 욜 1:15 등), 신약에서는 성취된 것으로(계 1:10) 사용되어, 사도 후시대에 정착 되었다(『열두 사도의 교훈』14:1, 이그나티우스의 『마그네시아 서한』9:1).

둘째, 예배 공동체의 규율이라는 배경 속에서 이해된다. 고린도전서 5:4-5은 "주 예수의 이름으로 … 이런 자를 사단에게 내어 주었으니"로 기록한다. 교회는 주님의 통치 아래에 있기 때문에 주의 주권으로 그 규율이 유지된다. 사도행전 5:1-11의 아나니아와 삽비라에 대한 징계도 그 예에 해당된다.

셋째, 주로 고백하는 것은 주에 대한 순종적 사역과의 관계 속에서 이해되어, 주님으로 위탁받은 직분을 수행하며 성취하는 것과 관계한다.

> 우리 주 예수 그리스도의 나타나실 때까지 흠도 없고 책망 받을 것도 없이 이 명령을 지키라(딤전 6:14).

직분의 위탁은 공적 직무와 사적 생활과 구별이 없다. 직분과의 연관 속에 주의 출현 또는 주의 재림이 설명된다(살전 2:19; 3:13; 4:15; 5:23; 살후 2:1, 8; 벧후 1:16; 3:4 그 외). 앞서 말한 "주께서 임하시느니라"가 나타내듯이 '주'라는 표현에는 '오실 이'(호 에르코메노스[ὁ ἐρχόμενος])가 함축되어있다.

넷째, "주는 영이시니"(고후 3:17)에서 알 수 있듯이, 주의 영이신 성령으로 말미암아 그분의 주권이 행사되는 것이다.

2) 2a의 부분에 관하여

qui conceptus est de Spiritu Sancto natus ex Maria virgine.
그는 성령으로 말미암아 잉태되시고 동정녀 마리아에게서 나셨습니다.

"콘케프투스 에스트"(*conceptus est*, 잉태되어)라는 용어가 일찍부터 논의 되었지만 정착되지는 않았다. 예를 들어, 이그나티우스의 『에베소서한』 18:2에는 "그 때, 우리 주 그리스도가 되시는 예수는 하나님의 경륜에 따라 마리아에게 잉태(에쿠오포레테[ἐκυοφορήθη])되어, 다윗의 자손으로부터 성령으로 말미암아 오셨다"라고 한다. 테르툴리아누스의 『이단자의 시효에 대해서』 13에서는 "그 태내에서 육체가 되어, 그녀로부터 태어나"(카르넴 파크툼 인 우테로 에이우스 에트, 에크스 에아 나툼[*carnem factum in utero ejus et, ex ea natum*])라고 말한다. 그러나 로마 신조를 비롯해 많은 서방의 초기 신조와 동방 신조에서는 보이지 않다가, 5세기 갈리아 레이의 파우스투스(Faustus of Reji, 490/500 사망, Hahn § 61)에서 나타나기 시작하지만, 성경적 표현과는 다르다. 성경은 마태복음 1:18, "성령으로 말미암아 잉태된 것"(엔 가스트리 에코우사 에크 프뉴마토스 하기우[ἐν γαστρὶ ἔχουσα ἐκ Πνεύματος ἁγίου], 인 우테로 라벤스 데 스피리투 상크토[*in utero habens de Spiritu Sancto*])[75]과 누가복음 1:31, "보라 네가 잉태하여"(이두, 술래프세 엔 가스트리[ἰδού, συλλήψῃ ἐν γαστρὶ], 에케 콘티피에스 인 우테로[*ecce concipies in utero*])로 표현한다. 성경은 수동태보다 능동태를 사용한다.

잉태를 통하여 말하고자 하는 것은 육체를 입었다는 것과 사람이 되었다는 것이다.

그리스도 고백의 전반부가 하나님이신 그리스도께 중점을 둔다고 한다면, 여기 후반부는 사람이 되신 것에 중점을 둔다. "예수 그리스도께서 육체로 오신 것을"(호 호모로게이 예순 크리스톤 엔 사르키 에레루토타[ὃ ὁμολογεῖ Ἰησοῦν Χριστὸν ἐν σαρκὶ ἐληλυθότα] 요일 4:2, 요이 1:7) 부정하는 그노시스파에 반박하여 마리아의 태내에서 육체를 섭취하셨다는 사실을 확인한다. 동시대의 작품으로 간주되는 '타마수스의 신조'(*Symbolum Damasi*)가 이 표현을 사용하지만(Hahn § 200), '아타나시우스 신조'는 콘케프투스 에스트(*conceptus est*)라는 표현을 사용하지 않는다.[76] 그리스도 예수의 잉태가 성령 하나님에 의한 것으로 고백하는 것은 삼위일체 하나님께서 주도권을 가지셨다는 것이며, 하나님 되신 그리스도의 낮아지심인 겸비(謙卑)을 말한다(참고: 요 1:14, 말씀이 육신이 되다).

"성령으로 말미암아"는 마태복음의 1:18과 20(에크 푸네우마토스 하기우[ἐκ πνεύματος ἁγίου])의 표현을 따른 것으로, 초기 신조들은 '성령

---

75 마태복음 1:23, "보라 처녀가 잉태하여"(*ecce virgo in utero habebit*). 그리고 이사야 7:14의 라틴어 본문은 "*ecce virgo concipiet*"이다.

76 참조: 잉태 구문이 확정하고자 하는 것은 이른바 '아타나시우스 신조' 후반부에 나타나는 성육론 부분의 확정 작업과 병행된 것에 대한 확인 작업이다. '아타나시우스 신조'의 전반과 후반은 따로 작성된 것으로 간주된다. 본서 제5장 아타나시우스 신조 제33절을 보라. *Unus autem non conversione divinitatis in carnem, sed assumtione humanitatis in Deum*(Hahn. § 150).

안에서'라고 표현하기도 하였다. 그리스도의 잉태와 출생을 성령 하나님의 사역으로 고백하는 것은 출생적 유래를 말하는 것이 아니다. 하나님께서 사람이 된다는 사실을 강조하면서, 동시에 그러한 신비는 성령으로 말미암지 않고는 일어날 수 없다는 사실을 강조하는 것이다.

그리스도께서 사람이 된다는 것은 전통적으로 인간의 구원에 필연적인 것이다. 인간성에 의해서 범한 죄는 인간성으로 속죄되어야 한다. 그리스도의 인간성에 대한 교리는 칼케돈 신조에서 확정되지만, 그러한 신학적 인식은 그 이전에 이미 명확했었다. 이레나에우스의 『이단 논박』 II, 14. 7을 보면, "우리들이 하나님의 형상을 가지기 위해서, 하나님께서 인간이 되셨다"고 하며, 같은 책 III, 18, 1은 "우리가 아담의 시점에서 잃어버린 것 즉 하나님의 형체, 하나님을 닮은 모습으로 있는 것, 그것이 그리스도 예수로 말미암아 회복된다"고 한다.

그리스도의 인간성은 모친 마리아로부터 섭취한 것이다. 그러나 마리아의 '동정녀' 사실에 관하여는 복음서나 서신서는 중요한 문제로 다루지 않고 있지만, 사도 교부 시대가 되면서 마리아의 처녀성(處女性)이 중요한 개념이 되었다. 이그나티우스의 『에베소 서한』 7:2은 "마리아와 하나님으로부터"(카이 마리아스 카이 테우[καὶ Μαρίας καὶ ἐκ θεοῦ])라고 말한다. 이그나티우스는 『에베소 서한』 19:1에서 "마리아의 처녀성, 그 처녀로부터의 출생, 그리고 주의 죽음, 이 세 가지는 큰 소리로 선포되어야 할 매우 중요한 사항들이나, 이러한 일들은 하나님의 침묵 가운데 실시되었다"고 한다. 테르툴리아누스, 이레나에우스, 그리고 유스티누스 등도 '동정녀'를 강조한다. 따라서 오래된 신조는 "성령과 동정녀 마리아에게서 나시고"라고 고백한다.

그러나 그노시스파 가운데도 이것을 강조하는 사람이 있었기 때문에, 단순히 처녀성이 중요한 것이 아니다. 동정녀의 잉태만을 단순히 강조하게 된다면, 그 임신이 가지는 기적 또는 신비 자체가 강조되는 신화적 탄생 이야기로 끝나게 될 것이다. 신조는 마리아의 기적적 임신을 말하고자 하는 것이 아니다. 처녀 마리아에게 특별한 위치가 부여되어 마리아 숭배의 여지를 남기긴 했지만, 중요한 것은 인간이 전혀 관여하지 않고 오로지 성령 하나님의 사역에 의한 것이라는 사실이다. 하나님께서 마리아로부터 인간성을 섭취한 것이다. 그리스도의 육체가 인간의 죄를 짊어지고 속죄하기 위해서는 오염되지 않은 육체가 되어야만 했다. 따라서 어머니로서의 처녀성이 필요했지만, 보다 중요한 것은 성령에 의한 수태였다(마 1:20). 성령에 의한 것이기 때문에 자연적 생식방식, 즉 남성과의 결합을 필요로 하지 않는다. 따라서 동정녀가 아기를 가졌다는 그 자체가 중요한 것이 아니며, 그곳으로부터는 구원도 일어나지 않는다. 성령 하나님에 의해서, 참된 하나님께서 참된 인간이 되셨다는 사실이 중요한 것이다.

첨언하자면, 마리아의 처녀성 주장은 더 나아가 '종신동정녀'(아에이파르테노스[ἀειπαρθένος], 셈페르 비르고, 인 파르투, 포스트 마르툼 [*semper virgo, in partu, post partum*])로 발전하게 된다.[77] 예를 들면, 『에피파우스(Epiphanius of Salamis)의 장문 신조』(374) 가운데 아에이파르테노스(ἀειπάρθενος)가 나타나며,[78] 그 후 제5차 콘스탄티노폴리스 공의회(553)에서 작성된 신조에 등장하며, 그 후 여러 차례의 공의회에서 확인되었다.[79] 그리스도께서 무죄적 육체를 체휼하셨다는 사실이 중

77　이러한 이해는 테르툴리아누스, 『그리스도의 육신에 관하여』, XXIII. 2-5; XXVIII; 아우구스티누스, 『거룩한 동정성에 관하여』(*De Sancta Virginitate*), IV, 4 등에서 암시된다. 제3장을 보라. 그리고 한의 § 127, § 130을 보라. 참고. 조규만, "마리아론"『한국가톨릭대백과사전』(서울: 한국 교회사 연구소, 분도출판사, 1997), 제4권, 2389-2397(2394ff).

78　Hahn § 126, Philip Schaff. Vol II, 32-38; Lateran Council 649, in *canon* 3, Nivaea II 787에도 나타남; 참조. Jean-Yves Lacoste, *Encyclopedia of Christian Theology* (New York: Routledge, 2005), 998-1007; Lucien Deiss, *Joseph, Mary, Jesus* (Liturgical Press, 1996), 30.

79　Hahn, 135, 각주 386을 참조하라.

요시되면서, 마리아의 태가 무염해야 한다는 사실이 강조되었고, 결국 동정녀 잉태뿐만 아니라, 마리아 자신이 원죄로부터 자유롭다는 종신 동정녀설이 등장한 것이다.

3) 2b 부분에 대해서

passus sub Pontio Pilato, crucifixus, mortuus et sepultus,
descendit ad inferna, tertia die resurrexit a mortuis,
ascendit ad coelos, sedet ad dexteram Dei Patris omnipotentis,
inde venturus est judicare vivos et mortuos.[80]
본디오 빌라도의 치하에서 고난을 받으시고, 십자가에 못 박혀,
죽으시고 무덤에 묻히시고, 음부로 내려가셨고,
셋째 날에 죽은 자들 가운데서 부활하셨습니다.
하늘에 오르시어, 전능하신 하나님 아버지 우편에 앉으셨습니다.
거기로부터 산 자들과 죽은 자들을 심판하러 오십니다.

"팟수스"(*passus*, 고난을 받으시고)는 파티오르(*patior*)의 완료 수동 분사로서 공관복음서, 히브리서, 베드로전서 등에 나타난다. 십자가와 고난을 신조의 한 항목으로 정립하는 것에 공헌한 자는 테르툴리아누스이다. 그는 『프락세아스 논박』 29:1에서 다음과 같이 말했다. "하나님의 아들 그리스도가 죽었다고 말하는 것으로 충분하다." 예수 그리스도가 죽었다고 언급함으로써, 성부 수난설과 같은 사벨리우스주의

---

80 헬라어는 다음과 같다. Παθάντα ἐπὶ Ποντίου Πιλάτου, σταυρωθέντα, ἀποθανοντα, ταφέντα, καθελθοντα εἰς τον ἅδην, τῇ τρίτῃ ἡμέρα ἀνατάντα ἐκ τῶν νεκρῶν, ἀνελθόντα εἰς τοὺς αὐρανούς, καθήμενον ἐκ δεξιῶν τοῦ θεοῦ πατρός παντοκράτρος, ἐκειθεω ἐρχομενον κρῖναι ζῶντας καὶ ωεκρούς.

를 경고한다. 성부 하나님이 아니라, 성자 하나님이 고난을 받았다는 사실을 강조할 필요가 있었던 것이다. 또한 동일한 책 『프락세아스 논박』 28:13에서는 다음과 같이 말한다. "죽은 그리스도가 아버지라고 한다면, 그리스도를 다시 살리시고, 죽을 수밖에 없는 우리들의 몸을 다시 살리시는 분은 죽은 아버지, 즉 다시 살아나신 아버지가 아닌 다른 어떤 분이 다시 살리는 아버지가 될 것이다." 그는 성부 수난설에 관한 명확한 이해를 가지고 있었다.

초대 교회에서 하나님의 비수난성(非受難性)은 아주 중요한 개념이었다. 성부 비(非)수난설에 대한 테르툴리아누스의 신학적 이해에 기초하여 후대 신조들이 '고난을 받으사'라는 조항을 삽입한 것으로 간주된다. 그렇지만 테르툴리아누스 본인이 사용하였던 신조에는 '고난을 받으시고'(Hahn § 44)가 나타나지 않고, '고(古) 로마 신조'(Hahn, § 20)에도 나오지 않는다. '아퀼레이아의 신조'(Hahn § 36)에는 아버지가 전능하시고, 불가시하시며, 고난 받으실 수 없는(임파시비리스 [*impassibilis*]) 분으로만 언급된다. 인류 구원을 위한 그리스도의 낮아지심은 동정녀 잉태로 이 세상에 오심에서 출발하여, "고난을 받으시고"로 이어진 것이다. 물론 그분의 삶 전체가 겸비 그 자체였지만, 이것을 신앙고백적 글귀로 사용한 것이다. "자기를 낮추시고 죽기까지 복종하셨으니 곧 십자가에 죽으심이라"(빌 2:8)는 말씀을 그들은 숙지하고 있었던 것이다.

본디오 빌라도의 '치하에서'(수브[*sub*], 에피[ἐπί])는 그의 지배 기간과 그의 시대를 나타내는 말이다.[81] 헬라어 전치사 '에피'는 정식화된 용어로서, "본디오 빌라도의 앞에서(에피) 정당한 증거를 한 그리스도 예수"(막 13:9; 딤전 6:13)를 시작으로, 사도 교부의 문장들은 대부분 예수

---

81 *Oxford Latin Dictionary* (Clarendon: Oxford University Press, 1968), 1834-5.

와 빌라도의 관계 위치를 '에피'로 표현한다.[82] 동방의 세례신조도 동일하다(Hahn § 122ff.). '니케아 콘스탄티노폴리스 신조' 역시 '에피'를 사용하지만, '사도신조'의 헬라어 번역본 가운데는 휘포(ὑπό)를 사용하는 것도 있다(Hahn § 26, 27, 43).

본디오 빌라도라는 이교도의 이름을 '사도신조'가 수용한 것은 먼저, 구원 사건이 세상 저편에 일어난 사건이 아니라, 인간 역사 속에서 일어난 사건이라는 십자가의 역사성을 명확하게 보여주기 위한 것이다. 이것은 구원사와 세속사의 접점을 보여주는 신앙고백이다. 마태복음 2:1, 누가복음 1:5, 2:1f, 3:1f 등은 복음과 세속사와의 관계를 연대기적으로 기술한다.

그러나 빌라도에 대한 사적 기록을 찾기란 쉽지 않지만, 타키투스의 『연대기』 XV, 44:2에 "그리스도가 티베리우스 왕의 치세에 총독 본디오 빌라도로 인하여(페르[per]) 사형되어"라고 기록되어 있다. 이것은 관헌들에 의한 기록이 아니라, 교회 전승에 근거한 것이다. 중요한 것은 예수 그리스도의 수난이 신화가 아닌 역사적 사실이라는 것이다. 당시 로마 권력을 대표하는 빌라도의 치하에서 그리스도가 죽으셨다는 것은, 세속사 가운데 구원의 역사가 일어났다는 사실을 말하는 것이다. 더욱이 빌라도가 재판관으로서, 그리스도에게 유죄를 선고하여 죽었다는 사실이 신앙고백으로 강조된 것이다. 그러므로 예수 그리스도를 믿는 믿음이란, 그리스도의 유죄선언 가운데 자신의 무죄선언을, 그분의 저주 가운데 자신의 축복을 깨닫는 것이다.[83]

이와 관련하여 그리스도의 수난과 로마제국과의 관계를 조명해야 할 것이다. 왜냐하면 '사도신조'가 말하는 그리스도의 수난은 유대인

---

82 참고. 이그나티우스의 『토랄레스 서한』 9:1; 『스미르나 서한』 1:2.
83 참고. 존 칼빈, 『기독교 강요』 II.xvi.5-6.

이 아니라, 로마제국에 의한 것이라는 것이다. 성경은 예수의 수난을 유대인에 의한 것으로 기록한다. 사도행전 2:36은 "그런즉 이스라엘 온 집은 확실히 알지니 너희가 십자가에 못 박은 이 예수를 하나님이 주와 그리스도가 되게 하셨느니라"고 기술한다.[84] 또한 데살로니가전서 2:15은 "유대인은 주 예수와 선지자들을 죽이고 우리를 쫓아내고"라고 기록한다.[85]

이러한 성경 말씀은 "인자가 많은 고난을 받고 장로들과 대제사장들과 서기관들에게 버린바 되어 죽임을 당하고 사흘 만에 살아나야 할 것"(막 8:31)이라고 한다. 여기에 유대인이 그리스도를 거부하고 이방인들이 그분을 받아들이는, 즉 먼저 된 자가 나중 되는 역전의 역사관이 존재한다. 그러나 신조는 그리스도의 수난이 로마 권력에 의한 것으로 이해한다. 그것은 세례 받는 자가 로마 권력의 협박을 받았다는 사실을 간접적으로 알려준다. 이것은 앞에서 언급한 유대인이 예수 그리스도를 박해한 것이 이제는 로마제국이 그리스도인을 박해하는 것으로 이해되어가는 역사적 상황의 전환이 일어난 것이다(참고: 고전 11:24; 살전 2:14-16).

이러한 교회의 역사적 사실을 통하여 교회의 신앙고백이란 세속적 권력과 긴장관계 속에 언제나 놓여 있었다는 것을 알 수 있다. 예를 들면, 마태복음 10:18, 마가복음 13:9, 그리고 누가복음 21:12 등이 말하듯이, 믿는 자들이 왕들 또는 장관들 앞으로 끌려 나가 증언하게 된다는 종말론적 문구를 통해서도 알 수 있다.[86] 구약성경 역시 동일한 긴장관계를 보여주는데, 특히 선지자들이 권력자들과 가지는 긴장이

---

[84] 참고. 행 3:15; 4:10; 5:30; 7:52; 13:27.
[85] 참고. 순교자 유스티누스의 『대화』 16:93, 136, 『변명』 I, 3, 메리트의 『단편』 16, 아리스티데스(Hahn § 2) 등에서도 동일한 것을 발견하게 된다.
[86] 참고. 이것은 시편 119: 46과의 관계에 있어서도 생각해봐야 한다.

다. 예를 들면, 엘리야(왕상 18, 왕상 21, 왕하 1:6), 아모스(암 7:10ff), 다니엘(단 3:6) 등을 들 수 있다.

더욱이 선지자뿐만 아니라, 신앙인들도 권력을 두려워하지 않는 모습들이 페르시아 지배 아래에 있었던 마카비아 일족의 저항 가운데 나타난다. 히브리서 11장은 믿음의 본에 대한 구약적인 예를 보여주지만, 35절 이하는 구약성경에 나오지 않는 실례이다. 예를 들면, '심한 고문을 받아' 죽은 자는 엘르아잘이라는 인물로 간주되기도 한다(마카비아 II.6.18-31). 많은 신앙인들이 자신들의 믿음으로 말미암아 권력에 의해 순교 당하였는데, 히브리서는 이러한 신앙인들을 구약의 증인들의 반열에 포함시켰고, 그리스도 교회는 그들을 그리스도적 순교자 반열의 선구자로 포함시켰다.[87] 말하자면, 그리스도 교회는 자신들의 신앙고백을 국가 권력과의 긴장 관계 속에서 생각하였던 것이다.[88]

성경은 교회가 국가 권력에 힘으로 대결하기 보다는 권위에 따르도록 가르친다(롬 13:1). 그러나 권력이 하나님 말씀에 위배될 때에는 주님의 말씀을 믿고 순종하여 순교의 길 선택하였던 것이다. "칼로 죽이는 자는 자기도 마땅히 칼에 죽으리니"라는 믿음을 가지고 승리를 바라 본 것이다(계 13:10; 참고 마 26:52). 그들의 순교는 내세를 향한 단순한 기대에 근거한 것이 아니다. "모든 정사와 권세와 능력과 주관하는 자와 이 세상뿐 아니라 오는 세상에 일컫는 모든 이름 위에 뛰어나신"(엡 1:21) 그분에 의한 지배를 믿는 믿음에 있었다.

신앙고백은 그리스도의 주권을 모든 영역에 적용하려는 것이다. 바

---

[87] 동방교회의 『예전서』에서는 그들을 '순교자 이전의 대순교자'라고 하여, 8월 1일을 그 축일로 정했다.

[88] 참고. 히브리서가 "하나님의 말씀을 너희에게 이르고 너희를 인도하던 자들을 생각하며, 그들의 행실의 결말"(히 13:7)을 말하고, 또한 "너희가 죄와 싸우되 아직 피 흘리기까지는 대항치 아니하고"(히 12:4)라고 말할 때, 순교를 각오하여 관헌의 탄압을 견디자고 권고하고 있는 듯하다.

꿔 말하면, 스스로 주체화된 지상 권력에 대하여, 예수 그리스도야말로 진실로 주시라는 것을 증명하려는 것이다. 왜냐하면, 세상권력은 "그에게서 아무 죄도 찾지 못하였다"(요 18:38)에서 알 수 있듯이, 주님의 권위를 알지 못하기 때문이다. 따라서 순교는 그 증명의 한 가지 형태이다. 그리스도인들에게 있어 권력과의 대결은 정치적 차원의 발상이 아니다. 그것은 "그가 만물보다 먼저 계시고 만물이 그 안에 함께 섰느니라"(골 1:17)라는 사실을 "교회로 말미암아 … 알게 하려 하심이라"(엡 3:10)는 것이다.

"십자가에 못박혀"(크루키픽수스[crucifixus], 스타우로텐타[σταυρωθέντα])를 통하여 그리스도의 고난과 죽음을 고백하는 경우가 많다.[89] 성경적으로 십자가에 관한 이해는 신명기 21:23에 "나무에 달린 자마다 저주를 받는다"는 사실에 근거하여, 십자가는 하나님의 저주로 간주되었다. 그 저주를 그리스도 예수께서 몸소 받으실 때에, 우리에게 주어질 하나님의 저주가 제거되는 것이다. 하나님의 아들이 저주받았다는 것은 저주를 이기시고 승리하시기 위하여 저주를 받았다. 그분 이외에 하나님의 저주를 이길 사람이 없었기 때문이다. 하나님의 아들에게는 축복이 넘쳐흘렀기 때문에, 저주가 그 가운데서 살아져버린 것이다.

그리스도 교회가 언제부터 십자가 기호를 사용하였는지 확실하지 않다.[90] 초대 교회의 십자가에 대한 강조는 눈에 보이는 형태나 표시 또는 기호보다도, 고백적 설교 가운데 실제적으로 적용되었다. 바울은

---

89 예를 들어 테르툴리아누스는 『이단자의 시효』 제13장 "처녀의 베일에 관하여"(De velandis Virginibus) 제1장에서 "십자가에 못박혀 … 다시 살아나사"의 형태를 볼 수 있다. 이레나에우스는 『이단논박』 III. 16. 5, 3; 18, 3에서 "고난을 받으사 … 다시 살아나시고"(passus et resurrexit, παθόντα καὶ ἀναστάντα)라고 말한다. 유스티누스는 『토리폰과의 대화』 85에서 '죽으시고 그리고 부활하시고'(ἀποθανόντα καὶ ἀναστάντα)를 고백한다.

90 참고적으로 그리스도교의 상징으로 '물고기'(ἰχθύς)가 오래전부터 사용되었다.

다음과 같이 말한다.

> 그리스도 예수의 사람들은 육체와 함께 그 정과 욕심을 십자가에 못 박았느니라(갈 5:24).

> 그리스도로 말미암아 세상이 나를 대하여 십자가에 못 박히고 내가 또한 세상을 대하여 그러하니라(갈 6:14).

이러한 바울의 고백은 십자가의 형상을 강조한 것이 아니라, 하나님 말씀으로서의 설교 그 자체의 힘과 능력이었다. 고린도전서 1:18의 "십자가의 도"가 지니는 의미가 여기에 있다. 십자가는 눈에 보이는 기호가 아니라, 보이지 않는 말씀으로 전달되었다.

"죽으사"(몰투우스[*moltuus*])는 '로마 신조'를 포함하여 밀라노(Hahn § 33), 아퀼레이아(Hahn § 36), 토리노(Hahn § 34) 등 이탈리아 계통과 스페인 계통의 신조(Hahn § 54-56, 58)에는 나타나지 않는다. 갈리아 계통의 신조에서도 찾아보기 힘들지만, 약간의 예외가 존재한다(Hahn § 59, 62, 65, 66/1, 67, 77 이래는 9세기 이후의 것이기 때문에 당연함). 카르타고 계통도 동일하다.

그러나 성경은 이미 고린도전서 15:3에서 정식으로 보여주고 있다. "그리스도가 죽으시고 … 묻히시고"(호티 크리스토스 아페타넨 카이 호티 에타페[ὅτι Χριστὸς ἀπέθανεν καὶ ὅτι ἐτάφη]). 테르툴리아누스는 『프락세아스 논박』 제2장과, 『유대인 논박』 10에서 "죽으시사, 무덤에 묻히시고, 부활하사"의 형태로 표현하고 있다. 이미 포괄적인 의미에서 '십자가에 못 박혀'가 있음에도 불구하고 '죽으사'를 삽입한 것은 강조하려는 의도이다. 왜냐하면, '고난을 받으사'와 '십자가에 못 박혀'를 보충하기 보다는, 십자가상의 고난이 완료되고 성취된 것을 확인한다.

하이델베르크 신앙문답 제37문은 '고난을 받으사'에 대한 명확한 설명을 제공한다.

주님의 고난을 통하여, 우리는 "전 인류의 죄에 대한 하나님의 진노를 몸과 영혼으로 짊어지셨다는 것을 이해하는 것이며, 그분이 유일하신 구속의 제물로서 고난을 받으심으로서 우리의 몸과 우리의 영혼을 영원한 멸망에서 구원하시고, 우리들을 위하여 하나님이 은총과 의와 영원한 생명을 얻게하기 위함이다." 그분의 죽으심은 그 죽음을 통하여 죽음을 멸망시키기 위함이었다.

"묻히시어"(세풀투스[sepultus], 타펜타[ταφέντα])는 세페리오(sepelio)의 완료분사 수동태로 장사되었다는 뜻을 나타낸다. 고린도전서 15:4은 "(예수를) 장사하다"(에타페 … 타프토[ἐτάφη … θάπτω])라는 표현으로 정식화하였다. 그러나 복음서는 이 용어를 사용하지 않고 "무덤에 눕히고"(에테켄 아토 엔 토 카이노 아우투 메네메이오[ἔθηκεν αὐτὸ ἐν τῷ καινῷ αὐτοῦ μνημείῳ], 마 27:60; 막 15:40; 눅 23:53; 요 19:42)라고 한다. 묻히시는 것, 또는 장사되고 매장되는 것은 죽은 사람에게 일반적으로 행하여지는 조치이다. "부자도 죽어 장사되매"(눅 16:22), "다윗이 죽어 장사되어"(행 2:29), 테르툴리아누스의 『그리스도의 육신에 관하여』 5에서도 동일한 표현을 보게 된다. 전자의 불가타 번역은 '음부에 묻히시고'(세풀투스 에스트 인 인페르노[sepultus est in inferno])로 되어 있어, 거지 나사로가 천사들에게 받들려 아브라함의 품에 들어간 것과 대조적으로 기록되어 있다.

'니케아 신조'를 포함하는 동방계 세례신조는 일반적으로 '묻히시어'라는 용어를 사용하지 않지만(Hahn § 143), 예외적으로 '니케아 콘스탄티노폴리스 신조'에 나타난다. 이 말을 특별히 덧붙이는 이유는 죽음의 확증, 또한 부활의 확실성을 가리키기 때문이다. 메리토(Melito of Sardis)는 "나무에 매달린 자, 땅에 장사된 자, 그야말로 죽은 자 가운데서 다시 살아난 자"(이프세 쿠이 인 리그노 서스펜수스 에스트, 이프세 쿠이 인 테라 세풀루스 에스트, 이프세 쿠이 에 모르투이스 레수렉시트 [*ipse qui in ligno suspensus est, ipse qui in terra sepultus est, ipse qui e mortuis resurrexit*], 단편15)라고 강조한다.[91]

"음부에 내려가사"(데스켄디스 아드 인페르나[*descendit ad inferna*])는[92] '로마 신조'를 포함하여 4세기 이전의 서방과 동방에서는 찾아보기 힘들다.[93] 그러나 루피누스가 신조 강해를 기록하기 약 반세기 이전 약 4세기 중엽에 세 개의 공의회 정식에서 나타난다. 즉 루피누스가 아퀼레이아에서 세례를 받음으로 신조를 전수받았던 370년경 이전에 이미 그리스도의 지옥하강을 수록한 정식들이 존재하였다는 것이다. 예를 들면, 359년의 제4회 실미움 회의(*Sirmii Synodus*)의 신조(Hahn § 163)와[94] 동년의 토라키아(Thracia)의 니케(Nicé) 회의의 신조(Hahn § 164 ; KT 33f.),[95] 그리고 같은 해 말부터 다음 해 360년에 걸쳐 열린 콘스탄티노폴리스 회의의 신조(Hahn § 167 ; KT 34f.) 등이다.

이러한 신조들은 동일하지 않지만, 니케아 신조에 대한 강한 거

---

91 Otto, *Corpus Apologetarum Christianorum*, vol. ix, 428. 다음에서 재인용. Arthur Cushman Mc Giffert, *The Apostles' Creed, Its Origin, Its Purpose, and Its Historical Interpreation* (New York: Charles Scribner's Sons, 1902), 77–8.

92 참고; *ad inferna*, 다른 본문에서는 *as inferos, ad infernum*이라고 한다.

93 Arthur Cushman McGiffert, 191 ; Rufinius, Chap.18. 루피누스에 의하면, 로마 신조에는 지옥하강(또는 음부하강)이 존재하지 않고, 또한 모든 동방교회도 이 문언을 더하지 않고 있다.

94 설미움(Sirmium)의 신조는 그 초안이 라틴어로 되었지만 헬라어 번역본만 남아 있기에 서방에서 도래한 것으로 보기도 하며, 또한 초안자 아레투사의 마르크스(Marcus Arethusa)가 시리아인이기 때문에, 안디옥 신조의 영향을 받았고 그 쪽에서 온 것으로 간주하기도 한다. 기원은 불명확하나, 359년 이전의 것은 알려져 있지 않다 ; 시노두스(*synodus*)라는 용어는 헬라어 순오도스(σύνοδος)에서 유래된 것으로, 라틴어로 번역하여 콩칠리움(*concilium*)이라고 하기도 한다. 헬라어 순오도스는 순(σύν) – 호도스(ὁδός), 다시 말해서 함께와 길을 뜻하는 두 단어의 합성어였다.

95 Rufinius,121. 주 98 참조 ; ECC, 378–383.

부와 함께 '지하로 내려가'(에이스 타 카타크토니아 카데르톤타[εἰς τὰ καταχθόνια κατελθόντα])라는 항목을 포함한다(참조: 빌 2:10). 5세기 후반으로 가면서, 아를르의 카에사리우스(Caesarius of Arles, 470-543)에 의한 신조(Hahn § 62), 6세기 또는 7세기의 위조 아우구스티누스 신조 강해의 설교 본문(Hahn § 65), 보비오 수도원의 사본(Hahn § 66), 7또는 8세기의 『갈리아 미사 전례서』에 나오는 신조 본문,[96] 7세기 말의 방고르(Bangor) 수도원에 소장된 사본의 본문(Hahn § 76) 등을 들 수 있다. 신조 외의 문서로 로마의 호르미스다스(Hormisdas)가 황제 유스티누스에게 보낸 521년의 편지가 있다.[97]

사도 교부 문서로는 이그나티우스의 『마그네시아 서한』 9:2, 폴리카르푸스의 『빌립보 서한』 1:2에서 보이며, 이레나에우스와 테르툴리아누스로 이어간다. 후자의 『영혼에 관하여』(55)에서 인 이네르리오르 텔라룸(in inferior terrarum)이 언급된다. 외경에는 토마스 행전이나 니고데모 복음서의 후반부가 그리스도의 지옥하강에 관하여 언급하고 있다. 아우구스티누스에 이르면서, 죽은 자들에게 복음을 다시 선포하기 위한 것으로 해석되면서 중요한 위치를 차지하게 된다. 음부세계에 대한 선교는 외경 베드로복음서 10:41과 유스티누스의 『토리폰과의 대화』 72 등에서 이미 나타났다. 위조 아우구스티누스의 설교 가운데 하나는 그리스도의 음부하강을 복음 선교를 위한 승리의 하강으로 언급하기도 한다(MSL 39,1834).

마태복음 27:52f은 그리스도의 속죄 사역 이전에 죽은 구약 성도들의 구원에 대한 동기에 의한 것으로 간주된다. 이 구절을 베드로전서

---

96 후대에 가필된 것으로 보여진다. Hahn의 주 188 참고.
97 동방교회는 그리스도의 지옥하강으로, 서방교회가 그리스도의 장사되심을 명명한 것을 이해하였다고, 위시우스는 말한다. Herman Witsius, *The Apostles' Creed*, 2 vols. (Glasgow: 1823), 140-141.

3:19(저가 또한 영으로 옥에 있는 영들에게 전파하시니라)과 쉽게 연관시키지만 동일한 어휘가 사용된 아니다. 그리스도의 음부하강에 관계하는 성경구절은 베드로전서 3:18-20, 마태복음 27:52-53, 시편 16:10, 이것을 인용한 사도행전 2:27 등이다. 후자의 시편 16:10 "주께서 내 영혼을 음부(인 페르노[in inferno], 리쉬올[שאול])에 버려두지 아니하시며"라는 관점에서 보면, 그리스도의 묻히셨음을 다시 한 번 강조하는 것으로 이해될 수도 있지만, 칼빈은 '음부로 내려가사'를 '묻히시사'의 반복으로 이해하는 것은 타당하지 못하다고 주장한다.[98]

'음부' 또는 '지옥'은 인페르눔(infernu, 중성), 혹은 인페르누스(infernus, 남성), 또는, 인페룸(inferum, 중성), 인페루스(inferus, 남성) 등 네 가지로 표현이 가능하다. 라틴어 성경에서는 이 용어가 일반적으로 지하, 또는 무덤을 의미하지만, 죽은 자의 세계를 뜻하지 않는다.[99] 그리스도와 음부와의 관계는 요한계시록 1:18(그가 사망과 음부의 열쇠를 가졌노니)에 나타나지만, 그리스도의 음부 지배는 요한계시록 20:13-14(사망과 음부도 불못에 던지우니)이 보여주듯이 종말론적 미래의 일이다. 따라서 음부하강을 그리스도의 승리의 관점으로 이해하기에는 약간의 무리가 있기에, 철저한 고난과 겸비의 극치로 이해되기도 한다.[100] 중요한 것은 그리스도가 우리와 함께 죽음을 수용하셨을 뿐만 아니라, "죽은 자와 산 자의 주가 되시려 하심이라"(롬 14:9)에 대한 강조이다.

---

98 Inst. II.xvi.8.
99 참고: 한 주의 첫째 날(행 20:7)이란 "주의 날"(계 1:10)이라 부르게 된 것부터 역산한 것이다. 오히려 주님의 부활의 날, 즉 한 주의 첫째 날에 예배를 드림으로서 구약의 안식을 초월하는 경험을 하였다. 구약성경이 종말론적 기대의 용어로 사용한 "여호와의 날"(욜 1:15; 암 5:18)을 부활의 날로 전용한 것이다. 한편, 이 날의 예배가 꼭 아침이 아니었다는 것을 사도행전 20:7을 통해서 알 수 있다. 요한복음 20:19 이하의 기사도 그것과 관계가 있는 것으로 보인다.
100 *Oxford Latin Dictionary* (Clarendon: Oxford University Press, 1968), 896-97.

죽으시고, 묻히시어, 그리고 음부로 내려가셨다는 것을 반드시 금요일의 저녁부터 일요일의 이른 아침까지 일어난 시간적 배열로 해석할 필요는 없다.[101] 정확한 기원이 불투명하기 때문에 19세기 신조 연구가들 사이에 음부하강 논쟁이 있었고, 역사 비평적 입장에서도, 또한 신앙의 본질을 문제로 삼는 입장에서도 이 항목에 대한 비판이 있었다. 이러한 비판 아래서, 아폴리나리우스적 경향을 거부하기 위하여 이 조항을 삽입하였다는 주장이 있으며, 로고스 그리스도론의 영향을 받은 가현설적인 경향에 반대하여 이 항목을 기술하였다는 주장도 있다. 역으로, '사도신조'에서 가장 중요한 항목으로서, 그리스도의 구원에는 한계가 없다는 아주 위험한 적극적 옹호론도 존재한다.[102] 그러나 개혁교회의 하이델베르그 신앙고백 제44문은 "그분 자신이 받으신 말할 수 없는 불안 고통 그리고 공포에 의해서 우리들을 지옥의 불안과 고통으로부터 해방시켜주신다는 확증"으로 해석한다. 이러한 종교개혁기의 해석은 그리스도의 죽음과 부활 사이를 삼 일이라는 시간으로 해석하는 초대 교회와는 다르다.

"셋째 날에 죽은 자들 가운데서 부활하셨습니다"(테르티아 디에 레술렉시트 아 모르투이스[*tertia die resurrexit a mortuis*])는 오래된 고백적 정식이다. "셋째 날에"(테르티아 디에[*tertia die*])는 테르티오 디에(*tertio die*)라고도 말하며, 이전에는 디에 테르티오(*die tertio*)라고도 말했다. 디에스(*dies*, 날)는 여성 또는 남성으로 사용되는 명사이다. 헬라어의 테 트

---

101 참고: 칼빈은 사도신경의 오래된 본문에는 '음부에 내려가사'가 없다는 사실을 알고 있었다. 1533년, 에라스무스가 『사도신경해설』에서도 언급하였기 때문이다. 4기 후반에 삽입된 것으로 알려지는 이 항목은 정통파에서도 지지받지 못하였다. *Inst.* II.xvi.8-10. 칼빈은 10에서 "하나님께서 진노하심으로 범죄자에게 벌주시는 죽음을 그가 하나도 남김없이 모든 것을 몸으로 받으셨기 때문에 '음부로 내려가사'라고 말하는 것은 이상한 것이 아니다"라고 말한다.; 하이델베르크 44문.

102 Cranfield, 35.

리테 헤메라(τῇ τρίτῃ ἡμέρᾳ)는 사도행전 10:40과 고린도전서 15:4에서 볼 수 있듯이, 초기부터 부활의 케뤼그마의 틀을 구성하는 요소로서, "성경대로"(카타 타스 그라파스[κατὰ τὰς γραφάς])의 주장이다. 이것을 시사하는 구약성경의 증언은 호세아 6:2이다.

많은 신조와 신앙규범이 '셋째 날에'를 견실히 지키며, 여기에 동방 교회 신조는 '다시 살아나다'를 덧붙인다. 그러나 '셋째 날에'의 말이 삭제된 신앙규범도 있으며, 이그나티우스와 유스티누스는 이 용어를 사용하지 않는다.[103]

셋째 날의 부활은 예수 그리스도 자신께서 말씀하셨지만, "삼 일 후"(메타 트레이스 헤메라스[μετὰ τρεῖς ἡμέρας])라는 의미로, 삼 일째가 되는 날을 뜻하는 것이 아니다. 그러나 이 두 가지 표현 방법은 종종 같은 의미로 취급된다. 마태복음 27:63-64에서 그 용법을 찾아 볼 수 있다. 삼 일이라는 기간은 '요나의 표적'이라는 의미에서 중요하다(마 12:39-40). 호세아 6:2에는 "이틀 후에 우리를 살리시며 제 삼 일에 우리를 일으키시리니"라고 기록되어있다. 이러한 예언들을 고려한다면, '삼 일 후' 또는 '삼 일째'는 시간적 경과를 의미하는 것으로, 정확하게 부활의 기일을 예고한 것은 아니다. 삼 일이라는 숫자에 특별히 의미를 부여할 필요는 없다. 단지 그리스도의 죽음이 본디오 빌라도의 치하에서 일어난 역사적 사건이라는 것과, 부활도 죽음으로부터 세 번째가 되던 날이라는 특정의 시점에 일어난 역사적 사건이라는 것을 표명

---

103 참고, Arthur Cushman McGiffert 193-194; 김철수, 『그리스도의 음부여행』 (서울: 한들 출판사, 2004); W. Hall Harris III, *The Descent of Christ: Ephesians 4:7-11 and Traditional Hebrew Imagery* (Grand Rapids: Baker Books, 1996); Ernest Best, *A Critical and Exegetical Commentary on Ephesians* (Edinburgh: T & T Clark, 1998), 383; David P. Scaer, "He did Descend to Hell: In Defense of the Apostles' Creed," *Journal of the Evangelical Theological Society*, 35/1 (March, 1992), 91-99; Wayne A. Grudem, "He did not descend into hell: a plea for following Scripture instead of the Apostles' Creed," *Journal of the Evangelical Theological Society*, 34/1 (March 1991), 103-113.

하고 있는 것이다.

"다시 살아나셨으며"(레수렉시트[*resurrexit*], 아나스탄타[ἀναστάντα])는 아주 중요한 신조적 요소로서 고난에 관한 표현과 한 쌍을 이룬다(롬 6:4, 5, 8-10). 그 만큼 죽음과 부활은 동일한 중요성을 가지지만, 고백적 요소로서는 부활이 죽음보다 더 중시된다. 성경은 다음과 같이 말한다.

> 그리스도께서 만일 다시 살지 못하셨으면 우리의 전파하는 것도 헛것이요 또 너희 믿음도 헛것이며(고전 15:14).

> 그리스도께서 다시 사신 것이 없으면 너희의 믿음도 헛되고 너희가 여전히 죄 가운데 있을 것이요(고전 15:17).

십자가에 못 박힌 그리스도 이외의 그 어떤 요소도 배제하려는 바울의 주장(고전 2:2)은 부활을 망각하게 하려는 것이 아니라, 십자가의 문맥 가운데 그것이 함축되어있다. 따라서 십자가 없이는 참된 부활을 이해할 수 없다.

그리스도의 부활에 관한 초기의 표현으로 '나타나다'(파이노[φαίνω])가 비교적 많이 사용되었다(막 16:9; 요 21:1; 행 1:3; 10:41; 고전 15:5-8). 그리스도가 제자들에게 '나타나심'으로 그들 증언의 주체가 되심이 강조되었다. 이 표현은 후대로 계승되어, 예를 들면, 이레나에우스의 『이단 논박』 II.32.3은 다음과 같이 말한다.

> "삼 일 만에 죽은 자 가운데서 일어나 … 제자들에게 나타나 그들이 보는 가운데 하늘로 들려 올라가셨다"(인 테르티아 디에 … 에트 디스키풀리스 세 마니페스타비트 에트 비덴티부스 에이스 레

케프투스 에스트 코에룸[*in tertia die … et discipulis se manifestavit et videntibus eis receptus est in coelum*], Hahn § 5).

그러나 신조는 '나타나다'라는 용어를 사용하지 않지만, 정통파 교회는 그리스도의 나타나심을 육체적 부활의 확증으로 이해하였다.

'다시 살아남'을 능동형으로 나타내는 경우와 수동형으로 표현하는 경우가 있다. 예를 들면, "예수를 하나님이 다시 살리신지라"(행 2:32)는 것과 "그리스도가 다시 사셨다"는 표현이다. 사도행전 17:3은 "다시 살아나게 하사"로 되어있다. 동사는 아니스테미(ἀνίστημι)와 에게이로(ἐγείρω)의 두 종류가 사용되고 있으나, 의미상의 특별한 구별을 두지 않는다. 복음서는 '다시 사셨다'를, 그리고 사도행전과 서신서는 '다시 살아나게 하다'를 주로 사용한다. 신앙규범도 이 두 가지를 사용한다. 신조는 '다시 살아나다'를 사용하며, 라틴어 동사로 레술고(*resurgo*)와 레수스키토(*resuscito*)가 사용된다.

"죽은 자 가운데서"(아 모르투이스[*a mortuis*], 에크 톤 네크론[ἐκ τῶν νεκρῶν])는 고린도전서 15:12, 에베소서 5:14, 로마서 6:9, 사도행전 3:15, 4:2, 10, 17:3 등이 보여주듯이 일반적으로 부활과 연결된다. 예수 그리스도께서 자신의 특별한 죽음으로부터 부활한 것이 아니라, 죽은 자들 가운데 한 사람이 되었고, 그로부터 부활하였기 때문에 그리스도는 부활의 첫 열매가 되신다(고전 15:20). 이 고백은 '몸의 다시 사는 것'에 의해서 확인된다. 그리스도의 부활은 우리들이 죽지 않는다는 불사의 담보이다. 담보란 약속의 보증이다. 이 비유를 개혁자들은 사용한다. 약속이 아직 성취되지 않았을 때에, 반드시 성취될 것이라는 보증으로 담보가 제시된다. 따라서 담보란 약속이 실현되는 그것의 선취(先取)이다.

'죽은 자의 부활'은 바리새파와 사두개인들에게 논쟁의 쟁점이었다

(행 4:1-3; 23:6-9). 부활에 관한 바울의 논술은 바리새파 주장과 그 영향을 보여주지만, 바리새파적 부활사상이 발전된 것으로 이해하여서는 안 된다. 예수께서 요한복음 11:25에서 "나는 부활이요 생명이니"라고 말씀하신 것은 마지막 날에 죽은 자가 부활한다는 마르다의 바리새파적 이해를 초월하는 분으로서 말씀하신 것이다. 다시 말해서, "나를 믿는 자는 죽어도 살겠고 무릇 살아서 나를 믿는 자는 영원히 죽지 아니하리니"라는 것이다. 마가복음 5:39은 "죽은 것이 아니라 잔다"라는 소박한 논리로 죽음의 극복을 설명하고 있다. 그러므로 기독교의 부활신앙은 바리새파적 부활신학 사상이 전제된 것이 아니다.[104]

"하늘에 오르시어"(아센디트 아드 코에로스[asendit ad coelos], 또는 인 카에리스, 인 카에룸, 아드 카에로스[in caelis, in caelum, ad caelos], 아나바타 에이스 투우스 우라누스[ἀναβάτα εἰς τοὺς οὐρανοὺς], 또는 아네르톤타 에이스 우라누스[ἀνελθόντα εἰς οὐρανοὺς])는 오래전부터 신조의 항목으로 사용되어 왔지만, 고린도전서 15장 초두에 나오는 신앙전승에 포함되지 않았다. 사도 교부의 클레멘스 서한과 이그나티우스 서한 등에도 보이지 않는다. 말하자면 정식화되어 있지 않았다는 뜻이다. '하늘에 오르사'라는 형식보다도, "이 예수님을 하나님께서 일으키셨으니"(행 2:32), 또는 "하늘에서 자기의 오른편에 앉히시어"(엡 1:20), 또는 "하나님 우편에 계시며"(롬 8:34)라는 항목이 보다 일찍 정식화되었다. '하늘에 오르사'는 부활과 하나님의 우편 자리를 연결하기 위하여 삽입된 정식이다.

하늘에 오르시는 것은 "여기에 계시지 않는다"(눅 24:6)는 말씀과 깊은 연관을 가진다. 성경의 저자가 "여기에 계시지 않는다"고 말하는

104　참고: 고대 교회 때는 from the dead인가? 또는 from the place of the dead인가에 대한 논란도 있었지만, 페시타 번역판(Peshitta, Syriac Vulgate) 로마서 10:6 이하에서는 두 의미를 조화시키려는 의미로 스올(sheol)을 사용하였다.

것은, 이제야 그분께서 성령 하나님으로 말미암아 임재하고 계신다는 사실을 알고 있기 때문에 가능한 고백이었다. 성령에 의한 예수 그리스도의 임재에 대한 확신이 없다면 마치, 예수가 지금도 어딘가 유형으로 계실 것이라는 착각을 가진다.

> 내가 떠나가는 것이 너희에게 유익이라. 내가 떠나가지 아니하면 보혜사가 너희에게로 오시지 아니할 것이요, 가면 내가 그를 너희에게로 보내리라(요 17:7).

주 예수 그리스도께서 하늘로 올라가신 승천 사건은 성경이 증언하듯이 재림과 깊은 연관을 가진다.

> 하늘로 올리우신 이 예수께서는 너희가 하늘로 가신 것을 본 그대로 오실 것이다(행 1:11).

이러한 사실은 16세기 교회개혁 당시 성찬론과의 관계 속에서 거듭 확인된다. 그분의 육체가 천상에 있다는 사실, 따라서 그분께서 영적으로 임재 하신다는 것이다. 그분의 육체가 천상에 존재한다는 것은 우리가 부활 할 때에 영혼 부활만이 아니라, 육체까지 포함되는 부활이 일어난다는 사실을 확인시켜 준다.

칼빈의 '제네바교회 신앙문답'을 보면 "우리의 이름 안에서"(문 77), 또는 "우리의 육체를 가지고"(신앙지도서)라고 말한다. 예수 그리스도가 하나님의 아들이시기 때문에 하늘로 돌아가셨다는 이해는 너무나 얕은 생각이다. 하나님의 아들이시기에 하늘로 돌아가셨다고 한다면, 하늘 문은 그 후에 닫혀져 버렸을 것이다. 그분은 우리들의 이름으로, 사람으로서, 하늘로 가신 것이기 때문에, 하늘 문은 여전히 우리를 위해 열려져 있다.

"본 그대로 오실 것이다"라는 증언은 우리들에게 확실한 재림의 약속을 말한다. 성경이 주님의 승천을 증언할 때에 그분의 재림과 한 쌍으로 나타나는 경우가 많다.

> 하늘에서 내려온 자 … 외에는 아무도 하늘에 올라가지 못하였다(요 3:13).

> 내가 가서 너희를 위하여 있을 곳을 예비하면, 내가 다시 와서 너희를 내게로 영접할 것이다(요 14:3).

> 내려 오셨던 그분 자신이 또한 모든 하늘들 위로 오르신 분이니, 이는 만물을 충만하게 하시려는 것이다(엡 4:10).

성경의 이러한 증언은 그리스도의 승천이 재림으로 이어지는 일련의 사건이라는 것을 의미한다.

요한복음에서 마리아가 제자들에게 전한 부활의 사신은 "내가 내 아버지 곧 너희 아버지, 내 하나님 곧 너희 하나님께로 올라간다"(요 20:17)는 것이었다. 요한복음에 의하면, 예수는 아침에 부활하여 마리아에게 상기의 말을 위탁하시고 승천하시여, 그 날 저녁에 제자들에게 오셨을 때는 하늘로부터 내려 오신 듯하다. 그러나 사도행전이 말하는 것처럼 40일 동안 분명한 모습을 보이신 후에 승천하였다는 증언도 여러 곳에 나타난다.

『바르나바 서한』 15:9에는 "그러므로 우리도 예수가 죽은 자 가운데서 다시 살아나셔서 나타나시고, 하늘에 오른 제8일(일요일)을 축하한다"고 말하며, 부활과 승천을 같은 날, 또는 일주일 후의 같은 날이라고 한다. '사도신조'는 이러한 성경적 증언에 근거하여 세 단어 아스켄디트(ascendit), 세데트(sedet), 인데 벤투루스(inde venturus)로 이어지는 그리스도의 승천, 우편에 앉으심, 그리고 오심으로 이어지는 연결 속에서 이해한다.[105]

다음 항목 "전능하신 아버지 하나님 우편에 앉으셨습니다"(세데트 아드 덱스테람 아드 데이 파트리스[sedet ad dexteram Dei Patris], 카테메논 에크 데크시온 투 테우 파토스 판토크라트로스[καθήμενον ἐκ δεξιων τοῦ θεοῦ πατός παντοκράτρος])에서 '앉다'(세데오[sedeo], 카테마이[κάθημαι])는 주권자로서 보좌에 앉으심(눅 22:30)을 말하는 것이다. 이것은 스데반이 보았던 "예수께서 하나님 우편에 서신 것"(행 7:55f.)과 바울의 "하나님 우편에 계신"(롬 8:34; 골 3:1)과 일맥상통한다. 히브리서 1:3(그리고 8:1; 10:12)은 "우편에 앉으셨느니라"(에카티센[ἐκάθισεν], 아오리스트형)라고 말하며, 라틴어 신조는 '앉으셨다'(세디트[sedit], 완료형)라고 한다(Hahn § 50, 51, 52, 66/1,2, 67, 71, 76, 77 등). 완료형과 현재형의 의미적 차이가 있다고 보기는 힘들지만, 전자는 과거의 행위 완결로 오해될 소지가 있다. 그러나 현재형은 지금도 예수 그리스도께서 육체를 가지시고, 아버지 우편에서 우리를 위하여 중보하시는 것을 강조하는 의미로 이해될 수 있다. 헤르미아네의 파쿤두스 신조(Nach Facundus von Hermiane, § 52)는 "세데트 아드 덱스테람 파트리스(sedet ad dexteram patris)처럼 현재형으로 고백한다.

'앉다'는 일반적으로 지배적 위치를 뜻한다. 문자 그대로 우편에 앉았다고 주장하는 학자들도 있는 반면, 사도행전 7:56에 나오는 스데반의 표현을 메타포(metaphor)라고 말하기도 한다. 그러나 중요한 것은 그분이 모든 권위를 위임받았다는 사실이다(마 28:18). 하늘과 땅의 모

---

105 Rufinius, 31.

든 권세를 받으신 분이 교회의 머리가 되신다는 사실(엡 1:22), 즉 교회는 이 분의 지배에 복종하며, 이 분의 보호하심으로 평안을 얻게 된다. 예수 그리스도께서 우리의 주가 되신다는 고백은 지상의 모든 권세를 무시하는 것이 아니다. 중요한 것은 그러한 것들이 절대화되지 않게 하는 것이다.

"아버지의(또는 하나님의) 우편에 앉으시다"는 예수께서 시편 110:1을 인용하신 것(막 12:35ff. 또는 그 병행 구절)과, 대제사장 집에서 증언하신 것(막 14:62 등)에서 유래한다.

성경이 말하는 '우편'은 오늘날 우리가 생각하는 것보다 훨씬 깊고 풍부한 의미를 가졌다. 예를 들어, 마가복음 16:5이 "흰 옷을 입은 한 청년이 우편에 앉은 것을 보고"라고 말할 때, 그 위치 그 자체가 축복의 메시지가 된다는 것을 암시해 준다. 또한 마태복음 25:33에 "양은 그 오른편에, 염소는 왼편에 두리라"는 것은 축복을 우편으로, 저주를 좌편으로 분명하게 상징으로 말하고 있다.

구약에서도 동일하게 하나님의 오른편은 축복을 나타내는 위치였다. "주의 우편에는 영원한 즐거움이 있나이다"(시 16:11). 이것은 시편 16:8의 "그가 내 우편에 계시므로"와 그 위치가 반대 되지만, 같은 의미이다. 시편 16:8의 "내가 여호와를 항상 내 앞에 모심이여, 그가 내 우편에 계시므로", 11절 "주의 앞에", 그리고 "주의 우편에"는 의미상의 구별이 없다. 시편 16편은 시편 110편과 함께 초대 교회가 아주 중요하게 생각하였던 구절이었다(행 2:25ff.).

예수님은 마태복음 22:41 이하에서 시편 110:1을 인용하면서, "너희는 그리스도에 대하여 어떻게 생각하느냐 뉘 자손이냐"라고 묻는다. 이것은 하나님 우편 위치를 다윗 자손의 지상적 왕국 위치(적어도 당시의 통속적인 이해에 근거하는)와 대조시키면서, 그들의 메시야에 대한 잘못된 이해를 지적한다. 그분은 단순히 이스라엘 왕이 아니라 세계의 왕이시며, 그 왕국은 지상적이라기보다 천상적인 것이다.

루피누스의 사도신조에 대한 켈리의 주석을 보면, 그리스도의 인성과 신성에 대하여 애매한 구분을 하고 있다고 지적한다. 그의 스승인 키릴루스가 그리스도의 영원한 중보자직을 강조하는 것과 조금 대조적이라는 것이다.[106] 예수 그리스도께서 부활하시고 승천하시어 하나님 우편에 앉으셨다는 것은 그분의 영원한 중보자적 시간을 의미한다.

'아버지'가 '전능하신 아버지'로 변화되는 것은 후대에 일어난다. 5세기 후반, 갈리아 레이의 파우스투스 신조 강해에 포함된 두 설교의 본문(Hahn § 61)은 '전능하신'이라는 말을 포함한다. 7세기 톨레도의 일데폰수스(Ildefonsus)의 텍스트(Hahn § 55)도 이 말을 사용한다. 따라서 '전능하신 아버지'라는 표현은 갈리아에서 시작되어 스페인에 파급되었다고 볼 수 있다. 또한 이 항목에서 '전능하신 아버지'를 표현한 것은 제1항과의 조화를 이루고자 한 것으로 이해할 수 있다.

"거기로부터 산 자와 죽은 자를 심판하러 오시리라"(인데 벤투루스 에스트 유디카레 비보스 에트 몰투오스[inde venturus est judicare vivos et mortuos], 에케이텐 에르코메논 크리나이 존타스 카이 네크루스[ἐκεῖθεν ἐρχόμενον κρῖναι ζῶντας καὶ νεκροὺς]). 이 항목은 (1) '거기로부터 오시리라', (2) '산 자와 죽은 자를 심판하러'가 합쳐진 것이다. 신약성경은 그리스도가 '오신다'(에르코마이[ἔρχομαι])는 의미를 두 가지로 해석한다. 하나는 세례 요한이 "오실 그분(호 에르코메노스[ὁ ἐρχόμενος])이 당신이십니까? 아니면 저희가 다른 분을 기다리오리이까"(마 11:3; 눅 7:20)에 나타난다. 이에 따르면, "인자(그리스도)의 온 것은"(막 10:45; 마 20:28) 율법과 선지자에 의해서 약속된 것을 성취하기 위한 것이었다. 또 하나는 "주의 죽으심을 오실 때까지"(고전 11:26), 또는 "가라사

106　J.N.D.Kelly, in Rufinius, *Apotles Creed*, note.192(131)를 보라.

대 내가 진실로 속히 오리라 하시거늘 아멘 주 예수여 오시옵소서"(계 22:20)라는 종말론적 재림 상황을 나타내는 경우이다. "거기로부터" (인데[*inde*])는 하늘과 아버지 우편의 위치로부터를 말한다. 그의 재림은 "영광으로" 나타나신다(마 16:27; 24:30; 25:31, 그 외). 다시 말해서, 그 자신을 낮추시는 모습(빌 2:7,8)이 아니라, 이제는 천사를 거느리고 영광 가운데 재림하는 것이다.

"산 자와 죽은 자를 심판"이라는 표현과 비슷한 글귀가 많았다.[107] 그것은 정식화 작업이 진행되고 있었다는 것을 의미한다. 특히 사도행전 10:42, 베드로전서 4:5, 디모데후서 4:1이 중요하다. 사도 교부로서는 폴리카르푸스(Polycarpus)의 『빌립보 서한』 2:1, 『바르나바 서한』 7:2, 『II 클레멘스』 2:1, 그리고 로마 신조 등에서 찾아 볼 수 있다. 아우구스티누스는 『엔킬리디온』(*Enchiridion*) 55에서 재림 때에 살아있는 사람과 그 이전에 죽은 사람, 또는 바른 사람과 그렇지 못한 사람을 서로 비교한다.[108] 말하자면, 죽은 자를 포함한 모든 인류에 대한 심판을 말한다. 믿는 자든, 믿지 않는 자든 죽음은 끝이 아니라, 반드시 심판이 있다는 것이다. 예수 그리스도의 지배와 재판권은 죽음의 저편에까지 이르게 되는 철저한 심판을 의미한다.

제3항

credo in Spiritum Sanctum, sanctam ecclesiam catholicam, sanctorum communicationem, remissionem peccatorum, carnis resurrectionem, vitam aeternam. Amen.

---

107 산자와 죽은 자에 대한 해석으로는 Isidore of Pelusium(ca.360-ca.435), Ep. I.222(MG 78, 321)를 보라.

108 PL 40.258; 동일하게, 그의 『믿음과 신조에 관하여』에서 동일한 해석이 나타난다(CSEL 41. 17).

나는 성령을 믿사오며,

거룩한 공교회와,

성도의 교제와 죄의 용서와 몸의 부활과

영원한 생명을 믿습니다. 아멘.

"나는 … 믿습니다"(크레도 인[credo in], 피스튜오 에이스[Πιστεύω εις]). 성령에 관한 고백인 제3항은 크레도(credo)로 시작한다. 제3항이 크레도(credo)로 시작하지 않는 신조가 많이 존재하기 때문이다. 예를 들면, '로마 신조'(Hahn § 17-20, 23), '아퀼레이아 신조'(Hahn § 36), '밀라노 신조'(Hahn § 32, 33) 등에서 보인다. 특히, '고(古) 로마 신조'의 헬라어 본문과 라틴어 본문은 접속사로 시작한다(Hahn § 17-20).

'성령'에 관한 헬라어 표현은 '니케아 콘스탄티노폴리스 신조'가 토 프네우마 토 하기온(το πνεῦμα το ἅγιον), 그리고 '니케아 신조'가 하기온 프뉴마(ἅγιον πνεῦμα)로 나타낸다.[109] 그러나 '성령을 믿습니다'라는 표현은 신약성경에 나오지 않는다. 예외적으로 요한일서 4:1에 "영을 다 믿지 말고"(메 판티 프뉴마티 피스테루에테[μὴ παντὶ πνεύματι πιστελυετε])라는 표현이 있지만, 동사의 목적어는 여격으로 되어 있다. 동사+에이스+대격의 형태가 아니다. 성령을 믿는다는 헬라어 표현은 이레나에우스의 『이단 논박』 I, 1, 10에서 보이며, 라틴어로는 테르툴리아누스의 『세례론』 6, 『프락세아스 논박』 2에 나타난다.

제1, 2항과 동일하게 제3항에서도 크레도 인(credo in) 또는 에이스(εις)를 사용한 것은 삼위일체 정식(마 28:19; 고후 13:13)이 확립되었다는 사실을 보여준다. 신조의 역사적인 관점에서 보자면, 고대 교회의 삼위일체론에 관한 신학적 이해와 확립은 '니케아 콘스탄티노폴리스

109　고대 신조에서도 자주 등장한다. 다음을 보라. Hahn, § 17,18, 24b, 26.

신조'가 성립되는 시기였다. 물론 '성령을 믿사오며'를 아버지와 아들을 믿는 것과 동일한 형식으로 고백하는 삼위일체 고백은 이미 오래전부터 존재하였고, 또한 이레나에우스 또는 테르툴리아누스와 같은 교부들에게서 보여진다.

'피스튜오 에이스'가 '푸네우마 하기온'으로 이어지는 근거는 마태복음 28:19의 "성령의 이름으로 세례를 주고"(밥티존테스 아우투스 에이스 토 오노마 투 … 투 하기우 프뉴마토스[βαπτίζοντες αὐτοὺς εἰς τὸ ὄνομα τοῦ … τοῦ ἁγίου πνεύματος])이다. 세례 집행 시의 에이스가 고백의 에이스로 바뀌었다. 다시 말해서, 성령론의 신학적 이해가 성립되기 이전에, 성령 하나님에 대한 고백이 세례신조에서 형성되었던 것이다.

'성령'에 관한 고백에서 서술적 용어가 전혀 사용되지 않고 오로지 '믿사오며'로 끝나는 것은 성령 하나님에 관한 신학적 이해가 부족하였다는 의미가 아니라, 성경이 증언하는 바대로 "이는 스스로 말씀하시지 않으시기"(요 16:13) 때문이다. 다시 말해서 성경은 성령 하나님에 관하여 증언을 하지 않기 때문에, '믿사오며'라고 고백할 뿐이다.

그리스도께서 성취하신 구속의 은혜를 우리의 것이 되도록 하는 것은 성령의 역사이다. 그리스도께서 우리를 위하여 행하신 모든 것은 성령 하나님을 통해서 주어지게 된다. 로마서 5:5이 "성령에 의해서 하나님의 사랑이 우리 마음에 부어진다"는 하나님의 사랑은 그리스도 안에 있는 사랑이다. 성령의 조명이란 우리 정신에 빛을 비추어, 깨달음을 얻게 하는 것이다. 따라서 구원의 확신이란 성령에 의해서 주어진다. 성령은 불신을 믿음으로, 주저를 확신으로 바꾸어 주신다. 약속을 봉인하고 증인하여 확정적인 것으로 만들어 주신다. 말하자면, 성령 하나님은 은혜를 수용하는 장소, 즉 신앙을 주신다.

"거룩한 공교회"가 성부, 성자, 성령과 함께 신앙고백의 항목이 된 것은 삼위 하나님의 이름으로 세례를 베푸는 것이 교회로 입회한다는 것을 의미하였기 때문이다. 삼위일체 하나님에 대한 믿음과, 그 하나님께서 베푸시는 은혜의 사역을 확신하는 믿음은 충분히 구분될 수 있는 주제이다. 따라서 '공교회를 믿습니다'를 제3항에 연결된 것으로, 또는 제4항으로 별도로 취급할 수 있는 것이다. 예를 들면, '사도신조' 전체를 삼위일체적인 구조로 이해하려는 일반적인 경향에 비하여, '거룩한 공회'를 사도신조 제4항으로 구분하려는 칼빈과 같은 자들도 있었던 것이다.

부언하자면, 델 바리제의 신조(KT 26)는 '거룩한 공교회'를 '몸의 부활' 다음으로 다섯 번째 항목으로 고백한다. 이와 같은 구조를 지닌 것으로는 카르타고 교회의 세례신조가 "레밋시오넴 페카토룸, 레술렉크티오넴 카르니스, 비탐 아에테르남 페르 상크탐 에크레시암 카토리캄"(*remissionem peccatorum, resurrectionem carnis, vitam aeternam per sanctam ecclesiam catholicam*: 거룩한 공회를 통한 죄의 용서와, 몸의 부활, 영원한 생명)을 고백하며, 카르타고의 키프리아누스의 『신앙규범』 역시 비슷하게 "레밋시오넴 페카토룸 논 다리 니시 페르 산크탐 에클레시암 포세"(*remissionem peccatorum non dari nisi per sanctam ecclesiam posse*)를 가르치고 있다.[110] 325년의 '니케아 신조'는 교회(공회)에 대한 신조 조항을 갖지 않는다((Hahn § 142,143).

카운트 리포메이션(Counter-Reformation)의 트렌트 공의회는 『로마 카테키즘』(*Roman Catechism*, 일명 Catechism of the Council of Trent)을 칼 보로메오(Carl Borromeo)의 감독 하에 작성하도록 하였다. 1564년에 시작하여 1566년에 발표한 이 카테키즘은 "크레도 인 스피리툼 상크툼. 크레도 상크탐 에클레시암 카토리캄"(*Credo in Spiritum Sanctum. Credo sanctam ecclesiam catholicam*)으로 고백한다(Hahn § 29). 여기서는

---

110 Hahn § 42, 12.

성령에 대한 고백과 교회에 대한 고백을 서로 다른 문장으로 구분하여 고백한다. 이러한 예를 찾아보기는 쉽지 않다. 그 이전 것은 일반적으로 "크레도 인 스피리툼 상크툼, 상탐 에클레시암 카토리탐"(Credo in Spiritum Sanctum, sanctam ecclesiam catholicam)이다. 헬라어 신조는 일반적으로 공회 또는 교회에 대한 고백을 '니케아 콘스탄티노폴리스 신조'와 동일하게 "에이스 미안 하기안 카토리켄 카이 아포스토리켄 에클레시안"(εἰς μίαν ἁγίαν καθολικὴν καὶ ἀποστολικὴν ἐκκλησίαν)으로 표기한다. 전치사 in의 유무가 가진 의미에 관하여서는 일찍이 루피누스가 『신조 강해』 35-36에서 기술하였다. 그는 하나님, 즉 삼위 하나님에 대한 신앙고백은 *in*을 수반하는 것으로 규정하고, 피조물과 구원의 오의(奧義) 등에 대하여 고백할 경우에는 *in*을 생략하는 것으로 설명한다.[111] 그러나 문법적 상이점을 발견하기란 쉽지 않다.

교회를 '거룩한' 것으로 고백하는 것은 에베소서 5:26의 "교회를 … 거룩하게 하시고"에 근거한 것으로, 고대 교회의 신조적 항목으로 일찍이 자리를 잡았다. 일찍이 2세기 『사도들의 서한』(*Epistula apostolorum*)과 테르툴리아누스의 세례문답 가운데 나타난다.[112] 이그나티우스는 『토랄레스 서한』의 인사말에서 "예수 그리스도의 아버지 하나님께 사랑 받는, 토라레스에 있는 거룩한 교회에"라고 했고, 『순교』의 인사 부분에서 폴리카르푸스는 피로메리움 교회에 대하여 "거룩하며, 그리고 공동(보편)의 교회에"라고 말하였다.

'거룩한 공교회를' 믿는다는 것은 교회 그 자체가 거룩하다는 의미이기도 하다. 그러나 '거룩한' 이라는 고백을 통해서, 교부들이 강조하고자 하였던 것은 교회가 그리스도의 사역에 의해서 만들어졌다는 신

---

111 Rufinius, 36.
112 C. Schmidt, *Gespräche Jesu mit seinen Jüngern nach seiner Auferstehung*, TU 43 (1919), 32. 재인용 Kelly, in Rufinus, note 238.

학적 이유에 근거한 그리스도에 대한 강조이다. 이그나티우스는 『스미르나 서한』 1:2에서 "그는 다시 살아남으로 말미암아, 교회의 한 몸에서 영원에 이르기까지, 하나의 깃발을 올렸다"고 말한다. "그리스도 예수가 계시는 곳, 거기에 공회가 존재하듯이"(『스미르나 서한』 8:2), 교회는 당연히 '거룩한' 것이었다.

초대 교회가 '교회'를 고백한 것은 외형적인 의미에서가 아니라, 예수 그리스도 안에서 영원한 생명으로 택함으로 받은 자들이라는 무형적(불가지적) 의미에서이다. 교회는 하나님의 예정과 불가분의 관계에 있다. 즉 "창세전에 그리스도 안에서 우리를 택하사 … 그 기쁘신 뜻대로 우리를 예정하사 예수 그리스도 말미암아"(엡 1:4-5)이기 때문이다. 따라서 예정은 구원의 전 역사(全 歷史)라는 관점에서 보아야 한다. 이것은 하나님의 감추어진 사역이다. 하나님의 백성은 그리스도 안에서 택함을 받았으며, 그리스도께서 거룩하시기 때문에 거룩한 것이다. 이런 의미에서 교회를 믿는다는 것은 올바른 고백이다. 그리스도 안에서 택함을 받은 백성은 그리스도에 접붙임이 되어, 그리스도의 모든 은혜를 받게 된다. 그 곳에 교회가 있으며, 그렇기 때문에 교회를 믿는다. 교회는 보는 것도 아니고, 이해하는 것도 아니며, 체험하는 것도 아니다. 교회는 믿는 것이다. 믿지 않는다면, 그리스도의 죽음은 헛된 것이 되어버린다.

교회가 하나님 백성으로서 가지는 거룩성이란, 레위기 11:44에 근거한 베드로전서 1:16의 "내가 거룩하니 너희도 거룩할지어다"와, 그리고 고린도전서 1:30의 "예수님은 … 우리에게 … 거룩함(하기아스모스[άγιασμός]: 성화)이 되셨으니"(참고, 롬 15:16)에 있다. 교회란 그리스도로 말미암아 성령에 의하여, 속된 자들로부터 분리된 하나님의 소유로서 헌신된 거룩한 백성이다.

'교회'라는 단어는 복음서에서 "내가 이 반석 위에 내 교회를 세우리니"(마 16:18)와 "만일 그들의 말도 듣지 않거든 교회에 말하고"(마 18:17)의 두 곳에 나타난다. '교회'라는 단어는 사도행전에서 보다 빈번하게 사용된다. "온 교회와 … 크게 두려워하니라"(행 5:11). 주목해야 할 곳은, 스데반의 설교 가운데 나타나는 "광야 교회"(에클레시아 엔 테 에레모[ἐκκλησία ἐν τῇ ἐρήμῳ]; 인 에클레시아 인 솔리투디네[in ecclesia in solitudine])라는 표현이다(행 7:38). 모세가 인도한 출애굽 백성을 신약의 교회의 원형으로써 본 것이다.

"공"(公, 카토리카[catholica])이라는 용어는 사도 교부 시대에 나타나지만, '가톨릭적 부활'(유스티누스), 또는 '하나님의 가톨릭적 선하심'(테르툴리아누스) 등으로 반드시 교회론적으로 사용된 것은 아니었다. 그러나 이그나티우스의 『스미르나 서한』 8:2에서 처음으로 교회론적으로 기술된 것으로 보인다. "그리스도 예수가 계시는 곳, 그곳에 공교회(보편교회)가 있다."[113] 폴리카르푸스 역시 『순교』 8:1, 16:2, 및 19:2에서 '보편적 교회'라는 표현을 사용하였다.[114] 예루살렘의 키릴루스(St. Cryil of Jerusalem, ca. 313-386)는 23개조로 구성된 자신의 예루살렘 카테키즘 강의에서 카토리카(catholica)를 아주 길게 설명하고 있다.[115]

사도 교부 시대가 되면서 각 지역의 지방교회를 초월한 '전체교회'를 의미하는 포괄적이고 보편적인 교회를 지칭하는, 그러면서도 하나인 교회에 대한 고백이 필요하게 되었다. 왜냐하면 주님도 한 분이시기 때문이다(엡 4:5; 1:22-3). 이 라틴어는 헬라어 형용사 카토리코스

---

113 이러한 해석에 대하여, Kattenbusch, *Das apostolische Symbolum* (1900), II. 922에서 말하기를, the one and only Church라는 의미로 사용되었다고 주장한다.
114 폴리카르푸스의 『순교』 16장 2절에서는 '스미르나의 보편적 교회의 감독'(ἐπίσκοπος τῆς ἐν Σμύρνη καθολικῆς ἐκκλησίας)이라고 한다. 이것은 스미르나의 한 집단이 지역적 한계를 가짐에도 불구하고, 지역을 넘어선 보편성을 가진 것을 나타내고 있다.
115 St. Cyril of Jerusalem, *Jerusalem Catechese* 18, in PG 33 (1043-1047). 키릴루스는 이 카테키즘 강의를 장로로 있을 때(347 or 348) 행한 것이다.

(καθολικός)에 유래하는 것으로, 전치사 카타(κατά, 아래로, -의해서)와 호로스(ὅλος: 모든, 완전한, 전반적인)에 의한 합성어이다. 말하자면 온 세상 전반에 걸쳐서 존재하는 공동적, 보편적, 일반적, 세계적인 교회를 말한다. 마치 육과 영이 하나의 몸으로 존재하듯이, 각 지역의 육체적 모임이 하나로 결합되어 이제는 하나의 거룩한 공동체가 된 것이다. 따라서 각 지역의 개별적 회중(congregation)과 대비되는 교회개념, 또는 공회개념이 이미 성립되었다. 이 용어가 신조에서 처음 사용된 것은 4세기 중반의 암브로시우스에 의한 신조이다(Hahn § 32).

"성도가 서로 교통하는 것"이란 고린도전서 12장에 기초하는 신학적 고백이다. 5세기 레이의 파우스투스(Faustus of Reji, 490/500 사망)의 단편신조(Hahn § 61)에서 나타나기 시작하여,[116] 7세기 갈리아 예식서의 신조 본문(Hahn § 66), 7세기 스페인의 모자라부 전례서(Der mozarabischen Liturgie)의 신조 본문(Hahn § 58) 등에도 나타난다. 동방교회 역시 아르메니아에서 5세기 후반에 이 용어를 사용한 고백문을 만들었다(Hahn § 138).

라틴어 상크토룸(sanctorum)은 복수 소유격으로 '거룩한 사람들의' 혹은 '거룩한 것(물질)의'라는 의미이다. 후자를 택하여, 성만찬과 관계하는 것으로 생각하기도 한다.[117] 중성명사로 이해하려는 시도는 문서상으로 '거룩한 사람들(성도)'보다 이른 시대에 나타났다(394년의 님 공의회 회의록[Neem], Kattenbusch, II.930). 사실 헬라어 하기온 코이노니안(ἁγίων κοινωνίαν)을 그리스도의 몸과 피에 참여하는 의미로 사용하는 예가 많았다. 그러나 신조는 이 단어를 중성으로 사용하기 보다는,

---

116 신조용어가 아닌 신학용어로서는 이전부터 존재하였고, '교회'를 설명하는 것으로 이해되었다.

117 Christopher O'Donnell O Carm, 'Communio of saints,' in *Ecclesia: a theological encyclopedia of the Church* (Collegeville: The Liturgical Press, 1966).

교회에 대한 믿음을 고백하는 배경에서 '성도가 서로 교통하는 것'으로 사용하였다. 동방교회는 성찬에서의 거룩한 물질을 강조하는 경향이 있지만, 그리스도의 몸의 지체로서의 교제를 강조하는 것은 동방교회와 서방교회에서도 동일하게 발견된다.[118]

'성도'가 신조에 포함된 것은 교회라는 항목을 보충 설명하기 위한 것이다. 이 용어에 관한 신학적 설명으로 가장 오래된 것은 파우스투스의 설교에 나온다. "우리는 성도의 교제를 믿지만, 성도들을 하나님의 편에 놓는 것이 아니라, 하나님을 섬기기 위하여 그들을 존경하는 것이다. … 우리는 성도들의 신성을 우러러 받드는 것이 아니라, 하나님을 향한 두려움과 사랑을 귀하게 여기는 것이다. 우리는 그들의 공적을 기리나, 그것은 그들이 본래 가지고 있던 것이 아니라, 그 헌신에 대한 보응으로 받은 것이다"(Kattenbusch, Ⅱ, 941).

다음은 콤무니오(*communio*)인데 가톨릭교회는 이것을 '통공'(通功)으로 번역한다. 일반적으로 가톨릭신학은 이 개념으로, 모든 성인들의 공적을 공로가 부족하거나 없는 자들에게 나누어 줄 수 있고 공유할 수 있는 것으로 이해한다. 그러나 본래의 의미는 그렇지 않다. 레메시아의 주교 니케타스(Nicetas Remesianensis, 414 사망)는 "교회란 모든 성도들의 모임(*congregatio*)이 아니고 무엇인가? 즉 처음 이래 족장 아브라함, 이삭, 야곱, 선지자들, 사도들, 순교자들, 또는 그 외의 의인들, 일찍이 있었던 자들, 지금 살아 있는 자들, 장래에 있을 사람들이 하나가 되는 것이다. 더 나아가 구체적으로 말하자면 천사들, 여러 권세, 초월적 권위(엡 3:10)까지도, 함께 묶여 하나의 교회가 된다. 따라서 당신은 이 하나 되는 교회 안에 성도들의 교통이 함께 하고 있음을 믿어라"고

---

118 다음을 참조하라. Mary Ann Fatula, 'Communion of saints,' in *The modern Catholic encyclopedia* (Dublin: Gill and Macmillan, 1994).

말한다.[119]

샤르마뉴(742-814년) 때의 상스 주교 마그누스(Magnus of Sens)의 것으로 알려진 세례신조의 해설은 이 부분을 다음과 같이 말한다(Hahn § 241). "하나의 공회 또는 모든 성도의 교통, 바꾸어 말하면, 그리스도를 믿는 모든 신앙인의 모임(congregationem)을 고백한다." 니케타스가 말한 것처럼, 성도란 세상 시작부터 끝 날에 이르기까지 모든 믿음의 사람들, 그들의 믿음이 큰 자에서 작은 자에 이르기까지, 그리고 천사의 모든 계급을 포함한 것을 말한다. 그러므로 '성도가 서로 교제하는 것'과 '교회'는 동의어로 사용된다.[120]

"죄를 사하여 주시는 것"(레밋시오넴 페카토룸[remissionem peccatorum]; 아페시스 하마르티온[ἄφεσις ἁμαρτιῶν])은 그리스도교의 중요한 신앙 항목으로서 일찍이 신조적 항목으로 성립되었다.[121] 성경적으로는 세례 요한의 죄 사함을 받게 하는 회개의 세례(밥티스마 메타노이아스 에이스 아페신 하마르티온[Βάπτισμα μετανοίας εἰς ἄφεσιν ἁμαρτιῶν]: 막 1:4; 눅 3:3; 행 2:38; 22:16)에 근거한다. 사도들의 복음적 사신의 중심도 여기에 있다. '회개', '세례', 그리고 '죄 사함'이라는 세 항목은 공통적이다. 누가복음 24:47에 "그의 이름으로 죄 사함을 얻게 하는 회개"(에피 토 오노마티 아우투 메타노이안 카이 아페신 하마르티온[ἐπὶ τῷ ὀνόματι αὐτοῦ μετάνοιαν καὶ ἄφεσιν ἁμαρτιῶν])가 말하듯이 죄 사함과 회개는

---

119 Nicetas of Remesiana, "Explanation of the Creed," in *The Fathers of the Church: A New Translation*, vol. 7, R. J. Deferrari, ed., Gerald G. Walsh, trans. (New York: Fathers of the Church, Inc., 1949), 49-50; 다음을 참조. A. E. Burn, *Niceta of Remesiana, His Life and Works*, (Cambridge: University Press, 1905).

120 다음을 참조하라. Henri de Lubac, *Catholicism: Christ and the Common Destiny of Man* (San Francisco: Ignatius Press,1988), 92, 99-100.

121 용어로서는 라틴어로 *remissio*를 사용하는 것이 일반적이지만, 그 외에 *abremissio*나 *abremissa*를 사용하는 경우도 있지만(Hahn § 61; Caspari, II. 216, n. 10), 그 의미는 동일하다.

메시지의 중심이었다. 더욱이 성경이 말하는 죄 사함이란 하나님으로부터 죄 용서함을 받은 자가 이제는 돌이켜 이웃의 죄를 용서할 수밖에 없는 용서의 가능성을 함축한다. 여기에 회개의 실질적인 측면이 놓여있다.

교부신학에서는 테르툴리아누스의 『세례에 관하여』(11)에서, 또한 2세기경의 『사도들의 서한』에 인용되었던 '다섯 요목'과 로마 신조에서도 보인다.[122]

서방교회가 세례와의 관계 속에서 죄 사함을 언급하는 반면에, 동방교회는 세례의 결과로서 죄 사함을 언급하는 경우가 많다. 예를 들면, "죄 사함을 받게 하는 회개의 유일한 세례를 믿습니다"(피스튜오멘 에이스 엔 밥티스마 메타노이아스 에이스 아페신 하마르티온[πιστεύομεν εἰς ἕν βάπτισμα μετανοίας εἰς ἄφεσιν ἁμαρτιῶν], Hahn § 122, 124, 125, 126, 127, 144f.)라고 한다. 서방에서는 4세기 스페인의 분파 지도자였던 프리스킬리아누스(Priscillianus)의 본문에 등장한다(Hahn § 53). 죄 사함은 세례에 속한 한 부분이었지만, 고백을 통해서 얻어지는 용서를 포함하는 결과가 된 것이다.[123]

복음서와 후대의 신조가 말하는 '죄 사함'이 가지는 함축적 의미가 반드시 동일하지 않다.[124] 후대는 세례를 받는 행위와 결부시켰고, 더 나아가 죄를 갚는 행위와 결부시켰다. 그러나 예수 그리스도가 말씀하시는 죄 사함은 그리스도 되신 그분의 권능을 나타내심이며(막 2:5ff.), 죄의 지배가 몰락되는 것이며(요 8:11), 죄인을 사랑하여 대속하는 것이며(눅 15:20ff. 참고. 골 1:13f.), 그 결과 죄 사함을 받은 자는 용서할

---

122 Harnack, footnote 255 in Rufinius; 다음을 보라. Hahn § 31d, 그리고 누락된 것에 관하여는. Hahn § 31a, b, c, e, f, g 을 보라.
123 이 부분에 관하여는 아우구스티누스 설교, 213/8(PL 38.1064); Harnack, footnote 148.
124 죄 용서에 관한 이방인들의 비판은 하르낙의 footnote 256를 참조하라.

수 있는 자가 된다(마 18:21ff.). 다시 말해서 용서는 새로운 생명과 결부되어 있다. 그것은 회개와의 결부이다.

이러한 죄 사함은 다음과 같이 말할 수 있다.

① 예수 그리스도의 죽음으로 이루어졌다. "인자의 온 것은 … 자기 목숨을 많은 사람의 대속물로 주려 함이니라"(막 10:45).
② 이 죽음은 부활로 이어진다. 거기서 그리스도의 죽음과 부활로 인해 죄 사함이 이루어진다. 바울이 이를 고백한다(롬 4:25). 죄 사하심을 위해서는 십자가에서의 죽음뿐만 아니라 부활이 필요했다(고전 15:17).
③ 죄 사함에 참여한 자는 단지 죽은 것이 아니라 다시 산 자가 된다(고후 5:15).
④ 이러한 그리스도의 죽음과 부활에 관계하는 것이 예수 그리스도의 이름으로 행해지는 세례의 실질이다(롬 6:3).
⑤ 죄 사함이 성만찬과 관련이 있다(마 26:28).

"몸이 다시 사는 것"(카르니스 레술렉크티오넴[carnis resurrectionem], 사르토스 아나스타시스[σαρκὸς ἀνάστασις])이라는 표현은 신약성경에 나오지 않는다. 성경은 육신을 입은 인간을 구원하기 위하여 그리스도가 육신을 입으셨다고 말한다(롬 8:3; 요 1:14). 그러므로 그리스도에 의한 구원은 육의 구원을 말한다. 그러나 그리스도의 부활을 표현할 때 신약성경은 '육(살크스)의 부활' 또는 '몸(소마)의 부활'이라는 단어를 사용하지 않는다.

신약성경의 기본적인 용법은 '죽은 자의 부활'(아나스타시스 톤 네크론[ἀναστάσις τῶν νεκρῶν])(고전 15:13, 21, 42; 마 22:31; 행 4: 2)이다. 예를 들면, 고린도전서 14장이 말하는 '죽은 자의 부활'이란 "썩을 것으로 심고 썩지 아니할 것으로 다시 살며, 욕된 것으로 심고 영광스러운 것으로 다시 살며 … 육의 몸(소마 퓌키콘[σῶμα φυχικόν])으로 심고 신령한 몸으로 다시 사나니"(고전 15:42ff.)이다. 즉 몸의 부활과 관계가 없지는 않지만, 그러나 신령한 몸(소마 프뉴마티콘[σῶμα πνευματικόν])으로 다시 사는 것이다. 데살로니가전서 4:16의 재림 날의 부활도 그 이상을 말하지 않는다. 이 문제에 대하여 바리새인과 사두개인이 서로 대립하는 내용이 사도행전 23:6에 기록되어 있다.

'육'을 중시하는 것은 이를 경시하는 것 사이에 대결이 존재하였다는 것을 의미한다. 요한일서 4:2에 "예수 그리스도께서 육체로(엔 사르키) 오신 것을 시인하는 영마다 하나님께 속한 것이요"라고 말한다. 즉 그노시스파와의 대결이 있었다. 따라서 그노시스파를 철저하게 논박한 이레나에우스와 테르툴리아누스에게서 '육의 부활'이 신학적으로 정립된 것이다.[125]

헬라어 '사르크스'(σάρξ: 몸, 마 16:17; 19:5; 24:22; 막 14:28; 24:39, 롬 9:3; 계 19:18)는 성경에서 육체, 몸, 육신, 살, 골육으로 번역되지만, "의롭다 하심을 얻을 육체(σάρξ)가 없나니"(롬 3:20; 갈 2:16)에서 알 수 있듯이 부정적으로 사용된다. 신약성경은 '사르크스'보다 '소마'(σῶμα: 마 5:29; 27:28; 눅 17: 37; 요 2:21; 고전 15:37; 롬 9: 3)에 관심을 보인다. 물론 전자가 전적으로 부정적인 것만은 아니다. 예를 들면, 클레멘스는 욥기 19:26의 칠십인역 "아나스테사이 토 델마 무"(ἀναστῆσαι τὸ δέρμα μοῦ: 나의 이 육체를 당신이 다시 살렸다)를 자신의 『제1서한』 26:3에서 "아나스테세이스 텐 사르카 무 타우테나스"(ἀναστήσεις τὴν σάρκα μου ταύτηνας)로 수정하여, 사르크스의 부활을 주장하였다. 이처럼 육을 중시하는 근거는 처음에 영으로 계셨던 그리

---

125 로마 신조에 이 항목이 나타나지만, 그노시스파에 기인하는 것으로 보기는 힘들다.

스도께서 육신을 입어 그러한 육체를 입은 우리를 구원하셨다는 사실에 있다.

더욱이 육의 부활, 또는 몸의 부활은 단순히 구원의 부활만을 의미하는 것이 아니라, 더 나아가 최후의 심판 법정에 서기 위한 종말론적인 관점에서 주장되기도 하였다. 예를 들면, 이레나에우스는 『이단 논박』 I.10.1에서 교회가 사도들로부터 전수받은 신앙의 항목들 말하면서, "우리 주 그리스도 예수가 아버지의 영광을 가지고 만물을 회복시키기 위해서 하늘로부터 오시고, 모든 육체 즉 전 인류를 다시 살아나게 하시고, 그리하여 모두가 무릎을 꿇고"라고 말한다. 테르툴리아누스는 『이단자의 시효에 대해서』 13장에서 "양쪽 모두 육신의 회복으로 다시 살아나게 하사, 성도는 영원한 생명과 천상의 약속을 받아들이고 악인은 꺼지지 않는 불로 심판 받아"라고 기록하며, 같은 36장에서는 "우주의 창조주이신 유일한 주 하나님과 동정녀 마리아로부터 태어난 창조주 하나님의 아들 그리스도 예수, 그리고 육의 부활을 알고 있다"라고 말한다.[126] 그러므로 몸의 부활은 구원적 부활과 함께 마지막 심판을 위한 부활로 이해되었다. 그러나 신조에 기록될 무렵에는 죄 사함과 영원한 생명과 나란히 구원의 일환으로 정립되었다.

"영원한 생명"(조에 아이오니온[ζωή αἰώνιον])이라는 용어는 말켈루스가 전한 로마 신조에 나타나지만(Hahn § 17), 루피누스가 전한 로마 신조에는 보이지 않는다(Hahn § 19). 이 글귀는 동방 신조에서 많이 발견되는데, 예를 들어 세례신조로 추정되는 '몰겐란드 신조'(Die Taufsymbole des Morgenlandes, Hahn § 122)가 조에 아이오니온(ζωή

---

126 또한 테르툴리아누스 『동정녀의 받은 것』 1장. "세계의 창조주, 유일하신 전능의 하나님, 또한 그 아들 예수 그리스도가 동정녀 마리아에게서 태어나, 본디오 빌라도의 아래에서 십자가에 달리시고, 삼 일 만에 죽은 자 가운데서 다시 살아나시며, 하늘로 올라가 아버지의 우편에 앉아계시다가 산 자와 죽은 자를 '육의 부활'로 심판하기 위해서 오시리라"라고 말하고 있다. Harnack, 258.

αἰώνιον)을 고백한다. 성경에 근거하는 이 고백은 "내가 무엇을 하여야 영원한 생명을 얻으리이까"(막 10:17), 그리고 "저를 믿는 자마다 … 영원한 생명을 얻게 하려"(요 3:16) 등에서 찾아 볼 수 있다.

신약성경의 영원한 생명이라는 개념은 구약성경에서 유래한다. 다니엘 12:2은 "땅의 티끌 가운데 자는 자 중에 많이 깨어 영원한 생명을 얻는 자도 있겠고 수욕을 받아서 무궁히 부끄러움을 입을 자도 있을 것이며"라고 말한다. 다시 말해, 이 영원한 생명은 종말적, 피안적, 장래적인 성격을 띠고 있다. 신약 시대는 '현세'(아이온 아우토스[αἰὼν αὗτος])와 '내세'(아이온 멜론[αἰὼν μέλλων])를 대조시키면서, '영원한 생명'은 '내세'와 거의 같은 의미로 사용하는 경향을 지닌다.

'영원한 생명'이 신조 항목으로 확정된 것은 오래된 일이 아니지만, 이전부터 신앙의 기본적인 조항으로 간주되었다. 예를 들어 클레멘스는 『제2 서한』 5:5에서 다음과 같이 말하였다. "형제들이여, 기억하기를 원하노라. 이 세상에서 육으로 머무는 것은 짧은 순간이나, 그리스도의 약속은 크도다. 또한 놀랄만한 것으로, 오실 그 나라와 영원한 생명의 안식이라는 것을."[127]

---

127 καὶ γινώσκετε, ἀδελφοί, ὅτι ἡ ἐπιδημία ἡ ἐν τῷ κόσμῳ τούτῳ τῆς σαρκὸς ταύτης μικρά ἐστιν καὶ ὀλιγοχρόνιος, ἡ δὲ ἐαπγγελία τοῦ Χριστοῦ μεγάλη καὶ θαυμαστή ἐστιν, καὶ ἀνάπαυσις τῆς μελλούσης βασιλείας καὶ ζωῆς αἰωνίου; 헤르마스의 목자서신 2권 3:5에서도 나온다.

Establish the Confessing Church

고백하는 교회를 세워라

제5장
아타나시우스 신조

1. 연구사

'아타나시우스 신조'(Symbolum Athanasianum)의 성립연대를 확정하기란 쉽지 않다.[1] 가장 오래된 사본은 7세기 말에서 8세기 초에 나타나며, 8세기에 작성된 사본도 6개나 존재한다. 가장 최근의 것으로는 13세기경 라틴어에서 헬라어로 번역된 사본이다.

원문은 헬라어가 아니라 라틴어였으며, 문서상으로 '아타나시우스 신조'가 최초로 언급된 것은 670년경 부르고뉴(Bourgogne)의 오턴 회의(Council of Autun, 당시의 명칭으로는 Augustodunum)의 '규정'(canon)이다.

> 사제, 조사, 또는 성직에 있는 자들 중, 성령의 영감으로 사도들이 전하여 준 신조(심볼룸[Symbolum])와 대주교 성 아타나시우스

---

[1] 아타나시우스 신조에 관하여서는 다음의 책들로부터 많이 인용하였고, 은혜를 입었다. A. E. Burn, *The Athanasian Creed and Its Early commentaries* (Cambridge: Cambridge University Press, 1896). 번의 책은 J. Armitage Robinson B.D. (ed.) *Texts and Studies Contributions to Biblical and Patrisctic Literature* (Cambridge: The University Press, 1896) 시리즈 제4권에 해당하는 책이다; J. N. D. Kelly, *The Athanasian Creed* (New York: Harper and Row, 1964); Watanabe.

의 신조(피데스[*Fides*])를 오류 없이 암송하지 못하는 자가 있다면, 주교에 의해서 견책되어야 할 것이다.[2]

명칭에 관하여 말하자면, 일반적으로 '아타나시우스 신조'라고 부르지만, '쿠이쿤쿠에 신조'라 칭하기도 한다. 왜냐하면 이 신조의 첫 글자가 '*quicunque*'(쿠이쿤쿠에, 거의 … 하는 자는 누구든지)이기 때문이다. 또는 첫 절과 마지막 절에 나타나는 용어를 따라서 '피데스 카토리카'(*Fides Catholica*)라고 부르기도 한다.

저자에 관하여 말하자면, 중세 초기 이래로 아타나시우스를 이 신조의 저자로 믿어왔다. 그가 아리우스와의 논쟁으로 로마로 유배되었을 때, 그 곳에서 정통신학의 증언(證言)적 작품으로 이 신조를 작성하여 율리우스 1세에게 바쳤다고 전해진다.

당시 아타나시우스가 아리우스주의의 이단적 공격에 대항하였던 믿음의 영웅으로 인식되었기 때문에, 이러한 전설과 함께 그의 저작성(著作性)을 의심하는 자가 없었다. 그렇지만, 아타나시우스와 그의 추종자들이 이 신조를 전혀 언급하지 않았다.

'아타나시우스 신조'의 저자성 문제가 비판적으로 제기되기 시작한 것은 16세기 인문주의 영향에 의하여, 독일 인문주의자 요아힘 카메라리우스(Joachim Camerarius, 1500-1574년)와 잉글랜드 세일스베리(Sailsbury)의 주교 존 지웰(John Jewell, 1522-1571년)에 의해서 제시되었다.[3] 후자

---

[2] *Ausustodun Synod* in *Harduin*, vol. iii, p.1016. "Si quis presbyter, diaconus, sub-diaconus, vel clericus, sym bolum quod Sancto iusphante tipiritu Apostoli tradiderunt et fidem Sancti Athanasii prsesulis irreprehensibiliter non recensue rit; ab episcopo conderunetur." 다음에서 재인용. Daniel Waterladn, *A Critical History of the Athanasian Creed* (Cambridge: University Press, 1728, Revised and Corrected by the Rev. J. R. King, M. A., Oxford and London: James Parker and Co. 1870; rep. BiblioLife, 2009) 21. 각주 b를 보라. 신학자의 저술 가운데 나타나기 시작하는 것은 카롤링거 왕조 시대(752-987) 이후이다.

[3] 저자의 진정성에 관하여서는 다음을 참조하라. A. B. Burn, xviii-xxxii; 노성기, "아타나

는 뵈루케리(Vercelli, 북 이탈리아, 밀라노 서편)의 주교 에우세비우스(St. Eusebius, c. 283-371년)를 이 신조의 저자로 주장하였다.

그러나 17세기가 되면서 본격적인 신조 연구가들이 등장에 의하여 새로운 국면을 맞이하였다. 예를 들면, 네덜란드의 보시우스 (Gerardus Johannus Vossius, 1577-1649년)는 『세 개의 신조연구』를 집필하면서 '아타니시우스 신조'의 성립 시기를 카롤링거 왕조 시대, 즉 피핀 3세 (714-768년), 아니면 카를대제 시대로 간주하면서, 필리오케 논쟁의 부산물로 간주하였다.[4]

또한 그와 동시대의 사람으로 북아일랜드의 제임스 어셔(James Usser, 1581-1656년)는 '아타나시우스 신조'의 성립을 5세기 중엽으로 보고, 저자에 관하여서는 누구인지 단정할 수 없다고 하였다. 또한 파키스 케네르(Pasquier Quesnel, 1634-1719년)는 이 신조의 성립 장소를 북 아프리카로 주장하면서, 저자를 파푸스스의 뷔길리우스(Vigilius, 활약기 490년경)라고 주장하였다.

안토니오 무라토리(Antonio Muratori, 1672-1750년)는 포와티에의 베난티우스 포르투나투스(Venanatius Fortunatus)를 저자라고 주장하였다. 안데르미(Jos Antelmi, 1648-1697년)는 레랑의 빈켄티우스(450년 전에 사망)를 저자로 지목하였다. 이 외에 로마 주교 아나스타시우스 1세 (401년 사망)의 이름을 주장하는 자들도 있었다.

18세기로 가면서 '아타나시우스 신조'의 기원에 관한 연구가 보다 상세하게 이루어졌다. 특히 다니엘 워트랜드(1683-1740년)의 『아타나

시오 신경," 『한국가톨릭대사전』(한국 교회사연구소, 2001), 제8권 5738-5740; Michael O'Carroll, "Athanasian Creed," in *Trinitas: A Theological Encyclopedia of the Holy Trinity* (Collegeville: Lithergical Press, 1987); Frederick Norris, "Athanasian Creed," in Everett Ferguson, *Encyclopedia of Early Christianity* (2nd.ed) (New York: Garland, 1998), 137.

4 Gerardus Johannus Vossius, *Dissertationes tres de tribus Symbolis, Apostolico, Athansiano et Constantinopolitano* (Amsterdami: Apud Iohannem Blaeu, 1642), 33ff;

시우스신조 비평사』(1724 초판)는 19세기 말까지 이 방면의 최고 수준의 연구라고 할 수 있다.[5]

워트랜드는 아타나시우스 신조의 성립 연대의 상한선을 420년까지, 하한선을 431년까지로 정했다. 다시 말해서, 아우구스티누스의 『삼위일체론』(이것이 416년까지 간행되지 않았다고 워트랜드는 주장)의 영향을 받았다고 주장한다. 그는 '아타나시우스 신조'에는 칼케돈 논쟁의 특유한 용어가 보이지 않으며, 에베소 회의(431년)의 논쟁을 반영하는 용어도 보이지 않으며, 비록 아폴리나리우스주의를 배척하는 표현은 있지만, 네스토리우스와 에우티케스를 배척하는 용어가 나타나지 않는다는 사실을 고려한다면, 이러한 신조들보다 조금 앞서 성립된 것으로 보아야 한다고 주장하였다. 결론적으로 워트랜드는 다음과 같이 말한다.

> 레랑 수도원장이었으며 그 후에 아를르 주교가 된, 히라리우스가 430년경, 현재 아타나시우스 신조라는 이름으로 불리는 신앙 선언을 작성했다. 이것은 프랑스 교역자들을 위해서, 아를르 주교의 교구 또는 이 지방 관할구의 교직자를 위해서 작성된 것이다. 이 신조를 알게 된 자들은 모두가 이것이 그리스도교 신앙의 훌륭한 요약이라고 평가했다. 그리고 이 신조는 434년 이전에 레랑의 수도사 빈케티우스의 손 안에 있었던 것으로 보인다. 그것은 그가 이 신조의 문장을 인용하고 있기 때문이다. 이것은 또한 비엔나의 아비투스(Avitus of Vienne)에 의해서 500년경 부분적으

---

5 Daniel Waterland, *A Critical History of the the Athanasian Creed*; 그 당시 발레리니(Ballerini) 형제는 워트랜드설에 반대하여 저자가 아타나시우스가 아니며, 6세기 이전까지 거슬러 올라갈 수는 없지만 아주 오래된 것이며, 더 이상에 대해서는 알 수 없다고 주장했다. 당시, 이 주장에 동조한 자들도 있었다(1753).

로 인용되었으며, 아를르의 카에사리우스에 의해서 543년 이전에 인용되었다.

570년경에는 주기도문이나 '사도신조'와 함께 주해될 정도로 이 신조는 유명하여졌다. 이러한 정황속에서도 이것은 여전히 아타나시우스적인 믿음이라는 이름을 얻지 못하고, 단지 '보편적 신앙'으로 불려졌다. 그러나 670년 이전에 아타나시우스라는 존경 받을 만한 이름으로 수식되면서 이 신조는 더욱 신뢰와 존경을 받게 되었다. 말하자면, 이것은 이것 자체로서 특히 아리우스파, 마케토니우스파, 아폴리나리우스파에 대립하는 아타나시우스적인 삼위일체론과 성육론에 대한 탁월한 체계로써 경의를 얻게 되었던 것이다.

이윽고 아타나시우스의 믿음이라는 명칭으로부터, 그 사람을 저작자로 간주하는 오류가 생겨나게 되었다. 이러한 가운데, 더욱이 중세는 헬라교회와 라틴교회 사이에 성령의 발출에 관한 논쟁이 일어나면서, 이 신조는 권위를 가진 고백으로 인용되었고, 또한 이것을 기초로 하였다. 더 나아가 신조 그 자체가 가진 고유한 가치와 유용성과 함께, 이 존경받을 만한 이름은 서방교회의 공적 예배 가운데 받아들여지기에 충분한 신뢰를 얻게 되었다. 이것은 프랑스에서 시작되어 다음으로 스페인, 얼마 있어 독일, 잉글랜드, 이탈리아, 그리고 로마에서 사용되게 되었다.[6]

더욱이, 18세기에 스페로니(Maria Speroni)는 『성 아타나시우스의 것으로 일반적으로 일컬어지는 신조에 관하여』(1750/51)를 저술하여 이 신조의 저자를 포와티에의 히라리우스(c. 315-368년)라고 주장하였

---

[6] Waterland, 170-172(참고.157-159).

다.[7] 19세기 후반에는 영국 국교회가 예배 때에 '아타나시우스 신조'의 사용여부에 관한 논쟁에 휩싸이면서(1867년), 이 신조의 기원에 관한 논술이 활발하게 진행되었다.[8] 이 논쟁으로, 폴케스는 『아타나시우스 신조, 누구에 의해 기록되고, 누구에 의해 알려졌는가』라는 소책자를 발표하였다.[9] 폴케스는 이 책에서 아퀼레이아의 파우리누스를 이 신조의 저자로 간주하며, 카알 대제(샤를마뉴)에 의해서 널리 전파되었다고 주장하였다.

럼비의 『신조사』와[10] 스웨이선의 『니케아 신조와 사도신조』는[11] '아타나시우스 신조'가 이미 존재했던 삼위일체론적 부분과 성육론적 부분을 합성했다는 가설을 세웠다. 합성된 연도에 관하여, 람비는 813

---

7 Maria Speroni, *De Symbolo vulgo S. Athanasii*, two dissertations. Patav. 1750 sq.
8 참고. '아타나시우스 신조'는 신앙지도서, 또는 교직자를 위한 일종의 신앙문답이었을 가능성이 높은 것으로 이해되어졌다. 9세기 초반부터 예배 가운데 사용되었고, 암송하게 된다. 영국 국교회 최초의 기도서(1549)에서는 아타나시우스 신조가 중요한 축일에는 '사도신조'과 함께 무릎을 꿇고 암송해야 하는 것으로 나타난다. 제2의 기도서에서는 서서 암송하도록 개정되었고, 1662년 개정판에서는 아침 기도 때에 사도신조 대신으로 이것을 암송하도록 규정하였다. 1873년 켄트베리 주교 회의에서는 이하의 선언문을 제정하였다. 그 당시 켄트베리 대주교였던 타이트(Archibald Campbell Tait, 1811-1882년)는 성 아타나시우스 신조의 사용에 관하여 의혹을 제거하고 논쟁을 종식시키고 예방하기 위하여 다음과 같이 선언하였다. 1. 우리 그리스도교의 신앙고백, 일반적으로 성 아타나시우스 신조라고 불리는 신조는 성경이 말하는 신앙에 그 어떤 것도 부가하지 않으며, 오히려 그리스도 교회에 일어나는 오류에 대하여 때에 따라 경종을 울린다. 2. 성경이 여러 곳에서 믿는 자에게 생명을 약속하고, 믿지 않는 자는 정죄함을 받는다고 말하듯이, 교회는 이 신앙고백을 통하여, 구원에 참여하기를 원하는 자는 보편적 신앙을 소유하는 것이 필요하며, 이것을 거절하는 자가 가질 큰 위험을 경종한다. 따라서 이 신앙고백에 포함 된 경고는 성경에 나타나는 고백과 서로 다르지 않다고 이해하여야 한다. 우리는 거룩한 책이 말하는 것과 같이, 하나님의 경고를 그 약속과 함께 받아들여야 한다. 더욱이, 교회는 이것에 관하여 개개인에 심판을 선고하지 않는다. 하나님만이 모든 자의 심판주이시다. 따라서 의혹을 제거하고, 동요를 예방하기 위하여 본 의회는 엄숙하게 다음과 같이 선언한다. 다음에서 재인용. Paul Thureau-Dangin, *The English Catholic Revival in the Ninteenth Century*, 2 vols. (London: Simpkin, Marchall, Hamilton, Kent & Co., 1914) vol. II. 496.
9 Edmund Salisbury Ffoulkes, *The Athanasian Creed, by whom written and by whom published* (London: J. T. Hayes, 1871).
10 Joseph Rawson Lumby, *History of the Creeds* (Cambridge: George Bell and Sons, 1873).
11 C. A. Swainson, *The Nicene and Apostole's Creed* (London: John Murray, 1875).

경년에서 850년경으로 간주하고, 후자는 860년대에 랑즈에서 힌쿠르만(c. 802-882년)에 의해서 수행되었다고 주장한다.

그러나 이 가설은 오만니에 의해서 반박된다. 그는 『아타나시우스 신조의 초기 역사』에서 17세기 안텔미의 주장(Joseph Anthelmi, *Nova de symbolo Athanasiano dispuisto*, 1693)을 수용하여 신조의 성립을 5세기, 저자를 네랑의 빈켄티우스라고 주장했다.[12] 이 주장은 홀트리의 『신앙의 초기 정식역사』에 의해서 지지되었다.[13]

더욱이 번은 『아타나시우스 신조와 그 초기 주해』에서 신조의 성립 연대를 425-430년으로, 장소를 레랑, 작성자는 호노라투스 (Honoratus, 350-429년)라고 주장했다.[14] 1926년 이후, 번은 저자를 암브로시우스로 수정하였고, 베드콕크는 이 주장을 받아들였다.[15] 터너는 『고대 교회의 신조와 저주 조항』에서, 저자를 아를르의 카에사리우스라고 주장했다.[16]

베드콕크는 『신조사』에서 아타나시우스 신조에 대하여 독일의 브레봐의 연구를 답습하면서 보다 상세한 연구를 제공하였다.[17] 그는 382년의 콘스탄티노폴리스 회의가 보낸 서한에 비슷한 부분이 존재

---

12 G. D. W. Ommaney, *Early History of the Athan. Creed*: An Examination of Recent Theories (London, 1875).

13 Charles A. Heurtley, *A History of the earlier Formulaires of Faith of the Western and Eastern Churches to which is added An expostion of the Athanasian Creed* (1892).

14 A. E. Burn, *The Athanasian Creed and Its Early commentaries*, xcvi. "I have been led to suppose that Honoratus himself may have been the auther of the Quicunque."

15 베드콕크의 주장을 이어받은 자로서는 독일의 브레워가 있다. H. Brewer, *Das sogenannte Athanasianische Glaubens-bekenntnis ein Werk des heiligen Ambrosius* (F. Schöningh, Paderborn, 1909).

16 C. H. Turner, *The History and Use of Creeds and Anathemas in the Early Church* (S.P.C.K., 1906, rep. BiblioBazaar, 2009).

17 J. Badcock, *The History of the Creeds* (London: Society for promoting Chrisitian knowledge, 1930).

한다는 것에 착목하여 암브로시우스에게 보내져, 암브로시우스에 의해서 아타나시우스 신조가 초안되고, 황제 테오도시우스 1세가 보편적 신앙이라는 용어를 포함하는 답서를 기록한, 384년 전에 작성된 것으로 생각한다.

가이셀러(1792-1854년)는 『교회사』 교본 제2권에서 '아타나시우스 신조'의 스페인 기원설이 주장된다.[18] 이 주장은 톨레도 회의 신조(Hahn § 168)와 비교하면 어느 정도 납득이 갈 만한 주장이다. 스티그마이어는 이 신조의 저자를 북아프리카 루스페의 프르겐티우스(468-533년)로 주장한다.[19]

카텐뷰쉬는 '아타나시우스 신조'에 관한 본격적인 연구를 남기지 않았지만, 워트랜드설을 비판하고, 아우구스티누스의 삼위일체론을 전제로 하는 것에 대한 의문을 제시했다. 그는 이 신조가 430년 이전에 성립되었다고 주장한다.

로프스는 『프로테스탄트 신학과 교회를 위한 백과사전』 제2판에 기고한 '아타나시우스 신조' 항목에서, 성립 장소와 시대를 남 갈리아와 450-600년 사이로 보았다.[20] 하르낙은 이 신조의 성립 연대를 5세기 전반으로, 그리고 장소를 갈리아로 간주한다.[21]

프랑스의 제루만 모랑은 저자를 교황 아나즈타시우스 2세(496-498년)로 주장하다가, 스페인의 브라가 주교 마르티누스(520-580년)로 수정하였다. 그러나 1931년에 사본이 발견되고, 아를르의 카에사리우스

---

18 Johann Karl Ludwig Gieseler, *Lehrbuch der Kirchengeschichte*, Bd. 2.1831; 쿤스틀(Karl Kunstle, Anti-priscilliana, 1905)에 의하면 스페인 기원설은 380년경 프리스키리아누스파의 이단을 억제하기 위해서 이 신조가 작성되었다고 보는 것이다; 가톨릭교회의 교회사가 크라우스(F.X. Kraus, 1840-1901년)도 동일한 주장을 한다.

19 Joses Stuiglmayr, "Das Quicunque und Fulgentius von Ruspe," in *Zeitschrift für katholoische Theologie* vol 49 (1925), 341-357.

20 Loofs, *Realencykopadie fur protestantische Theologie und Kirche*, 2. Aufl. Bd.2.1897.

21 Adolf von Harnack, *Lehrbuch der Dogmengeschichite*, Bd.2.S.311, (Tublingen,1909).

가 설교 가운데 이 신조에 관하여 언급하였다는 사실에 근거하여, 카에사리우스가 최종적인 저자라고 주장했다.[22] 스페인의 호세마두스는 새롭게 발견된 레랑의 빈켄티우스 사본과 그의 신학과의 유사성 때문에, 빈켄티우스를 저자로 추정한다.[23]

'아타나시우스 신조'에 관하여 가장 잘 정리된 연구서로 켈리의 '아타나시우스 신조'를 빼놓을 수 없다.[24] 그에 의하면, 이 신조는 440년경 카에사리우스가 가장 활발하게 활동한 시기(그가 아를르 주교로서 활동한 시기는 502-542년이다)에 작성되었다. 레랑 수도원과 밀접한 관계를 가지며, 또한 아우구스티누스의 삼위일체론의 영향을 받은 것이었다. 아우구스티누스의 영향을 긍정적으로 생각하는 콜린즈는 『신학백과사전』의 제4권에 기고한 항목에서, 아타나시우스 신조는 430년에서 589년 사이에 작성된 것으로 간주한다.[25]

프로테스탄 교회가 이 신조를 공식적으로 수용하고자 언명한 것은 1559년의 프랑스 개혁파 교회의 신앙고백이다.[26] 루터파는 1537년의 '슈마르카르텐 조항'에서 언급하고, 공식적으로 '화협신조'(1577. 3)의 제1부 '에피토메'(Epitome, 요약 발췌)의 2항과 '솔리다 데크라라티오'(Solida Declaratio)의 2항에서 표명하였다.[27] 또한 1580년 '일치신조서'

22　G. Morin, *L' Origine du symbole d'Athanase, Temoignage inedit de S. Cesaire d'Arles* (Maredsous: Abbaye de Maredsous, 1932).

23　Jose Madoz, *Excerpta Vincentii Lerinensis* (Madrid: Aldecoa, 1940).

24　J. N. D. Kelly, *The Athanasian Creed. The Paddock Lectures for 1962-3* (New York: Harper and Row, 1964).

25　Roger John and Howard Collins, "Athanasianisches Symbol," in *Theologische Realenzykopadie* S.328-331; 일반적으로 처음으로 *Filioque*라는 어록이 신조 안에 삽입된 형태로 나타난 것은 제3회 톨레도 회의(589년)에서이다.

26　이 신앙고백은 칼빈에 의해 초안된 것으로, 칼빈의 초안에는 아타나시우스에 관한 언급이 있지만, 아타나시우스 신조에 관한 규정은 존재하지 않는다. 칼빈은 아마도 이 신조에 관하여 평가를 내리지 않은 것으로 보인다.

27　'화협신조'(*Formula Concordiae*, 영 Formula of Concord, 독 Konkordienformel)는 루터의

에서 루터파 교회의 한 신조로 '아타나시우스 신조'를 간주하였다.[28] 이미 언급하였듯이, 영국 국교회는 19세기에 아타나시우스 신조를 공식적으로 사용하게 되었다.

로마 가톨릭교회는 9세기 이래, 이 신조를 일요일 성무 일과에 포함시켜 사용하여 왔지만, 피우스 12세(1939-1958년)가 성무일과를 개정(1955년)하면서, 삼위일체의 일시과(一時課) 가운데 이것을 기도하도록 개정하였다. 동방정교회는 '아타나시우스 신조'를 중요하게 생각하지 않았지만, 17세기 이후 러시아 교회가 예전서(liturgy)에서 사용하였다.

결론적으로, 이 신조는 약 5세기경에 남 갈리아에서 작성된 것으로 보이며, 저자는 어떤 특정인을 지목하기 보다는 오랜 시간 동안 예배 가운데 낭송되어지고, 또한 교육되어지며 더불어 암송되어지고, 또한 여러 저자들을 통한 개정과 수정이 거듭되고 발전되면서 그리스도 교회의 보편적 신앙을 수호하려 하였던 결과로 보고자 한다.

2. 아타나시우스 신조와 유사한 형식들

'아타나시우스 신조' 본문을 확정함에 있어 문제가 되는 것은 이 신조의 원조적 형태에 관한 자료를 찾기가 힘들다는 것이다. 그러나 신

사후에, 루터파 복음주의의 일치를 위해서 작성한 루터파 마지막 신조의 하나이다. 이것은 두 부분으로 구성된다. *Epitome*(제1부, 편람이라고도 함)와 베른겐문서라고 불리우는 *solida declaratio*(제2부, 근본신조라고도 함)로 구성된다. 화협신조에 관하여는 다음을 참고하라. Lewis W. Spitz & Wenzel Lohff (eds.) *Discord, Dialogue, and Concord* (Philadelphia: Fortress Fress, 1946, 1552, 1971, 1973).

28 '화협신조서'는 라틴어로 *Concordia*, 영어로 Book of Concord, 독일어로 Konkordienbuch 라고 함. 화협신조에 의해서 독일의 루터파가 일치의 실현을 보게 되면서 이와 함께 루터파의 교리를 집대성하려는 시도가 생겨나면서, 루터파의 신조들을 총 망라한 '화협신조서'를 1580년 6월 25일에 발표한다.

조 문서의 형식, 또는 동일한 표현과 배열 등을 검토하여 보면 이하의 신조들을 참조 할 수 있다.

1) 톨레도 회의 신조(Glaubensbekenntniss des 1. Concils zu Toledo un d. J.400)

'아타나시우스 신조'의 내용과 비슷한 신조로서 400년경에 개최된 톨레도 회의에 제출된 신조를 언급할 수 있다(Hahn § 168). 이 신조는 본문과 18조항에 이르는 아나테마로 구성되어 있다. 이 신조는 프리스키리아누스(Priscillianus) 분파에 대하여 정통신앙을 재확인하려는 의도로 작성되었다(Hahn, p.210 note 299참조).

프리스키리아누스는 아봐라 주교(Ávila 재위 381-385년)로서 약 5세기경에 스페인에서 유명하였지만, 그 다음 세기로 가면서 쇠퇴하여져 간다. 그들에 관한 자료가 거의 남아 있지 않아 그들의 신학적 성향을 알 수 없지만, 삼위일체와 그리스도의 성육에 관하여 정통적 신학과 대립하였다는 주장이 근년에 챠드윅의 연구에 의해서 제기되었다.[29] 톨레도 회의 신조의 본문은 생략한다.

2) 소위-다마수스 신조와 다마수스 신앙고백(Zwei mit Unrecht dem Damasus zugeschriebene Bekenntnisse)

로마 주교(재위 366-384년)였던 다마수스는 380년경에 개최되었던 로마 회의에 하나의 신조를 제출하였는데 이를 일명 '다마수스 신조'

---

29 H. Chadwick, *Priscillian of Avila. The Occult and Charismatic in the Early Church* (Oxford: Clarendon Press, 1976); Sulpitius Severus, *The Sacred History of Sulpitius Severus*, in *NPNF* Second Series, Vol. 11.

라고 한다. '니케아 신조'를 기초로 작성된 것으로 간주되는 이 신조는 본문과 함께 24조항의 저주문으로 구성된다(Hahn § 199).[30] 그런데 동일한 이름으로 두 개의 신조가 더 존재한다(§ 200과 § 201).

'다마수스 신조'에 관하여 특히 주목할 만한 것은 종교개혁자 하인리히 불링가가 이 신조를 높이 평가하여 '제2 스위스 신앙고백'(Confessio Helevetica Posterior, 1566)의 서두에 언급하였다.[31] 한의 신조집 § 200에 나오는 제일 형식은 다음과 같다.

Filius ultimo tempore ad nos salvandos et ad implendas scripturas descendit a Patre, qui nunquam desist esse cum Patre. Et conceptus est de Spiritu sancto et natus ex virgine, carnem et animam et sensum, hoc est, perfectum suscepit hominem, nec amisit quod erat, sed coepit esse quod non erat: ita tamen, ut perfectus in suis sit, et verus in nostris. Nam qui Deus erat, homo natus est, et qui homo natus est, operator ut Deus, et qui operator ut Deus, ut homo moritur, et qui ut homo moritur, ut Deus resurgit. Qui devicto mortis imperio cum ea carne, qua natus et passus et mortuus fuerat et resurrexit, adscendit ad Patrem sedetque ad dexteram eius	성령으로 말미암아 잉태되시고, 동정녀로부터 나시사, 육과 영혼과 감성을 가지시고, 즉 온전하신 사람이 되셔서, 본래의 것(주: 하나님이심을)을 잃어버림이 없이, 그러나 아니었던 것(주: 사람이 되심)을 하시기 시작하셨습니다. 그럼에도, 그분의 것(신성)에 있어서 완전하시며, 우리의 것(인성)에 있어서 진실하십니다. 다시 말해서, 하나님이셨던 분께서 사람으로 나셨고, 사람으로서 나신 그분께서 하나님으로 행사하시고, 하나님으로서 행사하시는 그분께서 사람으로서 죽으시고, 사람으로서 죽으신 그분께서 하나님으로 부활하셨습니다. 죽음의 지배를 이기신 후에, 그분께서는 나셨고 고난 받으셨고, 죽어셨지만, 부활하시어, 아버지께서 올라가셔서, 영광 가운데 그 우편에 앉으셔서, 언제나 거기에 계십니다. 그 죽음과 피에 의해서 우리는 정결케 되고, 또한 그분에 의해서 마지막 날에 지금 살고 지금 가지고 있는 이 육체로 우리가 부활하는 것을 믿습니다.

---

30 한은 다음과 같이 설명한다. *Glaubensbekenntiniss des römischen Bischofs Damasus oder Confessio fidei catholicae*. 마지막에 나오는 *confessio fidei catholoicae*처럼, 데오도레투스의 『교회사』 V. 11에서는 이것을 '보편적 신앙고백'이라 불렀다.

31 Hahn, § 200(p.275)의 각주. 180을 참조하라.

In huius morte et sanguine credimus emundatos nos et ab eo resuscitandos die novissimo in hac carne, qua nunc vivimus, et habemus spem, nos consequuturos praemium boni meriti, aut poenam pro peccatis aeterni supplicii. Haec lege, haec crede, haec retine, huic fidei animam tuam subjuga, et vitam concequeris et praemium a Christo.	또한 우리는 소망을 가집니다. 선한 행위에는 상급이 주어지며, 그러나 죄인에게는 형벌로서 영원한 고통이 주어진다는 것을(믿습니다). 이것을 읽고, 이것을 믿고, 이것을 견고히 가지며, 이 믿음을 마음에 새겨놓기를 바랍니다. 그러면, 그리스도로부터 생명과 상급을 받을 것입니다.

3. 아타나시우스 신조 본문

본서가 사용한 '아타나시우스 신조' 본문은 한(Hahn)의 신조집 § 150에 수록된 '*Das Symbolum quicunque oder das sogenannte Athanasianische Symbolum*'이다.[32] 아타나시우스 신조의 본문은 전체를 42절로 분류하는 것과 40절로 분류하는 두 종류가 있다. 40절로 구분하는 본문은 19와 20 및 25와 26절을 각 한 절로 취급하는 것에서 유래한다. 더욱이 44절로 나누는 본문도 있지만 그 유래는 분명하지 않다.[33] 일반적으로 독일 교회와 학자와 가톨릭과 루터파 교회가 40절 본문을 사용, 영국 학자들은 42절 구분 본문을 사용한다.

'아타나시우스 신조'는 그 내용상 크게 두 개의 부분으로 구성되어, 첫 번째 부분은 1-26절로서 삼위일체론을, 두 번째 부분은 27-40절로서 그리스도론을 다룬다. 신학적인 완성도에서는 이전의 에큐메니칼 신조들 보다 부족하지만, 정통적 가르침과 교리를 수호하고자 하는

---

32 아타나시우스 신조 본문이 기록되어 있는 책들은 J. N. D. Kelly, *The Athanasian Creed*, 17ff; D 75; KT16-18이 있다. 또한 이하의 책들은 고사본을 조사한 책들이다. A. E. Burn, *The Athanaisian Creed and its Early Commentaries*; C. H. Turner, "A Critical Text of the Quicunque Vult," *Journal of Theological Studies* XI. 1910, 401ff.

33 구분에 있어 44항목으로 나누는 것도 있다. 이하를 참조하라. Ph. Schaff, *Creeds of Christendom*, Vol.2, 66ff; Charles A. Briggs, *Theological Symbolics*, 1914, 101.

관점에서 바라본다면 상기의 두 주제를 보다 설명적으로 확인하고 보충하였다는 의미에서 정통성을 인정받을 수 있다. 따라서 '아타나시우스 신조'에 사용된 어록들은 서방교회의 신학적 정통성의 흐름을 반영한다. 니케아 신학과 칼케돈의 그리스도론적 신학을 견지하면서, 아우구스티누스 신학을 수용하고, 그 이후 남 갈리아 신학자들의 용어와 유의한 용어들이 사용되었다.

1	Quicumque vult salvus esse, ante omnia opus est, ut teneat catholicam fidem.	구원받기를 원하는 사람은 누구든지 무엇보다도 먼저 보편적 신앙을 가지는 것이 필요합니다.
2	Quam nisi quisque integram inviolatamque servaverit, absque dubio in aeternum peribit.	이것을 온전하게 그리고 순결하게 지키지 않는 자는, 영원히 멸망 받기에 의심의 여지가 없습니다.
3	Fides autem catholica haec est: ut unum Deum in Trinitate, et Trinitatem in unitate veneremur,	보편적 신앙이란 이러한 것입니다. 우리는 한 분 하나님을 삼위 안에서, 삼위를 한 분 안에서 예배함에 있어,
4	neque confundentes personas, neque substantiam separantes.	위격을 혼합하지 않고, 본질을 분리하지 않습니다.
5	Alia est enim persona Patris alia Filii, alia Spiritus Sancti:	따라서 성부의 위격도 다르게 계시며, 성자의 위격도 다르게 계시며, 성령의 위격도 다르게 계십니다.
6	sed Patris, et Fili, et Spiritus Sancti una est divinitas, aequalis gloria, coaeterna maiestas.	그러나 성부와 성자와 성령의 신성은 하나이며, 그 영광도 동등하며, 그 위엄도 함께 영원하십니다.
7	Qualis Pater, talis Filius, talis Spiritus Sanctus.	성부께서 그러하신 것과 같이, 성자도 그러하시며, 성령도 그러하십니다.
8	Increatus Pater, increatus Filius, increatus Spiritus Sanctus;	성부께서는 창조되지 않으셨으며, 성자도 창조되지 않으셨으며, 성령도 창조되지 않으셨습니다.
9	immensus Pater, immensus Filius, immensus Spiritus Sanctus;	성부께서 무궁하시며, 성자도 무궁하시며, 성령도 무궁하십니다.
10	aeternus Pater, aeternus Filius, aeternus Spiritus Sanctus.	성부께서 영원하시며, 성자도 영원하시며, 성령도 영원하십니다.
11	et tamen non tres aeterni, sed unus aeternus.	그러나 세 분의 영원자가 아니시며, 한 분의 영원자이십니다.
12	sicut non tres increati, nec tres immensi, sed unus increatus, et unus immensus.	이처럼 세 분의 창조된 분이 아니시며, 세 분의 무궁하신 분이 아니시며, 한 분의 창조되지 않으신 분이시며, 한 분의 무궁하신 분이십니다.

13	Similiter omnipotens Pater, omnipotens Filius, omnipotens Spiritus Sanctus,	동일하게 성부께서 전능하신 것처럼, 성자도 전능하시며, 성령도 전능하십니다.
14	et tamen non tres omnipotentes, sed unus omnipotens.	그러나 세 분의 전능하신 자가 아니시며, 한 분의 전능하신 분이십니다.
15	Ita Deus Pater, Deus Filius, Deus Spiritus Sanctus.	이처럼 성부도 하나님이시며, 성자도 하나님이시며, 성령도 하나님이십니다.
16	et tamen non tres dii, sed unus est Deus.	그러나 세 분의 하나님이 아니시며, 한 분의 하나님이십니다.
17	Ita Dominus Pater, Dominus Filius, Dominus Spiritus Sanctus,	따라서 성부도 주님이시며, 성자도 주님이시며, 성령도 주님이십니다.
18	et tamen non tres Domini, sed unus est Dominus:	그러나 세 분의 주님이 아니시며, 한 분의 주님이십니다.
19	quia, sicut singillatim unamquamque personam Deum ac Dominum confiteri christiana veritate compellimur: ita tres Deos aut Dominos dicere catholica religione prohibemur.	우리가 그리스도교적 진리에 의해서 하나님과 주님께 각각의 위격을 고백하지 않을 수 없는 것처럼, 동일하게 우리는 보편적 가르침에 의해서 세 분의 하나님, 또는 세 분의 주님을 말하는 것이 금지되어 있습니다.
20	Pater a nullo est factus: nec creatus, nec genitus:	성부께서는 그 어떤 것으로부터도 만들어지신 것도 아니시며, 창조되신 것도 아니시며, 태어나신 것도 아니십니다.
21	Filius a Patre solo est: non factus, nec creatus, sed genitus.	성자는 오직 성부로부터만 계신 분으로서, 만들어지지도 않으셨고, 창조되지도 않으셨고, 나신 분이십니다.
22	Spiritus Sanctus a Patre et Filio: non factus, nec creatus, nec genitus, sed procedens.	성령은 성부와 성자로부터 계신 분으로서, 만들어지지도 않으셨고, 창조되지도 않으셨고, 태어나지도 않으셨으며, 나오신 분이십니다.
23	Unus ergo Pater, non tres Patres: unus Filius, non tres Filii: unus Spiritus Sanctus, non tres Spiritus Sancti.	그러므로 한 분되신 성부가 계시며, 세 분의 성부가 계시는 것이 아닙니다. 한 분되신 성자가 계시며, 세 분의 성자가 계시는 것이 아닙니다. 한 분되신 성령이 계시며, 세 분의 성령이 계시는 것이 아닙니다.
24	Et in hac Trinitate nihil prius aut posterius, nihil maius aut minus: sed totae tres personae coaeternae sibi sunt et coaequales,	그리고 이 세 분의 위격 가운데는 먼저되시거나 나중되시는 분이 없으시며, 더 큰 자나 더 작은 자가 없으십니다. 오히려 세 위격되신 모든 것이 함께 영원하시며, 함께 동등하십니다.
25	ita ut per omnia, sicut iam supra dictum est, et unitas in Trinitate, et Trinitas in unitate veneranda sit.	그러므로 이미 위에서 말한 것과 같이, 모든 것을 통하여 세 위격은 하나로, 그리고 하나는 세 위격으로 예배를 받으시는 것입니다.
26	Qui vult ergo salvus esse, ita de Trinitate sentiat.	따라서 구원받기를 원하는 자는 이처럼 삼위일체에 관하여 깨달아야 합니다.

27	Sed necessarium est ad aeternam salutem, ut incarnationem quoque Domini nostri Iesu Christi fideliter credat.	그러나 영원한 구원에 이르기 위하여 불가결한 것은 우리 주 예수 그리스도의 성육을 신실하게 믿는 것이 것입니다.
28	Est ergo fides recta ut credamus et confiteamur, quia Dominus noster Iesus Christus, Dei Filius, Deus et homo est.	그러므로 올바른 믿음이란, 우리 주 예수 그리스도 하나님의 아들께서 하나님이시며 동시에 사람이 되신 것을 우리가 믿고, 그리고 고백하는 것입니다.
29	Deus est ex substantia Patris ante saecula genitus, homo ex substantia matris in saeculo natus:	그분은 하나님이시며, 아버지의 본질로부터 만세 전에 나셨으며, 또한 사람으로서 어머니의 본질로부터, 세상에 태어나셨습니다.
30	perfectus Deus, perfectus homo, ex anima rationali et humana carne subsistens,	(그분께서는) 완전하신 하나님이시며, 완전하신 사람이십니다. 다시 말해서 이성적 영혼과 인간의 육신으로부터 존재하시는 분이십니다.
31	aequalis Patri secundum divinitatem: minor Patre secundum humanitatem.	(그분께서는) 신성에 의하면 성부와 동등하시며, 인성에 의하면 성부보다 낮으십니다.
32	Qui licet Deus sit et homo, non duo tamen, sed unus est Christus.	그분께서는 하나님이시며 사람이시지만, 그럼에도 불구하고 두 분이 아니시라, 한 분 그리스도이십니다.
33	unus autem non conversione divinitatis in carnem, sed assumptione humanitatis in Deum,	그러나 그 한 분되심은 신성이 육신으로 전환된 것이 아니라, 하나님 안에서 인성을 섭취하신 것입니다.
34	unus omnino, non confusione substantiae, sed unitate personae.	온전히 한 분되심은 본질의 혼동에 의한 것이 아니라, 위격의 하나되심에 의한 것입니다.
35	Nam sicut anima rationalis et caro unus est homo: ita Deus et homo unus est Christus.	마치 이성적 영혼과 육신이 하나의 사람이 되듯이, 한 분 그리스도는 하나님이시며 또한 사람이십니다.
36	Qui passus est pro salute nostra, descendit ad inferos, tertia die resurrexit a mortuis,	그분은 우리의 구원을 위하여 고난을 받으셨으며, 음부로 내려가셨고, 셋째 날에 죽은 자들로부터 부활하셨습니다.
37	ascendit ad caelos, sedet ad dexteram Dei Patris omnipotentis: inde venturus est iudicare vivos et mortuos;	하늘에 오르시사 아버지 우편에 앉으셨으며, 거기로부터 산 자와 죽은 자를 심판하러 오실 것입니다.
38	ad cuius adventum omnes homines resurgere habent cum corporibus suis: et reddituri sunt de factis propriis rationem:	그분께서 오실때에, 모든 사람은 자기 육체로 다시 살아납니다. 그리고 행한 일에 관하여 해명을 해야 할 것입니다.
39	et qui bona egerunt, ibunt in vitam aeternam: qui vero mala, in ignem aeternum.	선한 일을 행한 자는 영원한 생명에 들어가게 되며, 악한 일을 행한 자는 영원한 불에 들어가야 될 것입니다.

40	Haec est fides catholica, quam nisi quisque fideliter firmiterque crediderit, salvus esse non poterit. Amen.	이것이 보편적 신앙입니다. 이것을 신실하고 견고하게 믿지 않는다면, 구원받지 못할 것입니다.

4. 아타나시우스 신조 해석[34]

제1절

Quicunque vult salvus esse, ante omnia opus habet,
ut teneat catholicum fidem.
구원받기를 원하는 사람은 누구든지 무엇보다도 먼저
보편적 신앙을 가지는 것이 필요합니다.

"쿠이쿤쿠에"(*quicunque*)는 '~하는 사람은 누구든지', 또는 '이른바 … 하는 자는 누구든지'라는 의미이다. "불트 살부스 엣세"(*vult salvus esse*: 구원받기를 원하는)라는 표현은 인간의 의지와 자유 선택을 강조하는 구문이다. 볼로 … 불트(*volo … vult*)는 의지하다, 욕구하다, 선택하다, 또는 결정하다는 의미를 가지기 때문에, 인간이 자신의 구원을 선택한다는 능동적인 의미가 강하다. 그러나 이것은 구원에 관한 펠라기우스적인 이해를 말하는 것이 아니라, 구원받지 않고는 견딜 수 없는 인간의 절망적 상황으로 눈을 돌리게 하는 교리의 도입적인 차원, 서론적인 돌파구를 마련하고자 하는 것이다. 왜냐하면 '무엇보다도 먼저 보편적 신앙'이 강조되면서, 인간이 구원받고 받지 못하는 것이

---

34 번(Burn)은 『아타나시우스 신조와 초기 주석서』 가운데서 27명의 이름을 거론하면서, 석의적 해설에 관하여 7편을 소개하는데, 그 가운데 4편은 전편이 수록되어 있다. 가장 오래된 주해는 9세기경의 것이다. 본 석의는 번의 책을 많이 인용하였고, 특별한 언급 없이 사용된 경우도 있음을 알려둔다. A. E. Burn, *The Athanaisian Creed and its Early Commentaries*; Kelly, *The Athanasian Creed*; Watanabe, *The Early Confessions*.

인간 자신의 의지나 행위에 관계하는 것이 아니라, 믿음을 강조하기 때문이다.

"안테 옴니아"(*ante omnia*: 무엇보다도 먼저)란 '그 어떠한 행위보다도 먼저'라는 뜻으로, 행위에 앞서 신앙이 필요하다는 의미이다.[35] "테네오"(*teneo*: 보유하다)는 2절에 나오는 세르보(*servo*: 지키다)와 비슷한 뜻으로, 전자는 적극적으로 주장하다는 의미가 포함되어 있다. "오푸스 하메아트"(*opus habeat*: 필요하다)는 '당연히 필요하다'는 의미로서, 오푸스 에스트(*opus est*)로 표현하기도 한다.

'보편적'이라는 용어가 보다 교회 신학적으로 사용되는 것은 이단 반박문서들이 많이 나타나는 3세기경이다.[36] 그 당시의 변증가들은 '보편적'이라는 용어를 '올바른'(렉타[*recta*]), 또는 '진정한'(베라[*vera*]), 또는 '정통적'이라는 의미로 사용하기도 하였다. 아우구스티누스는 『아리우스주의자 막시미누스에 반대하여』(*Contra Maximinum Arianum*. Libri. II.23)에서, "이것이 우리들의 신앙이다. 즉 보편적이라 칭하는 신앙은 정통이기 때문이다"라고 하였다.[37] 다시 말해서, '보편

---

35 오를레앙 주해서는 번의 작품에 기술된 것으로부터 재인용한 것이다. *The Athanasian Creed and its Early Commentaries*의 제2부 TEXTS OF COMMENTARIES, (1) THE ORLEANS COMMENTARY. (Orleans MS. 94, S.IX), 7-10에 수록되어 있다. 이하의 모든 인용은 여기에서 인용한 것임.

36 다음의 '보편적'에 관하여는 사도신조의 해석부분을 참조하라. 헬라어 카토리코스 (καθολικός), 즉 카토루(καθόλου)에서 유래된 것으로 전체를 의미한다. 앞에서 보았듯이, 안디옥의 이그나티우스가 『스미르나 서한』에서 처음 사용한 것으로 간주되는 이 용어는 폴리가르푸스와 『무라토리 정경』, 키릴루스는 신앙문답 제18강 26번에서 발견된다. 더욱이 황제 테오도시우스 1세는 로마제국의 공식종교로서 '보편적 그리스도교'라고 표명한다 (Theodosian Code XVI.i.2); Henry Bettenson (selec. and ed.,) *Documents of the Christian Church* (Oxford: Oxford University Press, 1963) 22; 테오도시우스 1세는 384년 답장서신에서, 암브로시우스의 영향을 받은 것으로 간주되는 표현을 사용한다. "우리는 전면적 동의를 가지고 공동적 신앙을 존중합니다. 이것에 의하지 않고는, 우리는 구원받을 수 없습니다." 다음에서 인용. Paul Robinson Coleman-Norton, *Roman State and Christian Church: a collection of legal documents to A.D. 535*, 2 vols. (London: S.P.C.K. 1966), vol.2., 190ff.

37 PL, 42. 743-814; II.23. *Haec est fides nostra, quoniam haec fides est recta. quae fides etiam catholoica nuncupatur.*

적 신앙'이라는 표현은 개별적인 것이 아니라, 보편적 교회가 보유하는 정통적 신앙으로서, 이단 및 분파가 가진 신앙과 다른 것을 말한다. 예를 들면, 아우구스티누스는 마니교를 반박하는 가운데서 이러한 의미로 사용하였다.[38]

특히 주목하고자 하는 것은 빈켄티우스의 '보편적'에 대한 정의이다. 그는 『모든 이단자의 부정한 신기함에 대한 보편적 신앙의 영구성과 보편성에 관한 각서』에서 다음과 같이 말한다. "어디서나, 언제나, 모든 자들이 믿을 수 있는 것을 우리는 고집하며, 이것이야말로 진정하고 고유한 의미에서 보편적이라고 한다"(테네아무스 쿠오드 우비쿠에, 쿠오드 셈페르, 쿠오드 아브 옴니부스 크레디툼 에스트. 호크 에스트 에테님 베레 프로프리에쿠에 카토리쿰[teneamus quod ubique, quod semper, quod ab omnibus creditum est. Hoc est etenim vere proprieque catholicum] II.3). 다시 말해서 보편성, 고대성, 동의성(우니베르시타템[universitatem], 안티쿠이타템[antiquitatem], 콘센시오넴[consensionem])을 말한다.[39] 다음과 같이 설명한다.

> 그러므로 참되고 순수한 보편자란, 하나님의 진리, 교회, 그리스도의 몸을 사랑하는 자이며, 하나님의 정하진 종교와 보편적 신앙에 그 어떤 것도 우선시하지 않으며, 그 어떠한 인간적 권위, 사랑, 재능, 웅변, 철학을 우선시하지 않으며, 이러한 것들을 경시하고 신앙에 고착하여 확고하게 견지하여 보편적 교회가 예전부터 보유하여 온 모든 것을 깨닫는 자이며, 오로지 이것만을 받들고, 믿어야 하는 것으로 결의한 자이다. 그러나 어떤 것에서

---

38 PL.42. *Contra Secundinum Manichaeum*.

39 Vincentius, *Commonitorium*. in *The Commonitorium of Vincentius of Lerins*, ed. by Reginald Stewart Moxon (Cambridge: Cambridge University Press, 1915). ch.2. (3), 10-11.

다른 것으로 변하고, 모든 성도들과는 다르게, 또는 모든 성도들에 반대하여, 신기하고, 지금까지 듣지도 보지도 못한 낭설을 몰래 가지고 들어오려는 모든 것은 종교를 향하지 않고, 오히려 유혹에 빠트리려는 것으로 이해하는 자이다.[40]

여기서 말하는 신앙이란 무엇인가? 신조에 관한 많은 주해서들은 신앙 조항에서 언급된 신앙, 전해져 내려온 신앙, 이른바 '믿어야 할 신앙'(피데스 크레두리투스 시비 크레덴티아[*fides credulitus sive credentia*])으로 설명한다. 다시 말해서, 고백적이며 신조적 믿음이란 필연적으로 구원과 밀접한 관계를 가진다. 예를 들면, 예수께서 "너의 믿음이 너를 구원했다"(마 9:22)고 말씀하시며, 사도행전에는 "주 예수를 믿으라. 그리하면 구원을 받으리라"(행 9:22)고 기록되어있다. 성경적 올바른 믿음이란 보편적 신조 또는 신앙고백에 대한 지적 동의가 아니라, 예수 그리스도에 대한 전면적인 신뢰와 순종이다. 따라서 믿음의 본래적 의미를 확고히 견지하는 차원에서 신조와 신앙고백에 대한 이해가 필요하다. 이런 의미에서, 아우구스티누스는 『신앙의 효용성에 관하여』 III. 1에서, "보편적 규율이 존엄하게 제정된 것은 종교를 가지고자 하는 자들에게 무엇보다도 먼저 신앙을 확신하게하기 위함이다"라고 명언한다.

제2절

Quam nisi quisque integram inviolatamque servaverit,
absque dubio in aeternum peribit.
이것을 온전하게 그리고 순결하게 지키지 않는 자는,

---

[40] *Commonitorium*, ch.20.(25), 79.

영원히 멸망 받기에 의심의 여지가 없습니다.

"인테그람 인비오라탐쿠에"(*integram inviolatamque*: 온전하게 그리고 순결하게)는 이 신조를 순수하게 받아드릴 것을 강조한다. 비록 신조가 하나님의 말씀은 아니지만, 믿음으로 지켜야한다는 사실이다. 왜냐하면 이 신조는 삼위일체론과 그리스도의 성육론을 제시하면서 보편적 신앙과 비보편적 신앙의 구분을 명확하게 제시함으로서, 올바른 신앙을 수호하고자 하였기 때문이다.

"세르바베리트"(*servaverit*: 지키는 자)를 미래 완료형으로 표현한 것은 보전한다는 이유이다. 신앙은 먼저 받아들이는 것이며, 그 다음에는 지키는 것이다. 수동적인 의미를 강조하는 것이 아니다.

"인 아에테르눔 페리비트"(*in aeternum peribit*: 영원히 멸망받기에)는 미래형이다. 통상 저주 문구에서 사용되는(아나테마 시트[*anathema sit*]) 접속법, 수동태, 완료 과거와 동일한 의미이다. "의심의 여지가 없다"(아브스쿠에 두비오[*absque dubio*])는 것은 의심에서 멀리 떨어져 있기 때문에, 의문의 여지가 없다는 뜻이다.

제3절

Fides autem catholica haec est, ut unum Deum
in trinitate et trinitatem in unitate veneremur,
보편적 신앙이란 이러한 것입니다. 우리는 한 분 하나님을 삼위 안에서,
삼위를 한 분 안에서 예배함에 있어.

"운눔 데움 인 트리니타테 에트 트리니타템 인 우니타테"(*unum Deum in trinitate et trinitatem in unitate*, 한 분 하나님을 삼위 안에서, 삼위를 한 분 안에서)라는 표현은 한 분과 삼위에 대한 동시적/동격적 강조

이다. 한 분에 대한 강조는 특히 동방 세례신조에서 많이 나타나는 표현으로, 서방교회는 이로부터 영향을 받았다. 우니타스(*unitas*)는 헬라어로 '헤노시스'(ἕνωσις: unity, oneness)로 신약성경에 나오지 않는다. 이 용어는 하나님의 단일성에 관계한다(신 6:4).

삼위일체론적 관점에서는 세 개의 페르소나가 본질적으로 하나, 즉 일치를 고백함으로서 제4절에서 말하듯이 본질의 분리가 일어나지 않는 것을 뜻한다. 이것은 삼위 일체적론적 용어이지만, 그노시스를 논박할 때에 사용되었는데, 발렌티누스파 그노시스에서 '우니타스'라는 이름의 아이온을 주장했기 때문이다.[41]

테르툴리아누스가 '트리니타스'(*trinitas*)라는 용어를 처음으로 신학적인 용어로 사용하였지만, 삼위일체론적 용어로 사용한 것은 아니다. 발렌티아누스파 역시 이 용어를 사용하였는데, '인간의 트리니타스'(물질적 인간, 정신적 인간, 영적 인간)라는 표현을 통해서 인간론에 적용하였다.[42] 그 이전에는 안디옥의 테오필루스(Theophilus)가 성부에 관하여 표현하면서 '성부, 그분의 로고스, 그분의 지혜'라는 '트리아스'(τριάς)의 형태를 기술하였지만, 여전히 삼위일체론적 용법은 아니었다.[43]

라틴어 트리니타스(*trinitas*)는 트리니(*trini*)에 유래하는 것으로 '세 개가 존재하는 것', 또는 '세 개로 존재하는 것'을 의미한다. 따라서 '삼일'(三一)의 '일'(一)이라는 뜻은 본래 이 용어 가운데 없다. 따라서

---

41 참고. 라틴어 '칼케돈 신조' 본문에서의 헤노시스(ἕνωσις)는 우니타스(*unitas*)가 아니라 우니티오(*unitio*) 이다.
42 다음을 보라. 테르툴리아누스 『이단자의 시효에 관하여』 7; 『발렌티아누스 반박론』 17.
43 참조. E. Venables, "Theophilus(4)" *Dictionary of Christina Biography* (London: Murray, 1911; repr., Peabody, MA: Hendrickson, 1994), 982; Kelly, ECD, 104; Rick Rogers, *Theophilos of Antioch: The Life and Thought of a Second-Century Bishop* (Lamham, MD: Lexington, 200), 78-79.

트리니타스가 항상 삼위일체로 번역되지만, 사실 용어적인 의미에서 보자면 세위격의 한 본체(본질과 동일)라는 의미는 존재하지 않는다.

"베네로"(venero)는 '숭배하다' 즉 예배를 드린다는 뜻이지만, 울가타 라틴어 성경은 이 용어를 사용하지 않고, 티메오(timeo) 또는 아도라비스(adorabis) 등을 사용한다(신 6:13; 마 4:10). 의미상의 동일한 것으로 간주된다.

제4절

neque confundentes personas, neque substantiam separantes.
위격을 혼합하지 않고, 본질을 분리하지 않습니다.[44]

라틴어 '페르소나'(위격, 여기서는 복수형이 사용)는 헬라어로 '프로소폰'에 해당한다. 이 용어의 해설에 관하여는 3장과 4장의 신조 해석을 참조하라.

헬라어 '휘포스타시스'를 라틴어로는 숩스탄티아(substantia), 또는 서브시스텐티아(subsistentia)로 번역가능하다. 예를 들면, 아우구스티누스는 『삼위일체론』 V.8.10에서 "우남 엣센티아, 트레스 숩스탄티아"(unam essentia, tres substantia)라고 한다.[45] 동일한 곳에 '페르소나'도 사용된다. 다시 말해서, 아우구스티누스 시대는 아직 서방교회의 삼위일체론이 확립되지 않은 상태이다. 즉 아우구스티누스의 표현 방식은 아타나시우스 신조의 그것과 반대이다.

"네쿠에 콘푼덴테스"(neque confundentes: 혼합하지 않고)는 칼케돈 신

---

[44] 비슷한 표현으로는 톨레도 회의 신조 제2항은 "이 유일하신 하나님은 신적본질의 삼위일체이시다"(Deum et hanc unam esse divinae substantiae trinitatem)라고 고백한다(Hahn § 168).

[45] PL.42. *De Trinitate libri quindecim*. 8.10.

조의 '혼동 없이'(인콘푸세[*inconfuse*])와 같은 어근의 단어지만, '혼동'에 관한 칼케돈적 신학의 의미는 '그리스도의 위격 안에서의 양성의 혼동', '구별'을 지적하는 것이다. '아타나시우스 신조'에서는 '위격과 위격 사이의 구별이 없어지는 것', 또는 '구별이 무시되는 것', '혼연일체가 되는 것'을 말한다. '혼합'이 가지는 본래의 의미는 '같이 붓다'이다.

"숩스탄티아"(*substantia*)는 본질, 또는 실체라고 번역해도 무방하며, 라틴어로 '엣센티아'(*essentia*)가 사용되는 경우도 있다. 상기의 아우구스티누스 문장에는 본질이라는 의미로 '엣센티아'가 사용되고, 위격에 상응하는 용어로 '숩스탄티아'가 적용되었다. 동방 신학자들은 헬라어 '우시아'(본질)을 사용한다.

"네쿠에 세파란테스"(*neque separantes*: 분리하지 않고) 역시 칼케돈 신조의 영향을 받은 것이다. 물론 문맥상의 의미는 다르다. 칼케돈에서는 그리스도의 두 본성에 관한 것이며, 여기서는 삼위일체론의 신적 본질에 관한 것이다.

초기 주해자들은 이 항목의 전반부를 사벨리우스의 오류에 대한 논박으로, 후반부에서는 아리우스의 이단을 지적하는 것으로 이해한다. 상기의 아우구스티누스 저술에서도 사벨리우스에 대한 언급이 나타난 것을 고려하면, 그 당시 사벨리우스의 주장이 만연하였던 것으로 보인다. 또한 초기 주해자들이 아리우스를 언급하였다는 사실은 아마도 이 신조의 저자를 아타나시우스로 간주하는 것과 관계한다.

제5절

Alia est enim persona Patris, alia Filii, alia Spiritus sancti,
따라서 성부의 위격도 다르게 계시며, 성자의 위격도 다르게 계시며,

성령의 위격도 다르게 계십니다.⁴⁶

"알리아 에스트 … 알리아 … 알리아"(*alia est … alia … alia* …: 다르게 계시며)의 알리아는 '다른 것, 또는 다른 분'을 의미하는 형용사이다. 비슷한 표현이 톨레도 회의 신조 제3항 "성부 그는 성자가 아니며 …", 4항 "성자는 성부가 아니며 …", 5항 "성령은 … 성부도, 성자도 아니며 …", 10항 "위격에서 구별되며 …"에 나타난다(Hahn § 168).

오를레앙 주해서는 다음과 같이 말한다. "성부는 그 스스로 의미를 가진다. 왜냐하면, 성부는 그 위격의 고유성을 가지며, 그로 태어난 분이 성자이기 때문이다. 성자는 그 스스로 의미를 가진다. 왜냐하면, 성자는 그 위격의 고유성을 가지고 있기 때문이다. 성령은 그 스스로 의미를 가진다. 왜냐하면, 그는 성부와 성자로부터 나왔으며, 그 위격의 고유성을 가지기 때문이다."⁴⁷

제6절

sed Patris et Filii et Spiritus sancti una est divinitas,
aequalis gloria, coaeterna majestas.
그러나 성부와 성자와 성령의 신성은 하나이며, 그 영광도 동등하며, 그 위엄도 함께 영원하십니다.⁴⁸

---

46 동일한 표현이 빈켄티우스의 『*Commonitorum*』 19에 나온다.

47 Pater per se sonat, quia suam proprietatem personarum tenet pater eo quod genuit filium; filius per se sonat, quia suam proprietatem personarum filius tenet, spiritus sanctus per se sonat, quia suam proprietatem personarum tenet, quia ex patre et filio procedit. (8)

48 이 항목은 382년 콘스탄티노폴리스 회의 서한에 나오는 문헌과 일치한다고 지적되고 있다. 서한에 의하면 신앙(니케아 신조를 말함)에 의하면, 성부와 성자와 성령의 신성과 힘과 본질은 하나이며, 세 개의 위격의 위엄은 동등하고, 주권은 함께 영원하다. 테오도레투스의 교회사 V.9.

'디비니타스'(*divinitas*: 신성), '글로리아'(*gloria*: 영광), '마제스타스' (*majestas*: 위엄)은 성경에 유래하는 용어이다. '신성'은 신적 본질 혹은 본성, 신이라는 것을 의미하고, 헬라어의 테오테스(θεότης: 골 2:9)에 해당한다. '칼케돈 신조'는 성자의 신성(테오테스[θεοτης], 데이타스[*deitas*])과 그 인성이 나란히 확인하고 있다(데이타스[*deitas*]와 디비티타스[*divinitas*]는 동의어이다).

'니케아 신조'는 성자의 신성을 호모우시오스로 표현한다. 성령의 신성에 관하여는 '니케아 콘스탄티노폴리스 신조'의 제3항에 성부 또는 성자와 함께 예배 받으시며 같이 영광을 받는다고 한다. 신성이 '하나'라는 것은 신의 유일성을 말하는 것이 아니라, 신으로서 세 위격이 동일하다는 것을 가리킨다.

그런데 '영광'이라는 용어가 신조 용어로 등장하는 것은 드물다. 구약의 '카보도'(kābod: 겔 23:41; 시 45:14)는 가시적으로 빛나는 광휘를 나타내는 의미에 가깝지만, 신약성경의 헬라어 독사(δόξα)는 평가의 의미를 가진다. 영광이 '동일하다'라는 것은 우열이 없다는 뜻이다.

마제스타스(*majestas*)는 어원적으로는 major(보다 크게 되다)에 해당하는 것으로, 보다 큰 힘을 가진, 또는 보다 큰 존재라는 의미이다. 헬라어로는 메가레이오테스(μεγαλειότης: 눅 9:43; 행 19:27; 벧후 1:16) 또는 메가로수네(μεγαλωσύνη: 히 1:3; 8:1; 유 25)이다. 구약에서는 명사 '가온'(ga'on)과 형용사 '가돌'(gadol)의 번역어로 사용되는 경우가 많다.

"코아에테르나"(*coaeterna*)는 영원을 함께 한다는 의미로서, 처음과 끝이 없는 것을 영원이라고 한다. 톨레도 회의 신조 10항 "본질은 하나로써 힘과 권세와 위세와는 차이가 없다"(*Hance trinitatem, personis distinctam, substantia unitam, virtute et potestate et magestate indivisibilem, indiferentem*. Hahn. § 168).

제7절

Qualis Pater, talis Filius, talis et Spiritus sanctus.
성부께서 그러하신 것과 같이, 성자도 그러하시며, 성령도 그러하십니다.

"쿠아리스 … 탈리스 … 탈리스"(Qualis … talis … talis …) 형태는 "…인 것과 같이 … 이다"라는 뜻이다. 이 부분에 관하여 오를레앙은 "그 셋의 위격은 하나의 본질로 계속된다"라고 주해한다.[49]

제8절

Increatus Pater, increatus Filius, increatus Spiritus sanctus;
성부께서는 창조되지 않으셨으며, 성자도 창조되지 않으셨으며,
성령도 창조되지 않으셨습니다.

"창조되지 않았다"(인크레아투스[increatus])는 '니케아 신조' 또는 '니케아 콘스탄티노폴리스 신조'의 '만들어지지 않았다'를 계승한 것이다. 유사한 표현은 암브로시우스의 『성육론』112에서 발견된다. "성부는 창조되어지지 않았고, 성자는 창조되어지지 않았다"(인크레아투스 파테르, 인크레아쿠스 필리우스[increatus Pater, increatus Filius]). 오를레앙은 "성부는 창조되어지지 않았다. 왜냐하면, 그는 어떤 것으로부터도 창조되어지지 않았기 때문이다. 성자는 창조되어지지 않았다. 왜냐하면, 그는 성부 또는 성령과 마찬가지로 언제나 존재했기 때문이다"로 주석한다.[50]

49　Istae tres personae in una substantia consistent. (8)

50　Increatus pater, quia a nullo est creates, increatus filius, quia semper fuit cum patre et spiritus sanctus similiter. (8)

제9절

immensus Pater, immensus Filius immensus Spiritus sanctus;
성부께서 무궁하시며, 성자도 무궁하시며, 성령도 무궁하십니다.

"임멘수스"(*immensus*)는 메티오르(*metior*)에서 유래한 것으로, '무궁하다, 측량하다, 분배하다, 판정하다, 규정하다, 또는 측량이 불가능하다'는 의미를 가진다.

제10절

aeternus Pater, aeternus Filius, aeternus Spiritus sanctus:
성부께서 영원하시며, 성자도 영원하시며, 성령도 영원하십니다.

성경은 하나님의 영원성을 많이 노래한다. 예를 들면, 아브라함은 "영원하신 하나님 여호와의 이름을 불렀다"(창 21:33). 히브리서에는 성자의 영원성에 관한 언급이 많다(히 7:24, 그 외). 그분의 영원한 제사직(히 6:20; 7:21), 이와 관계하는 구원, 심판, 대속, 기업, 언약의 영원성이 강조된다(히 5:9; 6:2; 9:12; 9:15; 13:20). 성령의 영원성에 대해서는 히브리서 9:14에 나온다.

하나님의 영원성은 테르툴리아누스와 같은 교부 문헌에서도 발견되지만, 신학적인 개념으로는 신플라톤주의적 영향을 받았던 아우구스티누스의 신학에 오면서 정착된다. 그 이전에는 하나님께 영원성을 돌리는 것은 주로 예배 의식적인 행위였다. 그리고 신조적 용어로서 영원은 '영원한 생명'에서 먼저 사용되었다.

제11절

et tamen non tres aeterni sed unus aeternus,
그러나 세 분의 영원자가 아니시며, 한 분의 영원자이십니다.

'영원자'가 제10항의 형용사에서 명사로 전용된다. 이하에서 동일한 표현이 반복 된다.

제12절

sicut non tres increate nec tres inmensi,
sed unus increatus et unus inmensus.
이처럼 세 분의 창조된 분이 아니시며, 세 분의 무궁하신 분이 아니시며,
그러나 한 분의 창조되지 않으신 분이시며, 한 분의 무궁하신 분이십니다.

오를레앙 주해서는 "무한하신 분이 하나라는 것은, 이 분이 만물을 창조하셨기 때문이다"라고 말한다.[51]

제13절

Similiter omnipotens Pater, omnipotens Filius,
omnipotens Spiritus sanctus,
동일하게 성부께서 전능하신 것처럼, 성자도 전능하시며,
성령도 전능하십니다.

"전능하신"(*omnipotens*)은 아버지 하나님께 대하여 오래전부터 사용되어 왔던 고백으로, 성자 또는 성령의 전능하심은 성부와의 동질하심

51　제 8, 9항을 참조하라. Unus est immensus, quia Omnia creavit. (8)

에 기인한다.

제14절

et tamen non tres omnipotentes, sed unus omnipotens.
그러나 세 분의 전능하신 자가 아니시며, 한 분의 전능하신 분이십니다.

제15절

Ita deus Pater, deus Filius, deus Spiritus sanctus,
이처럼 성부도 하나님이시며, 성자도 하나님이시며,
성령도 하나님이십니다.

'니케아 신조'에서 확인되듯이, 성부와 성자의 동질이 먼저 고백되었고, 그다음 단계로 성령께서 하나님이심을 고백하는 정식화가 이루어졌다. 이러한 과정은 '니케아 콘스탄티노폴리스 신조'로 발전되어 가는 과정에서 발견된다.

성령을 고백하는 항목은 아를르의 카에사리우스(Caesarius of Arles)의 『설교』 X. 1; LXXXⅢ. 5에 나온다. "성부도 하나님, 성자도 하나님, 그리고 성령도 하나님이시다. 그러나 하나님이 세 분 계신 것이 아니라, 하나님은 한 분이시다."

제16절

et tamen non tres Dii, sed unus est Deus.
그러나 세 분의 하나님이 아니시며, 한 분의 하나님이십니다.

하나님의 유일성은 신명기 6:4에서 "이스라엘아 들으라 우리 하나님 여호와는 오직 하나인 여호와시니"라고 가르치며, '니케아 신조'

역시 동일하게 고백한다. 그러나 여기서 말하는 '하나'는 다신교에 대조되는 유일신이 아니라, 삼위 하나님의 일치를 말한다.

제17절

Ita Dominus Pater, Dominus Filius,

Dominus Spiritus sanctus,

따라서 성부도 주님이시며, 성자도 주님이시며, 성령도 주님이십니다.

"도미누스"(*dominus*)는 신명기 6:4에서, "우리 하나님(엘) 여호와(야훼)는 오직 하나인 여호와(야훼)시니"에 나오는 '야훼'의 번역으로, 이런 의미에서 삼위일체의 제1격되신 성부 하나님은 처음부터 '주'로 고백되었다.

그러나 도미누스(*dominus*)는 예수 그리스도와의 관계 속에서 고백적인 의미로 많이 사용된다. 예를 들면, 성경은 "예수 그리스도는 주시라"고 고백한다(롬 10:9; 고전 12:3; 빌 2:11). 더욱이 베드로전서 2:3의 "너희가 주의 인자하심을 맛보았으면 그리하리라"는 구약성경 시편 34:8의 "너희는 여호와(야훼)의 선하심을 맛보아 알지어다"를 인용한 것이다. 유일하신 하나님이 '주'이신 것과, 예수 그리스도가 '주'가 되시는 것을 의식적으로 거듭 강조한 것이다.[52] 따라서 구약의 하나님께서 '주'가 되심은 신약의 그리스도께서 '주'가 되신 것으로 이어지는 연속성을 보게 된다.

성령을 '주'로 고백하는 것은 '주로서 생명을 주는 성령'이라고 고백하는 '니케아 콘스탄티노폴리스 신조'에서 보인다. 이것은 이미 바울

---

52 예수 그리스도를 주로 고백하는 것과, 가이사를 주로 고백하는 문제에 관하여는 본서의 신조 성립과 '사도신조'의 석의 가운데서 이미 언급을 했다.

이 "주는 영이시니"(고후 3:17)라는 고백에서 나타난 믿음의 고백이다.

제18절

et tamen non tres Domini, sed unus est Dominus.
그러나 세 분의 주님이 아니라, 한 분의 주님이십니다.

"우누스 에스트 도미누스"(unus est Dominus)는 삼위일체적인 의미에서 '한 분'이다. 성경적으로는 신명기 6:4과 에베소서 4:5(에이스 퀴리오스 미아 피스티스 헨 밥티스마[εἷς κύριος μία πίστις ἓν βάπτισμα])에서 찾아 볼 수 있지만, 그 문맥적 정황이 다르다.

제19절

quia sicut singillatim unamquamque personam et Deum
et Dominum confiteri christiana veritate compellimur,
Ita tres Deos aut Dominos dicere catholica religione prohibemur.
우리가 그리스도교적 진리에 의해서 하나님과 주님께 각각의 위격을
고백하지 않을 수 없는 것처럼, 동일하게 우리는 보편적 가르침에
의해서 세 분의 하나님, 또는 세 분의 주님을 말하는 것이
금지되어 있습니다.

"크리스리아나 베리타테"(christiana veritate: 그리스도교적 진리)는 다음에 나오는 "카토리카 레리기오네"(catholica religione, 보편적 가르침)와 한 쌍을 이루어, 하나님께서 가르쳐 주신 계시를 말한다. 진리란 인조적인 것이 아니라 근원적인 그 자체이다. 정통적인 표현을 빌리자면 성령 하나님의 내적 조명에 의해서 명확하게 되는 성경적 가르침, 그 내용을 말한다. 신조의 내용을 말하는 것이 아니다.

"콤펠리무르"(*compellimur*: 우리는 … 않을 수 없다)는 동사 콤펠로(*compello*: 강제로 하다)의 수동형으로, '~할 수 밖에 없는' 내적인 강제를 의미한다.

"카토리카 레기기오네"(*catholica religione*)의 '가르침'에 해당하는 레리기오네는 종교, 또는 경건으로 종종 번역된다. 그러나 앞 문장의 '그리스도교적 진리'라는 계시적 가르침에 대조되는 것으로, 지상적 형상을 가진 '보편적 가르침'이라는 이해에 기초한 표현이다. '아타나시우스 신조'의 키워드인 '보편적 신앙'과 내용적으로는 같은 것이다. 특히 여기서 말하는 '보편적 가르침'이란 하나님에 대한 삼위일체적 신앙을 말한다.

"프로히베무르"(*prohibemur*)는 수동태로서, 고백할 수밖에 없다는 앞의 문장과 대조가 된다. 콤펠리무르가 내적으로 일어난 강요라고 한다면, 금지된다는 수동적 의미는 외적으로 규제한다는 뜻이다. 물론, 삼위일체 하나님에 대하여 외적 규제와 내적 강요에 의해서 고백한다는 것 자체가 불가능하다는 것은 말할 나위가 없다.

"디코"(*dico*: 말하다)는 믿기 때문에 고백한다는 의미이다. 말하지 않고, 마음속으로 그 어떤 것을 믿어도 좋다는 뜻이 아니다. 마음으로 잘못된 믿음을 가지는 것조차도 금한다는 의미이다. 실제적으로 저주적 문구들은 오류의 가르침을 믿는 것을 금하지만, 또한 말하는 것도 금하고 있다.

제20절

Pater a nullo est factus nec creatus nec genitus;
성부께서는 그 어떤 것으로부터도 만들어지신 것도 아니시며,
창조되신 것도 아니시며, 태어나신 것도 아니십니다.

"아 눌로 에스트 팍투스"(*a nullo est factus*)는 이 조항의 키워드로서, '누구로부터'라기 보다는 '그 어떤 것으로부터도 만들어지지 않았다'는 의미이다. 즉 그 어떠한 것으로부터도 유래되지 않고, 만들어지지도, 창조되지도, 태어나지도 않았다는 의미이다.[53] "팍투스 에스트"(*factus est*)는 요한복음 1:3에 "만물이 그로 말미암아 지은 바 되었으니(공동번역, 생겨났고)"의 '되었다'에 해당한다.[54] '니케아 신조'와 '니케아 콘스탄티노폴리스 신조'가 "만들어지지 않았다"(우 포이에텐타 [οὐ ποιηθέντα])라고 고백한 부분을 '아타나시우스 신조'는 "만들어지지 않았으며, 창조되지 않았다"(논 팍투스 네크 크레아투스[*non factus nec creatus*])로 반복적 강조 형태로 발전시켰다. 창조는 본래 무(無)로부터(엑스 니리로[*ex nihilo*])의 창조를 말한다. 무(無)로부터는 무(無)밖에 나지 않는 것 가운데, 무(無)로부터 유(有)를 생기게 하는 것이 창조이다. 따라서 창조되었다고 할지라도, 창조된 것은 지금도 여전히 하나님의 사역이 없는 한 무로 돌아간다.

"네크 게니투스"(*nec genitus*: 태어나지 않았다)는 톨레도 회의 신조의 제6항에 나오는 "성부는 태어나지 않은 것"(에스트 에르고 인게니투스 파테르[*Est ergo ingenitus Pater*])이라는 조항과 관련해서 이해할 수 있다(Hahn § 168).

제21절

Filius a Patre solo est, non factus nec creates sed genitus;
성자는 오직 성부로부터만 계신 분으로서, 만들어지지도 않으셨고,

---

53 참조. Kelly의 영역은 다음과 같다. "The Father is from non, not made nor created nor begotten," *The Athanasian Creed* 19.
54 기노마이(γίνομαι)에서 유래된 에게네토(ἐγένετο)는 '발생, 생겨나다'의 의미가 강하다. come into being.

창조되지도 않으셨고, 나신 분이십니다.

'니케아 신조'는 "나툼 논 팍투스"(*natum non factus*: 만들어지지 않고 나신)로 고백하지만, 여기서는 "논 팍투스 네크 크레아테스 세드 게니투스"(*non facus nec creates sed genitus*)라고 한다. 나투스와 게니투스의 신학적 의미의 차이는 없지만, '아타나시우스 신조'는 '성부로부터'(게니투스)와 '어머니에게서 나신'(나투스)을 구별해서 쓴다(31조).

"창조되지 않은" 성자는 무로부터 유래한 것이 아니라, 성부의 본질로부터 존재하시기 때문에 성부와 본질을 같이 한다. "나셨다"는 아버지와 아들의 관계를 설명하는 표현으로서, 만들어 내는 존재와 태어나는 존재의 본질적 동일성을 말한다. 동시에, 만들어 내는 존재와 태어나는 존재와의 페르소나(*persona*)적 구별을 나타낸다. 유사한 문구로서는 톨레도 회의 신조 제6항 "성자는 태어난 존재"(Hahn § 168)에서 찾아 볼 수 있다.

제22절

Spiritus sanctus a Patre et Filio,

non factus nec creatus nec genitus sed procedens.

성령은 성부와 성자로부터 계신 분으로서, 만들어지지도 않으셨고,

창조되지도 않으셨고, 태어나지도 안으셨으며, 나오신 분이십니다.

'니케아 콘스탄티노폴리스 신조'의 서방교회 개정판은 "성부와 성자로부터 나시며"(엑스 파트레 필리오쿠에 프로케디트[*ex patre filioque procedit*])로 고백한다.

"나오다"(프로케덴스[*procedens*])는 프로케도(*procedo*)의 현재분사로서, 앞에 나오는 세 개의 수동태 완료(팍투스[*factus*], 크레아테스[*creates*], 게

니투스[*genitus*])와 대조된다. 이 단어는 '앞으로'(프로[*pro*])와 '가다'(케도[*cedo*]), 또는 '나가다'라는 의미로, 성자가 성부로부터 나오는 것으로 사용된다. 예를 들어, 아우구스티누스는 『요한복음론』(*In Evengelium Ioannis Tractatus centum viginti Quatuor*) 42:8에서 "말씀은 성부로부터 나왔고, 그 나온 것은 영원하다"(쿠오드 베로 데 데오 프로켓시트 베르붐, 아에테르마 프로켓시오 에스트[*Quod vero de Deo processit Verbum, aeterna processio est*])라고 말한다.[55] 또한 『삼위일체론』 XV.11에서 "성령이 성자로부터 나온 것이 확인되었다"고 말하며, V. 14에서는 "그는 유일하신 아들에 의해서 태어난 것이 아니며, 만들어진 것이 아니다"라고 한다.[56] 톨레도 회의 신조 제6항은 "위로의 주는 태어난 것이 아니라, 성부와 성자에게서 나오신 것이다"(논 게니투스 파라크레투스, 세드 아 파트레 필리오쿠에 프로케덴스[*non genitus Paracletus, sed a Patre Filioque procedens*], § 168)라고 고백한다.

제23절

Unus ergo Pater,
non tres Patres;
unus Filius, non tres Filii:
unus Spiritus sanctus, non tres Spiritus sancti.
그러므로 한 분되신 성부가 계시며,
세 분의 성부가 계시는 것이 아닙니다.
한 분되신 성자가 계시며, 세 분의 성자가 계시는 것이 아닙니다.
한 분되신 성령이 계시며, 세 분의 성령이 계시는 것이 아닙니다.

---

55 PL, 35.42.8.
56 PL.42.

아우구스티누스는 『아리우스주의자 막시미누스에 반대하여』에서 다음과 같이 말한다. "성부는 하나로서 둘 또는 셋의 성부가 계신 것이 아니며, 성자는 하나로서 둘 또는 셋의 성자가 계신 것이 아니며, 양자의 성령은 하나로서 둘 또는 셋의 성령이 계신 것이 아니다."[57]

제24절

Et in hac trinitate nihil prius aut posterius,
nihil majus aut minus.
Sed totae tres personae coaeternae sibi sunt et coaequales.
그리고 이 세 분의 위격 가운데는 먼저 되시거나
나중 되시는 분이 없으시며,
더 큰 자나 더 작은 자가 없으십니다.
오히려 세 위격되신 모든 것이 함께 영원하시며, 함께 동등하십니다.

"프리우스"(*prius*: 먼저 되신 자)와 "포스테리우스"(*posterius*: 나중 되신 자)는 시간적 전후 관계를 말하며, 그리고 "마유스"(*majus*: 큰 자)와 "미누스"(*minus*: 작은 자)는 영광의 크고 작음을 말한다. 여기서 말하고자 하는 것은 "함께 동등하다"는 것이다. 암브로시우스는 『신앙에 관하여』 4,146에서 "삼위일체는 창조되지 않았고, 또한 측정하여 알 수 있는 것이 아니며, 그 영원성과 영광은 하나이며, 시간적으로도 단계적으로도 우열이 없다"고 하였다.

아우구스티누스는 『설교』에서 "이 삼위일체의 사이에는 대소가 없다"고 하였다(214.10). 빈켄티우스는 『콤모니토리움』(*Commonitorium*)

---

57 PL, 42. 743-814; II.23.3. unus est Pater, non duo vel tres; et nuns Filius, non duo vel tres; et unus amborum Spiritus non duo vel tres.

에서 "이 형상 없이, 단순하며, 이르는 곳에 전혀 한정되지 않고, 무한한 존엄에는 작은 자도 큰 자도 없다"고 말하였다(1.6). '아타나시우스 신조'의 성립과 무관하지만, 오리게네스는 『원리론』에서 "삼위일체에 대해서는, 보다 큰 자, 보다 작은 자를 판정해서는 안 된다. … 삼위일체 가운데에는 아무런 차별도 없다"고 언급한다(I.3.7). 오를레앙 주해서는 "이들의 세 위격은 신성에 있어 평등한 것"이라고 말한다.[58]

"코아에테르나에"(*coaeternae*: 함께 영원하다)와 "코아에쿠아레스"(*coaequales*: 함께 동등하다)는 서로 어조를 맞춘 것으로, 접두사 '코'(*co*)는 전치사 '쿰'(*cum*)을 줄인 것으로 '함께'를 의미한다.

제25절

ita ut per omnia, sicut jam supra dictum est,
et trinitas in unitate et unitas in trinitate veneranda sit.
그러므로 이미 위에서 말한 것과 같이,
모든 것을 통하여 세 위격은 하나로,
그리고 하나는 세 위격으로 예배를 받으시는 것입니다.

"위에서 말한 것"이란 제3절을 말하는 것이다.

제26절

Qui vult ergo salvus esse, ita de trinitate sentiat.
따라서 구원받기를 원하는 자는 이처럼 삼위일체에 관하여 깨달아야 합니다.

---

58 Istae tres personae in divinitate aequales sunt. (8)

"센티오"(*sentio*)는 사변적 생각이 아니라, 경험적 판단에서 나오는 인격적인 의미를 가진다. 엄밀히 말하자면, 신앙고백적 용어로는 적당하지 않으나 신앙적 이해와 확신의 의미를 가진다.

제27절

Sed necessarium est ad aeternam salutem
ut incarnationem quoque domini nostril
Iesu Christi fideliter credat.
그러나 영원한 구원에 이르기 위하여 불가결한 것은
우리 주 예수 그리스도의 성육을 신실하게 믿는 것입니다.

라틴어 '인카르나티오'(*incarnatio*, 성육)는 헬라어 '엔안트로페시스'(ἐνανθρωπήσις': 사람 가운데 살다), 또는 '사르코시스'(σάρκωσις)의 번역어이다. 요한복음 1:14의 "말씀이 육신이 되어"(호 로고스 사르크스 에게네토[ὁ λόγος σὰρξ ἐγένετο]; 라틴어 '베르붐 카로 팍툼'[*verbum caro factum*]), 혹은 요한일서 4:2과 요한이서 7절의 "예수 그리스도께서 육체로 임하심"(예순 크리스톤 엔 사르키['Ιησοῦν Χριστὸν ἐν σαρκὶ], 라틴어 '인 카르네'[*in carne*])이 이러한 번역의 토대가 되었다.

요한서신의 '말씀의 성육'이라는 언급은 초기의 교부들 사이에서 '성육한 하나님의 말씀'(베르붐 데이 인카르나툼[*verbum Dei incarnatum*])으로 나타나고, 이러한 신앙적 표현이 아타나시우스 신조에서 '예수 그리스도의 성육'으로 고백된 것이다. 따라서 인카르타티오(*incarnatio*)는 예수 그리스도께서 '사람이 되다', '사람 가운데 살다', 또는 '육이 되다'라는 뜻이다. '말씀이 육체가 되신' 것은 본질적으로 구원적 사건이었지만, 이 신조는 사건적인 의미보다도 신성과 인성과의 관계를 나타내는 것으로 사용한다.

"아에테르남 살루템"(*aeternam salutem*: 영원한 구원)은 제2절의 "영원한 멸망"과 대조된다. 살루스(*salus*)는 본래 건강한 것, 행복한 것을 나타내는 말로서, 성경적 의미인 구원과는 약간 다르다. 그래서 영원이라는 형용사를 덧붙여 사용하는 것이 통례가 되었다.

"네켓사리움"(*necessarium*)은 불가결, 필수, 또는 필요, 필연으로 해석되는 용어이다.

"피델리테르 크레다트"(*fideliter credat*: 신실히 믿습니다)는 앞 절의 "깨닫다"와는 달리, 성육에 관하여 '믿습니다'와 '신실히'라는 말로 이어진다.

제28절

Est ergo fides recta ut credamus et confiteamur
quia Dominus noster Iesus Christus Dei Filius,
et Deus pariter et homo est.
그러므로 올바른 믿음이란,
우리 주 예수 그리스도 하나님의 아들께서 하나님이시며
동등하게 사람이 되신 것을 우리가 믿고, 그리고 고백하는 것입니다.

"에르고"(*ergo*)는 전제된 것으로부터 얻어낸 결론을 말할 때에 사용된다. "올바른 믿음"이란 1절과 3절에서 고백된 "보편적인 믿음"과 동일한 것을 나타낸다.

'동등하게'(파르티에르[*partier*], 또는 동시에)가 사용된 예를 찾아보면, 빈켄티우스의 『콤모니토리움』(*Commonitorium*) 2에 "데우스 파리테르 에트 호모"(*Deus pariter et homo*: 하나님이시면서 동등하게 사람이십니다)로 나타난다. 오를레앙의 주해는 "신성으로 신이시며, 인성으로 사람

이나, 그는 한 분이십니다"라고 주석한다.[59]

제29절

Deus est ex substantia Patris ante saecula genitus,
et homo est ex substantia matris in saeculo natus:
그분은 하나님이시며, 아버지의 본질로부터 만세 전에 나셨으며,
또한 사람으로서 어머니의 본질로부터, 세상에 태어나셨습니다.

이 항은 예수 그리스도께서 참된 하나님이시면서, 동시에 참된 인간되심을 고백한다. "성부의 본질로부터"(엑스 숩스탄티아 파르리스[*ex substantia Patris*])와 "어머니의 본질로부터"(엑스 숩스탄티아 마트리스 [*ex substantia matris*]), 그리고 "만세 전에"(안테 사에쿠라[*ante saecula*])와 "세상에"(인 사에쿠로[*in saeculo*])가 서로 대구형식을 취한다. 사에쿠룸 (*saeculum*: 세상)의 복수형 사에쿠라(*saecula*)는 단순히 거듭하는 대(代)를 말하는 것이 아니라, 만세, 만대, 영원과 같은 뜻을 말한다.

아버지로부터 "나다"(게니투스[*genitus*])는 기그노(*gigno*)의 수동태 완료 분사이며, 어머니로부터 "태어나다"(나투스[*natus*])는 나스토르 (*nastor*)의 수동태 완료 분사이다. 기그노와 나스톨은 본래 의미상 같은 동사이다. 예를 들어, 성경에서 계보를 기술할 때에 사용된다(창 5장; 마 1장 등에 게투이트[*genuit*]가 쓰인다).

제30절

perfectus Deus, perfectus homo ex anima
rationabili et humana carne subsistens,

---

59 Deus secundum divinitatem, homo secundum humanitatem, tamen unus est. (9)

(그분께서는) 완전하신 하나님이시며, 완전하신 사람이십니다.
다시 말해서 이성적 영혼과 인간의 육신으로부터 존재하시는 분이십니다.

"페르펙투스"(*perfectus*: 완전한) 하나님 그리고 인간이라는 표현은 '칼케돈 신조'의 "신성에 있어서 완전하며, 인성에 있어서 완전하다"(페르펙툼 인 데이터테 에트 페르펙툼 인 후마니타테, *perfectum in deitate et perfectum in humanitate*)를 답습한 것으로 보인다. 칼케돈 신조의 '완전한'은 '진실한'과 동의어로 사용된다. 예를 들면, 칼케돈 신조의 헬라어 본문에 "참 하나님, 참 인간"(테온 알토스 카리 안트로폰 알래토스[θεὸν ἀλθῶς καὶ ἄνθρωπον ἀληθῶς])으로 되어 있는 부분을 라틴어 본문에서는 "진실하신 하나님, 그리고 진실하신 인간"(데움 베룸 에트 호미넴 베룸[*deum verum et hominem verum*])으로 번역하고 있다.

완전한 인간이라고 하는 까닭은 '이성적 영혼'(아니마 라티오나빌리[*anima rationabilli*]: 이성적 아니마)과 "인간의 육체"(후마나 카르네[*humana carne*])를 소유하기 때문이다. 이 부분도 '칼케돈 신조'의 표현을 거의 그대로 빌리고 있다.

'아니마'는 모든 동물을 가리키는 것인데, 인간에 있어서는 인간 고유의 아니마, 즉 이성적 아니마를 의미한다. 그리스도가 겉으로 꾸며진 인간이 아니라, 진실로 인간의 모든 질적인 것을 갖추었다는 의미이다. 물론 이성적 영혼과 육체만으로 완전한 인간이라고 주장할 수 있는가? 라는 논의가 있었을 수 있지만, 그러나 아타나시우스 신조는 완전한 인간, 온전한 인간, 참된 인간으로서 예수 그리스도를 고백하는 것이 목적이다.

'칼케돈 신조'는 코르푸스(*corpus*, 소마[σῶμα])를 사용한다. 여기서는 '카로'(*caro*, 육체)가 사용되었는데, 요한복음 1:14의 "말씀이 육신이 되어"(베르붐 카로 팍툼[*Verbum caro factum*])에 기인한다.

오를레앙은 주해서에서 다음과 같이 말한다.

> 완전한 하나님이신 것은 신성에 의해서, 완전한 인간인 것은 인성에 의해서이다. 그러나 하나님과 영혼 혹은 인간적 육체로부터 이루어지는 완전한 인간은 하나이다.[60]

제31절

aequalis Patri secundum divinitatem,
minor Patri secundum humanitatem.
(그분께서는) 신성에 의하면 성부와 동등하시며,
인성에 의하면 성부보다 낮으십니다.

하나님이심을 뜻하는 "신성"(디비니타스[*divinitas*])은 '칼케돈 신조'의 데이타스([*deitas*], 테오테스[θεότης])와 같다. 이 항목은 칼케돈 신조의 '신성으로는 성부와 동질'이라는 것과 내용적으로 일치한다. "동등하시며"(아에쿠아리스[*aequalis*])는 뒤에 나오는 "미치지 못하다"와 대조를 이룬다. "세쿤둠"(secundum)은 '… 의 관점에서', '… 로 말미암아', '… 에 관해서는'의 의미이다. "낮음"(미노르[*minor*], 형용사 파르부스[*parvus*](작다)의 비교급)이 탈격과 함께 쓰일 때에는 순서상의 하위 등을 나타내는 말로서 본질상의 열성을 의미하지 않는다.

제32절

Qui licet Deus sit et homo,

---

60 PERFECTUS DEUS, secundum divinitatem, PERFECTUS HOMO, secundum humanitatem, tamen unus est desu et perfectus homo. EX ANIMA RATIONALI ET HUMANA CARNE SUBSISTENS. (9)

non duo tamen sed unus est Christus,
그분께서는 하나님이시며 사람이시지만,
그럼에도 불구하고 두 분이 아니시라, 한 분 그리스도이십니다.

예수 그리스도의 위격에서 한 분 유일성을 말한다. '두 분이 존재하는 것이 아니라, 한 분'(논 두오, 세드 우누스[non duo, sed unus])이 계신다는 것을 강조한다.

제33절

unus autem non conversione divinitatis in carne,
sed adsumptione humanitatis in Deum.
그러나 그 한 분되심은 신성이 육신으로 전환된 것이 아니라,
하나님 안에서 인성을 섭취하신 것입니다.

"콘베르시오"(conversio: 전환)란 방향을 바꿈, 뒤집음, 또는 변화 등을 의미하는 것으로, '칼케돈 신조'의 "변화하지 않다"(임무타비리테르[immutabiliter])에 상응한다고 볼 수 있다.

"인 카르네"(in carne: 신성이 육신으로)에서 보이듯이, 인성(휴마니타스[humanitas])이라는 단어를 사용하지 않고 육신(카르네[carne])을 사용한 것에 관하여는 이미 30절에서 언급하였다.

오를레앙이 다음과 같이 주해한다.

> 그러므로 그분은 하나, 한 분 하나님으로 계시며 하나님의 유일한 아들이다. 왜냐하면, 그는 본래 아들이기 때문이다. 신성이 육신으로 전환되는 것에 의한 것이 아니다. 하나님의 신성이 육으로 변화되어 신성을 제거함으로서, 하나님 되신 것을 멈추

고 육이 되어버리는 것은 불가능하다. 왜냐하면 그는 아버지 하나님으로부터 떠날 수 없으시며, 친히 아들이시기 때문이며, 그것은 성자의 위격의 고유성을 가지고 있기 때문이다. 그는 인성(人性)을 섭취하셨지만, 그럼에도 한 분 하나님이 되실 정도로 인성을 의미 그대로 지배하셨기 때문에, 성부 하나님의 본질로부터의 하나님이시며 완전한 인간이시며, 그런 의미에서 어머니의 본질로부터의 분이셨다.[61]

제34절

unus omnino non confusione substantiae,
sed unitate personae.
온전히 한 분되심은 본질의 혼동에 의한 것이 아니라,
위격의 하나 되심에 의한 것입니다.

"콘푸시오네 숩스탄티아에"(*confusione substantiae*: 본질의 혼동)는 '칼케돈 신조'의 '혼동 없이'(인콘푸세[*inconfuse*])에 상응한다.

"위격의 하나"(우니타테 페르소나에[*unitate personae*])는 성자의 위격이 하나밖에 없다는, 위격의 유일성을 말한다. 따라서 성자의 위격에서 신성과 인성이 결합하여 신성과 인성이 일치한다는 의미의 "위격적 일치"(하이포스타티크 우니온[*hypostatic union*])와는 다르다.

---

61 Unus ergo, unus deus, unus dei filius, quia proprius filius est; non conversion divinitatis in carnem, illa divinitas dei non potest esse versa in carnem ut desistat sua divinitas, quod deus non sit et fiat caro, quia non potest separari a deo patre, sed ipse filius, quia proprietatem personarum filii tenet. Ipse percepit humanitatem et sic complacuit cum humanitate, utu nus deus efficatur, ut sicut erat perfectus, deus ex substantia patris si fieret perfectus homo ex substantia matris. (9)

제35절

Nam sicut anima rationabilis et caro unus est homo,
ita et Deus et homo unus est Christus.
마치 이성적 영혼과 육신이 하나의 사람이 되듯이,
한 분 그리스도는 하나님이시며 또한 사람이십니다.

이성적 영혼과 육체에 관한 30절의 고백은 예수 그리스도에 관한 것이었지만, 여기서는 인간존재에 관한 것이다. 하나님을 기준으로 사람을 이해하려고 한다면, 하나님과 인간이 하나의 그리스도를 구성하는 것으로 이해할 수 있지만, 그렇지 않다.

오를레앙의 주해서는 다음과 같이 말한다.

> 그분은 두 본질, 즉 혼과 육체로 된 인간으로, 따라서 신성과 인성으로 하나 된 그리스도이다. 그분이 우리의 인간성을 섭취하였을 때, 완전한 하나님으로서 완전한 인간이 되셨다. 우리가 사용하는 '그리스도'라는 용어는 기름 부음 받은 자로서, 시편의 기자가 "그러므로 하나님 곧 왕의 하나님이 즐거움의 기름으로 왕에게 부어"(시 45: 7)라고 말한 바와 같다.
> 그분이 우리의 인간성을 섭취하였을 때에, 그 인간성은 이미 악마에 의해서 더럽혀져 거짓된 것이 되어버렸던 것이었지만, 그는 이것을 전혀 범하지 않으셨기 때문에 죄의 어떠한 오점도 없으시고 깨끗하시었다. 선지자 이사야가 "그는 실로 우리의 질고를 지고 우리의 슬픔을 당하였거늘"(사 53: 4)이라고 말한 바와 같다. 마치 불을 받아들이는 그릇이 자신은 불이 아니나, 불은 그것을 깨끗하게 하면서도 불에 타버리지 않는 것처럼, 하나님의 아들께서 우리의 인성을 취하였을 때, 인성이 아닌 그의 신성

은 사라지지 않았다.[62]

제36절

Qui passus est pro salute nostra, descendit ad inferna,
tertia die surrexit a mortuis,
그분은 우리의 구원을 위하여 고난을 받으셨으며, 음부로 내려가셨고,
셋째 날에 죽은 자들로부터 부활하셨습니다.

"팟수스 에스트"(*passus est*: 고난을 받으사)는 '사도신조'와 동일한 표현이며, "우리의 구원을 위하여"(프로 살루테 노스트라[*pro salute nostra*])는 칼케돈적 표현 "프로프테르 노스트람 살루템"(*propter nostram salutem*)과는 다르지만, 단어와 의미는 같다. "음부로 내려가사"(데스켄디트 아드 인페르나[*descendit ad inferna*])라는 표현 역시 사도신조와 같다.

"테르티아 디에"(*tertia die*: 셋째 날에)라는 어구가 존재하지 않는 텍스트가 있다. 아마도 이 어록은 '사도신조'로부터 차용된 것으로 보인다. "죽은 자들로부터 부활하셨다"(술렉시트 아 모르투이스[*surrexit a mortuis*])는 사도신조의 고백과 같다. 오를레앙 주해서는 "우리의 구원을 위해 고난을 받으사"에 관하여 다음과 같이 말한다.

> 우리의 주 예수 그리스도는 아버지의 품으로부터 내려와 동정녀의 태로부터 우리의 인성을 섭취하는 것을 꺼리지 않으셨다. 아버지의 본질로부터 완전한 하나님이신 것과 마찬가지로, 어머니의 본질로부터 완전한 인간이 되셨기 때문이다. 또한 그는 우리의 구원을 위해 고난을 참는 것을 마다하지 않으셨다.

---

62 주해서 9; 참고, 아우구스티누스『요한복음론』78.

그의 고난으로 우리를 해방시켜주시고, 악마의 권력으로부터 구해 내시어 만족하셨기 때문이다. 왜냐하면, 예수는 섬김을 받기 위해서가 아니라, 사람들을 섬김으로서 많은 사람을 위해 자신의 목숨을 대속물로 주시기 위해 오셨기 때문이다(마 20:28, 막 10:45). 이렇듯 예수 그리스도는 그 자신을 낮추어 죽음에 이르기까지, 아니 십자가의 죽음에 이르기까지 복종한 것이다 (빌 2:8).[63]

"음부로 내려가"에 대하여는 다음과 같이 주해한다.

부당하게 갇혀버린 선조들과 선지자들을 악마의 권력으로부터 해방시키기 위하여 내려가셨다. 선지자의 이 말을 기록해야 할 것이다. "내가 저희를 음부의 권세에서 속량하며 사망에서 구속하리니 사망아 네 재앙이 어디 있느냐 음부야 네 멸망이 어디 있느냐"(주: 호 13:14). 이것은 부분적으로 제거되었지만, 부분적으로는 남았다. 그 후에 악마와 싸우고, 또 계속해서 투쟁함으로서 음부를 파괴하신 것이다.[64]

---

63 Dominus noster Ihesus Christus non dedignavit descendere de sinu patris ut ueiret in uterum virginalem et acciperet humanitatem nostram, ut sicut erat perfectus deus ex substantia patris, its fieret perfectus homo ex substantia matris. Sic etiam non dedignavit passionem suscipere propter nostram salutem, ut per eius passionem liberaret nos, ut salui esse mereremur a potestate diaboli, *quia* Ihesus *non venit ministrari, sed ministrare aliis et dare animam suam redemptione pro multis. In tatum se humiliavit* Ihesus Christus, sicut *fuit obediens usque ad mortem, mortem autem crucis*(9).

64 Propter hoc ibidem descendit ut patriarchas et prophetas qui ibidem iniuste detinebantur propter illa orientalia delicta, ut eos liberaret a potestate diaboli. Memor sit illius uberbi prophetae: O mors ero mors tua, morsus tuus ero, inferne. Partem abstulit, partem reliquit, et postquam pugnavit cum diabolo et pergit illud bellum et exspoliavit infernum(9-10).

"셋째 날에"에 대하여는 다음과 같다.

그가 태어나시고, 죽으시고, 매장되셨던 그 육체로서가 아니라, 그 자신에 의해서 다시 살아나셨다. 더욱이 단순히 그분만이 아니라, 잠들었던 많은 성도들의 육체도 증거를 위하여 소생하였다(주: 마 27:52).[65]

제37절

ascendit ad caelos, sedet ad dexternam Patris,
inde venturus judicare vivos et mortuos;
하늘에 오르시사 아버지 우편에 앉으셨으며,
거기로부터 산 자와 죽은 자를 심판하러 오실 것입니다.

"오르시사"(아스켄디트[*ascendit*])는 완료형이며, "앉으셨으며"(세데트[*sedet*])는 현재형이다. 켈리의 본문은 '앉다'(세디트[*sedit*])라는 완료형을 사용한다. 그러나 '사도신조'는 현재형을 사용한다.
오를레앙의 주해서는 다음과 같이 언급한다.

> 위에서 언급한 바와 같이, 우리의 구원을 위해 고난을 받으신 분은 모든 것을 인내하신 후, 다시 살아나셔서 그에게 속한 자들을 향한 사랑으로 거룩한 사도들과 이 세상을 다니시다가, 40일째 되는 날에 모든 하늘로 올라가셨다(행 1:3,9). '하늘로'라고 말하지 않고, '모든 하늘로'라고 말한다. 성 바울은 셋째 하늘까지

---

[65] Non per carnem in qua natus, in qua mortuus, in qua sepultus, in ipsa resurrexit. Non solum autem ille, sed et multa corpora sanctorum, qui dormierunt, resurrexerunt in testimonium. (10)

이끌려 갔다고 말한다(고후 12:2). 불 수레를 타고 승천한 엘리야처럼(왕하 2:11), 자기 자신의 것이 아닌 다른 힘에 의해서 올라간 것이 아니라, 자신의 권력과 큰 능력으로 승천하신 것이다. 앉았다는 것은 왕으로서 지배하는 것이며, 또는 심판한다는 의미가 아니고 그 무엇이겠는가. 하나님의 우편은 하나님의 왕국이 아니고서야 무엇이겠는가. 올라가신 그분은 온전히 사랑이 깊으신 분이시며, 왕이시며, 완전한 의가 되신 분이시다. '산 자'라는 것은 그 때에 보였던 사람을 말한다. 죽은 자라는 것은 몸의 죽음으로 인하여 이 세상을 떠나 있던 사람을 말한다.[66]

제38절

ad cujus adventum omnes homines resurgere habent
cum corporibus suis et reddituri sunt de factis propriis rationem:
그분께서 오실 때에, 모든 사람은 자기 육체로 다시 살아납니다.
그리고 행한 일에 관하여 해명을 해야 할 것입니다.

"아드 쿠이우스 아드벤툼"(ad cujus adventum, 그분께서 오실 때)에서 아드벤투스(adventus)는 그리스도의 성육 혹은 탄생을 가리키는 경우와, 재림 또는 심판자로서의 도래를 의미하는 경우가 있다. 헬라어로는 어느 경우이든 파루시아(παρουσία)를 사용한다. 디도서 2:13 나오는 출현 또는 나타나심으로 번역된 에피파네이안(ἐπιφάνειαν)은 라틴어로는 동일한 단어로 번역된다.

"옴네스 호미네스 레술게레 하벤트 쿰 콜포리부스 수이스"(omnes homines resurgere habent cum corporibus suis: 모든 사람은 자기 육체로 다시

---

[66] 주해서 10.

살아나다). 이 문장에서 부정법과 하벤트(*habent*)가 조합되어 '가능'을 뜻하기도 하지만, 여기서는 '… 해야 한다'의 뜻으로, 다시 살아나야 한다는 의미이다(참고: 단 12:2; 요 5:28, 29).

"데 팍티스 프로프리스(*de factis propriis*, 행한 일에 관하여)는 마태복음 16:27과 요한계시록 2:23을 참조하라. "레디투리 순트 라티오넴" (*reddituri sunt rationem*: 아뢰어야 한다)는 심판을 받는다는 것과 동일한 의미이다. 이와 같은 표현은 신약성경에서 마태복음 12:36; 누가복음 16:2; 사도행전 19:33, 40; 22:1; 25:8; 26:1, 24; 로마서 14:12; 히브리서 13:17; 베드로전서 4:5에서 찾아 볼 수 있다. 오를레앙 주해서는 다음과 같이 말한다.

> 그분께서 오실 때라는 것은 앞에서 우리가 언급한 고난을 받으신 분께서 오실 때를 말한다. 모든 사람은 육체로 다시 살아날 것이다. 혼으로가 아니다. 다시 말해서, 육체는 혼 없이는 죽은 것이기 때문에, 혼은 육체에 의해서 알 수 있다. 모든 사람은 변명을 하기 위해 다시 살아나지 않으면 안 된다.[67]

제39절

et qui bona egerunt ibunt in vitam aeternam,
qui mala in ignem aeternum.
선한 일을 행한 자는 영원한 생명에 들어가게 되며,
악한 일을 행한 자는 영원한 불에 들어가야 될 것입니다.

---

67 Ad cuius adventum illius adventum quem superius diximus qui passus fuit. Omnes resurgere debent cum corporibus, non cum animabus, quod per corpus intelligitur anima, quia corpus sine anima mortuum est. Omnes resurgere habent ad rationem reddendam. (10)

"쿠이 보나 에게룬트"(*qui bona egerunt*: 선한 일을 행한 자)의 에게룬트는 아고(*ago*)의 완료형이다. "인 비탐 아에테르남"(*in vitam aeternam*, 영원한 생명으로)은 '사도신조'의 해당 항목을 참고하라(참조. 롬 2:6, 7). "이그넴"(*ignem*: 불)은 지옥과 멸망이라는 심판을 나타내는 성경적 표현이다(참조, 마 18:8; 25:41; 막 9:46).

오를레앙의 주해서는 다음과 같이 말한다.

> 참고 견디어 선을 행한 자는 하나님의 나라로 들어가며, 악을 행한 자는 죽지 않고 불에 들어간다.[68]

행실과 상급에 관한 정형화된 고대 신조를 찾아보기 힘들다. 왜냐하면 신조는 은혜를 고백하는 성격이 강하며, 더군다나 우리의 행위보다도 주 예수 그리스도의 구원적 사역이 고백되기 때문이다. 물론 마지막 심판날에 행위에 대한 보응 역시 성경이 말하고 있기 때문에, 그 해석은 아주 신중하게 다루어져야 한다. 무엇보다도 그러한 행위는 그리스도의 심판과 관련되어 있기 때문에, 그리스도 안에서 믿음의 생활을 영위하였는가? 가 중요하다.

> 나더러 주여, 주여 하는 자마다 천국에 다 들어갈 것이 아니요 다만 하늘에 계신 내 아버지의 뜻대로 행하는 자라야 들어가리라 (마 7:21).

제40절

Haec est fides catholica,

---

68 주해서, 10.

quam nisi quis fideliter firmiterque crediderit,

salvus esse non poterit.

이것이 보편적 신앙입니다.

이것을 신실하고 견고하게 믿지 않는다면,

구원받지 못할 것입니다.

두 개의 부사 "피데리테르 필미테르쿠에"(*fideliter firmiterque*: 신실하고 견고하게)를 통하여 배우고 가르침 받은 것을 견실하게 믿는다는 것을 강조한다. 고린도전서 15:2에서 "나의 전한 그 말을 굳게 지키고 헛되이 믿지 아니하였으면 이로 말미암아 구원을 얻으리라"고 말하듯이, 보편적 신앙이 가지는 엄격성을 말한다. 오를레앙 주해서는 다음과 같이 말한다.

> 이것이 보편적 신앙이다. 이것을 모든 교회는 택함 받은 자들과 함께 마음으로 믿으며, 입으로 고백하고, 선행을 통하여 추구한다. 무릇 누구든지 그리스도인으로 일컬음을 받는 자가 이 믿음으로부터 멀어지고, 또는 믿기를 원하지 않는다면, 이는 의심의 여지없이 그리스도인이 아니다. 이는 보편적 그리스도인이라는 미명하게 교회 안에 존재할 수 있지만, 엄격하게는 이단자로 간주된다.[69]

---

69 HAEC EST FIDES CATHOLICA, quam universalis ecclesia cum (in) electis suis corde credit, ore profitetur et bonis actibus operibus exsequitur. De qua dife, quicunque et ii, qui christiano nomine censentur, quiequam detraxerit aut credere nolverit, qrocul dubio Christianus (catholocus) non erit, sed intra ecclesiam positus sub nomine Christianitatis recte catholicus ut haereticus re(de)putabitur. (10)

Establish the Confessing Church

고백하는 교회를 세워라

결론

　과거의 신조를 공부한다는 것은 그것들이 현재의 신앙고백으로 연결되어 있다는 사실에서 출발한다. 이러한 연속성은 과거에서 현재까지, 한 세대에서 그 다음 세대로 이어지는 신앙이 전달되면서, 현세대가 요구하는 신앙고백으로 이어진다는 것이다. 우리의 신앙과 신학이 진공상태에서 생겨난 것이 아니다. 하나님께서 택하신 자들을 자신의 백성으로 삼아주시지만, 그들은 역사 속에 성립되어온 신학에 의해서 다듬어지고, 바른 성장을 이루어가게 된다.
　이런 의미에서 신학의 역사란, 교회가 하나님과 이웃 앞에서 행하는 신앙고백의 역사이다. 각 시대마다 그 시대적 상황 속에서 만들어진 신앙고백은 그 시대 가운데 하나님을 믿는 것이란 무엇인가? 고민하며 그것을 입으로 시인한 것이다. 따라서 그 속에 신학이 있다. 신앙고백은 신앙과 신학의 결정체이다.
　신조가 성립되는 과정과 그 배경은 신앙의 고투와 함께 만들어지는 신학을 이해하기에 필수한 것이다. 신조학을 한다는 것은 신조의 이러한 배경과 함께, 신조본문에 대한 석의이다. 원문에 나타나는 용어에 대한 신학적 배경과 의미 부여를 연구하는 것이다. 해석을 통해서 건전한 신학과 바른 교회 정립이 이루어지는 것이 바램이다. 본서에 기록된 이른바 에큐메니칼 신조들은 그리스도교의 가장 기본적이고, 본질적인 그리스도교의 가르침이다. 이러한 신조들은 이단논쟁에 좋은 잣대가 된다.

본서는 입문용이다. 보다 훌륭한 연구서를 기대한다.

 참고문헌

A. C. McGiffert. *The Apostles' Creed. Its Origin, Its Purpose, and Its Historical Interpretation* (New York: Charles Scribner, 1902).

A. E. Burn. *Niceta of Remesiana, His Life and Works* (Cambridge: University Press, 1905).

_____. *The Athanasian Creed and Its Early commentaries* (Cambridge: Cambridge University Press, 1896).

A. Edward Siecienski. *The Filioque: History of a Doctrinal Controversy* (Oxford: Oxford University Press, 2010).

Adolf. M. Ritter. *Das Konzil von Konstantinopel und sein Symbol*, (Göttingen: Vandenhoeck & Ruprecht, 1965).

Adolf Harnack. "Materialien zur Geschichte und Erklärung des alten römischen Symbols aus der christilichen Litteratur der zwei ersten Jahrhunderte." in Hahn, 364-390.

_____. *The Apostles' Creed*, trans. By Stewart Means revised. and ed. By Thomas Bailey Saunders (Eugene, OR: Wipf & Stock, 2001).

_____. *Lehrbuch der Dogmengeschichite*, Bd.2, (Tübingen: J. C. B. Mohr[Paul Siebeck],1909).

Alasdair I.C. Heron. "The filioque in recent reformed theolkogy." in *Vischer* (1981), 110-117.

Albert Blaise. *Dictionnaire latin-fraçais des auteurs chrétiens* (Turnhout, 1954-67).

Alexander MacDonald. *The Symbol of the Apostles* (New York: Christian press association Pub., 1903).

Andrew J. Ekonomou. *Byzantine Rome and the Greek popes: Eastern influences on Rome and the papacy from Gregory the Great to Zacharias, 590-752 a.d.* (LanHam: Lexington Books, 2007).

Arthur Cushman McGiffert. *The Apostles' Creed, Its Origin, Its Purpose, and Its Historical Interpretation* (New York: Charles Scribner's Sons, 1902).

B. J. Kidd. *Documents Illustrative of the History of the Church* (London: The Macmillan Companq, 1923).

B. Oberdorfer. "The filioque problem: history and contemporary relevance." in *Scriptura* 97(2002), 81-92.

Burton Scott Easton. *The Apostolic Tradition of Hippolytus: Translated into English with Introduction and Notes* (Cambridge: Cambridge University, 1934, rep. Michigan: Cushing Malloy, 1962).

C. A. Swainson. *The Nicene and Apostole's Creed* (London: John Murray, 1875).

C. E. B. Cranfield. *International Critical Commentary - Romans* (Edinburgh: T&T Clack, 1979).

C. E. Braaten. "Modern Interpretations of Nestorius." *Church History* 32/3 (1963) 253-266.

C. H. Turner. "A Critical Text of the Quicunque Vult." *Journal of Theological Studies* XI. 1910.

_____. *The History and Use of Creeds and Anathemas in the Early Church* (S.P.C.K., 1906, rep. BiblioBazaar, 2009).

C. Munier. *Conciliar Galliae* a.314-a.506 (Turnhout: Brepols 1963).

C. P. Caspari. *Ungedruckte, Unbeachtete und wenig beachtete Quellen zur Geschichte des Taufsymbols und der Glaubensregel*, 3 Bde 1866-75

(Bruxelles: reprint. Cultur et Civilisation 1964).

C.H. Dodd. *The Apostolic Preaching and its development* (London: Hodder & Stoughton, 1967). 도드. 『사도적 설교와 그 전개』. 윤종은 옮김 (서울: 한국장로교출판사, 2001).

Charles A. Heurtley. *A History of the earlier Formularies of Faith of the Western and Eastern Churches to which is added An exposition of the Athanasian Creed* (1892).

Charles Augustus Briggs. *Theological Symbolics* (New York: Charles Scribner's Sons, 1914).

Christian Wihelm Franz Walch. *Bibliotheca Symbolica vetus ex monumentis quinque priorum seculorum maxime collecta, et observationibus historicis ac criticis illustrata* (Lemgoviæ. 1770).

Christopher O'Donnell O Carm. "Communio of saints." in *Ecclesia: a theological encyclopedia of the Church* (Collegeville: The Liturgical Press, 1966).

Christopher Stead. *Divine Substance* (Oxford: Oxford University Press, 1977).

D Friedrich Loofs. *Symbolik oder christlich Konfessionskunde*, (Tubingen, 1902)

D. Cuss. *Imperial Cult and Honorary Terms in the New Testament* (Fribourg: Fribourg University Press, 1974).

Daniel Waterland. *A Critical History of the Athanasian Creed* (Cambridge: University Press, 1728, Revised and Corrected by the Rev. J. R. King, M.A., Oxford and London: James Parker and Co. 1870; rep. BiblioLife, 2009).

David F. Wright. "One Baptism or Two? Reflections on the History of Christian Baptism." *Vox Evangelica* 18 (1988), 7-23.

Denzinger-Schönmetzer. *Conciliorum Oecumenicorum Decreta* (Basel, 1962).

Denzinger-Schönmetzer. *Enchiridion Symbolorum*, editio XXXVI (Freiburg: Herder, 1976).

Eduard Schwartz. "Zur Geschichte des Athanasius." *Nachrichen von der Königlichen Gesellschaft der Wissenschaften zu Göttinge, Philologish-Historische Klasse* (Gottingen: Luder Horstmann, Jahre1905).

E. Venables. "Theophilus(4)." *Dictionary of Christina Biography* (London: Murray, 1911; repr., Peabody, MA: Hendrickson, 1994).

Edmund Salisbury Ffoulkes. *The Athanasian Creed, by whom written and by whom published* (London: J. T. Hayes, 1871).

Eduard Schwartz. *Das Nicaenum und das Constantinopolitanum auf der Synode von Chalcedon*. ZNW 25, 1926.

Erasmus. "Dilucida et pia explanatio Symboli quod apostorum dicitur, decalogi praeceptorum et dopminicae precationis." in *Desiderii Erami Toterodami Opera omnia*, ed. J. Clericus, Leiden 1703-1706, Bd. V. 1133-1196.

Ernest Best. *A Critical and Exegetical Commentary on Ephesians* (Edinburgh: T & T Clark, 1998).

F. J. A. Hort. *Two Dissertations in Scripture and Tradition* (Eugene OR: Wipf & Stock, 2001).

F. J. Badcock. *The History of the Creeds* (London, S.P.C.K. 1930).

F. Kattenbusch. *Das apostolische Symbol*. 1Bd. 1894, 2Bd.1900 (Leipzig, 1962).

F. L. Battles. *Analysis of the Institutes of the Christian Religion of John Calvin* (Grand Rapids: Baker Book House, 1980).

F. L. Cross. (ed.) *St. Cyril of Jerusalem's Lectures on the Christian Sacraments* (Crestwood, NY: St. Vladimir's Seminary Press, 1986).

F. Loofs. *Symbolik oder christliche Konfessionskunde*, 1Bd. (Tübingen und

Leipzig: Verlag von J.C.B. Mohr, 1902).

F. W. Green. (ed.) *The Oecumenical Documents of the Faith* (London: Methuen, 1950).

F.L. Cross. *The early Christian fathers* (London: Gerald Duckworth, 1960).

Frederick Norris. "Athanasian Creed." in Everett Ferguson, *Encyclopedia of Early Christianity* (2nd. ed.) (New York: Garland, 1998).

Friedrich Loofs. *Nestoriana: Die Fragmente Des Nestorius* (Latin Edition) (Halle: Max Nienmeyer, 1905, rept. Nabu Press, 2011).

G. Bray. "The filioque Cluse in History and Theology." in *Tyndal Bulletin* 34 (1983), 91-144.

G. D. W. Ommaney. *Early History of the Athan. Creed: An Examination of Recent Theories* (London, 1875).

G. Morin. *L'Origine du symbole d'Athanase, Temoignage inedit de S. Cesaire d'Arles* (Maredsous: Abbaye de Maredsous, 1932).

Geoffrey D. Dunn. "Diversity and Unity of God in Novatian's De Trinitate." *Ephemerides Thologicae Lovanienses* LXXVIII (2002).

Gerardus Johannus Vossius. *Dissertationes tres de tribus symbolis, Apostolico, Athansiano et Constantinopolitano* (Amsterdami: Apud Iohannem Blaeu, 1642).

Gerhard Rein. ed., *A New Look at the Apostles' Creed* (Ausburg Publishing House, 1969).

Gerhard von Rad. *Das formgeschichtliche Problem des Hexateuch* (BWANT 4; Stuttgart: Kohlhammer, 1938); repr. in idem, *Gesammelte Studien zum Alten Testament* (TB 8; Muchich: Kaiser, 1958); in English trans. *The Problem of the Hexateuch and Other Essays* (Edinburgh: Oliver and Boyd, 1966).

Gotthold Lessing. "Necessary Answer to a Very Unnecessary Question of Herr Hauptpastor Goeze of Hamburg." in *Lessing: Philosophical and Theological Writings*. ed. H. B. Nisbet, Cambridge Text in the History of Philosophy (Cambridge: Cambridge University Press, 2005).

H. Brewer. *Das sogenannte Athanasianische Glaubens-bekenntnis ein Werk des heiligen Ambrosius* (F. Schöningh, Paderborn, 1909).

H. Chadwick. *Priscillian of Avila. The Occult and Charismatic in the Early Church* (Oxford: Clarendon Press, 1976).

H.B. Swete. *The Apostles' Creed. Its Relation to Primitive Christianity* (Cambridge: Cambridge University Press, 1894).

Hans Lietzmann. *Symbole der alten Kirche* (Berlin: Walter de Gruyter, 1968)

_____. *Symbolstudien*. I-XIV 1922-1927 (Darmstadt: Wissenschaftliche Buchges, 1966).

Hennecke-Schneemercher. *Neutestamentiliche Apokryphen* 4. Aufl. Bd.I, *New Testament Apocrypha*, English translation ed., by R. McL. Wilson 2 vols. (Philadelphia: The Westminster Press, 1963).

Henri de Lubac. *Catholicism: Christ and the Common Destiny of Man* (San Francisco: Ignatius Press,1988).

Henry Bettenson. (selec. and ed.,) *Documents of the Christian Church* (Oxford: Oxford University Press, 1963).

Herman Witsius. *The Apostles' Creed*, 2 vols. (Glasgow: Chalmers and Collins, 1823)

Hugh Barr Nisbet. *Gotthold Ephraim Lessing: His Life, Works, and Thought* (Oxford: Oxford University Press, 2013).

J. Armitage Robinson. B.D. (ed.) *Texts and Studies Contributions to Biblical and Patristic Literature* (Cambridge: The University Press, 1896).

J. Badcock. *The History of the Creeds* (London: Society for promoting Chrisitan knowledge, 1930).

J. de Ghellinck. *Patristique et Moyenâge Études d'histoire littérarire et doctrinal*. Tome I. *Les Recherches sur les Origines du Symbole des Apôtres* (Museum Lessianum, – Section historique n. 6. 1946, 2e éd.1949).

_____. *Patristique et Moyen Age, Études d'historie littéraire et doctrinale. Tome I. Les Recherché sur les Origines du Symbole des Apotres.* (Paris: Desclee de Brouwer, 1964).

J. Hills. *Tradition and Composition in the Epistula Apostolorum* (Harvard Dissertations in Religion. No. 24: Minneapolis: Portress. 1990).

J. N. D. Kelly. *Early Christian Creeds* (London: Continuum, third Ed., 1972).

_____. *Early Christian Doctrines* (London: A&C Black, fifth ed., 1977).

_____. *The Athanasian Creed* (New York: Harper and Row, 1964).

J. R. Meyer. "Clarifying the filioque formula using Athanasius's doctrine of the Spirit of Christ." *Communio* 27(2000), 386-405.

J. Stevenson. (ed.), *Creeds, Councils, and Controversies Documents: Illustrative of the History of the Church A.D. 337-461* (London: S.P.C.K.,1966).

_____. *A New Eusebius: Documents illustrating the history of the Church to AD 337* (London: SPCK, first ed., 1957, 1987)

J.A.T. Robinson. "The One Baptism as a Category of New Testament Soteriology." *Sottish Journal of Theoglogy* 6 (1953), 257-74.

Jack Rogers. *Presbyterian Creeds A Guide to the Book of Confessions*, (Louisville: WJK, 1985) 57-65.

Jaroslav Pelikan. *Credo: Historical and Theological guide to Creeds and Confessions of Faith in the Christian Tradition* (Durham: Yale University, 2003).

Jean-Yves Lacoste. *Encyclopedia of Christian Theology* (New York: Routledge, 2005).

Johannes Quasten. *Patrology* 4 vols. (Westminster, Md.: Christian Classics, 1986).

John Calvin. "Catechismus Ecclesiae Genevensis." in *Joannis Calvini Opera Selecta* ed., by Petrus Barth & Guilelmus Niesel 5 vols. (Monachii in Aedibus Chr. Kaiser, 1970).

John F. Baldovin. S.J. "Hippolytus and the Apostolic Tradition: Recent Research and Commentary." in *Theological Studies* 64 (2003).

John H. Leith. (ed.) *Creeds of the Churches: A reader in Christian Doctrine from the Bible to the Present*. third ed. (Atlanta: John Knox Press, 1982).

John H. Skilton. (ed.) *Scripture and Confession: A Book about Confession Old and New* (Philipsburg: Presbyterian and Reformed Publishing, 1973).

Jong-Won Choi. "Reginald Peccock, Vernacular, and a Vfision of Humanism." in 「중세르네상스영문학」. 제16권 1호(2008), 157-181.

Joseph M. Levine. "Reginald Pecock and Lorenzo Valla on the Donation of Constantine." *Studies in the Renaissance* 20 (1973), 118-43.

Joseph Rawson Lumby. *History of the Creeds* (Cambridge: George Bell and Sons,1873)

Joses Stuiglmayr. "Das Quicunque und Fulgentius von Ruspe." in *Zeitschrift für katholoische Theologie* vol 49 (1925), 341-357.

L.R. Wickham. (ed.), *Cyril of Alexandria Selected Letters* (Oxford, 1983).

Lewis Ayers. *Nicaea and Its Legacy: An Approach to Fourth-Century Trinitarian Theology* (Oxford: Oxford University Press, 2004).

Lewis W. Spitz & Wenzel Lohff. (eds.) *Discord, Dialogue, and Concord* (Philadelphia: Fortress Fress, 1946, 1552, 1971, 1973).

Lucien Deiss. *Joseph, Mary, Jesus* (Collegeville, Minnesota: The Liturgical Press, 1996).

Luise Abramowski & Alan E. Goodman. *A Nestorian Collection of Christological Texts*, 2 vols. (London: The Cambridge University Press, 1972).

M. V. Anastos. "Nestorius was Orthodox," *Dumbarton Oaks Papers* 16 (1962), 119-140.

Maria Speroni. *De Symbolo vulgo S. Athanasii*, two dissertations. Patav. 1750 sq.

Mark Weedman. *Theology of Hilary of Poitiers* (Leiden: Koninklijke Brill, 2007), ch.1(25-43).

Mary Ann Fatula. "Communion of saints." in *The modern Catholic encyclopedia* (Dublin: Gill and Macmillan, 1994).

Michael O'Carroll. "Athanasian Creed." in *Trinitas: A Theological Encyclopedia of the Holy Trinity* (Collegeville: Lithergical Press, 1987).

Montague Rhode James. *The Apocryophal New Testament: Being the Apocryphal Gosples, Acts, Epistles, and Apocalypses, with Other Narratives and Fragments* (Oxford: Crarendon Press, 1924).

Nestorius. *The Bazaar of Heraleides*. Newly trans., from the Syriac, and ed., with an Introduction, notes nad apendices, by G. D. Driver and L. Hodgson (Oxford: 1925), (rep., New York, 1978).

Nicetas of Remesiana. "Explanation of the Creed." in *The Fathers of the Church: A New Translation*, vol. 7, R. J. Deferrari, ed., Gerald G. Walsh, trans. (New York: Fathers of the Church, Inc., 1949).

Nigel Turner, James Hope Moulton, Wilbert Francis Howard. *Moulton Howard & Turner Greek Gramer Collection* 5 vols. (Eindburdh: T.& T. Clark, 1963-2006).

Norman P. Tanner. S. J. *Decrees of the Ecumenical Councils* (Sheed & Ward and Georgetown University Press, 1990).

Norman Shepherd. "Scripture and Confession." in John H. Skilton, (ed.) *Scripture and Confession: A Book about Confession Old and New* (Philipsburg: Presbyterian and Reformed Publishing, 1973), 1-30.

Oscar Cullman. *Early Christian Worship: Studies in Biblical Theology*, No. 10, Stewart Todd and James B. Torrance (trans.), (London: SCM, 1956).

_____. *The Earliest Christian Confessions*, J. K. S. Reid (trans.), (London: Lutterworth, 1949).

Oxford Latin Dictionary (Oxford: Oxford University Press, 1968).

Paul Robinson Coleman-Norton. *Roman State and Christian Church: a collection of legal documents to A.D. 535*, 2 vols. (London: S.P.C.K. 1966).

Paul Thureau-Dangin. *The English Catholic Revival in the Nineteenth Century*, 2 vols. (London: Simpkin, Marchall, Hamilton, Kent & Co., 1914).

Philip Schaff. *The Creeds of Christendom*, 3 vols. (Grand Rapids: Baker Books House, rept. 1993).

Pierre-Thomas Camelot. *Ephusu und Chalcedone* (Mainz: Matthias-Grunewald, 1964).

R. C. Chestnut. "Two Prosopa in Nestorius' Bazaar of Heracleides." *Journal Theological Studies* 29 (1987), 392-398.

R. P. C. Hanson. *The Search for the Christian Doctrine of God: The Arian Controversy.* 318-381(London: T&T Clarck, 1988).

Reinhold Seeberg. "Zur Geschichte der Entstehung des apostolischen Symbols." *Zeitschrift fur Kirchengeschichte*, 40 (1920).

Richard Kyle. "Nestorius: The Partial Rehabilitation of a Heretic." *Journal of the Evangelical Theological Society* 32/1 (March.1989), 73-83.

Rick Rogers. *Theophilos of Antioch: The Life and Thought of a Second-Century Bishop* (Lamham, MD: Lexington, 200).

Roger John and Howard Collins. "Athanasianisches Symbol." in *Theologische Realenzykopadie* S.328-331.

Rowan Williams. *Arius, Heresy and Tradition* (Grand Rapids/Cambridge, U.K.: Eerdmans, 2001).

San D. Kim. *Time and Eternity: A Study in Samuel Rutherford's Theology with Reference to His Use of Scholastic Method* (Aberdeen; Aberdeen University, 2002).

Socrates Scholasticus. *Historia Ecclesiastica*, ed. S. T. B. Robertus Hussey, 3 vols (E Typographeo Academico, 1853).

Thomas Herbert Bindley. (ed.), *The Oecumenical Documents of the Faith: The Creed of Nicaea; Three Epistles of Cyril: The Tome of Leo; The Chalcedonian Definition* (London: Methuen & Co, 1899).

Tyrannius Rufinus. *A Commentary on the Apostles' Creed*, tran. & Annotated by J.N.D.Kelly, in *Ancient Christian Writers*, No.20 (New York: Newman Press, 1954).

V. Kesich. "Hypostatic and Prosopic Union in the Exegesis of Christ's Temptatio." *St. Vladmimir's Quarterly* 9/3 (1965) 118-137.

Vincentius, *Commonitorium*. in *The Commonitorium of Vincentius of Lerins*, ed.

by Reginald Stewart Moxon (Cambridge: Cambridge University Press, 1915).

W. Hall Harris III. *The Descent of Christ: Ephesians 4:7-11 and Traditional Hebrew Imagery* (Grand Rapids: Baker Books, 1996).

W. Yorke Fausset. (ed.) *Novatiani Romanae Urbis Presbyteri De Trinitate Liber* (Cambridge: Cambridge University Press, 1909).

Wilhelm Nijenhuis. "Calvin's Theology." in *TRE* (*Theologische Realenzyklopädie*) ed. by Gerhard Krause, vol.7, (New York: W. de Gryter, 1981).

Wolfram Kinizig and Markus Vinzent. "Recent Research on the Origin of the Creed." *Journal of Theological Studies* 50, no.2 (1999), 535-59.

『기독교고전총서』. (서울: 두란노아카데마, 2011).

드롭너, H. P. 『교부학』. 하성수 옮김 (서울: 한남성서연구소, 분도출판사, 2001, 2003).

김영재 편. 『기독교 신앙고백: 사도신경에서 로잔협약까지』. (서울: 영음사, 2011).

김철수. 『그리스도의 음부여행』. (서울: 한들출판사, 2004).

세계 교회협희외(엮음). 『세계 교회가 고백해야 할 하나의 신앙고백』. 이형기 옮김 (서울: 한국장로교출판사, 1996).

윤철호. 『너희는 나를 누구라 하느냐: 통전적 예수 그리스도론』. (서울: 대한기독교서회, 2013).

이규성. "플라비아누스에게 보내는 레오 대교황의 교의서한에서 나타나는 본성개념과 양성론." 「신학과 철학」. 제8호(2006.봄) 1-25.

이장식 편. 『기독교신조사』. 전2권 (서울: 컨콜디아사, 1979).

필립샤프 편. 『교회사전집』. 전13권 (서울: 크리스챤 다이제스트, 2004).

필립샤프. 『신조학』. 박일민 옮김 (서울: 기독교문서선교회, 1984).

한국교회사연구소 가톨릭대사전편찬위원회. 『한국가톨릭대백과사전』. (서울: 분도출판사, 1997).

Establish the Confessing Church

고백하는 교회를 세워라

CLC 도서소개

주제로 보는 개혁파 신앙고백 대조
김산덕, 서재주 지음 | 크라운판 변형 | 320면

　개혁파 교회 안에 있는 다양한 신앙고백들을 대조함으로써 개혁파 교회라는 하나의 일치된 공동체가 소유한 신학의 다양성과 일치성을 보여주고 있다.

기독교 신앙의 진리

나용화 지음 | 신국판 변형 | 424면

　개혁파 교회 안에 있는 다양한 신앙고백들을 대조함으로써 개혁파 교회라는 하나의 일치된 공동체가 소유한 신학의 다양성과 일치성을 보여주고 있다.

고백하는 교회를 세워라 1 : 고대 교회 편

Establish the Confessing Church

2015년 06월 20일 초판 발행

지 은 이 | 김산덕

편   집 | 정희연
디 자 인 | 고찬송
펴 낸 곳 | 사)기독교문서선교회
등   록 | 제16-25호(1980. 1. 18)
주   소 | 서울시 서초구 방배로 68
전   화 | 02) 586-8761~3(본사)   031) 942-8761(영업부)
팩   스 | 02) 523-0131(본사)   031) 942-8763(영업부)
홈페이지 | www.clcbook.com
이 메 일 | clckor@gmail.com
온 라 인 | 기업은행 073-000308-04-020, 국민은행 043-01-0379-646
           예금주: 사)기독교문서선교회

ISBN 978-89-341-1465-9 (94230)
ISBN 978-89-341-1468-0 (세트)

※ 낙장·파본은 교환해 드립니다.

이 도서의 국립중앙도서관 출판시 도서목록(CIP)은 서지정보유통지원시스템 홈페이지(http://seoji.nl.go.kr)와
국가자료공동목록시스템(http://www.nl.go.kr/kolisnet)에서 이용하실 수 있습니다.
(CIP제어번호: CIP2015014596)